SPRECHEN WIR ÜBER BEETHOVEN

ELEONORE BÜNING

# SPRECHEN WIR ÜBER BEETHOVEN

Ein Musikverführer

Die Gedichte im Innenteil des Buches stammen aus folgenden Quellen,
der Abdruck erfolgt mit freundlicher Genehmigung:

Reiner Kunze, »die bringer Beethovens« (S. 222–224)
    Aus: Reiner Kunze: gedichte. © S. Fischer Verlag GmbH, Frankfurt am Main 2001.
Johannes R. Becher, »Chorfantasie« (S. 227–228)
    Aus: Johannes R. Becher: *Gesammelte Werke. 18 Bände* (Hrsg. Vom Johannes-R.-Becher-
Archiv der Akademie der Künste der Deutschen Demokratischen Republik); Band 6:
*Gedichte 1949–1958*. Aufbau-Verlag Berlin und Weimar 1973. © Aufbau Verlag GmbH &
Co. KG, Berlin 1973, 2008.

Medieninhaber, Verleger und Herausgeber:
Red Bull Media House GmbH
Oberst-Lepperdinger-Straße 11–15
5071 Wals bei Salzburg, Österreich

Redaktion: Fritz Jensch, München
Satz: MEDIA DESIGN: RIZNER.AT
Notensatz: Georg Allescher, München
Gesetzt aus der Minion Pro, Filosofia
Umschlaggestaltung: www.b3k-design.de, Andrea Schneider, diceindustries
Umschlagabbildung: Shutterstock/UG Channel
Printed in Slovakia

ISBN 978-3-7109-0050-1

# INHALT

# »WARUM WIR VON BEETHOVEN SO ERSCHÜTTERT WERDEN«

Die Musik Ludwig van Beethovens hat schon das Publikum zu dessen Lebzeiten erschüttert, verstört und entzweit. Sie polarisierte die Öffentlichkeit, wie es bis dahin noch keinem Komponisten mit seinen Werken hatte gelingen können. Seither macht sich jede Generation ihren eignen Reim darauf – oder sie versucht es, zumindest. Bis heute geht das so. Beethoven lebt. Seine Kunst greift uns immer noch ins Gemüt.

Der Fußabdruck des Genies findet sich überall, selbst dort, wo wir ihn nicht mehr zur Kenntnis nehmen, weil er verwischt erscheint oder übermalt ist. Viele der Melodien, die Beethoven erfand, sind zu Evergreens geworden. Auch kurze Schnipsel, wenige Takte, haben Signalcharakter. *Für Elise* klingelt auf dem Handy. Die *Mondscheinsonate* klimpert in der Hotelbar. *Eroica* oder *Appassionata* kurbeln die Werbung an. Die »Arietta« jagt uns Schauder über den Rücken. Ernst Bloch, der Philosoph, sagte es einmal so: »Beethoven ist Luzifers guter Sohn, er ist der führende Dämon zu den letzten Dingen.«

Zumal die *Neunte* mit ihrer finalen Botschaft der Menschheitsverbrüderung hat eine verzweigte, zwiespältige Wirkungsgeschichte. Sie gilt als deutsche Schicksalsmusik vom Dienst, spätestens seit Bismarcks Zeiten. Ist inzwischen nicht nur als obligate Staatsaktgarnitur in Gebrauch, wurde vielmehr im Laufe der letzten zwei Jahrhunderte zigfach zerpflückt, weiterverarbeitet und zur Erkennungsmelodie verkleinert, arrangiert für Klavier zwei- oder vierhändig, für

Blaskapelle oder Harmoniemusik, für Schlagersänger, Pop- oder Rockbesetzung. Auch die übrigen acht Symphonien Beethovens wurden fleißig transkribiert, häufig zitiert und ideologisiert, jedoch nicht in gleichem Maße. Weihnachten 1989, kurz nach dem Fall der Mauer, dirigierte Leonard Bernstein Beethovens *Neunte Symphonie* d-moll op. 125 in Berlin. Er hatte dazu eigens den Text des Finales aktualisiert und Schillers »Freude, schöner Götterfunken« umgedichtet in: »Freiheit, schöner Götterfunken!«, außerdem lud er sich für dieses emphatisch umjubelte Wiedervereinigungskonzert Orchestermusiker aus Ost und West aufs Podium ein, sie reisten an aus Dresden und aus München, aus London, Paris, New York und Sankt Petersburg. Der Mitschnitt dieses Konzerts wurde ein Bestseller. Es gibt bessere, schärfere Aufnahmen von diesem sich aufbäumenden, nach den Sternen greifenden letzten Satz aus Beethovens *Neunter.* Was den »Erschütterungsfaktor« anbelangt, die Intensität des Musizierens, wirkt diese Gelegenheitsinterpretation des alten, bereits von Krankheit gezeichneten Bernstein eher pastos und zahm, sehr viel netter und lahmer als jene andere, die Wilhelm Furtwängler im Frühling des vierten Kriegsjahres 1942 ablieferte, als er das Werk mit Furor und Wut zu Führers Geburtstag dirigierte.

Anno 2014, zum fünfundzwanzigsten Jahrestag des Mauerfalls, war dann abermals das Chorfinale fällig, Daniel Barenboim dirigierte open-air am Brandenburger Tor, Hunderttausende hörten zu. Aus »Freiheit« war zwar wieder »Freude« geworden. Aber auch diesmal trieb die Musik unzähligen Menschen die Tränen in die Augen. Stellvertretend für alle bekannte es der Schauspieler Jan Josef Liefers, der diese Einheitsparty zu moderieren hatte, im Anschluss daran in der Sendung *Günther Jauch.* Er habe, sagte Liefers, als Barenboim Beethoven dirigierte, während die Luftballons an der ehemaligen Demarkationslinie einer nach dem anderen in den Himmel stiegen, in der Kulisse herumgestanden und sei froh gewesen, dass gerade keine Kamera auf ihn gerichtet war, weil er hilflos habe flennen müssen. Vor solchen Bekenntnissen muss jedes kritische Wort verstummen. Es liegt ja etwas Wahres darin, das schwer zu fassen ist.

In dem vorliegenden Buch wird es nicht um letzte Wahrheiten gehen. Auch nicht um Aufklärung über die Wirkungsmacht des »Mythos Beethoven«, wie die legendäre Beethoven-Ausstellung im September 1986 in der Bonner Beethovenhalle betitelt war. Zu Ersterem beizutragen, das war, ich mag es nicht leugnen, der Anspruch, als ich damals, vor über dreißig Jahren, am Institut für Musikwissenschaft der Freien Universität Berlin an meiner Dissertation über frühe Beethovenrezeption schrieb, die dann unter dem Titel *Wie Beethoven auf den Sockel kam* (im Metzler Verlag, 1992) erschien. Damals war der Begriff »Beethoven-Mythos« neu, streitbar und viel diskutiert, viele Forschungsarbeiten schlossen sich dem an, etwa Christina M. Stahls Arbeit über die politische Instrumentalisierung der *Neunten* in der jüngeren deutsch-deutschen Geschichte (im Schott Verlag, 2009). Heute ist der Begriff ein bisschen zu einem Schlagwort geworden, mit dem sich sogar Beethoven-Souvenirs verkaufen lassen.

Im Folgenden soll es vor allem um einige der Beethovenschen Werke gehen. Erzählt wird von den Umständen und Voraussetzungen ihrer Entstehung, aber auch jeweils von Erfolg, Misserfolg und Spätwirkung. Welche Stücke dies sind, in welchem Kontext, das lässt sich aus dem Register erschließen. Viel geliebte Schlüsselwerke sind darunter, wie die großen Symphonien oder die späten Klaviersonaten, aber auch weniger populäre, wie die frühen *Kurfürsten-Sonaten*, einige Lieder oder Beethovens unvollendete Oper »Vestas Feuer«. Daneben geht es natürlich auch um die wichtigsten Stationen aus Beethovens Leben, von der Wiege bis zur Bahre. Und es geht um Fragen wie: Was hat Beethoven von Mozart gelernt? Was lernten Schubert und Schumann von Beethoven? Wer war die »Unsterbliche Geliebte«? Wie taub war Beethoven wirklich? Konnte Beethoven kochen?

Die sechsundzwanzig Kapitel dieses Buches gehen zurück auf eine sechsundzwanzigteilige Sendereihe, die im Jahr 2015 vom Rundfunk

Berlin Brandenburg (rbb) ausgestrahlt wurde. Sie hieß schlicht *Beethoven*. Ich danke von Herzen der rbb-Redakteurin Dorothea Diekmann, die mich zu diesem Abenteuer überredet hat. Ich danke ihr, aber auch Kaspar Wollheim und Bettina Mikulla vom rbb für die scharfen Ohren und den konstruktiven Spaß während der Arbeit im Studio. Ich danke ebenso herzlich Fritz Jensch, dem die Aufgabe zufiel, das Sendemanuskript in ein Lesemanuskript zu verwandeln, dem man nur mehr, wenn man um diesen Entstehungsprozess weiß, anmerken kann, dass etwas sehr Wichtiges fehlt, nämlich das Eigentliche: die Musik.

# 1

# »HEILIGER BODEN«

Lange vor dem »öffentlichen« Beethoven gab es den »privaten« Beethoven, das Wunderkind, das im beschaulichen Bonn daheim auf dem Clavichord übte. Vor, aber auch nach den großen Symphonien, bestimmt für den Konzertsaal, entstanden Sonaten für nur zwei Hände, zehn Finger und vier bis fünf Oktaven – Werke, die Beethoven vor allem selbst gespielt hat.

Seine ersten drei Klaviersonaten komponierte Beethoven im Alter von zwölf Jahren, seine letzte mit zweiundfünfzig. Dieses häusliche Musikformat hat ihn sein Leben lang begleitet. Schon ganz früh, in den Kindersonaten, lodert ein ganz spezielles Feuer. Zum Beispiel: in der Sonate f-moll WoO 47,2. Langsame Einleitungen zu schnellen Sätzen, das war damals, 1782, als Beethoven diese Sonate komponierte, zwar nichts Besonderes. Aber dass das stolze, finstere f-moll-Maestoso vom Anfang dann überraschend später noch mal wiederkehrt, das ist schon echt Beethovensch, und der Allegro-Tornado, der nach dieser Einleitung losbricht, klingt wie ein Vorschein der *Pathétique*.

Diese Sonate gehört zu den drei *Kurfürstensonaten*, die Beethoven, zu diesem Zeitpunkt noch Schüler des Bonner Hofkapellmeisters Christian Gottlob Neefe, dem Bonner Erzbischof und Kurfürsten

Maximilian Friedrich widmete. Ein Jahr später, dreizehnjährig, wird er als Mitglied in die kurfürstliche Kapelle aufgenommen, mit festem Sold: das erste Geld, das er verdient mit seiner Musik.

Klaviersonaten aus dieser Zeit werden heute häufig auf historischen Hammerflügeln gespielt. Wir wissen, dass Beethoven 1787, als Siebzehnjähriger, einen Hammerflügel der Augsburger Firma Johann Andreas Stein geschenkt bekam von seinem Bonner Gönner, dem Grafen Waldstein. Vielleicht hat Beethoven danach selbst irgendwann einmal seine Jugendsonaten auf diesem Steinschen Hammerflügel gespielt. Jedoch: Als er mit zwölf die *Kurfürstensonaten* komponierte, spielte und übte er auf bereits erwähntem zartbrüstigen, obertonreichen Clavichord, das maximal fünf Oktaven hatte, dafür aber Bebungen erlaubte. Der Klang dieses Instruments unterscheidet sich gewaltig von dem eines Hammerflügels oder gar eines modernen Flügels – selbst langweilige Begleitfiguren wie Schusterflecken bekommen im tiefen Register des Clavichords eine eigene Farbe.

In Aufbau und Stil orientiert sich der zwölfjährige Beethoven weitgehend am Vorbild seines Lehrers Neefe, der seinerseits eine Serie von zwölf Klaviersonaten in empfindsamem Stil geschrieben hatte, einander ähnlich wie ein Ei dem anderen. Interessanterweise findet Neefe das moderne »Clavier« (womit er den Hammerflügel meint) nur passend für Konzerte, Trios, Quartette. Für die Intimität der Klaviersonate, also für die »Liebhaber, welche zu ihrem eigenen Vergnügen nichts mehr als ein Solo interessieren kann«, empfiehlt er mit Nachdruck das Clavichord. Neefe definiert somit die Gattung Sonate als »privat« und das Konzert als »öffentlich«. Vielleicht hätte ihm das YouTube-Video gut gefallen, auf dem der belgische Pianist Wim Winters die gesamte Beethovensche *Pathétique* auf einem Clavichord vorträgt.

Beethovens Jugendsonaten werden kaum aufgeführt, denn sie gehören noch nicht zum magischen Korpus des »Neuen Testaments«, wie Hans von Bülow später das Gesamtœuvre der zweiunddreißig Klaviersonaten nannte. Sie tragen noch keine Opuszahl. Auch wird in den einschlägigen Beethovenbiographien immer wieder kolportiert, diese Werke seien halt doch etwas fad, konventionell und schablonenhaft, außerdem voller handwerklicher Fehler. Man kann sich leicht davon überzeugen – spielend oder hörend –, dass dem *nicht* so ist. Sie sind zwar leicht zu spielen, zweistimmig, selten vollgriffig, sie sind kurz, kantabel und richten sich formal nach dem Vorbild Neefes, der sich wiederum an Carl Philipp Emanuel Bach orientiert hat, auch ist der Tonvorrat des Clavichords halber begrenzt. Aber diese Sonaten stecken voll irrer Einfälle, immer wieder nahm sich der junge Komponist kleine Freiheiten von der Regel heraus. Man könnte das »Fehler« schelten. Aber es finden sich solche Einfälle auch in allen späteren Sonaten, ja, einige dieser »Fehler« könnten von niemand anderem stammen als von Beethoven. Hugo Riemann, einer der wenigen Musikwissenschaftler, der sich genauer mit Beethovens Jugendstücken befasst hatte, bemerkte, dass uns in dieser Musik, als »Vorahnung« auf das Kommende, immer wieder »ein Blick aus den Glutaugen des echten, ureigenen Beethoven trifft«.

So sind zum Beispiel die einzelnen Sätze der Bonner *Kurfürstensonaten* motivisch-thematisch miteinander verwandt. Das ist bereits sehr Beethovensch: dass eines aus dem anderen herauswächst, dass die Zeitkurve sich krümmt und die Musik vorausahnt oder sich zurückerinnert. Bis hin zu seinen letzten drei Klaviersonaten hat Beethoven das weiter perfektioniert.

Im Juli 1822 schreibt aus Paris der Musikverleger Maurice Schlesinger nach Wien, Hauptstraße 60, an die Adresse des verehrten Meisters Louis van Beethoven. Er bestätigt ihm den Empfang der von seinem Verlag bestellten und bezahlten Sonaten. Schlesinger dankt Beethoven aufs Überschwänglichste und erkundigt sich beiläufig, ob nicht, eventuell, »das Alegro zufällig beim Notenschreiber vergessen worden sei«. Da fehle doch etwas. Die Sendung sei nicht vollständig. Und noch einen zweiten Brief in gleicher Sache bekommt Beethoven zehn Tage später, diesmal aus Berlin, wo Schlesinger senior das Stammhaus der Schlesingerschen Musikhandlung leitet. Wieder wird ihm die gleiche Frage gestellt: Ist diese Lieferung wirklich vollständig? Fehlt da nicht eventuell, in der zweisätzigen Klaviersonate c-moll, der übliche dritte Satz? Darf eine Musik so einfach Schluss machen, ohne Schlusssatz?

Neunzig Dukaten hatte der Musikverlag Schlesinger an Beethoven im Voraus gezahlt, als Honorar für alle drei Klaviersonaten op. 109, op. 110 und op. 111. Das entspricht ungefähr dreihundertsechzig Wiener Gulden, und dies wiederum entspräche der heutigen Kaufkraft von circa fünftausend Euro: lächerlich wenig Geld für die Arbeit zweier Jahre, ein Almosen für drei große Musikwerke. Freilich hatten die Schlesingers (hatte vielleicht sogar Beethoven selbst) 1822 noch keinen rechten Begriff von der Aura, die diese Werke alsbald vergolden sollte. Aber es gibt auch nicht den geringsten Hinweis darauf, ob Beethoven auf die beiden Briefe der Schlesingers jemals geantwortet hat. Vielleicht hat er nur kurz gelacht über die Raffgier der Verlegersleute, die meinten, sie hätten zu wenig Musik bekommen für ihr Geld. Vielleicht waren ihm die Fragen nach dem fehlenden dritten Satz aus op. 111 auch einfach zu dumm, schließlich hatte *er* ja sein letztes Wort bereits gesprochen, und zwar in Tönen.

Der letzte Satz aus Beethovens letzter Klaviersonate op. 111, die »Arietta«, gilt als ein mythenumnebelter Weltabschieds-Satz, der angeblich die Quintessenz aus der Gesamtheit der Beethovenschen Klaviersonaten zieht, vielleicht gar Beethovens gesamten Komponierens – inklusive eines Zitats aus der *Neunten Symphonie*, das in Takt 79 fast unhörbar in der linken Hand versteckt ist. Der Satz löst sich am Ende auf in Ekstasen von Trillern, schließt: mit einer C-Dur-Kadenz. Schlichter geht's nicht.

Unter den vielen verschiedenen Möglichkeiten, diese Schlusskadenz zu spielen, bevorzugen die Pianisten heute vor allem zwei.

Einige schlagen die allerletzten Töne, die dem Thema hinterherrufen, wie beiläufig an, leiser werdend und ohne Ausdruck. Zum Beispiel: Friedrich Gulda, András Schiff, Artur Schnabel, Wilhelm Backhaus und Maurizio Pollini. Andere laden jede Fortschreitung, jeden einzelnen Tonschritt bis zur allerletzten Sekunde mit Bedeutung auf. Zum Beispiel Glenn Gould, Claudio Arrau und Igor Levit. Letzterer besaß fünfundzwanzigjährig, nach Abschluss seines Konzertexamens, den Wagemut oder, wie einige Rezensenten in Anbetracht der »Heiligkeit« dieser Musik meinten, die Unverschämtheit, sein Plattendebüt ausgerechnet mit den späten Beethovenschen Klaviersonaten zu geben, wohingegen sich andere bedeutende Pianisten, in Anbetracht genau ebendessen, ein Leben lang gar nicht erst an die Sache rantrauten. Die Schlusskadenz von op. 111 spielt Levit, ganz im Sinne der russischen Schule, entschieden erschütterungsbetont.

Was ist aber eigentlich das Problem mit diesem Schluss? Diese Kadenz in C-Dur an sich ist, man kann es nicht anders sagen: banal. Vielleicht nicht weniger banal als die Reprisen aus Beethovens frühen *Kurfürstensonaten*. Aber inzwischen ist doch einiges passiert. Ein ganzes Menschenleben zog vorbei, Belagerungen, Krankheiten und Kriege, und musikalisch, zumal in Beethovens Klaviermusik, eine »Art von kosmischer Weltreise« (so sagte es einmal András Schiff). Diese an Schlichtheit nicht zu überbietende Schlussformel von op. 111 steht am Ende einer gigantischen musikalischen Entwicklung, in der sich die Form auflöst, in der Klang sich ablöst von der Materie, in der sich Melodie auflöst in Pendelklänge, Trillerketten, Ostinatofiguren, in der sich Rhythmik auflöst in synkopische Ekstasen, in der sich die Harmonik zurücksehnt nach Kirchentonarten oder voraussehnt nach der Auflösung der Tonalität, in der tiefstes Bassregister oder höchster Diskant die Grenzen des Instruments sprengen. Nach dieser Entwicklung wirkt so eine einfache Kadenz wie eine Zurücknahme. Oder: wie ein Amen.

»Ein neues Anheben – nach diesem Abschied?«, fragt der Organist und Musiklehrer Wendell Kretzschmar in Thomas Manns Roman *Doktor Faustus*.

»Ein Wiederkommen – nach dieser Trennung? Unmöglich! Es sei geschehen, dass die Sonate im zweiten Satz, diesem enormen, sich zu Ende geführt habe, zu Ende auf Nimmerwiederkehr. Und wenn er sage: ›Die Sonate‹, so meine er nicht diese nur, in c-moll, sondern er meine die Sonate überhaupt, als Gattung, als überlieferte Kunstform: sie selber sei hier zu Ende, ans Ende geführt, sie habe ihr Schicksal erfüllt, ihr Ziel erreicht, über das hinaus es nicht gehe, sie hebe und löse sich auf, sie nehme Abschied, – das Abschiedswinken des vom cis melodisch getrösteten d-g-g-Motivs, es sei ein Abschied auch dieses Sinnes, ein Abschied, groß wie das Stück, der Abschied von der Sonate.«

Bis zum Überdruss wurde dieses berühmte Zitat schon herumgereicht. Auch fehlt in keinem Programmheft der Hinweis darauf, dass Thomas Mann das »Arietta«-Thema aus op. 111 (»semplice e cantabile« – einfach und gesanglich) mit Texten unterlegt habe, eine Operation ähnlich jener, die Bernstein später mit der »Freudenode« vornahm. Nur ist, was Mann da in seiner Erschütterung in Beethovens Spätwerk hineindichtete, übrigens mit fachlicher Hilfe von Theodor Wiesengrund Adorno, von weitaus größerer Tragweite. Adornos Analyse und Manns Wortgewalt haben diese zart-private Bekenntnismusik Beethovens schwer überfrachtet. Ja, man kann heute die »Arietta« kaum mehr hören oder spielen, ohne dass man, wenn das Thema erklingt, auch heimlich die Wendell-Kretzmarschen Mantra-Worte »Leb-mir-wohl« oder »Him-mels-blau« oder »Wie-sen-grund« mitklingen hört; und, auf dem letzten Triller, wenn das winzige Vorhalt-Cis die »Arietta«-Melodie erweitert, noch zwei Silben mehr: »Leb' mir ewig wohl«, dergestalt, schreibt Mann, dass dem Hörer »die Augen übergehen«. Das Ende der Sonate sei da.

Ein großes Wort. Ein Dichterwort. Es ist aber nicht besonders haltbar. Nach op. 111 sind ja noch unzählige weitere Sonaten geschrieben worden, darunter viele schöne und große, von Liszt bis Schostakowitsch. Außerdem besteht op. 111 nicht nur aus der »Arietta«, und diese Sonate steht auch nicht allein auf weiter Flur, als einsames Denkmal.

Das Finale von op. 109 ist ebenfalls ein Variationensatz. Auch hier streift Beethoven an die Grenze des Wortes, textlos, aber ausdrücklich gesanglich: »Gesangvoll, mit innigster Empfindung«. Auch hier ließe sich der Melodie, die am Schluss wiederkehrt, ein Text unterlegen, ein Adieu, für immer. Die erste Variation überführt den Sarabandenrhythmus dieses Themas in einen Walzer, die zweite ist ein durchbrochener Satz, die dritte erinnert an Händel, die vierte dekliniert einen vierstimmigen Kontrapunkt durch, und die fünfte Variation ist unüberhörbar eine Hommage an Johann Sebastian Bach. Dass das Thema am Ende so pur noch einmal auftaucht, fast unverändert, ließe sich auf das Modell der Bachschen *Goldbergvariationen* beziehen.

Zur Bach-Rezeption des späten Beethoven schrieb der Musikwissenschaftler Martin Zenck, speziell in Bezug auf das Ende dieser Sonate: »Die Rückkehr in den Anfang ließe sich im Sinne der biographisierenden Hermeneutik als Heimkehr ins Bleibende deuten ... Sie ließe sich aber auch als komponierte Geschichte deuten. Beethoven durchmisst in op. 109 – darin ist der Satz eine Vorahnung der Diabelli-Variationen – einen Weg durch die Geschichte der Komposition.«

Das ist gut gebrüllt. Kontrapunkt und die Musik der Alten hatten für Beethoven eine große Bedeutung, diese Leidenschaft zieht sich durch sein gesamtes Schaffen, sie kulminiert im Spätwerk. Andererseits verlieren solche Höhenflüge der Deutungskunst manchmal an Bodenhaftung. Es sei, gab András Schiff zu bedenken, noch nicht einmal bewiesen, ob Beethoven die *Goldbergvariationen* überhaupt gekannt hat.

Schiff ist einer jener Pianisten, die ein halbes Leben lang einen weiten Bogen um Beethovens späte Sonaten gemacht haben, abgeschreckt auch durch die ideengeschichtliche Überfrachtung dieser drei Stücke. Mag sein, es gibt auch ein Zuviel an Erschütterung. Wenn schon ein Kritikerpapst wie Joachim Kaiser verkündet, wer diese späten Beethovensonaten spiele, der betrete »heiligen Boden«, kann sich der Pianist nur in einen Hohepriester verwandeln, der letzte Fragen beantworten muss. Und wer will das schon? Schließlich hat Schiff es dann doch gewagt. Seine Interpretation hat eine spielerische Komponente, sie ist von betörender Leichtigkeit; der Variationensatz aus op. 109 aber sei, sagt Schiff, einer seiner Lieblingssätze, das Thema so innig und gesanglich.

Der erste Satz aus der Sonate op. 110 As-Dur beginnt ebenfalls mit einer solchen Gesangsszene: »Moderato cantabile, molto espressivo« – und dazu schreibt Beethoven, zur Verstärkung: »con amabilità« (sanft) – mit Liebenswürdigkeit. In der As-Dur-Sonate treten einige der Merkmale, die diese drei späten Klaviersonaten zu einer Einheit zusammenbinden, vielleicht am deutlichsten hervor, etwa die thematischen Verwandtschaften, die Gesangsszenen, der Rückgriff auf alte kontrapunktische Techniken, die Zitate und Selbstzitate.

Der zweite Satz, Allegro molto, ein kurzer, frecher Scherzo-Satz, könnte auch in einer frühen Beethovensonate stehen. Mittendrin, im Trio, erinnert Beethoven an ein Wiener Volkslied: »Ich bin liederlich, du bist liederlich«. Der dritte Satz reißt abermals den Himmel des Unaussprechlichen auf: Das beginnt wie eine Opernszene, nur eben ohne Worte. Ein freies Rezitativ, ein »Arioso dolente«. »Es ist vollbracht«, singt das Klavier, und zitiert aus Bachs *Johannespassion*. Leere Oktaven eröffnen einen neuen Raum, wie Glockengeläut. Folgt die große dreistimmige Fuge, schließlich: die Fugenumkehrung. In dieser Musik steckt viel Geschichte: Gestern, heute und morgen werden von ihr umfangen. Möglicherweise ist das der Grund, warum wir von Beethovens Musik immer noch so erschüttert werden: Zeitübergreifend intendiert, ist ihre Wirkung überzeitlich, dergestalt, dass man sich auch noch hundert oder zweihundert Jahre später darin wiederfinden kann.

Das gilt natürlich nicht nur für op. 110, auch für die beiden anderen letzten Sonaten, ja auch für andere Beethovensche Werke. In diesen späten drei Sonaten scheint es aber am klarsten ausgeprägt zu sein: in den engen thematischen Verwandtschaften unter den ohne Pause ineinander übergehenden Sätzen; den Erinnerungen an alte, strenge, kontrapunktische Techniken; Stilbruch und Auflösung dieser Formen; den vielen Zitaten und Selbstzitaten, die nach vorn und zurückweisen. Eine Boogie-Woogie-Rhythmik findet Igor Strawinsky vorgeprägt in der dritten Variation der »Arietta« von op. 111; die Tonalität löst sich auf in den Trillerketten am Ende von op. 111; in op. 109 wird aus Beethovens eigenem *Fidelio* zitiert; das Bachzitat in op. 110; der Verweis auf die *Goldbergvariationen* in op. 109; das Heurigenlied in op. 110; das Zitat aus Mozarts Klaviersonate KV 310 im ersten Satz von op. 111; etc. Man muss den unerhörten Reichtum dieser tonsetzerischen Ideen gar nicht unbedingt bis ins letzte analytische Detail kennen, um als Hörer davon mitgerissen zu werden.

Nicht ausgeschlossen übrigens, dass Beethoven diese späten Sonaten nur für seine unmittelbar eigne Gegenwart oder für sich selbst geschrieben hatte, als eine Versuchsanordnung und die Bilanz eines Komponistenlebens. Er stopfte alles hinein, was ihm lieb und teuer war, wie in das Schließfach bei der Bank. Eine Art Tresor, in dem die kostbarsten Einfälle und Erinnerungen für die Erben aufbewahrt werden. Ja gerade, wenn wir, was leider häufig genug vorkommt, eine unvollkommen gespielte Interpretation im Konzertsaal erleben müssen, wenn der Pianist zum Beispiel prätentiös auf dem Pedal steht oder manieriert überzogene Kontraste herausstellt, dann tröstet uns der Wendell-Kretzmarsche Gedanke, diese letzten drei Sonaten könnten eventuell doch reine Gedankenmusik sein: eine utopische Musik, nicht zum Spielen oder Hören bestimmt.

So sind also diese letzten Beethovensonaten, auch wenn sie pianistisch-technisch nicht unbedingt zu den allerschwierigsten Werken des Repertoires rechnen, doch das Schwerste, was ein Pianist sich vornehmen kann. Abgesehen von dem, was der »Arietta« unmittelbar vorausgeht. Dazu braucht einer mehr als zehn Finger: In diesem Maestoso-Allegro, womit op. 111 beginnt und das gewissermaßen einen hochdramatischen, vom Echo kommender Theaterdonner stürmisch bewegten Vorhang aufzieht, schlägt noch einmal der Wiener Salonlöwe und Virtuose Beethoven zu. Da geht es mit Pathos los, in weiten Sprüngen, vollen Akkorden, und stürmt bis an die Grenze des Noch-Machbaren und darüber hinaus.

Übrigens kamen auch die Achtundsechziger nicht ganz um Beethoven herum. Im Jahr 1978 brachte der Verlag Roter Stern ein Buch mit Beethovenessays heraus, einen Rundumschlag wider die bürgerliche Musikkultur, herausgegeben von Peter Schleuning, mit dem wunderschönen Titel *Warum wir von Beethoven erschüttert werden und andere Aufsätze über Musik*. Darin heißt es im Vorwort: »Das Verhältnis zu (Beethovens) Musik ist ähnlich kompliziert und widersprüchlich, wie das zu Eltern.« Na dann.

# 2

# »ER WIRD NIE ETWAS ORDENTLICHES MACHEN!«

War Ludwig van Beethoven ein Wunderkind? Hatte er eine schwere Jugend, war er wirklich schwer erziehbar und schon von klein auf genial, einsam, unglücklich? Bei wem ging der kleine Louis in die Lehre? Wer hat ihm was beigebracht?

»Gehn Sie mir mit dem, der hat nichts gelernt, und er wird nie etwas Ordentliches machen!«, sagte der Domkapellmeister zu Sankt Stephan in Wien, Johann Georg Albrechtsberger, als ihm ein befreundeter Musikus, der Geiger Jan Emanuel Doletschalek, ein nagelneues Beethovensches Quartett unter die Nase hielt. Das war um 1800, Beethoven dreißig Jahre alt, und er hatte auch schon viele Erfolge als Komponist vorzuweisen. Aber der Herr Kapellmeister wusste, was er sagte. Albrechtsberger war nämlich eine Koryphäe im Reiche der Prinzipien – ein weltberühmter Kompositionslehrer, der viele Schüler hatte, die teils von weit her anreisten. Der berühmteste, vielleicht widerspenstigste, hieß Beethoven.

Fünfzehn Monate lang ging er ab 1794 dreimal wöchentlich zu Albrechtsberger in den Kontrapunktunterricht, er bezahlte aus eigner Tasche für diese Lektionen, machte immer seine Hausaufgaben und setzte ordentlich Note gegen Note, im strengen Satz. Und dann ging er heim und komponierte etwas »Unordentliches«, zum Beispiel die sechs Ecossaisen WoO 83, winzige schottische Tänze, in Rondoform gebunden, etwas Leichtes, Freches.

Beethoven ließ sich sehr gern etwas beibringen, beflissen und zielstrebig. Allenthalben ist allerdings zu lesen, er sei schon als Kind bockig gewesen und nicht bereit, sich unterzuordnen, Schuld daran trügen die zerrütteten Familienverhältnisse, vor allem dieser Trottel von Vater. Aber das ist nicht ganz richtig. Es scheint eher so, als sei dies schon Teil der Beethovenlegende, denn ein jeder Stern strahlt ja heller, wenn man sich seine Herkunft möglichst dunkel ausmalt.

Die van Beethovens aus Bonn waren eine solide Musikerfamilie, in mehreren Generationen. Sie stammten aus Flandern, daher das »van«. Louis, der Großvater, war Hofkapellmeister des kurkölnischen Erzbischofs Maximilian Friedrich. Auch Johann, der Vater, war bei Hofe angestellt, als Tenor und als Geiger. Er verdiente genug, um seiner Frau und den drei Söhnen moderaten Wohlstand zu bieten, in einer Beletage, mit Dienstboten. Er war gesellig und beliebt bei den Kollegen, vor allem aber war Johann van Beethoven in der Lage, die Hochbegabung seines Ältesten früh zu erkennen und zu fördern.

Nur, leider, hatte er eine extrem schlechte »Presse«: Fast die gesamte Literatur schildert den Vater Beethovens als cholerischen Trunkenbold und fiesen Charakter. Letzteres ist nicht belegbar, die Quellenlage hauchdünn. Man hat wohl einfach rückwirkend hochgerechnet, dass Johann van Beethoven später, als seine Frau starb, psychisch zusammenbrach und zu saufen begann. Aber da war Beethoven bereits siebzehn und flügge, übernahm auch prompt die Verantwortung für seine jüngeren Geschwister, die ihm, einer nach dem anderen, nachzogen, ins ferne Wien. Die Bonner Kindheit der drei Beethovenbrüder aber darf man sich getrost als glücklich und umsorgt vorstellen.

Etwas anderes ist es mit der Wunderkindgeschichte. Nur ein einziges Mal versucht der Vater, ihn als solches herumzureichen, in einem Subskriptionskonzert, da ist Beethoven acht, wird für sechs ausgegeben und spielt, wie es in der Ankündigung heißt, allerhand »Klavierkonzerte«. Nichts Eignes allerdings, denn sein erstes selbst komponiertes Klavierkonzert taucht erst drei Jahre später auf, da ist er schon fast zwölf. Dieses Stück ist nur fragmentarisch überliefert und kein Geniestreich; das Beste daran ist der langsame Satz.

Als Beethoven vier Jahre alt ist, erteilt ihm der Vater den ersten Klavierunterricht. Auch Geige und Bratsche bringt er ihm bei. Befreundete Hofkapellkollegen, ein gewisser Tobias Pfeiffer und ein Herr van den Eeden, werden engagiert, die das Kind im Generalbass- und Orgelspiel unterweisen. Es bekommt einen Schlüssel für die Minoritenkirche, damit es orgeln kann, heute ist dies die Remigiuskirche in der Bonner Brüdergasse, ein paar Fußminuten vom Wohnhaus der Beethovens in der Rheingasse entfernt. Als er zehn wird, darf der Kleine im Gottesdienst spielen, im gleichen Jahr gibt der Vater den Sohn weg in die Lehre, er schickt ihn zur ersten musikalischen Adresse der kurfürstlichen Residenz: zu Hoforganist und Theaterkapellmeister Christian Gottlob Neefe.

Und Neefe rührt, kaum dass er mit seinem neuen Schüler näher Bekanntschaft gemacht hat, die Trommel, um die musikalische Welt deutschlandweit auf ihn aufmerksam zu machen. »Dieses junge Genie«, verkündet Neefe, »verdiente Unterstützung, dass er reisen könnte. Er würde gewiss ein zweiter Wolfgang Amadeus Mozart werden, wenn er so fortschritte, wie er angefangen!«

Eine klare Ansage! Sie wird veröffentlicht in Cramers *Magazin der Musik* in Hamburg. Zeitgleich gibt Neefe Kompositionen seines Schülers in Druck. Das erste im Musikhandel beziehbare Werk Beethovens sind neun Variationen – »par un jeune amateur Louis van Beethoven – âgé de dix ans«. Ein nettes Stück! Das Thema, ein Trauermarsch, steht in c-moll, aber in den Variationen marschiert es über ulkige harmonische Umwege nach Dur. Bekannt sind sie unter dem Namen *Dressler-Variationen* (WoO 63), denn Ernst Christoph Dressler hieß der Sänger, der das Thema erfand. Neefe hatte es Beethoven vorgelegt und das Entstehen des Werks pädagogisch überwacht. Auf dem Titelblatt steht, dass das junge Genie, der Komponist, zehn Jahre alt sei.

Tatsächlich war er zu diesem Zeitpunkt schon fast zwölf. Beethoven selbst war übrigens bis in seine letzten Lebensjahre in Bezug auf sein wahres Alter nachhaltig verwirrt. Er hielt sich für eineinhalb Jahre jünger, als er war. In den meisten Beethoven-biographien liest man, der Vater trage die Schuld. Er habe aus Geldgier, um den Wunderkindbonus zu erhöhen, das Geburtsdatum gefälscht, nach dem Motto: Wer säuft, der lügt auch! Aber ebenso unlogisch ist das Argument selbst, denn wenn es gar keinen Wunderkindrummel um den kleinen Beethoven gab, hatte es auch wenig Sinn, Daten zu fälschen. Viel wahrscheinlicher ist, dass die Eltern ihren Sohn falsch informiert hatten – eine Fehlleistung, für die es einen Grund gab. Von den sieben Kindern der Familie waren nur drei am Leben geblieben. Wie Beethovens Biograph Alexander Wheelock Thayer im Bonner Taufbuch recherchierte, trug das erste Kind, das im Säuglingsalter starb, auch schon den Namen Ludwig. Eineinhalb Jahre später kam wieder ein Knabe zu Welt, wurde wieder Ludwig getauft, und blieb am Leben. Es gab also Ludwig I und Ludwig II, wobei Ludwig I in Ludwig II, dem um anderthalb Jahre jüngeren, weiterlebte. Logisch ist das nicht – aber verständlich. Amtlich belegt ist der 17. Dezember 1770 für Ludwig II im Bonner Taufregister. Mithin war Beethoven, als er seine *Dressler-Variationen* im Unterricht bei Neefe komponierte, nicht zehn, sondern elfeinhalb Jahre alt.

Wer aber war Christian Gottlob Neefe?

Ein musikalischer Quereinsteiger. Ein Alleskönner. Komponist, Pianist, Organist, Kapellmeister, Dichter, Kritiker, Dramaturg, Impresario. Er kam aus ärmlichen Verhältnissen, ein Schneidersohn aus Chemnitz, und war, wegen Mangelernährung in der Kindheit, klein und verwachsen. Aber er arbeitete sich hoch. Promovierte in Jura, studierte Musik und ging alsdann mit diversen Theatertruppen auf Trebe kreuz und quer durch die deutschen Kleinstaaten. Ins kleine katholische Bonn verschlug es diesen weltläufig-kritischen Geist eher zufällig, und es war dies ein Glücksfall für Beethoven. Neefe erschloss ihm ganz neue Horizonte.

Wenn auch nicht unbedingt als Komponist. Als solcher schrieb Neefe vor allem Bühnenmusiken und kleine Opern, etwa eine Türkenoper nach Art von Mozarts *Entführung,* sowie etliche Singspiele, womit er sehr erfolgreich war: Schlicht, deutsch, bürgerlich, volkstümlich, das entsprach der Mode der Zeit. Längst ist daraus heute Schubladenmusik geworden. In Neefes Singspielliedern, so harmlos sie uns heute auch vorkommen mögen, kündigte sich jedoch bereits der Vorschein kommenden Umsturzes an. Diese eingängige Musik steht in krassem Widerspruch zum manierierten Rokoko-Kunstgeschmack des Ancien Régime. Neefe, der erste Kompositionslehrer Beethovens, trat in Bonn dem aufklärerischen Geheimbund der Illuminaten bei, dem auch andere Bonner Musiker, etwa Nikolaus Simrock oder Franz Anton Ries, angehörten. Als der verboten und aufgelöst wurde, wechselte er in die Bonner Lesegesellschaft, und er begrüßte später, als ein Mann der Aufklärung, entschieden die Französische Revolution.

Man kann sich den Einfluss, den dieser universal gebildete Freigeist auf den zehnjährigen Beethoven ausübte, gut ausmalen. Neefe führte seinen Schützling nicht nur in die Ideenwelt der Aufklärung ein. Er machte ihn auch bekannt mit den Sonaten des Sturm-und-Drang-Komponisten Carl Philipp Emanuel Bach. Und dann legte er ihm noch einen ganz anderen Bach ans Herz und aufs Notenpult: Johann Sebastian. Nach dem Vorbild Bachs lernte Beethoven bei Neefe den Kontrapunkt.

»Er spielt sehr fertig und mit Kraft das Clavier, ließt sehr gut vom Blatt und, um alles in einem zu sagen: er spielt größtentheils das wohltemperierte Clavier von Sebastian Bach, welches ihm Herr Neefe unter die Hände gegeben. Wer diese Sammlung von Präludien und Fugen durch alle Töne kennt (welche man fast das non plus ultra nennen könnte) wird wissen, was das bedeutet.« So heißt es in dem erwähnten Bericht in Cramers *Magazin der Musik*. Er gibt eine Ahnung davon, wie der Unterricht im Detail aussah. »Größtentheils das wohltemperierte Clavier« – dieses Übungsrepertoire verstand sich damals nicht von selbst. Eine der vielen Früchte der Neefeschen Lektionen sind die *Zwei Präludien durch alle Dur-Tonarten*, die der fünfzehnjährige Ludwig van Beethoven nach dem Vorbild Bachs komponierte. Er hat sie Jahre später veröffentlicht und mit einer Opuszahl geadelt: als op. 39.

Wieso tut er das? Und wieso ist Beethoven der Kontrapunkt, diese damals längst aus der Mode gekommene Tradition, so wichtig? Es gibt etliche solcher Splitter aus Beethovens Werkstatt, Kanons, Fugen, Präludien. Seltsamerweise hat er wenn nicht alles, so doch offenbar fast alles aufgehoben. Als er starb, 1827 in Wien, fand man in seinem Nachlass all seine alten Generalbass- und Kontrapunktstudien, Berge von Zetteln, ein Konvolut von fünf Paketen Notenpapier, das bei der Versteigerung eine Höchstsumme von vierundsiebzig Gulden erzielte, weil man meinte, dieser Fund enthalte auch eventuell unbekannte Meisterwerke Beethovens und sei deshalb, so stand es in einer Zeitung, von »welthistorischem Interesse«. *Ludwig van Beethovens Studien im Generalbass, Contrapunkt und in der Compositionslehre* wurden dann vom Kapellmeister Ignaz Ritter von Seyfried alsbald als Buch veröffentlicht, tausendzweihundert Subskribenten fanden sich für die Erstauflage, die sofort vergriffen war, eine zweite folgte, und erst Jahrzehnte später sickerte die Einsicht durch, dass man aus diesem gewaltigen Zettelhaufen über den eigentlichen Schaffensprozess Beethovens rein gar nichts erfahren konnte. Fünfundzwanzig war Beethoven, als er dann bei Johann Georg Albrechtsberger in Wien immer noch brav die Grundlagen memorierte, Note gegen Note setzte, Halbe gegen Ganze und so weiter. Er tat das freiwillig, er zahlte dafür. Nebenbei komponierte er dann, zum Beispiel, sein erstes und zweites Klavierkonzert, Werke, die er dem Domkapellmeister vermutlich eher nicht zur Korrektur vorgelegt hat.

Diese musikalische Parallelwelt, in der sich Beethoven bewegte, ist schwer zu begreifen. Er hat das schulmäßige Einpauken altmodischer Kompositionstechniken geradezu besessen betrieben, über Jahrzehnte hinweg. Selbst aus seinem Wiener Lehrjahr bei Joseph Haydn ist nichts weiter überliefert als ein Konvolut von Kontrapunktstudien. Spuren dieser Leidenschaft finden sich in vielen seiner Stücke, je älter er wird, desto breiter, deutlicher und eigenwilliger wird die Spur, desto mehr Abweichungen vom Wege gibt es. Und die Frage ist, ob überhaupt noch ein direkter Weg von den objektiv strengen Stilübungen des jungen Beethoven weiterführt zu der subjektiv grundstürzenden Fugenumkehrung beispielsweise in der Klaviersonate op. 110? Oder zur Schlussfuge der *Hammerklaviersonate* op. 106? Oder zur *Großen Fuge* op. 133, darin Beethoven den Kontrapunkt endgültig von der Leine lässt?

Die *Große Fuge* hat ein Extrakapitel verdient. Was die Lehre vom strengen Satz angeht, die Beethoven zuerst als Kind in Bonn bei Christian Gottlob Neefe kennenlernte, muss man wohl von einer Leidenschaft sprechen, einem »Hobby«. Man muss zugeben: ein etwas angestaubtes Hobby. Ein bisschen war das wie Antiquitäten sammeln. Neefe benutzte im Unterricht Johann Philipp Kirnbergers *Die Kunst des reinen Satzes in der Musik,* ein Lehrbuch, das schon bei seinem Erscheinen 1771 als überholt galt. Als Beethoven dann einundzwanzigjährig, ausgestattet mit einem Stipendium des Kurfürsten Maximilian Franz, bei Haydn in Wien aufkreuzte, legte ihm der Aufgaben aus dem *Gradus ad parnassum* von Johann Joseph Fux vor, einem Lehrbuch von 1725. Tatsächlich hat Beethoven bei Haydn nur Kontrapunkt gelernt und sonst nichts!

Das kommt uns heutzutage so anachronistisch und widersinnig vor, dass Julia Ronge eines der längsten Kapitel in ihrer Doktorarbeit über Beethovens Lehrzeit den *nichtkontrapunktischen* Lektionen widmet, die eventuell auch noch bei Haydn stattgefunden haben könnten. Ihre These: Das Allerwichtigste habe Haydn wohl in »mündlicher Unterweisung« abgehandelt. Aber was? Das wissen wir nicht. Wir können es allenfalls in der Musik selbst nachlesen.

Als Beethoven fertig war bei Haydn, nach gut einem Jahr, ging er gleich weiter zur nächsten Kontrapunktinstanz, dem besagten Albrechtsberger, der im Unterricht neben seinem eigenen Lehrbuch ebenfalls den guten alten Fux benutzte. Quasi als Gegengift dazu wollte Beethoven aber auch noch das Geheimnis erlernen, wie man italienische Opern komponiert. Er nahm dreißig oder vielleicht auch vierzig Unterrichtsstunden bei Antonio Salieri und hat unter dessen Aufsicht einunddreißig italienische Gesangsstücke komponier, etwa das *No, non turbati* WoO 92a auf einen Text von Pietro Metastasio. Für die Deklamation, für Affektbehandlung, Koloratur- und Verzierungsformeln gab es dabei stereotype Regeln. Alles, was der berühmte Hofopernkapellmeister Salieri, weiland einflussreichster Musikus in Wien, seinem Schüler darüber hinaus noch beibringen konnte, war die Erfindung von singbaren Melodien.

Beethoven hat diese Kunst bei Salieri verfeinern und perfektionieren können. Und er blieb diesem Lehrer, obgleich er gewiss niemals vorhatte, sich aufs Komponieren italienischer Opern zu verlegen und Rossini Konkurrenz zu machen, zeitlebens dankbar und freundschaftlich gewogen. Beethoven widmete Salieri drei Violinsonaten, er schrieb Variationen über ein von Salieri erfundenes Thema, und Salieri revanchierte sich, indem er 1813 bei der Uraufführung von Beethovens Schlachtsymphonie op. 91 als Hilfsdirigent die Kanonenschläge und Trommeln koordinierte.

Im Unterricht bei Salieri wurde Beethoven dazu angehalten, unzählige italienische Gesangsszenen anderer Komponisten zu kopieren. Auch das ist eine bewährte Lehrmethode: Abschreiben. Das Alte wird nach der Fibel gelehrt. Das Neue aber, das lässt sich nicht lehren – es sei denn durch Nachahmung und Kopie, in lebendiger Auseinandersetzung mit der kompositorischen Konkurrenz.

Drei Klavierquartette schrieb Beethoven, fünfzehnjährig, im Unterricht bei Neefe. Darin sind einerseits diverse Proben polyphoner Stimmführung zu bemerken, andererseits etliche Allusionen und Quasi-Zitate. Diese Quartette sind: Nachahmung, Kopie, Blaupause, in dichter Anlehnung an drei Violinsonaten Wolfgang Amadeus Mozart gebaut, nämlich KV 296, KV 379 und KV 380. Die Satzfolgen sind gleich, Tempo und Charakter der einzelnen Sätze ähnlich, auch die Themenverarbeitung, sogar einige der Themen selbst, die melodischen »Einfälle«. Die Anfänge von Mozarts Violinsonate KV 379 G-Dur und von Beethovens Klavierquartett in Es-Dur WoO 36,1 sind eng verwandt: Der Vordersatz des Themas ist identisch, den Nachsatz lässt Beethoven weg, er spinnt lieber erst mal weiter. Man kann das nach heutigen Vorstellungen einen Diebstahl geistigen Eigentums nennen, »copy and paste«. Aber damals, im achtzehnten Jahrhundert, war das nichts anderes als eine höfliche Verneigung vor dem Vorbild: Kopie eines meisterhaften Modells, das gehörte in der Musik, wie in allen Künsten, zum Curriculum.

Vielleicht hat Neefe die Mozartschen Violinsonaten mit Beethoven im Unterricht durchgenommen, höchstwahrscheinlich haben sie sie auch gemeinsam gespielt. Und dann lautet die Hausaufgabe: Mach was Eignes daraus! Und Beethoven probiert aus, was er sich von Mozart abgeguckt hat. Was dabei herauskam, ist kein trockenes Übungsstück, vielmehr spielfrohe Kammermusik, mit individuellen Ausreißern. Im Klavierquartett D-Dur WoO 36,2: Da verknüpft Beethoven die Themen aller drei Sätze miteinander. Das hat Mozart so nicht versucht. Auch der langsame Satz, ein fis-moll-Andante, weicht insofern vom Mozartvorbild ab, als die Melancholie durchbrochen wird von einer lustigen Pizzicatostelle. Und wer will, der kann aus dem Finalsatz schon einen zarten *Eroica*-Vorschein herausleuchten sehen. Der berühmte Stammbuchspruch des Grafen Waldstein, den er Beethoven auf den Weg nach Wien mitgab, er möge »Mozart's Geist aus Haydens Händen« erhalten, kam also eindeutig ein bisschen zu spät: Beethoven hatte ihn längst aus den Händen Neefes genommen. Nur dieses Rondo-Thema aus dem letzten Satz von WoO 36,2, das tanzt aus der Reihe. Es hat nichts Mozärtliches, es ist beethovensch. Man denkt gleich, wenn man es hört: Aha, kommt mir bekannt vor! Das liegt daran, dass dieses Thema, nicht zuletzt dank der prägnanten Bassfigur, die Keimzelle eines der großen Beethovenschen Lieblingsthemen, des sogenannten Prometheus-Themas, ist, das er Jahre später mehrfach verarbeitet hat: im *Prometheus*-Ballett, in den *Eroica-Variationen*, in der *Eroica* selbst.

Mit dreizehn bekam der junge Herr Beethoven eine Festanstellung am kurkölnischen Hofe, als zweiter Hoforganist und Bratscher der kurfürstlichen Kapelle. Wie sein Freund Anton Reicha, der dort als Flötist engagiert war, berichtet, trat er auch als Pianist mit dem Bonner Orchester auf, um Mozarts Klavierkonzerte zu spielen.

Mozart war eine besondere Größe im Bonner Musikleben. 1784 war dort der musikbegeisterte Maximilian Franz an die kurkölnische Regierung gekommen, der jüngste Sohn von Maria Theresia und jüngste Bruder des habsburgischen Kaisers Josephs II., und er hatte in seinem Tross nicht nur Reicha, Waldstein und andere böhmische und wienerische Musikanten und Musikfreunde mitgebracht, er hatte auch bei Mozart angefragt, ob er mitkommen wolle nach Bonn. Es gibt einen Brief Mozarts an seinen Vater Leopold, vom 23. Januar 1782, darin heißt es über Max Franz: »er streicht mich bei allen gelegenheiten hervor – und ich wollte fast gewiss sagen können, dass wenn er schon Churfürst von kölln wäre, ich auch schon sein kapellmeister wäre«. Aus dem Deal wurde nichts,

Mozart sagte ab. So warf Kurfürst Max Franz, als er in der Bonner Kapelle den jungen Beethoven vorfand, seine ganze Musiksponsorenleidenschaft auf dieses junge Genie. Förderte ihn, wo er konnte. Schickte ihn auch alsbald auf Studienreise, damit er in Wien Mozart kennenlerne, woraus freilich nichts wurde, denn Mozart war selbst gerade auf Reisen. Dafür verwienerte unterdessen das Bonner Musikleben nach Kräften. Max Franz sanierte die Staatsfinanzen, er baute ein eignes Opernensemble auf, Konzerte wurden gegeben, Redouten gefeiert. Für eine Fastnachtsversammlung des Teutonischen Ritterordens, veranstaltet vom Vertrauten des Kurfürsten, Graf Waldstein, durfte Beethoven eine komplette Ballettmusik schreiben, mit Trinkliedern, Jagdliedern, Walzern und einem entzückenden Ritornell. Diese *Musik zu einem Ritterballett* WoO 1 ist perfekte Mimikry, nicht ein einziger Takt klingt auch nur entfernt nach Beethoven. Und das hat seinen Grund: Bestandteil der Vereinbarung war nämlich, dass der Auftraggeber, Graf Waldstein, diese Ballettmusik für die Bonner Ballsaison als seine eigne Komposition ausgeben durfte.

Es gibt einen Schattenriss, der den sechzehnjährigen Beethoven mit höfischer Perücke zeigt, mit Zopf und Spitzenjabot. Ein kindliches Profil. Mund- und Kinnpartie sind so wenig ausgeprägt, dass dieser Schattenriss jeden x-beliebigen jungen Höfling zeigen könnte. Es ist aber auch das einzige Porträt dieser Art. Auf allen anderen Bildern, die überliefert sind, trägt Beethoven die Haare wie ein Bourgeois kurz bis halblang, offen und unsortiert. Das unterscheidet ihn grundsätzlich von der Generation seiner Lehrer: Neefe, Salieri, Albrechtsberger und Joseph Haydn kennen wir ikonographisch nur in der Tracht des Ancien Régime, mit Zopf, Jabot, Degen, Schnallenschuh – das gehörte nun einmal zur Berufskleidung eines Angehörigen der Musikerzunft vor 1789, selbst wenn er, wie Mozart, nicht mehr auf der Payroll bei Hofe stand.

Die nächsten Bilder, die von Beethoven angefertigt werden, entstehen nur wenige Jahre später. Inzwischen hat er, auf dem Sprung vom Jüngling zum Manne, auf dem Weg aus der Provinz in die Metropole nicht nur neues Selbstbewusstsein erlangt, Erfolge erzielt und eine gewisse Berühmtheit. Inzwischen hat in Paris die Zeitenwende begonnen, und auch die ersten Köpfe sind schon gerollt. Mindestens zehn Tage kann eine Fahrt nach Wien in der Postkutsche dauern. Die Nachricht vom Tode des österreichischen Kaisers Josephs II. am 20. Februar 1790 brauchte indes nur vier Tage, bis sie aus Wien nach Bonn gelangte und den Kurfürst und Erzbischof von Köln, Max Franz, den Bruder des Kaisers, und mit ihm den gesamten Bonner Hof in Trauer stürzte. Die Bonner Lesegesellschaft, eine Nachfolgeorganisation der verbotenen Illuminaten, darin Neefe Mitglied und Waldstein Präsident war, beauftragte Beethoven, zum Namenstag des Verstorbenen (19. März) eine Trauerkantate zu schreiben. Das tat er, und er sprengte den Rahmen. Mit dieser Kantate (WoO 87) wuchs Beethoven über die Bonner Verhältnisse mit einem Schlag hinaus.

Er instrumentierte so reich, für einen so üppigen Bläserapparat und so viele Streicher, dass es dafür nicht genug Musiker in der Hofkapelle gab. Immerhin, es galt, den Kaiser zu betrauern! Opernhaft komplex sind auch die Partien der Sänger und die Chöre geraten, die sich an Gluck orientieren, komponiert auf einen metaphernreichen Text aus dem Geist der katholischen Aufklärung. Kaiser Joseph II., der aufgeklärte Monarch, verwandelt sich hier in den Erzengel der Freiheit, der dem Drachen der Reaktion aufs Haupt tritt. Das war vielleicht doch zu viel. Jedenfalls wurde die Kantate für unaufführbar erklärt. Als sie aber dann doch eines Tages endlich uraufgeführt wurde, 1884, lange nach Beethovens Tod, da staunte Brahms und sagte: »Es ist Alles und durchaus: Beethoven!«

Ludwig van Beethoven hat dieses Stück selbst nie live gehört. Es war das erste Mal in seinem Leben, dass man ein bestelltes und komponiertes Opus von ihm für nicht aufführbar erklärte – was ihm später noch öfter passieren sollte. Aber er hat die Kantaten-Musik später wiederverwendet, im *Fidelio*. Außerdem wurde das Werk sein Ticket zum Aufbruch in ein neues Leben. Als Joseph Haydn, auf dem Rückweg von London nach Wien, im Juli 1792 in Bonn Station macht, lädt ihn das kurfürstliche Orchester in Bad Godesberg zum Frühstück ein, und der kurfürstliche Hofmusikus Beethoven legt ihm Arbeitsproben vor, darunter diese Kantate. Haydn ist beeindruckt. Er ermuntert »den Verfasser zu fortdauerndem Studium«, er lädt ihn ein, kündigt an, er wolle ihn das nächste Mal mitnehmen nach London. Vier Monate später zieht Beethoven um, nach Wien.

# 3

# »VERÄNDERUNGEN ÜBER EINEN DEUTSCHEN«

In diesem Kapitel werden wir Ludwig van Beethoven in vielerlei Gestalten begegnen, in verschiedenen Kostümen und Rollen. Mal ist er in Afrika, mal in Moskau. Mal ist er wild, mal zahm wie ein Kätzchen. Mal hat er drei Wohnungen, »eine auf dem Lande, eine in der Stadt und eine auf der Bastei« in Wien, in denen »er sich abwechselnd versteckt«. Mal hat er nur *eine* Wohnung, dafür aber drei Hammerflügel in einem Zimmer, »alle ohne Beine auf der Erde liegend«. Mal macht seine Musik krank, ein andermal führt sie zu Mord und Todschlag.

Es waren die Poeten, die schon früh in diesem Komponisten das Potenzial zum Helden erkannt hatten. Sie dichteten in Beethoven etwas hinein. Oder, besser gesagt: Sie lasen aus seiner Musik alles Mögliche heraus. Für die einen war er eine Art Mephisto, für andere spielte er den Faust. Nur das Gretchen kommt in seinem Portfolio als Romanfigur nicht vor.

Bettine Brentano, verheiratete von Arnim, war ein begnadetes literarisches Groupie und eine »femme de lettres«. In ihrer zweiten Lebenshälfte trat sie auch selbst als Schriftstellerin hervor, nachdem sie in der ersten Lebenshälfte als Schwester, Gattin und Freundin von Schriftstellern gewirkt hatte. Hineingeboren in eine wohlhabende Frankfurter Kaufmannsfamilie, führte sie das Leben einer höheren Tochter, spielte Klavier, sang und komponierte. Und sie sammelte Dichter und Komponisten.

Mit Goethe hat sie anno 1807 persönlich Bekanntschaft gemacht. Drei Jahre später, am 28. Mai 1810, lernt sie dann in Wien, als sie auf der Reise von Landshut nach Bukowan ist, Ludwig van Beethoven kennen. »Lieber Goethe«, schreibt Bettine an den Dichter, »wie ich diesen sah, von dem ich Dir jetzt sprechen will, da vergaß ich der ganzen Welt.« Nicht viel anders soll es auch Beethoven ergangen sein: »Da ich bei ihm eintrat«, erinnert sich Bettine, »ging er auf mich los, sah mich starr an, drückte mir die Hand ... fragt, ob ich ein Lied hören wolle, was er eben komponiert habe; dann sang er scharf und schneidend: ›Kennst Du das Land‹. Und bald darauf: ›Trocknet nicht, Tränen der ewigen Liebe.‹« Und währenddessen ließ Beethoven »sichs gefallen«, dass Bettine »ihm ... die verwirrten Haare glatt strich ... Er küsste ihre Hände. Als sie gehen wollte, ging er mit ...«

Eine wunderschöne Geschichte. Leider ist die Hälfte davon nicht wahr. Was Bettine Brentano mit Beethoven erlebte, das hat sie weitgehend frei erfunden. Historisch korrekt an dem Zitat ist nur dieses: Ja, es gibt die genannten Lieder von Beethoven wirklich. Das Lied »Trocknet nicht« (= *Wonne der Wehmut* op. 83,1), welches Beethoven Bettine angeblich vorsang, als er sie zum ersten Mal traf. Und *Neue Liebe, neues Leben* (op. 75,2), das er alsdann, weil er sie auf Anhieb so toll fand und am liebsten gleich heiraten wollte, frisch für sie komponiert und ihr gewidmet habe. Hier die Tatsachen: *Wonne der Wehmut* schrieb Beethoven im Frühjahr 1810 für Therese Malfatti. Das Autograph von *Neue Liebe, neues Leben* ist verschollen, die Entstehung nicht vor 1809 zu datieren, und Beethoven widmete es der Gräfin Kinsky. Allerdings: Es gibt eine Abschrift davon, mit Beethovens

Autogramm, die sich im Besitz der Brentanos auffand. Auch das Treffen zwischen den beiden fand wirklich statt, im Mai 1810, und sie trafen sich sogar noch ein zweites Mal, zwei Jahre später, in Teplitz. Außerdem gibt es einen echten Brief an Bettine, von Beethovens Hand, vom Februar 1811. Sicherheitshalber hat sie dann noch zwei weitere Briefe Beethovens an sich selbst gefälscht.

Dichtung und Wahrheit liegen in den Bettine-Berichten dicht beieinander. Trotzdem hat man sie lange Zeit für eine authentische Quelle gehalten. Fast hundert Jahre lang ging die Beethovenforschung davon aus, dass diese romantische Romanfigur, die sich Bettine Brentano da so lebhaft ausmalte, ein Porträt des wirklichen Beethoven sei: dieses Aufbrausende, das Ungezähmte seiner Erscheinung, das Unzivilisierte an ihm, das wirre Haar. Und »sofort wird der Wilde zum frommen Lamm, wenn Bettina sich ihm nähert«, spottete der Musikwissenschaftler Arnold Schmitz.

1835, da waren Beethoven und Goethe schon tot und konnten sich nicht mehr wehren, schrieb Bettine, inzwischen verheiratete von Arnim, ihren Schlüsselroman: *Goethes Briefwechsel mit einem Kinde*. Sie fälscht darin auch Goethes Briefe, was relativ bald ans Licht kam. Warum tat sie das? Aufschluss gibt ein echter Brief an einen Freund, in dem sie sich verteidigt: »Ob mich nun die Menschen der Eitelkeit beschuldigen oder gar der Frechheit ... ob sie die einfache Wahrheit ... für Überspanntheit, Tollheit halten, manches auch gar für Unsinn, das müssen wir uns gefallen lassen. Ein jeder sieht sich selbst, da, wo er die höhere Wahrheit nicht gelten lassen will.« Wieder findet sich ein Fünkchen Wahrheit in Bettinens Flunkereien, wenn sie an Goethe, den sie unbedingt mit Beethoven verkuppeln will, schreibt: »Er führte mich zu einer großen Musikprobe mit vollem Orchester. Da saß ich im weiten, unerhellten Raum, in einer Loge, ganz allein. Einzelne Streiflichter stahlen sich durch Ritzen und Astlöcher, in denen ein Strom bunter Lichtfunken hin und her tanzte, wie Himmelsstraßen mit seligen Geistern bevölkert.

Da sah ich denn diesen ungeheuren Geist sein Regiment führen. O Goethe! Kein Kaiser und kein König hat so das Bewußtsein seiner Macht und daß alle Kraft <u>von ihm</u> ausgehe, wie dieser Beethoven … Dort stand er, so fest entschlossen, seine Bewegungen, sein Gesicht drückten die Vollendung seiner Schöpfung aus. Er kam jedem Fehler, jedem Mißverstehen zuvor, kein Hauch war willkürlich, alles war durch die großartige Gegenwart seines Geistes in die besonnenste Tätigkeit versetzt. – Man möchte weissagen, daß ein solcher Geist in späterer Vollendung als Weltherrscher wieder auftreten werde.«

Bettine von Arnim, geborene Brentano, war die Erste, die sich »ihren« Beethoven dergestalt poetisierte, ihn zum Helden und zur Lichtgestalt stilisierte. Sie machte ihn zum Teil ihres eignen Lebensromans in dem Buch *Goethes Briefwechsel mit einem Kinde,* anno 1835, das zum Bestseller wurde. Man mag Bettinens Projektionen, man mag auch all die beliebten Klatschgeschichten um Beethovens Libido lächerlich finden. Aber sie haben mit seiner Musik mittelbar doch zu tun, und das Spezifische an dem von Bettine, aus weiblicher Sicht, entworfenen Beethovenbild ist neu: Es ist das fanatische Bekenntnis zu etwas Neuem, etwas noch Unerhörtem, das es so vorher nicht gegeben hatte. Genau das ist es, was Bettine dem konservativen Goethe und seinem noch konservativeren Musikberater Carl Friedrich Zelter entgegenhält. Letzteren nennt sie einen »Holzbock«. Sie kannte ihn gut. Sie hatte ja selbst in der Berliner Singakademie unter Leitung dieses Holzbockes gesungen. »Sonderbares Schicksal der Musiksprache, nicht verstanden zu werden«, schreibt Bettine an Goethe: »Daher immer die Wut gegen das, was noch nicht gehört war, daher der Ausdruck ›Unerhört‹. Dem Genie in der Musik steht der Gelehrte in der Musik allemal als ein Holzbock gegenüber. Zelter muss vermeiden, dem Beethoven gegenüberzustehen!«

Es ist vor allem Beethovens Instrumentalmusik, in der sie das Neue aufspürt. Sie möchte sie Goethe erklären von der *Ersten Sym-*

*phonie* an. »Sprechen Sie dem Goethe von mir«, so legt sie es ihrer Romangestalt Beethoven in den Mund. »Sagen Sie ihm, er soll meine Symphonien hören, da wird er mir Recht geben, dass Musik der einzige unverkörperte Eingang in eine höhere Welt des Wissens ist, die wohl den Menschen umfasst, dass er aber nicht sie zu fassen vermag.« Die *Vierte Symphonie* B-Dur op. 60 beginnt mit einer unfassbar langsamen Einleitung, so wie Beethoven sie liebte, darin er sich an das Thema herantastet, aus großer Ferne, weit weg vom sicheren Hafen der Haupttonart. Es folgt ein Orchesterschlag. Und extrem kontrastierende Themen werden über alle Stimmgruppen verteilt.

Als die Instrumente des Symphonieorchesters diese Noten zum ersten Mal zu Gesicht kriegen, treten sie in einen Streik. Das Material selbst, Holz und Metall, protestiert. Kontrabass und Fagott, Flöte und Bratsche wollen fortan keine Klappe mehr rühren, keine Saite spannen. So erzählt es Carl Maria von Weber in seinem Romanfragment *Tonkünstlers Leben,* um 1809. Dort heißt es in Kapitel 22: »Hört das Rezept der neuesten Symphonie, das ich soeben von Wien erhalte, und urtheilt danach: Erstens, ein langsames Tempo, voll kurzer, abgerissener Ideen, wo ja keine mit der andern Zusammenhang haben darf. Alle Viertelstunden drei oder vier Noten! – Das spannt! dann ein dumpfer Paukenwirbel und mysteriöse Bratschensätze, alles mit der gehörigen Portion Generalpausen und Halte geschmückt; endlich … ein wüthendes Tempo, in welchem aber hauptsächlich dafür gesorgt seyn muss, dass kein Hauptgedanke hervortritt.«

Man könnte diese Beschreibung des Beginns von Beethovens *Vierter Symphonie* als polemische Kollegenschelte abhaken, als Teil der Auseinandersetzung über Fragen des Handwerks innerhalb der Tonsetzerzunft. Doch es steckt mehr dahinter. Dieser Streit aus der Werkstatt wurde, und zwar nicht nur von Weber, auch von anderen Komponistendichtern und Dichterkomponisten in Romanform verkleidet und auf diese Weise populär gemacht und hinausgetragen in die Welt. Manche bekannten sich zu Beethovens Neuerungen, wie E. T. A. Hoffmann oder Richard Wagner. Andere, wie Weber, bekämpften sie. Gleichwohl gehört Webers Roman *Tonkünstlers Leben,* der um die gleiche Zeit entstand, als auch Bettine Brentano mit ihrer Beethovenschwärmerei begann, zu den frühesten Zeugnissen des Beethovenmythos.

Kurz nach Beethovens Tod wuchs diesem Mythos eine politisch-dämonische Kraft zu. In der Novelle *Das Musikfest oder die Beethovener,* 1838 veröffentlicht von dem Dichter und Musiker Wolfgang Robert Griepenkerl, schlägt am Ende die vormärzliche Beethovenbegeisterung des Kontrabassisten Hitzig plötzlich um in Aktion. Hitzig spielt Beethoven, das Kontrabassrezitativ, die langsame Einleitung vom Beginn des vierten Satzes der *Neunten.* Danach zerschlägt er sein Instrument, steckt das Haus in Brand, klettert aufs Dach und springt, als der Kamin in sich zusammenstürzt, auf die Straße, in den Tod. In diesem Kontrabassrezitativ, das von Schlägen zerbrochen und von Widersprüchen zerrissen wird, erkannten die revolutionären »Beethovener« des Vormärz in Griepenkerls Novelle den »Schwanengesang sterbender Jahrhunderte ... zugleich den Nachtigallenschlag eines neuen Völkerfrühlings«.

Zwei Revolutionen und zwei Weltkriege später, als Hitlers sechste Armee vor Stalingrad steht, beginnt Thomas Mann im amerikanischen Exil mit der Niederschrift seines Romans *Doktor Faustus. Das Leben des deutschen Tonsetzers Adrian Leverkühn, erzählt von einem Freunde.* Es sei dies zwar ein Musikroman, meinte Mann, aber zugleich »ein Kultur- und ein Epochenroman«. Zugleich ist es ein »Deutschland-Roman«. Thema: die Kapitulation der deutschen Geistesgeschichte vor der Barbarei des Nationalsozialismus. Hauptfigur ist der Komponist Adrian Leverkühn, der, um sich selbst, seine Musik und letztlich auch die Welt zu retten, einen Pakt mit dem Teufel schließt. Leverkühn zieht aus den politischen Geschehnissen den Schluss, dass er die humanistische Botschaft der *Neunten* Beethovens, dieser deutschen Pathosmusik, widerrufen und zurücknehmen müsse. Er komponiert eine Antithese dazu: »Dr. Fausti Weheklag« – eine zwölftönige symphonische Kantate.

Aber es gibt viele Künstler, die das angeblich Janusköpfige der »deutschen Seele«, die sich in Beethovens Symphonik verkörpern soll, auf die Schippe genommen haben, etwa der Komponist Mauricio Kagel in seinem Film *Ludwig van* oder Stanley Kubrick in *Clockwork Orange*. Oder die Cambridge Buskers, zwei unternehmungslustige Briten, die Beethovens sämtliche neun Symphonien in vier Sätze packten und auf zwei Instrumenten unterbrachten. Da ist wirklich alles Wichtige drin: die langsame Einleitung, aber auch das Ende, das nicht weiß, wie es enden soll; das obligate Akkompagnement; der Wahnsinn; die Lyrik. An jeder Straßenecke zu spielen. In weniger als vier Minuten.

Wann immer sich Beethoven im neunzehnten und zwanzigsten Jahrhundert in eine Romanfigur verwandelte, wurden stets seine Symphonien verhandelt. Nur ein einziges Kammermusikwerk gibt es, dem ebenfalls eine Literaturkarriere beschieden war: die sogenannte *Kreutzersonate* für Violine und Klavier A-Dur op. 47. Ein halbes Dutzend Novellen und Romane knüpfen sich an dieses Stück.

Im Original trägt diese Sonate den Untertitel: »scritta in un stilo molto concertante, quasi come d'un concerto« (»geschrieben in einem sehr konzertanten Stil, fast wie bei einem Konzert«). Das war, als dieses Stück uraufgeführt wurde, neu. Beethoven selbst saß am Flügel an diesem 24. Mai 1803 im Wiener Augartentheater. Er war im letzten Moment fertig geworden, die Tinte noch nicht trocken, und sein Partner, der vierundzwanzigjährige Geiger George Polgreen Bridgetower, musste also a prima vista direkt aus der Klavierstimme spielen – verbürgt zumindest für den zweiten Satz –, über Beethovens Kopf hinweg. Das Publikum, ratlos, vielleicht auch überwältigt von dem furios-virtuosen Vortrag der beiden, lachte die Musiker anschließend aus. So berichtet es Beethovens Schüler Carl Czerny, der live dabei gewesen war. Der Rezensent der *Allgemeinen musika-*

*lischen Zeitung* schrieb später, es handele sich bei dieser Sonate um einen Fall von »ästhetischem oder artistischem Terrorismus«. Und fügte hinzu, der Komponist habe offenbar nichts weiter im Sinn, als »vor allen Dingen immer nur ganz anders zu seyn, als andere Leute«.

In gewisser Weise hat die Rezeptionsgeschichte der Sonate dieses frühe Urteil mehrfach eingelöst. Alle Novellen, die sich darauf beziehen, handeln von Regelverstößen und davon, wie einer »anders seyn will als andere Leute«. Den Anfang macht Lew Tolstoi. Seine Erzählung *Kreutzersonate* erscheint 1890. Ein Mord ist geschehen. Der Icherzähler ist der Mörder persönlich. Es ist der Gutsbesitzer Posdnyschew, er hat seine Ehefrau erdolcht, kaltblütig, vorsätzlich, und weiß sich dazu noch im Recht. Warum? Weil sie so frei und so anders war als er, und weil sie Beethoven spielte. Madame Posdnyschewa spielt Klavier, ein junger Freund des Hauses spielt Geige. Die beiden spielen die *Kreutzersonate,* und das reicht, um den Ehemann zur Weißglut zu treiben: »Diese Sonate ist etwas Schreckliches. Die Musik überhaupt ist etwas Schreckliches! Man sagt, die Musik wirke erhebend auf die Seele. Das ist Unsinn! Lüge! Was ist das nur? Ich weiß es nicht? Was ist die Musik?«

Vom Presto-Finale der *Kreutzersonate* sagt Herr Posdnyschew, es sei doch eigentlich recht banal und »ganz unbedeutend«. So spricht ein Fuchs, dem die Trauben zu hoch hängen. Tatsache ist, dass Posdnyschew eifersüchtig ist, rasend eifersüchtig auf die beiden, die da miteinander musizieren: seine Ehefrau und der junge Gast. Weil sie dabei nämlich im Salon, vor allen Leuten, ganz alleine miteinander sind, in ihrer eignen, abgeschlossenen, rätselhaften Welt, von der alle anderen ausgeschlossen bleiben. Der junge Mann hat übrigens auch einen Namen in der Erzählung, er heißt Truchatschewski. Die Frau jedoch, deren Körperlichkeit Tolstoi sehr ausführlich vom Icherzähler und Ehemann beschreiben lässt, die bleibt bis zum Schluss, bis sie erdolcht wird und verblutet, namenlos, als sei sie nur ein Möbelstück oder sonst wie eine Sache, die man(n) halt benutzt.

Frauen sind wertlos, Sex und Musik sind Sünde. Dies die eine Botschaft dieser Novelle, wie Tolstoi selbst es noch einmal im Nachwort beteuert. Ende des neunzehnten Jahrhunderts, als die Emanzipation der Frau auch in Russland schon begonnen hatte, war diese Novelle ein Schock. Tolstoi habe, so sagte es einmal Heinrich Mann, »das Gebot der Keuschheit nach tausend Jahren wieder wörtlich (und) heilig genommen«. Nebenbei erklärte Tolstoi Beethovens *Kreutzersonate* zu einem Werkzeug des Teufels. Denn seine Musik greift ins Unterbewusste. »Die Musik«, sagt Posdnyschew, »zwingt einen zur Selbstvergessenheit, sie lässt den Menschen seine wahre Gemütsverfassung vergessen … Musik erweckt in mir immer das Gefühl, als empfände ich etwas, was ich in Wirklichkeit gar nicht empfinde, als verstünde ich etwas, was ich gar nicht verstehe, als könnte ich etwas ausführen, wozu ich gar keine Möglichkeit habe.«

Es gibt eine Theorie in der Beethovenforschung – nicht unheikel, sie wird allerdings von den Briefwechseln der Gräfin Josephine von Deym teilweise bestätigt –, wonach Beethoven selbst in eine Ehebruchsgeschichte à la Tolstoi verstrickt gewesen sein soll mit ebenjener Gräfin, für die und mit der er viel musizierte, ja sogar die Thematik im ersten Satz der *Kreutzersonate* wurde bereits analytisch so gedeutet: »Drei extreme, vor allem rhythmisch kontrastierte Hauptthemen, gleichsam verbunden durch die kleine Sekund am Beginn, vermitteln den Eindruck einer ›ménage à trois‹«, behauptet der Geiger Thomas Albertus Irnberger im Booklet seiner Einspielung. Demnach wäre das Hauptthema wohl der Ehemann:

das zweite Thema dann die Ehefrau:

und zwischen beiden tritt der stürmische Liebhaber auf:

Natürlich ist das reine Spekulation. Musik taugte noch nie zu gerichtsverwertbaren Beweisen. Aber erlaubt ist, was gefällt, es gibt eine ganze Schule von musikwissenschaftlichen Hermeneutikern, die ständig auf der Suche sind nach solch direkten Abdrücken der Biographie in den Noten.

Der »Kreutzersonaten-Plot« vom Ehebruch in der Musik pflanzte sich jedenfalls fort und vererbte sich weiter, von Lew Tolstoi auf Leoš Janáček, der ein Streichquartett *Kreutzersonate* benannte, woraufhin die Schriftstellerin Margriet de Moor eine weitere Novelle namens *Kreutzersonate* schrieb, in der es wieder zu einem Ehekrieg mit tödlichem Ausgang kommt, nur trägt diesmal die Musik Janáčeks die Schuld. Und auch Thomas Mann, von dem schon die Rede war, hat den »Kreutzersonaten-Plot« zitiert, und zwar im letzten Kapitel der *Buddenbrooks*. Dieser Roman nimmt mit vielen langsamen Einleitungen Fahrt auf und steuert dann sehr schnell dem Ende zu – einem Ende, das beschleunigt wird durch Musik. Senator Thomas Buddenbrook lauscht heimlich an der Tür, als seine schöne, stille Ehefrau Gerda mit dem Leutnant von Trotha im Salon musiziert. Sie spielt Geige, der Leutnant Klavier. Und wie bei Tolstoi sind auch hier die schlimmsten Momente die, wenn die Musik schweigt und es still wird, eine brüllende Stille, die den Lauschenden auf wilde Ideen bringt. Welches Stück Gerda und der Leutnant da spielen? Selbstverständlich eines von Beethoven, aber was genau, das verrät uns Thomas Mann nicht. Nicht an dieser Stelle. Er liefert aber die Information trickreich nach, einige Romanseiten später. Inzwischen ist der Senator gestorben, lächerlicherweise an einem kranken Zahn. Seine Witwe greift wieder zur Stradivari, diesmal begleitet von Sohn

Hanno. Nicht die *Kreutzersonate* spielen die beiden, vielmehr die *Frühlingssonate* F-Dur op. 24: »Bei dem Adagio sang die Geige wie ein Engel.« Aber danach legt Gerda plötzlich das Instrument weg, »betrachtet es mißmutig und sagte, dass es nicht in Stimmung sei«. Der Finalsatz bleibt ungespielt. Wenige Buchseiten später ist der kleine Hanno tot und der Roman zu Ende.

Einen der gewiss noch nicht letzten, aber bestimmt lustigsten Beiträge zum literarischen »Kreutzersonaten-Kettenbrief« lieferte 1988 Vicco von Bülow alias Loriot. In seinem Film *Ödipussi* legt sich die Mutter des Helden einen Hausfreund fürs gemeinsame Musizieren zu. Diesmal ist der – von Loriot verkörperte – Sohn ausgeschlossen von der Musik-Zweisamkeit. Diesmal wird auch nicht Geige gespielt, sondern gesungen. Und nicht Beethoven, vielmehr Brahms. Der Hausfreund, Herr Weber, hat zwar nichts zu sagen, wird aber verkörpert von einem namhaften deutschen Opernintendanten, der der Familie Wagner in Bayreuth lange Jahre nützlich war: Klaus Schultz. Zwei Jahre nach diesem Film, der Beethoven und die Buddenbrooks und Sigmund Freud zusammenquirlt, reichte dann Dieter Kühn noch ein weiteres »Kreutzersonaten-Kapitel« nach, einen exotischen Reisebericht mit dem Titel *Beethoven und der schwarze Geiger*. Der »schwarze Geiger« ist kein anderer als jener George Bridgetower, der uns bereits bei der Uraufführung der *Kreutzersonate* begegnet ist. Ludwig van Beethoven hörte ihn zum ersten Male im Juli 1802 im Böhmischen Saal in Wien. Bridgetower war kein abessinischer Prinz, wie später behauptet wurde, er kam auch nicht aus Afrika. Er war Mulatte, Sohn eines Esterhazyschen Lakaien, protegiert von Haydn, befreundet mit Beethoven, von dem er zwar viele Werke spielte, der ihm aber kein einziges gewidmet hat. Nur die *Kreutzersonate*, die hatte ursprünglich »Sonata Mulattica composta per il mulatto Brischdauer« heißen sollen. Dann zerstritten sich die beiden, und Beethoven widmete das Werk dem Geiger Rodolphe Kreutzer, der es dann niemals aufführte, da es ihm zu schwierig war.

Dieter Kühn sorgt nun dafür, dass Beethoven und der Geiger Bridgetower sich wieder vertragen. Letzterer überredet Beethoven, das klatschsüchtige Wien mit all den kunstfeindlichen Spießern zu verlassen und mit ihm in seine Heimat Westafrika zu segeln. Ein »Was-wäre-wenn«-Roman: Was wäre, wenn Beethoven nicht in Wien geblieben wäre? Keine *Neunte* und keine *Missa solemnis* komponiert hätte? Stattdessen afrikanische Polyrhythmik kennengelernt hätte? Kralsgesänge? Wäre die deutsche Musikgeschichte – und vielleicht auch die deutsche Geschichte – anders verlaufen?

Kurzum: Bridgetower und Beethoven schiffen sich in Genua auf einem Frachter ein. Zufällig ist eine Kabine weiter auch die »Unsterbliche Geliebte« mit an Bord. Man gerät in einen Sturm, fällt unter die Piraten, zecht mit dem Kapitän, tanzt mit afrikanischen Häuptlingen – aber das Allerschönste daran ist wohl, dass Beethoven bald gar nicht mehr taub ist, vielmehr ganz ausgezeichnet hören kann.

Beethoven hat auf dieser Reise auch seine Bratsche dabei, die natürlich unter dem feuchten Seeklima leidet: »Beethoven wieder mit der Bratsche auf dem Oberdeck. Oder sollte er nicht ein Instrument spielen, das sich leichter transportieren lässt, weniger anfällig ist? Hat er in Bonn nicht auch Waldhorn gespielt, als Schüler von Simrock? Also: Beethoven auf dem Deck, sitzend oder stehend, bei aufgefrischtem Wind, und er bläst das Waldhorn, the French Horn, le cor, il corno? Und es wird wieder einmal hörbar, wie anfällig dieses Instrument ist für falsche Töne? … Will ausprobieren, was man diesem Instrument zumuten kann, was es leisten kann. Den Hornisten hat er schon besonders betonte Passagen seiner Ouvertüren und Sinfonien zudiktiert, hier müssten Steigerungen aber noch möglich sein. Und er lacht. Er setzt das Waldhorn an, bläst einen frech pointierten Ruf, übt dann gestopfte Klänge. Wieder Töne, die aus dem Instrument herausplatzen. Und die Southern Cross scheint noch rascher zu segeln.«

Jeder Dichter und jeder Poet, der sich in Beethovens Musik gespiegelt hat, spiegelte darin zunächst einmal sich selbst und die Konflikte seiner Zeit. So auch Irene Dische, die halb in New York, halb in Berlin lebt. Sie brachte 1993, drei Jahre nach der deutschen Wiedervereinigung, ihren furiosen Beethovenroman *Ein fremdes Gefühl oder Veränderungen über einen Deutschen* heraus, in dem, achtundvierzig Jahre nach dem Untergang Nazideutschlands, ein tragikomisches Nachspiel zu Thomas Manns *Doktor Faustus* aufscheint. Der Bauplan der dreiunddreißig Kapitel folgt dem Bauplan zu Beethovens *33 Veränderungen über einen Walzer von Anton Diabelli* op. 120. Allerdings ist Disches Roman ein Politthriller, eine krasse Satire auf Deutschland im Jahr der Wiedervereinigung. Auf dem Höhepunkt heiratet ein anämischer deutscher Wissenschaftler, ein Adliger, mit viel Dreck am historischen Familienstecken unter obskuren Umständen eine russische Immigrantin und Mamutschka. Die Braut spielt auf der Hochzeit Klavier: die *Diabelli-Variationen* op. 120. Nicht nur die Grundfesten des Hauses werden dadurch erschüttert, auch die Natur leidet, Mensch und Tier, Zwergwespen, Schaben und Schmetterlinge. »Die Braut spielte und spielte. Sie spielte, was sie von Deutschland wusste, sie spielte Beethoven ... Sie schien auf ihrem Klavierhocker zu schweben, den Mund zu einem Hexengrinsen verzogen, während ihre Hände herumwirbelten und Abrakadabra, ein gewaltiges Schluchzen und Jammern aus dem Instrument hervordrang. Einige flohen, andere blieben und hörten weiter zu, obwohl sie eigentlich nicht wollten. Denn was die Pianistin spielte, war erkennbar und doch auch wieder nicht erkennbar, es war anders. Und diese Andersartigkeit empörte die Zuhörer. Sie suchten nach Gründen, und weil sie die Andersartigkeit nicht benennen wollten, sagten sie: ›Drittklassig‹. Wahrscheinlich gibt es mehr drittklassige Pianisten auf der Welt als Menschen ... Plötzlich begann es heftig zu regnen.«

Ein Gewitter entlädt sich. Das Haus bricht zusammen. Wieder kommt es zur Katastrophe, und abermals ist Beethovens Musik daran schuld.

Auch diese Story hat eine Coda: Anatol Ugorski, ein russischer Pianist und Dissident, Jude und Flüchtling, kam 1989 nach dem Fall der Mauer nach Berlin. Er landete mit seiner Familie zunächst in einem Auffanglager und einem Asylantenheim, lernte dann zufällig Irene Dische kennen, die ihm zu ersten Kontakten verhalf, unter anderem mit der Deutschen Grammophon, und er übte bei ihr daheim in Charlottenburg auf ihrem Flügel. Dische hat in ihrem Beethoven- und Wiedervereinigungsroman auch Ugorski ein Denkmal gesetzt – ihm, und natürlich Beethovens *Diabelli-Variationen*, ist ihr Buch gewidmet.

# 4

# »MOZART'S GEIST AUS HAYDENS HÄNDEN«

G ebt Acht! Dieser Jüngling wird noch viel in der Welt von sich reden machen!«

Diese Prophezeiung wurde zu einem geflügelten Wort. Wolfgang Amadeus Mozart soll das gesagt haben, über Beethoven. Logisch, natürlich! Ein Genie erkennt auf Anhieb, wenn er ein anderes Genie vor sich hat. Aber: Hat Mozart das wirklich so gesagt, wie Beethovens Adlatus Anton Schindler es kolportierte? Hat Mozart das überhaupt sagen können? Wo noch nicht einmal sicher ist, ob die beiden einander im Leben je begegnet sind. Was wusste Mozart von Beethoven? Und umgekehrt: Was wusste Beethoven von Mozart? Trafen sie sich? Wie gut kannten sie einander?

Virtuell, in der Musik, haben sich die Wege der beiden öfter gekreuzt, zum Beispiel in den *Diabelli-Variationen* op. 120. »Notte e giorno faticar«, singt Leporello, wenn er in Mozarts *Don Giovanni* zum ersten Male auftritt: Er habe es nun satt, Tag und Nacht für seinen Herrn zu arbeiten. Beethoven hat dieser Figur in der zweiundzwanzigsten Variation seines op. 120 ein Denkmal gesetzt, wobei das Diabellische Walzerthema hier nur noch andeutungsweise an ein paar wenigen Akkordstützen erkennbar ist – so gut wie gar nicht mehr vorhanden.

Dieser Walzer wird bekanntlich in Beethovens spätem Variationenwerk so dekonstruiert und zertrümmert, dass man ihn oftmals nicht mehr wiedererkennt, das Thema werde vielmehr, so sagte es der Musikforscher Gustav Ernest, »nur noch gestreift«, weshalb man eigens das Wort »Strukturvariation« dafür erfand. Kurzum: Mit den geistreichen, virtuosen, brillanten und halb improvisierten Bravourvariationen, die Beethoven in seinen Anfängen komponiert hat, teils im Stile Mozarts, vor allem aber zu Ehren Mozarts und auch nach Themen von Mozart, hat diese Variationstechnik des alten Beethoven überhaupt nichts mehr zu tun. Dazwischen liegt ein Menschenleben, und eine Zeitenwende.

Insgesamt viermal hatte der junge Beethoven ein Thema aus einer Mozart-Oper zum Gegenstand von Bravourvariationen gewählt, die er dann selbst im Konzert vorzutragen pflegte: zweimal aus der *Zauberflöte*, je einmal aus *Don Giovanni* und *Figaros Hochzeit*. Alle diese Variationen brachte er in den ersten Wiener Jahren heraus, er gab damit in den adligen Salons quasi seine Visitenkarte ab. Nach den Gebräuchen des damaligen Musikmarktes, zu einer Zeit, die noch nicht die Verbreitung der Musik durch die Schallplatte kannte, hatten solche Weiterverarbeitungen von Kollegenmusiken einen hohen Rang. Improvisation und Effekt und die Frage der Ehre spielten dabei eine große Rolle. So war es also ein Signal, das von allen verstanden wurde, als Beethoven nach seiner Ankunft in Wien als Erstes seine Variationen F-Dur WoO 40 in Druck gab: über das Thema »Se vuol ballare« aus *Figaros Hochzeit*.

Als Beethoven starb, fand man in seinem Nachlass eine große Anzahl gedruckter Kompositionen Mozarts vor, dazu ein gutes Dutzend Abschriften aus Mozartschen Werken, eigenhändig angefertigte Kopien also bzw. Skizzen, und zwar nicht nur aus Beethovens Studienzeit, sondern quer durch alle Schaffensperioden. Und auch keineswegs nur aus Mozarts Opern, sondern zum Beispiel aus der Durchführung des vierten Satzes der g-moll-Symphonie KV 550, aus der Kyriefuge des *Requiem* und so fort. Was bedeutet: Beethoven hat sich nicht nur mehrfach öffentlich tief verneigt vor seinem Idol. Er hat sich auch analytisch mit Mozarts Kompositionen befasst, sein Leben lang. Das ging los mit den ersten Gesellenstücken, die er in Bonn als jüngster Hofmusikus der kurfürstlichen Kapelle im Unterricht bei Musikdirektor Neefe komponierte: Glänzende Stilkopien Mozartscher Violinsonaten verstecken sich – wie erwähnt – in den Klavierquartetten WoO 36,1–3, entstanden 1785. Schließlich: Mozart wurde damals sehr viel gespielt in Bonn. Der neue kölnische Kurfürst Maximilian Franz, jüngster Bruder von Kaiser Joseph II., kannte Mozart persönlich, ja am liebsten hätte er ihn selbst aus Wien mitgebracht in seinem Tross, als er 1784 die Regentschaft in Bonn antrat, hat auch nichts unversucht gelassen, ihm höchste Ehren und eine feste Stellung angeboten. Und, wer weiß, hätte Mozart zugesagt, dann wäre statt Neefe wohl Mozart Beethovens erster Lehrer und Mentor geworden und die Musikgeschichte womöglich anders verlaufen. So wie die Dinge aber lagen, hatte Beethoven am Hofe des Mozart liebenden Kurfürsten immerhin jede Menge Gelegenheit, Werke von Mozart zu hören und selbst zu spielen.

Mozart war für ihn ein Fixstern in diesen frühen Jahren, ein kompositorisches Vorbild, dem er durch »copy and paste« auf die Spur zu kommen suchte. »Mozartismen«, wie Beethovenforscher Ludwig Schiedermair das treffend nannte, finden sich in vielen frühen Werken. Das reicht bis tief in die ersten Wiener Jahre, bis zu den Klaviertrios op. 1. Und es führte dazu, dass Beethoven sich zuweilen unabsichtlich Mozartschen Gedankengängen hingab, ja vielleicht sogar mozartisch träumte. Auf einem Skizzenblatt vom Oktober 1790, welches der Musikforscher Joseph Kerman edierte, findet sich eine auf zwei Systemen notierte Passage in c-moll, sieben Takte im Sechsachteltakt, dazu eine Bemerkung von Beethovens

Hand: »Diese ganze Stelle ist gestohlen aus der Mozartschen Sinfonie in c wo das Andante in 6 8tel ...« An dieser Stelle bricht seine Notiz ab, auf Worte folgen Noten: Beethoven schreibt die gleiche Passage nochmals ab, allerdings verändert, und fügt dazu »Beethoven ipse« an, was bedeutet: »Das habe ich aber nun selbst gemacht!« Er hatte sich beim unfreiwilligen Abschreiben erwischt!

Die Mozartsymphonie, aus der er glaubte, abzuschreiben, ist freilich nicht zu identifizieren. Trotzdem zeigt diese Skizze die Grenze zwischen Zitat und Plagiat auf, den Unterschied zwischen der Hommage an einen Kollegen und musikalischem Diebstahl. Und es wird daraus deutlich, dass Beethoven diesen Unterschied kannte, respektierte und, in praktischer Auseinandersetzung mit Mozart, auf dem Weg war, seinen eigenen Stil zu entwickeln.

Auch Mozartsche Lieblingsinstrumente probierte Beethoven aus, sogar wenn die Kombination unpraktisch und unverkäuflich war. Einstweilen ungedruckt mussten daher die *Variationen über »Là ci darem la mano«* aus Mozarts *Don Giovanni* WoO 28 bleiben, raffiniert konzipiert für zwei Oboen und Englischhorn, mit einem Fugato und zünftiger Mollvariation. Vergeblich bot Beethoven das Werk diversen Verlegern an. Alle lehnten ab, von Breitkopf und Härtel bis zu C. F. Peters, erst 1914 wurde das Stück erstmals gedruckt, und bis heute wird es sehr selten gespielt.

Da Mozart partout nicht nach Bonn umsiedeln wollte, schickte der Kurfürst kurzerhand den jungen Hochbegabten, den er in Bonn vorfand, auf Studienreise zu Mozart nach Wien, damit der ihm einen »Bonner Mozart« formen möge. Und, wie das üblich war, spendierte der Arbeitgeber diese Fortbildungsreise für seinen Angestellten.

Zehn bis siebzehn Tage dauerte eine Fahrt mit der Postkutsche von Bonn nach Wien, je nachdem, ob man den Normalpreis zahlte oder per Eilpost fuhr. Der Weg führte über Frankfurt, Würzburg, Nürnberg, Regensburg, Passau und Linz. Irgendwann im Frühjahr des Jahres 1787, sechzehn Jahre jung, setzte sich Beethoven in diese

Kutsche. Wann genau, darüber streiten sich bis heute die Gelehrten. In jeder Beethovenbiographie steht darüber etwas anderes zu lesen. Im ungünstigsten Falle geht man davon aus, dass Beethoven Ende März losfuhr. Würde bedeuten, dass er nur zwei Wochen in Wien sein konnte, da er sich am 25. April nachweislich schon wieder auf der Rückreise befand. Woraus zwingend folgt: Er *kann* Mozart gar nicht angetroffen haben, denn der war im fraglichen Zeitraum auch gerade unterwegs. So sagen die einen. Die anderen halten sich an den obskuren Bericht Anton Schindlers, über ein Fugen-Vorspiel des jungen Beethoven bei Mozart. 2006 wies Dieter Haberl anhand der Gästelisten – so vorhanden – der von Beethoven durchreisten Städte nach, dass er deutlich früher und länger in Wien gewesen sein muss und dass er auf der Rückreise deutlich länger brauchte als bisher angenommen. Beethoven machte auf dem Rückweg nämlich einen Umweg über München und Augsburg, wo er den Klavierfabrikanten Johann Georg Stein besuchte. Diese Reiseroute spricht dagegen, dass er überstürzt hatte zurückfahren müssen nach Bonn, angeblich der todkranken Mutter wegen. Die starb allerdings erst ein Vierteljahr später, am 17. Juli. Spektakulär ist nun, dass Haberls Untersuchungen einen ganz neuen Zeitrahmen eröffnet haben: Ankunft Beethovens in Wien um den 15. Januar herum, Abreise am 28. März. Acht oder gar neun Wochen war er also in der Stadt. Das bedeutet: Ja, er kann, ja er muss Mozart begegnet sein. Der chronische Anekdotenerzähler Schindler hatte also sehr wahrscheinlich einmal recht mit seinem Bericht: Beethoven hat Mozart vorgespielt, und zwar bei Hofe, in Anwesenheit von Kaiser Joseph II., der sich den vom Bruder empfohlenen jungen Mann aus Bonn mal anhören wollte – ein ihm von Mozart aufgegebenes Thema – »Es soll ein Fugenthema gewesen sein« – zu aller Zufriedenheit »ex tempore durchgeführt«. Über welches Thema er improvisiert haben soll, ist nicht überliefert.

Dennoch gibt es immer noch ein paar Fragezeichen: Hätte Beethoven wirklich Unterricht gehabt bei seinem Idol Mozart, hätte er ihn mehrfach getroffen, ihm vorgespielt, wieso hat er davon nichts erzählt? Beethoven war ein Kontrollfreak. Er bewahrte Zettel und Notizen über alle möglichen Alltagsangelegenheiten auf. Warum gibt es keine Notiz über diese Begegnung mit Mozart? Im Konzert freilich hat er ihn wohl sicher gehört. Da kann es kaum Zweifel geben. Der äußerst zuverlässige Carl Czerny, Beethovens Schüler, berichtet, dass Beethoven oft davon gesprochen habe, Mozarts Klavierspiel sei ihm so »gehackt« vorgekommen – Beethoven dagegen, der am Clavichord gelernt hatte, bevorzugte das Legatospiel. Und auch dass Beethoven auf dem Rückweg von Wien in Augsburg Station machte, um den von Mozart so hoch geschätzten Klavierbauer Stein aufzusuchen, spricht für einen professionellen Kontakt. Nicht in Tonsatzübungen also (wie später bei Haydn) erschöpft sich die Begegnung Beethovens mit Mozart: Sie begegneten einander als Pianisten, an den Tasten. Und wer weiß, vielleicht haben sie sogar vierhändig gespielt.

Zurück in Bonn, trat Beethoven, das ist bezeugt, mehrfach als Pianist in Aufführungen Mozartscher Klavierkonzerte auf. Besonders liebte er das d-moll-Konzert KV 466, zu dem er später eigene neue Kadenzen schrieb. Und: das c-moll-Konzert KV 491. Überhaupt: Beethoven kannte alle Mozartschen Klavierkonzerte in- und auswendig, und wenn es eine Gattung gibt, in der er direkt an Mozart anschließt und Mozarts Ideen weiterentwickelt, dann ist es diese. Er beginnt damit sofort nach seiner Rückkehr aus Wien. Siebzehnjährig nimmt er ein erstes Klavierkonzert in Angriff, das später, im Druck, als sein zweites firmiert. Es steht in B-Dur und ist wahrscheinlich sein »mozärtlichstes«. Die Exposition, darin das Orchester viele kontrastierende Themen vorschlägt und das Klavier spät, aber mit einem ganz eignen Thema quereinsteigt, folgt Mozartschem Vorbild ebenso wie die Periodenbildung, die Chromatik, das Helldunkel der harmonischen Rückungen und die leichte, improvisatorische Faktur des Klaviersatzes. Auch die Bläsereinwürfe im langsamen Satz könnten von Mozart sein.

»Mozart's Geist aus Haydens Händen.« Graf Waldstein schrieb diesen berühmten Satz in Beethovens Reise-Stammbuch hinein, als dieser, ein Jahr nach dem plötzlichen Ableben Mozarts, zum zweiten Male vom Kurfürsten Maximilian Franz nach Wien geschickt wurde. Das Zitat lautet, in voller Schönheit: »Mozart's Genius trauert noch und beweinet den Tod seines Zöglings. Bey dem unerschöpflichen Hayden fand er Zuflucht, aber keine Beschäftigung; durch ihn wünscht er noch einmal mit jemandem vereinigt zu werden. Durch ununterbrochenen Fleiß erhalten Sie: Mozart's Geist aus Haydens Händen.«

Im Unterschied zum Falle Mozart sind wir im Falle Haydn freilich genau unterrichtet darüber, wann und wo Beethoven ihn kennenlernte. Das war am 25. Dezember 1790, als Haydn auf dem Weg nach London in Bonn Quartier machte. Auch der weitere Verlauf dieser Bekanntschaft gibt keinerlei Rätsel auf. Bereits im zweiten Kapitel ist über den Unterricht, den Beethoven zwei Jahre lang bei Haydn genoss, berichtet worden. Anders als im Falle Mozart stochern wir bis heute jedoch immer noch relativ erfolglos in den Noten herum, wenn es gilt, konkrete Bezüge in der Musik aufzufinden. Was hat Beethoven wirklich gelernt von Haydn? Zweihundertvierundfünfzig Blätter mit Kontrapunkthausaufgaben, das kann es wohl kaum gewesen sein!

Immerhin, es gibt auch ein paar Kopien und Exzerpte, die Beethoven von Haydnschen Kompositionen anfertigte, wie er das schon bei Mozart tat, im Sinne eines »Lernens nach Mustern«, durch Nachahmung. Quartette und Symphonien finden sich darunter, unter anderem die Symphonie Nr. 99 Es-Dur. Es ist dies eine der *Londoner Symphonien* Haydns und die erste, in der er Klarinetten verwendet hat. Beethoven kopierte das Finale, und zwar insbesondere mehrere Stellen aus der Durchführung. Offenbar interessierte er sich für die durchbrochene Arbeit und die knackigen Beleuchtungswechsel bei der Verteilung der Stimmen in den Bläsern.

»Learning by copy & paste«, das war seinerzeit, als die bürgerliche Idee des Originalgenies noch jung war, ein ganz übliches und absolut ehrenhaftes Verfahren. Ein direkter Bezug dieser Haydn-Symphonie zu einem Orchesterstück Beethovens, in dem er dieselbe Technik analog verwendet hätte, lässt sich allerdings nicht nachweisen. Überhaupt kann man, obgleich sich Scharen von Musikwissenschaftlern mit dieser Frage befasst haben, kaum eine Passage bei Beethoven identifizieren, in der es eindeutige Anklänge an Haydn gäbe. Überraschende Modulationen, witzige Dynamikwechsel, kühne Dissonanzen, theatralisch-rhythmische Effekte, all das hat er ebenso gut auch von Mozart oder aber von den Mannheimern lernen können. Dass Beethoven so wenig imprägniert wird vom Vorbild Haydn, könnte daran liegen, dass sein Personalstil dank Neefes Unterricht schon sehr ausgeprägt war, als er mit einundzwanzig Jahren endlich in Haydns Gesichtskreis in Wien aufkreuzte. Mozart hingegen: Der war der heimliche Held seiner Bonner Jugend gewesen.

Als Beethoven 1792 zum zweiten Mal nach Wien kam, diesmal für immer, hatte er nicht nur die Mutter und seine kleine Schwester verloren, sich inzwischen um den Vater sorgen und die Verantwortung für seine beiden jüngeren Brüder übernehmen müssen, die ihm dann beide bald nach Wien nachfolgten. Er war ein erwachsener Mann. Fand im Konzertsaal und in den Salons als Pianist höchste Anerkennung, verdiente gutes Geld, hatte auch bereits etliche große repräsentative Kompositionen abgeschlossen, wofür ihm ebenfalls Ruhm zuteilwurde – und trug entsprechend die Nase zuweilen hoch. Allerdings löste er mit Demut und fleißig die Tonsatzaufgaben, die ihm Haydn stellte. Ansonsten, so heißt es, sei das Verhältnis zwischen den beiden abgekühlt und später zunehmend von Konkurrenz geprägt gewesen. Zum offenen Konflikt kam es dann aus Anlass der Uraufführung von Beethovens op. 1, drei Klaviertrios, mit denen er in Wien den Durchbruch erzielte. Er hatte alles auf eine Karte gesetzt: Diese Trios sind etwas Besonderes, Unerhörtes. Die bis dahin als virtuose Salonmusikgattung bewährte Besetzung wird von Beethoven aufgefüllt und aufgewertet, er entwickelt sie weiter, indem er die viersätzige Form des Quartetts darüberstülpt. Zwar ist das Klavier nach wie vor konzertant geführt, aber die anderen Instrumente sind gleichberechtigte Partner, und zwei wuchtige Sonatenhauptsätze rahmen jeweils Anfang und Ende.

So viel Neues, das war Haydn zu viel. Er empfahl seinem Schüler, der die drei Klaviertrios dem gemeinsamen Mäzen, Fürst Lichnowsky, gewidmet hatte und in dessen Salon uraufführen wollte, das wildeste der Stücke, das dritte in c-moll, wegzulassen: Das Publikum sei dafür noch nicht reif. So etwas ließ sich Beethoven nicht zweimal sagen. Er wurde wütend. Natürlich wurde das c-moll-Trio gespielt! Jetzt erst recht.

Diese Uraufführung fand Ende 1793 bei einer Abendgesellschaft des Fürsten Lichnowsky in Wien statt, in Anwesenheit von Haydn. Sie machte Furore, obwohl der ältere Komponist väterlich von einer Aufführung abgeraten hatte. Man hat sich dann zwar wieder vertragen, doch, so lautet ein stereotyper Satz in der Beethovenliteratur, der immer wieder, von Autor zu Autor, weiterwanderte: Haydn, so heißt es, sei fortan mit Beethoven nicht so gut ausgekommen. Und umgekehrt. Aber: Mit wem sonst kam Beethoven denn schon gut aus?

Immerhin hat er seinem Lehrer in Verehrung das op. 2 gewidmet, drei große Klaviersonaten, und der hat dieses Geschenk gern angenommen. Was Beethoven umgekehrt von Haydn hielt, ist aus vielen seiner Äußerungen bekannt: Er verehrte ihn, und er fürchtete ihn wohl auch. Nicht umsonst hat er um die Königsdisziplin der Komposition, jene Chefgattung, in der Joseph Haydn die Standards gesetzt hatte, lange Zeit einen großen Bogen gemacht. An das Streichquartett tastete sich Beethoven über den Umweg der Perfektionierung des Streichtrios heran. Erst Jahre später, um 1800, traten die beiden in direkte Konkurrenz, als sie zeitgleich im Auftrag des

Fürsten Lobkowitz eine Serie von Streichquartetten in Angriff nahmen: Beethoven vollendete mit op. 18 seine ersten sechs Streichquartette, Haydn mit op. 77 – er schaffte nur noch zwei – seine letzten.

Auch Haydn hat übrigens wohl, wie Mozart, gleich erkannt, wen er da vor sich hatte. Als Beethoven bei ihm aufkreuzte, erfand er alsbald einen charmanten Spitznamen für diesen stolzen Jungen: »Großmogul«. So ist es mehrfach kolportiert worden, von verschiedenen Zeugen. War er unterwegs, dann hat sich Haydn immer mal wieder brieflich nach Beethoven erkundigt, spöttisch, liebe- und sorgenvoll: »Was treibt denn unser Großmogul?« Das muss gut angekommen sein in Wien, wo man sich gerade von der Türkenmode erholte und unter dem frischen Eindruck von Mozarts *Entführung aus dem Serail* stand, darin Blonde dem Haremswächter Osmin im Duett den Marsch mit den Worten bläst: »Und wenn du der Großmogul wärst!«

In einem Konzert in Wien, am Palmsonntag des Jahres 1798, dirigierte der alte Haydn persönlich die Vokalfassung seiner *Sieben letzten Worte unseres Erlösers am Kreuze*. Das war ein Konzert von der Art, wie es wohl keiner in der Wiener feinen Gesellschaft auslassen wollte. Haydn ließ als Gast auch seinen »Meisterschüler« Beethoven auftreten, den »Großmogul«, und der wählte dazu ein Werk aus, mit dem er indirekt dem dritten Meister im Bunde huldigte: dem verblichenen Mozart. Letzteres konnten damals allerdings nur die wenigsten bemerken: Dieses Quintett für vier Bläser und Klavier op. 16 ist eine Beethovensche Blaupause von einem Mozartschen Quintett für die gleiche außergewöhnliche Besetzung, in der gleichen Tonart, mit dem gleichen Aufbau, der gleichen Satzfolge. Nur war Mozarts Quintett zu diesem Zeitpunkt noch nicht verbreitet und noch nicht im Druck veröffentlicht worden. Woher kannte es Beethoven?

Da kann man nur spekulieren. Er hatte im Frühjahr 1796 mit der Komposition des Stücks begonnen, als er, auf den Spuren

Mozarts, nach Prag gereist war. Womöglich hat er dort, in Prag, eine Abschrift des Mozartschen Quintetts zu Gesicht bekommen und daraufhin diesen Zwilling verfasst. Vielleicht kannte er es über seinen Freund, den Cellisten Nikolaus Zmeskall, der das Mozartsche Autograph besaß. Beethovens Quintett op. 16 ist jedoch kein klappsymmetrisches Spiegelbild von Mozarts Quintett KV 452, keine Mimikry. Beethoven verkleidet sich idiomatisch und thematisch keineswegs als Mozart. Doch bei aller stilistischen Eigenart birgt diese Musik doch erkennbar auch die Erinnerung an das Idol.

Dieses Quintett, das von virtuoser Spielfreude und einem herrlich spitzscharfen Witz beseelt wird, hat im Musikleben der Beethovenzeit eine sehr viel größere Rolle gespielt als heute. Warum? Damals wurde zwar mehr Hausmusik gemacht. Aber für Hausmusik ist dieses speziell besetzte Werk ja eigentlich schon zu schwer – und im Übrigen gehörte es, wie auch das Septett op. 20, in den Anfängen des neunzehnten Jahrhunderts auch bei öffentlichen Konzerten zu den meistgespielten und bekanntesten Werken Ludwig van Beethovens. Warum also sind diese Werke heute fast verschwunden? Und mit ihnen die Leichtigkeit, die Lust, der Witz und das, was man menschlich kommensurabel finden kann an diesem großen Komponisten?

Viele Gründe kommen da zusammen. Zum Beispiel dieser: Um 1806 tauchte im öffentlichen Musikdiskurs erstmals eine Denkfigur auf, die man später mit dem Begriff »Klassikertrias« belegt hat. Es gab davon mehrere Varianten. Beethoven, Haydn und Mozart werden in dieser Trias zueinander in Beziehung gesetzt, in einem Hegelschen Dreischritt oder auch im Bild einer Pyramide: Haydn repräsentiert den Verstand, Mozart die Phantasie. Oder: Haydn ist die reine Natur, Mozart veredelt diese zu höchster Kunst. Oder: Haydn baut ein Gartenhaus, Mozart setzt darauf einen Palast. Haydn steht »für sich«, Mozart steht »an sich« – These und Antithese. Und Beethoven? Beethoven steht in dieser Denkfigur für die Synthese von beiden, für die Vollendung. Er verbindet Natur und Kunst zu göttlicher Wahrheit, er baut einen Turm auf Palast und Gartenhaus, der bis in den Himmel wachsen kann – und was es sonst noch an dergleichen Metaphern und Bildern gibt. Mag sein, es war doch eine allzu große Bürde, die der Musik, dieser flüchtigen Luftkunst, damit um 1800 aufgebunden wurde. Dass wir heute zwar Beethovens große Symphonien schier auswendig mitsingen können, seine schönen Kammermusiken aber darüber fast vergessen haben, ist ein Resultat davon.

# 5

# »DA IST DAS WERK,
# SORGT UM DAS GELD!«

In diesem Kapitel geht es um Beethovens Finanzen. Das war ein schönes Durcheinander! Zwei Inflationen, zwei Währungsreformen hat er miterleben müssen, entsprechend setzte sich seine wechselnde Kundschaft zu einem nicht unerheblichen Teil aus Spielern und Bankrotteuren zusammen. Auch Beethoven selbst hatte fast immer irgendwo Schulden – aber er verlieh auch manchmal Geld und besaß sogar Aktien. Und natürlich hat er sich um jeden Kreuzer persönlich gekümmert.

»Da ist das Werk, sorgt um das Geld! Eins, zwei, drei, vier, fünf, sechs, sieben, acht, neun, zehn, elf, zwölf Dukaten!« So lautet der Text eines fünfstimmigen Kanons, den er im September 1826 in der Sommerfrische komponierte, als Geschenk für einen Freund, den Geiger Karl Holz. Beethoven hatte Holz losgeschickt, damit der in Wien den Klavierauszug der *Großen Fuge* an den Verleger Artaria verkaufen sollte. Zwölf Dukaten sollte er mindestens mitbringen.

Lange Zeit glaubte man, dieser Kanon sei Beethovens letztes Wort gewesen – die letzte Komposition, die er vollendete, bevor er starb. Das Autograph war lange verschollen, tauchte aber 1945 in

Baltimore wieder auf. Musikforscher beugten sich über die Noten, recherchierten das Drumherum und fanden heraus: Nein, das war wohl doch nur das vorletzte Werk Beethovens gewesen.

Und jetzt wird es kompliziert, wie fast immer, wenn Beethoven mit Musikverlegern zu tun hat. Das allerletzte Werk, welches er fünf Monate vor seinem Tode ablieferte, war der nachkomponierte neue Finalsatz für das Streichquartett op. 130. Beethoven schrieb ihn auf Wunsch des Verlegers Matthias Artaria, der ebenjenes Quartett komplett erworben und bezahlt hatte, dem aber der letzte Satz daraus, die *Große Fuge,* völlig unspielbar erschien. Artaria bat also um Ersatz. Zusätzlich bestellte er, um diese verflixte Quartett-Fuge trotzdem irgendwie unter die Leute zu bringen, einen Klavierauszug, freilich nicht bei Beethoven, sondern bei einem gewissen Anton Halm. Beethoven, so stellte sich heraus, gefiel das, was Halm da arrangiert hatte, überhaupt nicht. Also schrieb er selbst einen Klavierauszug der Fuge, Artaria musste den von Halm einstampfen, bezahlen musste er ihn trotzdem.

Halm bekam 40 Gulden, nach heutiger Kaufkraft knapp neunhundert Euro. Beethoven bekam erstens ein Honorar für das Ersatzfinale, zweitens eines für den Ersatzklavierauszug, zusammen heute in Euro etwa zweitausendneunhundert, damals fünfundzwanzig krisenfeste Golddukaten. Warum zahlte Artaria nicht, wie er Holm bezahlte, in Gulden? Ganz einfach: Seit der ersten Wiener Währungsreform 1811 – bei der der Wert seiner Finanzen stark gesunken war – wollte Beethoven nicht mehr mit Gulden bezahlt werden. In summa hat also Artaria beinahe viertausend Euro für diese Finalsatzreparaturgeschichte ausgegeben. Ein sehr schlechtes Geschäft!

Aber hat es denn auch etwas genutzt? Und warum fand Beethoven den Klavierauszug von Halm nicht gut genug? Er war ihm schlicht und einfach zu simpel. Die Verteilung aller Fugenstimmen auf die vier Hände, das ging doch auch massiger, schwieriger, auch unspielbarer. Kein Wunder, dass dieser Fugen-Klavierkoloss Beethovens von den Pianisten bis heute gemieden und so gut wie nie aufgeführt wird. Dass Matthias Artaria das überhaupt verlegt und so viel Geld dafür bezahlt hat – obgleich er es für unspielbar hielt –, hat ebenfalls Gründe. Es ging diesem jungen Verlegerssohn, der sich gerade selbstständig machen wollte, dabei wohl auch um Wiedergutmachung. Beethoven hatte sich Jahre zuvor mit dem Wiener Haupthaus Artaria & Co. in einem fürchterlichen Urheberrechtsprozess verkracht, der sich fast zwei Jahre hinzog und den Beethoven am Ende verlor. Streitwert dabei war das Streichquintett C-Dur op. 29.

Ein ganz besonderes Stück! Es handelt sich bei dieser Musik um ein Schlüsselwerk im Œuvre Ludwig van Beethovens. Ein »hinreißendes Stück, von großer Originalität«, wie Walter Riezler schrieb, ähnlich urteilte auch Rudolf Stephan: ein »Zeugnis souveränster Meisterschaft«. Aber mögen die Experten schwärmen, wie sie wollen, dieses grundstürzende Meisterwerk ist heute eine Rarität geworden. Fast nie wird es aufgeführt, da unser Konzertbetrieb – es hilft alles nichts – anderen Gesetzen, nämlich: Marktgesetzen folgt.

Der erste Satz beginnt harmonisch-utopisch, als wär's ein Stück von Schubert. Keine Exposition, keine langsame Einleitung, nur ein in sich bewegter, beweglicher Akkord, der sich spreizt und sich selbst bespiegelt. Ein »sich selbst genügender Klang« (so Stephans schöne Beschreibung). Dann verwandelt sich der in einen Gedanken, der zugleich Melodie ist und Umkehrung der Melodie, in »sich ständig steigernder Klangentfaltung, einer sich verdichtenden Füllung«.

Dieses außergewöhnliche Quintett schrieb Beethoven um 1800, direkt nach der ersten Streichquartettserie op. 18. Es ist seine erste, auch einzige Originalkomposition für diese spezielle, von Mozart gern benutzte Besetzung aus zwei Geigen, zwei Bratschen und Cello. Das mit der zweiten Bratsche verstärkte Mittelregister aber verführte Beethoven zu ganz unmozärtlichen Klangexperimenten. Es ist, als probiere er die Pedalwirkung des Klaviers aus, nur eben mit Streichinstrumenten. Man fühlt und ahnt die Farben und die Fülle des gesamten Orchesters dahinter. Die Uraufführung fand irgendwann im Jahr 1800 statt. Auch wo, weiß man nicht genau, sehr wahrscheinlich im Salon des Grafen Moritz von Fries.

Fries, sieben Jahre jünger als Beethoven, war Bankier und Kunstsammler und einer der reichsten Männer Österreichs. Als Widmungsträger und Auftraggeber des Werks hatte Beethoven ihm das Autograph des C-Dur-Quintetts überlassen, aber zugleich auch für sechs Monate das alleinige Aufführungsrecht. So war das üblich: Erst nach einer gewissen Frist durfte ein Komponist sein dem adligen Gönner gewidmetes Stück auch selbst veröffentlichen. Beethoven wartete bis Anfang 1802, dann bot er das Quintett op. 29 dem Verlag Breitkopf & Härtel in Leipzig an. Inzwischen aber hatte Graf Fries das Autograph in Wien an Artaria & Co. verkauft. Beide Verlage, Breitkopf und Artaria, schickten ihre Juristen an die Front. Beethoven seinerseits regte sich auf, zeterte über die »Erzschurken«, und dann machte er einen schweren Fehler. Am 22. Januar 1803 rückte er folgende Anzeige in die *Wiener Zeitung* ein: »An die Musikliebhaber. Indem ich das Publicum benachrichtige, dass das von mir längst angezeigte Originalquintett in C-Dur bei Breitkopf und Härtel in Leipzig erschienen ist, erkläre ich zugleich, dass ich an der von dem Herrn Artaria und Mollo in Wien zu gleicher Zeit veranstalteten Auflage dieses Quintetts gar keinen Antheil habe. Ich bin zu dieser Erklärung vorzüglich auch darum gezwungen, weil diese Auflage höchst fehlerhaft, unrichtig, und für den Spieler ganz unbrauchbar ist, wogegen die Herren Breitkopf und Härtel, die rechtmässigen Eigenthümer dieses Quintetts, alles angewendet haben, das Werk so schön als möglich zu liefern. Ludwig van Beethoven.«

Beethoven verlor diesen Fall auf der ganzen Linie. Der Verlag Artaria überzog ihn mit einer Verleumdungsklage, dem Verlag Breitkopf musste er Teile des Honorars zurückzahlen. Es war dies nicht der letzte Fall von Piraterie, den er erlebte. Raubdruck – damals recht plastisch als »Nachstechen« bezeichnet – gehörte zum

Alltag im Verlagswesen. Der Musikmarkt steckte noch in den Kinderschuhen, und es gab keinen Leistungsschutz, kein Urheberrecht, dafür jede Menge gesetzesfreie Räume – vergleichbar heute dem Umgang mit der Verbreitung von Texten und Bildern im Internet. Kaum war damals eine Musik erstveröffentlicht worden, tauchten ein halbes Dutzend oder mehr Nachdrucke bei anderen Verlagen auf, die dem Urheber, dem Komponisten, gar nichts zahlten. In dieser Übergangszeit vom Ancien Régime zur bürgerlichen Gesellschaft obsiegte im Zweifelsfall das Faustrecht des Stärkeren.

Beethoven wurde einerseits von der Nachwelt als einer der ersten »freien« bürgerlichen Künstler auf den Sockel gehoben und idealisiert. Zugleich wurde er in unzähligen Anekdoten als ein Prozesshansel und Geizhals dargestellt. An beidem ist etwas Wahres, denn beides gehört zusammen! Als freischaffender Komponist hatte Beethoven zeitlebens alle Hände voll zu tun, um sich gegen Musikpiraten zu wehren. Er führte immer wieder Prozesse gegen die Verleger, aber auch gegen wortbrüchige Gönner. Nicht dass ihm das besonderen Spaß gemacht hätte. Oft lässt er sich von Juristenfreunden vertreten, eine Zeit lang nimmt ihm sein Bruder Karl, der sich als Steuerbeamter ganz gut auskennt, diese leidige Korrespondenz ab.

Einmal, in einem Brief an den Verleger Gottfried Härtel, wird Karl deutlich: Man könne, schreibt er, vielleicht mit einem Schulkind, aber doch nicht mit einem Künstler so unverschämt umspringen; kein Handwerker würde sich solche Herabsetzungen seiner Arbeit gefallen lassen. Ein andermal entwirft Beethoven auf einem Notizzettel ein paar Richtlinien, wie er sich die Herausgabe seiner Werke wünscht. Darin finden sich bemerkenswerte Äußerungen, die an einen privaten »Code civil« erinnern: Ideen seien keine Ware »wie Kaffeebohnen oder Käse«. »Der Autor selbst« müsse das Recht haben, die »Ausgabe seiner Werke zu veranstalten«. »Das Menschengehirn ist an sich unveräusserlich.«

Hundert Dukaten bekommt Beethoven für seine *Fünfte Symphonie*. Die *Sechste Symphonie*, dazu zwei Klaviertrios und eine Cellosonate legt er als Zugabe obendrauf. 1808, im dritten Jahr nach der ersten napoleonischen Besetzung, galoppiert in Wien eine Inflationswelle. Längst ist Beethoven dazu übergegangen, seine Musik in Paketen an die Verlage zu verkaufen, pauschal und all-inclusive. Aber während er noch verhandelt, ist das Geld nur mehr die Hälfte wert. Für ein weiteres Pauschalpaket – es enthält neben der *C-Dur-Messe* und dem Oratorium *Christus am Ölberge* auch die Oper *Fidelio* – bekommt Beethoven zweihundertfünfzig Gulden. Der Verlag Breitkopf & Härtel in Leipzig weist diesen Betrag in Banco-Zetteln an, der Realwert stellt, als die Überweisung in Wien ankommt, ein lächerliches Fünftel davon dar.

Vierhundert Gulden hatte Beethoven für seine *Eroica* verlangen können, da war der Gulden noch stabil, der Betrag entspräche heute etwa neuntausendzweihundert Euro. Man kann sich sicher sein, dass man eine einigermaßen satisfaktionsfähige Aufführung der *Eroica* heutzutage für diesen Betrag nicht bekommen könnte. Für seine *Zweite Symphonie* hatte Beethoven sogar siebenhundert Gulden erhalten. Klingt viel, ist wenig.

Von seinen Werken jedenfalls konnte er nicht leben, so viel ist klar. Es bedurfte mannigfaltiger Nebentätigkeit. Aber so ergeht es ja eigentlich allen freischaffenden Komponisten seit je und bis heute – einige wenige vielleicht ausgenommen, Richard Strauss zum Beispiel oder Ralph Siegel.

Was Beethoven betrifft, so trat er als Pianist auf, dirigierte, er gab Unterricht und bemühte sich selbst, als Konzertveranstalter, um Subskriptionskonzerte. Letztere waren ein finanzielles Abenteuer, das ihm ingesamt nur neunmal im Leben gelang, und auch das teils mit Verlusten. Das erste Konzert dieser Art fand im April des Jahres 1800 im Burgtheater statt, auf dem Programm stand die *Erste Symphonie*. Zu einem zweiten Konzert kam es erst drei Jahre später, diesmal im Theater an der Wien. Wieder gab es die *Erste Symphonie* und zusätzlich die Uraufführung der *Zweiten,* der Symphonie in D-Dur op. 36. Die Leute staunten. So ein langes, vielstimmig lautes und opernhaft dramatisiertes Instrumentalstück hatten sie zuvor noch nicht gehört. »Ein merkwürdiges, kolossales Werk, von (einer) Tiefe, Kraft und Kunstgelehrsamkeit«, schrieb der Wiener Korrespondent der *Allgemeinen musikalischen Zeitung.* »Wir finden das Ganze zu lang und einiges überkünstlich«, bemerkt ein anderer: »Der allzuhäufige Gebrauch aller Blasinstrumente verhindert die Wirkung vieler schöner Stellen und das Finale halten wir für allzu bizarr, wild und grell.« Und in der *Zeitung für die elegante Welt* heißt es, diese Symphonie erinnere an »ein crasses Ungeheuer, einen angestochenen Lindwurm, der nicht ersterben wolle, und selbst verblutend, im Finale noch mit dem aufgereckten Schweife vergeblich wüthend um sich schlage«.

Da die nächste Symphonie Beethovens, die *Eroica,* dann aber noch viel »lindwurmiger« daherkam, geriet die *Zweite* ins Abseits. Zu Unrecht. Man hat sich angewöhnt, über ihre eigensinnigen Bläserpassagen und andere schockierende Neuheiten hinwegzuhören: den revolutionären Furor des Allegro zum Beispiel, die Klangflächenkomposition im Larghetto, den »Zauberflötenakkord« zu Beginn, der die langsame Einleitung vorbereitet. John Eliot Gardiner stellte einmal fest, dass diese D-Dur-Symphonie Beethovens bis heute immer noch »ein hässliches Entlein« sei. Nur für den Kenner der alten Musik, der die Geschichte nicht von hinten, sondern von vorn durchkämmt, kann sie sich mitunter in einen Schwan verwandeln. Es kommt wohl auf den Standpunkt an. Ob Schwan, ob Lindwurm, ob Ente – Beethoven wurde mit diesem Stück aber ebenfalls nicht reich.

Die *Zweite Symphonie* hat Beethoven fast zeitgleich drei Verlegern angeboten. Erst fragte er beim Verlag André in Offenbach an. Dann bei Härtel in Leipzig. Als der ihn auf fünfhundert Gulden herunterhandeln wollte, fragte er drittens das Kunst- und Industrie-Comptoir in Wien, das ihm siebenhundert Gulden anbot. Letzteres bekam den Zuschlag. Allerdings, ein Jahr später hatten drei weitere Verleger in Mainz, Offenbach und Paris schon ihre Raubdrucke dieses Werks auf den Markt geworfen und den Rahm abgeschöpft. So brutal waren die Zeiten. Trotz alledem muss man sagen: Letztlich hatte Beethoven – anders als zum Beispiel Schubert – Glück, dass er überhaupt gedruckt wurde.

Als junger Mann, für seine Klaviertrios op. 1, hatte er noch gar kein Verlagshonorar erhalten. Im Gegenteil: Er musste zweihundertundzwölf Gulden Druckkostenzuschuss selbst zahlen – das Jahreseinkommen eines Dienstmädchens. Woher hatte er das Geld? Hat er gehungert? Schulden gemacht? Keine Sorge, die alte Welt, die gerade peu à peu in Scherben fiel, war noch nicht gänzlich untergegangen! Noch gab es adlige Mäzene, beispielsweise den Fürsten Carl von Lichnowsky, den Widmungsträger des Werks, der höchstwahrscheinlich die Druckkosten dafür zahlte, natürlich diskret und inkognito.

Als Ludwig van Beethoven am 10. November 1792 in Wien eintraf, einundzwanzig Jahre jung, fiel er in ein weiches, gut gepolstertes Nest hinein. Er war ja zu diesem Zeitpunkt de facto immer noch Hofmusikus des kurkölnischen Kurfürsten Maximilian Franz, der ihm nach wie vor sein kleines, aber sicheres Gehalt überwies. Außerdem traf Beethoven in Wien auf jede Menge gute alte Freunde seines habsburgischen Dienstherrn: lauter Fürsten, Grafen, Herzöge, Barone und Freiherrn, hochgebildet, musikbegeistert, die sich freuten, dass sie ihre Salons jetzt mit diesem interessanten, genialen, neuen Jüngling schmücken konnten.

Der Erste, der sich Beethovens annahm, war der erwähnte Fürst Carl von Lichnowsky. Er reiste Beethoven bei seiner Ankunft bis zur Poststation Würges entgegen, begrüßte ihn, lud ihn in seine Kutsche um, quartierte ihn im Dachgeschoss seines Wiener Stadthauses ein, ließ ihn alsbald umziehen ins Erdgeschoss, dann in die Beletage, nahm ihn in seine Familie auf, verwöhnte und umhegte ihn. Lichnowsky schenkte Beethoven Instrumente, veranstaltete für ihn Hauskonzerte und setzte ihm später eine Leibrente von sechshundert Florin aus, die er regelmäßig überwies.

Das war nötig geworden: Als Beethoven gerade achtzehn Monate in Wien war, blieb das Geld aus Bonn aus. Die Franzosen waren im Rheinland einmarschiert. Maximilian Franz musste fliehen, die kurfürstliche Hofhaltung wurde aufgelöst. Und Beethoven? Er wurde entlassen. Ab jetzt war er ein freier Mensch.

Es heißt, Fürst Carl von Lichnowsky sei leicht verrückt gewesen, ein Zyniker und ein Wüstling. Mag sein. Aber er war ein ganz ausgezeichneter Musikkenner, allem Neuen gegenüber aufgeschlossen. Er hat Beethoven in Wien regelrecht adoptiert, als eine Art musikalisches »Haustier«. Und Beethoven, seinerseits, komponierte in den nächsten Jahren mehr als ein Dutzend Meisterwerke für die Lichnowsky-Familie, von der *Pathétique* über die *Zweite Symphonie* bis zu den *Eroica-Variationen* und der Ballettmusik *Die Geschöpfe des Prometheus*.

1796 ging Beethoven auf Einladung von Lichnowsky auf seine erste große Konzertreise. Der Fürst reiste mit. Die Stationen Prag, Dresden, Leipzig und Berlin stecken nicht zufällig exakt die gleiche Tour ab, die Lichnowsky sieben Jahre zuvor mit Mozart unternommen hatte. In Prag machten sie Quartier im selben Gasthof, dem Goldenen Einhorn. Vielleicht schlief Beethoven sogar im selben Zimmer wie Mozart, im selben Bett. Auf jeden Fall wurde er in denselben Adelsfamilien herumgereicht. »Fürs erste geht es mir gut«, schreibt Beethoven an seinen Bruder Karl. »Meine Kunst erwirbt mir Freunde und Achtung. Was will ich mehr. Auch Geld werde ich diesmal ziemlich bekommen.«

Jede Menge Auftragswerke entstanden auf dieser Reise nach Prag, Großes und Kleines, darunter die Klaviersonate G-Dur op. 49,2 sowie etliche charmante Petitessen für die Komtesse Josephine Clary, die nicht nur Mandoline spielte, sondern auch eine sehr gute Sopranistin gewesen sein muss. Für sie schrieb Beethoven am Ende der drei Prager Monate außerdem eine große italienische Konzertarie: *Ah perfido!* Eine feurige Nummer, die von Liebe und Eifersucht handelt. In Affekt- und Textbehandlung und in der Instrumentation entspricht sie so vollkommen dem Opera-seria-Standard, dass sie ebenso gut von Gluck, Salieri oder Cherubini sein könnte, oder von Mozart. Diese Arie ist der erste und schlagende Beweis dafür, dass Beethoven, der angeblich nicht mit Vokalstimmen umgehen konnte, aber bereits in Bonn ein begeisterter Operngänger gewesen war, im italienischen Fach mindestens so zu Hause war wie im deutschen – wenn er nur wollte. Uraufgeführt wurde *Ah perfido!* von Josepha Duschek, derselben Sopranistin, der Mozart seine Konzertarie *Bella mia fiamma* auf den Leib geschrieben hatte.

Interessant an *Ah perfido* ist freilich nicht, dass Beethoven überhaupt eine italienische Paradenummer komponiert hat, vielmehr der Zeitpunkt. Wie die Skizzen beweisen, entstand die Arie 1796 in Prag. Seine ersten Lektionen bei Antonio Salieri nahm Beethoven jedoch erst viel später, als er wieder nach Wien zurückgekehrt war. Diese Tatsache wirft ein ganz neues Licht auf die landläufige Kritik an Beethovens Vokalmusik und sein Verhältnis zur menschlichen Stimme. Dazu später mehr.

Beethoven blieb viel länger als geplant in Prag. Dann reiste er allein weiter nach Dresden, Lichnowsky kehrte zurück nach Wien. Am Dresdner Hof soll Beethoven eineinhalb Stunden lang improvisiert haben, wofür er eine goldene Tabakdose erhielt. Von dort reiste er nach Leipzig, wo er wahrscheinlich auch einmal auf der Orgel in der Thomaskirche spielte, und nach Berlin bzw. Potsdam, wo er mehrere Konzerte bei Hofe gab – ebenfalls entgolten mit einer goldenen Tabakdose. Mit dem Prinzen Louis Ferdinand indes, der selbst Pianist und Komponist war, schloss er eine echte Freundschaft, die sich als dauerhaft und nützlich erweisen sollte. Für den Preußenkönig Friedrich Wilhelm II., der selbst leidlich Violoncello spielte, schrieb er zwei muntere musikantische Sonaten für Klavier und Cello, die er ihm gleich gemeinsam mit dessen Cellolehrer Duport vortrug. Vielleicht spielte er diese Sonaten op. 5, dem altmodischen König zuliebe, auf einem Cembalo, zum letzten Mal. Vielleicht benutzte er aber auch einen der volltönenden neuen Broadwood-Hammerflügel, die man in Wien noch nicht kannte, von denen der fortschrittliche Louis Ferdinand aber angeblich gleich dreizehn Exemplare sein Eigen nannte.

Lieber als die goldene Tabakdose, die der Preußenkönig ihm im Sommer 1796 für die Sonaten schenkte, wäre es Beethoven wahrscheinlich gewesen, wenn ihm Friedrich Wilhelm II. eine Festanstellung angeboten hätte. Er sehnte sich sein Leben lang zurück in die sicheren Verhältnisse eines Hofmusikers. Mehrfach hatte er sich um eine Festanstellung am Wiener Hof bemüht. Einmal wäre er fast dem Lockruf an den Kasseler Hof von Jérôme von Westfalen gefolgt – dem Bruder Napoleons –, hätten nicht Erzherzog Rudolf, Graf Kinsky und Graf Lobkowitz ihm in Wien eine persönliche Leibrente ausgesetzt. Als zwei der drei adligen Gönner dann der Inflation halber pleitegingen, gab es wieder Prozesse ums liebe Geld.

Die Frage ist müßig, ob Beethoven anders weiterkomponiert hätte, musikantischer, konventioneller, gefälliger, wäre er am Hofe des preußischen Königs geblieben oder nach Kassel gegangen, an den Hof von Napoleons Marionettenkönig. Er kehrte zurück nach Wien, wo er als Tastenlöwe in den Salons großartige Erfolge feiern sollte.

# 6

# »FÜR SOLCHE SCHWEINE
# SPIELE ICH NICHT!«

Wie groß waren Beethovens Hände? Wie viele Oktaven konnte er greifen? Wie viele Oktaven gab es auf seinem Klavier? Welche Klaviere besaß er, auf welchem spielte er am liebsten? Nach welcher Methode hat er geübt? Und: Wie kam er an beim adligen Publikum, und, umgekehrt, was hielt er von ihm? »Für solche Schweine spiele ich nicht!« Das soll er einmal wütend ausgerufen haben, mitten in einem Hauskonzert, als ihm die besseren Herrschaften in die Musik hineinquatschten. Aufgesprungen sei er und davongestürmt. Sein Klavierschüler Ferdinand Ries, mit dem er vierhändig gespielt hatte, erinnert sich: »Alle Versuche, ihn wieder ans Klavier zu bringen, waren vergeblich ... So hörte die Musik zur allgemeinen Mißstimmung auf.«

Die beiden hatten Beethovens Marsch D-Dur op. 45,3 gespielt. Gewidmet war dieses Stück der Fürstin Esterházy, komponiert hatte Beethoven es auf Anregung des Grafen Johann Georg von Browne, uraufgeführt im Musiksalon ebendieses Grafen. Und dort kam es angeblich zum erwähnten Eklat.

Aber wieso sollte Beethoven wegen eines Märschleins in die Hände beißen, die ihn füttern? Dieses Gelegenheitswerk op. 45,3 war parallel zum Trauermarsch aus der *Eroica* entstanden, ein völlig anderes Kaliber, das die Aufregung eher gelohnt hätte. Kurzum: Die Frage ist, ob diese Anekdote überhaupt der Wahrheit entspricht.

Wir verdanken sie einzig Ferdinand Ries. Dessen *Biographische Notizen,* veröffentlicht von einem gemeinsamen Freund aus Bonner Jugendtagen, Franz Gerhard Wegeler, kamen elf Jahre nach Beethovens Tod heraus, als der sich nicht mehr wehren konnte, und es wimmelt darin – wie in den kurz zuvor veröffentlichten Märchenerzählungen der Bettine von Arnim – von gut gemeinten, aber falschen Daten. Wie Bettine neigt auch Ries dazu, sich selbst in ein positives Licht zu rücken und Beethoven, das Objekt der Begierde, als lebensuntüchtigen Strubbelkopf und genialen Revoluzzer darzustellen. Dieses Image gehörte zu diesem Zeitpunkt längst zum schönsten Beethovenkitsch, der haltbar ist, bis heute. »Für solche Schweine spiele ich nicht!« An diesem Satz hat, zum Beispiel, Konrad Beikircher ein erfolgreiches Kabarettprogramm aufgehängt und Dieter Hildebrandt seinen Bestseller *Pianoforte. Der Roman des Klaviers im 19. Jahrhundert.* Mit diesem Satz verwandelt sich Beethoven in einen Robespierre des Salons, der das dekadente Adelspack mal so richtig Mores lehrt. Und das Klavier verwandelt sich, wie Hildebrandt formulierte, in den Heiligen Gral der absoluten Musik: »als ein Instrument der Verweigerung, als Medium des Widerstandes, als musikalische Barrikade«. Beethoven selbst ging mit den Widersprüchen seiner Zeit sehr viel differenzierter um. 1795 sah er sich in Wien die damals sehr beliebte Oper *La molinara* von Giovanni Paisiello an. Anschließend komponierte er galante Klaviervariationen über eine populäre Arienmelodie aus diesem Stück – »Nel cor più non mi sento« –, nicht allzu schwer zu spielen, für eine »ihm sehr werte Dame«, wie es heißt, die mit ihm in der Loge gesessen hatte. Das Werk landete später in der Schublade »Werke ohne Opuszahl« (WoO70).

Aber nicht nur Beethoven, auch ein Dutzend andere Wiener Pianisten-Komponisten schrieben seinerzeit Variationen über diesen Paisiello-Schlager, zum Beispiel Johann Nepomuk Hummel, Joseph Gelinek und Johann Baptist Vanhal – und auch Beethovens guter Freund Graf Moritz von Lichnowsky.

Dieser Lichnowsky – jüngerer Bruder des Fürsten Carl von Lichnowsky, der zu Beethovens wichtigsten Gönnern zählte – war fast gleichaltrig mit Beethoven. Er war Klavierschüler Mozarts gewesen, ein vortrefflicher Pianist und berühmt für seine Improvisationen. Beethoven wohnte mit den Lichnowskys zeitweise unter einem Dach, er verkehrte mit ihnen auf Augenhöhe, fühlte sich als Teil der Familie, und, wie die Konversationshefte zeigen, stand er speziell mit Graf Moritz noch Jahre später auf so brüderlich-freundschaftlichem Fuße, dass er ihn durchaus mal ein Schaf nennen durfte – wie im kurzen Kanon WoO 183: »Bester Herr Graf, Sie sind ein Schaf!« Ein Schaf ist immerhin kein Schwein …

Es gab noch weitere Blaublütler in Wien, für die Beethoven solche frechen Kanons schrieb, etwa für Nikolaus Zmeskall von Domanovecz, den er, nach Mozartscher Rüpelart, auch mal einen »Baron Dreckfahrer« titulierte. Zmeskall war, wie Moritz von Lichnowsky, nicht nur von Adel, sondern auch Komponist. Viele adlige Herrschaften, mit denen Beethoven beruflich zu tun hatte, machten selbst Musik. Sein Wiener Publikum war von Stand. Fast alle Klavierschüler Beethovens waren von Adel. Fast alle seine Freunde. Fast alle schönen Damen, in die er sich verliebte.

Er kaufte sich, kaum dass er in Wien angelangt war, als Erstes seidene Strümpfe (wie wir dank eines Einnahmen-/Ausgabenzettels genau wissen). Beethovens Ego war robust genug, dass er sich sogar zutraute, eventuell selbst auch von Adel zu sein. In einem seiner letzten Briefe, an den Bonner Freund Wegeler vom 7. Dezember 1826, heißt es: »Du schreibst, daß ich irgendwo als natürlicher Sohn des verstorbenen Königs von Preußen angeführt bin; man hat mir davon schon vor langer Zeit ebenfalls gesprochen. Ich habe mir aber zum Grundsatze gemacht, nie weder etwas über mich selbst zu schreiben, noch irgend etwas zu beantworten, was über mich geschrieben worden …« Beethoven hat dieses Gerücht, das zuerst 1810 im *Dictionnaire historique des musiciens* verbreitet worden war, nie wirklich dementiert. Vielleicht hat ihm die Idee, dass seine Mutter sich heimlich mit König Friedrich Wilhelm II. getroffen haben könnte, sogar ein bisschen gefallen. Er wäre ja dann ein Cousin seines Freundes Louis Ferdinand gewesen.

Von dem hielt Beethoven musikalisch noch weit mehr als von Moritz von Lichnowsky. Zu Recht. Louis Ferdinand schuf ernst zu nehmende, originelle Werke. Zwar hatte er es, anders als der bürgerliche Beethoven, nicht nötig, sie irgendjemandem zu widmen, aber eine Hommage auf Kollegen komponierte er öfter in seine Musik hinein. Einmal zitiert er seinen Lehrer Dussek, ein andermal den Kopfsatz aus Beethovens Klaviersonate op. 31,2. Und 1804, nachdem Louis Ferdinand in Wien gleich dreimal nacheinander die Proben zur *Eroica* gehört hatte, bringt er eine *Eroica*-ähnliche Passage als freundschaftlichen Gruß an Beethoven im Kopfthema des dritten Satzes seines Klavierquartetts op. 5 unter. Es ist auch bekannt, dass Louis Ferdinand alles erwarb, was von Beethoven an Noten zu bekommen war. Kurz vor seinem Tod – nur wenige Tage vor der Schlacht von Saalfeld – spielte er im Feldlager stundenlang aus Beethovenschen Sonaten. Das ist durch Zeugen verbürgt, und es bedeutet, dass der Prinz im Feldgepäck auch immer eines der vielen schönen Hammerklaviere mit sich geführt haben muss, die er besaß – und die Beethoven bei seinem ersten Besuch mit Sicherheit ausprobiert hatte. Der Prinz interessierte sich, wie Beethoven auch, brennend für die schnelle Entwicklung, die dieses Instrument damals durchmachte, und für alle technischen Details. Er besaß außer den Broadwood-Flügeln auch noch andere, diskantstärkere Instrumente mit Wiener Mechanik, die er (laut Beethoven)

»gar nicht königlich oder prinzlich spielte, sondern wie ein tüchtiger Klavierspieler«.

Am 10. Oktober 1806 fiel Louis Ferdinand. Neun Tage später erschien eine Anzeige in der *Wiener Zeitung*, dass nunmehr Beethovens neue »Sinfonia eroica« auf dem Markt sei, komponiert, um das Andenken eines großen Mannes zu feiern: »composta per festeggiare il sovvenire di un grand Uomo…« Mit diesem »grand Uomo« könnte Louis Ferdinand gemeint sein, der verehrte Kollege und posthum verklärte »preussische Apoll«.

Ein weiteres großes Werk hatte Beethoven dem Prinzen schon zu dessen Lebzeit gewidmet: das dritte Klavierkonzert c-moll op. 37. Sowohl die *Eroica* als auch das c-moll-Konzert werden gemeinhin zur zweiten Schaffensperiode Beethovens gerechnet, zu dem, was man als Beethovens »neuen Weg« bezeichnet, weil die Werke dramatisch-pathetisch und prozesshaft konzipiert sind. Für einen Satz allerdings passt diese Beschreibung eher nicht: das Largo – der langsame Satz, er steht in der Tonart E-Dur, im Dreiachteltakt. Er beginnt mit einem ausgedehnten Sologesang des Klaviers. Aber was heißt hier schon Gesang? Die Zeit bleibt stehen. Erstens gibt es kein erkennbar prägnantes Thema, zweitens keinen Dialog. Überhaupt fehlt alles thematisch Prozesshafte. Diese Klavierpassage soll »senza sordino e sempre pianissimo« gespielt werden, mit Halleffekt. So steht es in den Noten, so hat es Beethoven selbst bei der Uraufführung des Werks vorgeführt: zart, durchgehend legato, mit aufgehobener Dämpfung. Carl Czerny berichtet, dass er das gesamte Thema mit einem »fortdauernden Pedal« gespielt habe, »wie eine ferne, heilige und überirdische Harmonie«.

Es gab (und es gibt bis heute) nur sehr wenige Pianisten, die sich trauen, dieses Largo so zu spielen, wie es Beethoven offenbar selbst gespielt hatte: in durchgehendem Legatogesang, durchgehend mit Pedal – ein Effekt, inspiriert durch die neuen dynamischen Anschlagsschattierungen, die durch die Erfindung des Hammerflügels möglich wurden. Ein sogenannter Kielflügel (also: ein Cembalo) hätte solche ätherisch-wolkigen Mischklänge nie hervorbringen können. Mit dem Cembalo war Beethoven zwar bestens vertraut, schon als Dreizehnjähriger hatte er im Bonner Hoforchester regelmäßig das Cembalo-Continuo gespielt. Doch prägend für seinen pianistischen Stil war nicht dieses brillant-harte Virtuoseninstrument, vielmehr das leise, empfindsame Clavichord, das Instrument seiner Kindheit. Anders als Mozart, der als Pianist von Kindesbeinen an »cembalosozialisiert« war, wird Beethoven, als »clavichordsozialisierter« Pianist, später vor allem für seinen singenden Ton gepriesen, den orchestral wirkenden, klangmodulierenden Anschlag und das Legatospiel. Es gibt dazu etliche Stimmen der Zeitgenossen, auch kritische. »Rauh« fand man Beethovens Tongebung. Der Musiktheoretiker Johann Nikolaus Forkel, durch und durch »old school«, schreibt: »Er sucht das Colossalische und macht das Pianoforte zu einem vollständigen Orchester.« Ins »Undeutliche« schlage das Beethovensche Klavierspiel zuweilen um, bemerkt 1799 die *Allgemeine musikalische Zeitung*. Dagegen erinnert sich Beethoven seinerseits, das Klavierspiel Mozarts sei, wie er einmal gegenüber Czerny sagt, allzu »gehackt« gewesen.

Der Klavierbau hat in diesen Jahren eine explosive Entwicklung durchgemacht, die Instrumentenbauer übertrumpften einander mit Erfindungen. Im Herbst des Jahres 1796 schreibt Beethoven an den Klavierfabrikanten Streicher, das Klangbild der neumodischen Hammerflügel ähnele immer noch viel zu stark einer »Harfe«, er hoffe aber, dass die Zeit bald komme, in der der Klang beider Instrumente verschiedener werde. Gemeint ist: der Unterschied zwischen dem angerissenen Cembaloklang und dem angeschlagenen Klang des Hammerklaviers. Erfreulicherweise, so Beethoven, sei Streicher ja einer der wenigen, »die einsehen und fühlen, dass man auf dem Klavier auch singen könne, sobald man nur fühlen kann«.

Wir erinnern uns, dass der siebzehnjährige Beethoven einen Steinschen Hammerflügel geschenkt bekam, bezahlt vom Grafen

Waldstein. Bei dieser Gelegenheit hatte er in Augsburg auch Nannette Stein, die Tochter des Klavierbauers, kennengelernt. Als er später in Wien diese Stein-Tochter, die mittlerweile mit Ehemann Johann Andreas Streicher eine eigene Klavierwerkstatt gegründet hatte, wiedertraf, wurde daraus eine produktive Freundschaft. Die Streichers betreuten bis zu Beethovens Tod sämtliche Klaviere, die er besaß oder spielte, auch wenn sie von anderen Klavierbauern stammten. Beethoven wiederum beriet sich mit den Streichers über alle pianistischen und klaviertechnischen Probleme und kritisierte offen, was ihm unter die Finger kam. Und weil die Streichers seine Vorschläge oftmals direkt umsetzten, hatten sie binnen Kurzem die Nase vorne bei der Weiterentwicklung des Instruments. Vereinfacht gesagt, ging es darum, die Vorzüge der volltönend brillanten, aber schwergängigen britischen Stoßzungenmechanik mit den Vorzügen der leichten, aber diffusen Wiener Prellmechanik zusammenzubringen. Im Februar 1809 berichtet Johann Friedrich Reichardt in einem »Reisebrief aus Wien«: »Streicher hat das Weiche, zu leicht Nachgebende und prallend Rollende der anderen Wiener Instrumente verlassen und auf Beethovens Rat und Begehren seinen Instrumenten mehr Gegenhaltendes, Elastisches gegeben, damit der Virtuose, der mit Kraft und Bedeutung vorträgt, das Instrument zum Anhalten und Tragen, zu den feinen Druckern und Abzügen mehr in seiner Gewalt hat. Er hat dadurch seinen Instrumenten einen größeren und mannigfacheren Charakter verschafft, so dass sie jeden Virtuosen, der nicht bloss das Leichtglänzende in der Spielart sucht, mehr wie jedes andere Instrument befriedigen müssen.«

Der Hammerflügel ist ein Instrument des Übergangs – mit einer kurzen, aber wilden Blütezeit. Er hatte noch einen anderen Namen, der sich länger hielt: Fortepiano. Beethoven, Zeitzeuge dieses Übergangs, erfand dafür den sprechenden deutschen Namen »Starkschwachtastenkasten« – denn dieses Instrument hatte eine dynamische Bandbreite von ganz leise bis ganz laut, wie kein Klavierinstrument zuvor.

Als Pianist hatte Beethoven direkten Einfluss auf die Entwicklung des Hammerflügels. Umgekehrt muss man aber auch sagen, dass der Hammerflügel oder vielmehr der jeweilige Tagesstand der technischen Entwicklung dieses Instruments Beethovens Komponieren direkt beeinflusst hat. Zum Beispiel kann man an dem Tonumfang, den er verwendet, ablesen, welches Fortepiano welcher Bauart er gerade spielte. Für die Sonate op. 53 zum Beispiel war es ein Wiener Flügel mit fünfeinhalb Oktaven, der nur bis zum Kontra-F hinunterkam, aber eine tolle Höhe hatte, bis zum viergestrichenen C. Für die späten Sonaten ab op. 101 benutzte Beethoven dann einen Hammerflügel mit noch größerem Ambitus.

Als er die Klaviersonate op. 53 komponierte – *Waldsteinsonate* genannt, da sie dem Grafen Waldstein gewidmet ist –, spielte er gerade ein Streichersches Fortepiano: ein Instrument mit singendem Klang und mit multiplen Pedalmöglichkeiten, die er weidlich ausnutzte, was sehr gut im dritten Satz zu hören ist, ab Takt 55, wenn die Dämpfung aufgehoben wird und ein Klangfeld entsteht, das schon an die irisierenden Klangflächen der späten Beethovensonaten erinnert.

Selbstverständlich war auch die pianistische Bravour Beethovens beeinflusst von der Entwicklung des Instruments. Im Mai 1799 schreibt der Wiener Korrespondent der *Allgemeinen musikalischen Zeitung:* »Unter den Herren machen Beethoven und Wölfl das meiste Aufsehen. Die Meinungen, über den Vorzug des Einen vor dem Andern, sind hier getheilt: Doch scheint es, als ob sich die größere Parthey auf die Seite des letztern neigte. Ich will mich bemühen, Ihnen das Eigene Beyder anzugeben, ohne an jenem Vorrangsstreite Theil zu nehmen. Beethovens Spiel ist äußerst brillant, doch weniger delikat, und schlägt zuweilen in das Undeutliche über. Er zeigt sich am allervortheilhaftesten in der freyen Phantasie. Und hier ist es wirklich ganz außerordentlich, mit welcher Leichtigkeit und zugleich Festigkeit in der Ideenfolge Beethoven auf der Stelle jedes ihm gegebene Thema, nicht etwa nur in den Figuren, variiert (womit mancher Virtuos Glück – und Wind macht), sondern wirklich aus-führt ... Hierin steht ihm Wölfl nach. Aber Vorzüge vor ihm hat Wölfl darin, dass er, bey gründlicher musikalischer Gelehrsamkeit und wahrer Würde in der Komposition, Sätze, welche geradehin un-möglich zu exekutieren scheinen, mit einer Leichtigkeit, Präcision und Deutlichkeit vorträgt, die in Erstaunen versetzt: freylich kommt ihm dabey die große Struktur seiner Hände sehr zustatten ...«

Der Klaviervirtuose Joseph Wölfl, von dem hier die Rede war, stammte aus Salzburg, er galt als einer der schärfsten Konkurrenten Beethovens in der Wiener Arena der Tastenlöwen und, wie wir so-eben erfahren haben: Er hatte die größeren Hände. Aber auch wohl ein gutes Herz, denn in kollegialer Bewunderung widmete er Beethoven drei seiner Klaviersonaten – meines Wissens der einzige Fall, dass Beethoven einmal selbst zum Widmungsträger wurde. Ob er sich bedankt hat, ist nicht bekannt.

Diese freundliche Geste hat Wölfl jedenfalls nichts genützt, denn bald kam es im Salon des Barons Wetzlar, dessen Hauspianist Wölfl zu jener Zeit war, zum Duell am Klavier. Beethoven trat als Schütz-ling von Fürst von Lichnowsky in den Ring und fegte Wölfl mit seinen Improvisationen gnadenlos vom Platz. So erspielte er sich in Wien alsbald den Ruf eines Hechts im Karpfenteich. Ein »Riese unter den Klavierspielern«, wie Wenzel Tomaschek schrieb. Er werde »allgemein wegen seiner besonderen Geschwindigkeit und wegen den außerordentlichen Schwierigkeiten bewundert, welche er mit so vieler Leichtigkeit exequiert«, meldet 1796 das *Jahrbuch der Tonkunst von Wien und Prag.* Carl Czerny berichtet: »In der Ge-schwindigkeit der Skalen, Doppeltriller, Sprünge usw. kam ihm kei-ner gleich – auch Hummel nicht.« In einem Brief an seine Bonner Freundin Eleonore von Breuning, der er die Variationen über das

Mozartsche Thema »Se vuol ballare« WoO 40 gewidmet hatte, entschuldigt sich Beethoven für die Show, die er darin abzieht: »Sie werden etwas schwer zu spielen sein, besonders die Triller in der Coda, das darf Sie aber nicht abschrecken, es ist so veranstaltet, dass Sie nichts als die Triller zu machen brauchen, die übrigen Noten lassen Sie aus, weil sie in der Violinstimme auch vorkommen. Nie würde ich so etwas gesetzt haben … Eine … Ursache war noch dabey, nemlich: Die hiesigen Klaviermeister in Verlegenheit zu setzen, wie manche davon sind meine Todtfeinde, und so wollte ich mich auf diese Art an ihnen rächen.« Insgesamt ist Beethoven sechsmal zum öffentlichen Duell gegen andere »Klaviermeister« angetreten, sein erster Gegner war besagter Wölfl, der letzte Ignaz Pleyel, der ihm anschließend die Hände geküsst haben soll.

Diese Hände waren nicht sehr groß und breit. Beethoven hatte kurze Finger, aber seine Spieltechnik wirkte elegant, die Handhaltung ruhig, wie es die Klavierschule Carl Philipp Emanuel Bachs vorschreibt, nach der er gelernt hatte und selbst unterrichtete. Von den Dutzenden Hammerflügeln, die er besaß, sind heute noch vier erhalten: der Erard-Flügel, den man ihm 1803 aus Paris schickte und den er von Anfang an nicht leiden konnte und von der Werkstatt Streicher mehrfach umbauen ließ; außerdem der Broadwood-Flügel, der ihm gegen Ende seines Lebens aus London geschickt worden war, sowie zwei Graf-Hammerflügel aus Wien. Ein Graf-Flügel steht in Kremsmünster in Oberösterreich, der andere im Beethoven-Haus in Bonn. Der Broadwood-Flügel wurde nach Beethovens Tod als Reliquie von Franz Liszt übernommen, er steht heute im Ungarischen Nationalmuseum in Budapest.

Anno 1796 schreibt Beethoven an Johann Andreas Streicher, das gerade neu gelieferte Fortepiano sei viel »zu gut für ihn … Und warum? Weil es mir die Freiheit benimmt, mir meinen Ton selbst zu schaffen.« Zu diesem Zeitpunkt hatte Beethoven noch keine Probleme mit seinem Gehör. Später, mit zunehmender Taubheit, wünschte er

sich von Streicher immer wieder Instrumente mit mehr Klangver-
stärkung, mit drei- oder vierfacher Besaitung und so fort. Im Juli 1817
heißt es in einem Brief an Nannette Streicher, sie möchte doch »eines
ihrer Piano mehr nach meinem geschwächten Gehör richten, so stark
als es nur möglich ist, brauch ichs«. Beethovens letzter Hammerflügel – der Grafsche aus dem Beethoven-Haus – hat sogar vier-
chörige Eisendrahtsaiten und einen nach vorn, zum Spieler hin,
aufklappbaren »Schalltrichter«. Beethoven hat ihn nicht mehr viel
benutzt. Und ohnehin komponierte er nicht am Klavier.

Gerade in den auskomponierten Pedaleffekten der späten
Beethovschen Klaviersonaten hat man einen pathologischen Zug erkennen wollen: Einbildungen eines Einsamen, ohne Ohren. Irgendwann merkte man, dass diese Theorie nicht aufgeht, denn solche
Passagen tauchen ja auch schon sehr früh in Beethovens Klaviermusik auf, als er noch ganz ausgezeichnet hören konnte und sich
sogar »die Freiheit nahm, seine Töne selbst zu schaffen«. Beethovens
Klangfeldexperimente haben wohl weniger mit seinen Ohren und
mehr mit der Revolution der Hammerflügel zu tun. Das aktuelle
*Beethoven-Handbuch* wagte vorsichtig den Umkehrschluss: »Es
wäre zwar übertrieben, wollte man die Entwicklung zum modernen
Konzertflügel den Forderungen eines Ertaubenden zuschreiben –
ganz verkehrt wäre es nicht. Sein inneres, geistiges Ohr schuf nie
gehörte Klangwirkungen, und er forderte für deren sinnliche, hör-
bare Wirklichkeit die entsprechenden Klangkörper.«

Das berühmteste, auch umstrittenste Beispiel hierfür liefert die
sogenannte *Mondscheinsonate* op. 27,2, die 1801 entstanden ist.
Beethoven spielte damals auf einem Hammerflügel der Firma
Walter, der einen Kniehebel für die Aufhebung der Dämpfung hatte.
Im ersten und dritten Satz der Sonate wird diese Pedalisierung explizit
verlangt, in Ersterem – Adagio sostenuto – erstreckt sich die Vorschrift
sogar über den gesamten Satz. Er soll alla breve, also recht schnell
gespielt werden, dabei aber »delicatissimamente e senza sordino«:

durchgehend mit Pedal! Es gibt Pianisten, etwa Murray Perahia, die halten das für unmöglich und vermuten ein Missverständnis. Andere, etwa András Schiff, halten sich daran. Der Satz muss zart und geheimnisvoll klingen, nebelhaft, mit verschwimmender Harmonik. Wenn es einen Beweis dafür gibt, dass Beethovens Klaviere sein Komponieren beeinflusst haben, dann ist es dieses Stück.

Hat auch sein Klavierspiel sein Komponieren beeinflusst? Ob, wie oftmals schon von seinen kritischen Zeitgenossen vermutet, das, was sie als bizarr oder formlos empfanden, eben auf seine Gabe der Improvisation zurückzuführen war, diesbezüglich stochern wir nach wie vor im Nebel. Beethovens Skizzen zeigen, dass er sich akribisch auf seine Improvisationen vorbereitet hat. Karl Amenda bezeugt, dass er, zum Erstaunen aller, eine einmal vorgetragene Improvisation exakt wiederholen konnte, ohne Abweichung. Kollege Ignaz Pleyel kritisierte ihn dafür: Beethoven spiele »das nicht wie ein Pianist, weil er sich völlig ausliefert an die Komposition. Es ist schwierig, zugleich Autor und Interpret zu sein.« Vielen Stellen in Beethovens Klaviermusik hat man improvisatorischen Charakter nachgesagt. Die einzige eindeutig komponierte Improvisation oder auch improvisierte Komposition ist aber wohl seine *Fantasie* op. 77.

Im Jahr 1808 ließ sich Beethoven zum letzten Mal öffentlich mit einem Solorecital hören. Er war inzwischen vollständig taub geworden und improvisierte nur noch privat für sich oder im kleinen Kreis, etwa bei Hauskonzerten seines Schülers Czerny. Sieben Jahre später, während des Wiener Kongresses, ließ er sich doch noch einmal überreden. Er setzte sich ein allerletztes Mal vor Publikum an den Flügel und begleitete sein Lied *Adelaide* op. 46:

Einsam wandelt dein Freund im Frühlingsgarten,
Mild vom lieblichen Zauberlicht umflossen,
Das durch wankende Blüthenzweige zittert,
Adelaide!

In der spiegelnden Fluth, im Schnee der Alpen,
In des sinkenden Tages Goldgewölken,
Im Gefilde der Sterne strahlt dein Bildniß,
Adelaide!

Abendlüftchen im zarten Laube flüstern,
Silberglöckchen des Mais im Grase säuseln,
Wellen rauschen und Nachtigallen flöten:
Adelaide.

Einst, o Wunder! entblüht, auf meinem Grabe,
Eine Blume der Asche meines Herzens;
Deutlich schimmert auf jedem Purpurblättchen:
Adelaide.

Damit war Beethovens Karriere als Konzertpianist endgültig beendet.

# 7

# »SPRECHT LAUTER, SCHREYT, DENN ICH BIN TAUB!«

Im Herbst 1802 schreibt Ludwig van Beethoven sein Testament. Er ist einunddreißig, ein Mann in den besten Jahren; heutzutage würde man ihn sogar einen jungen Mann nennen, schließlich hat sich in den letzten zweihundert Jahren die Lebenserwartung, zumindest in den Industrieländern, fast verdoppelt. Damals jedoch, zur Beethovenzeit, war die Gesellschaft noch so jung, wie sie sich heutzutage sehnt, zu sein.

Die Lebenserwartung liegt im Schnitt um die vierzig. Mit dreiundzwanzig Jahren wird Joseph II. gekrönt, mit fünfundzwanzig schreibt Goethe seinen *Werther,* mit zweiundzwanzig Schiller die *Räuber.* Für Beethoven wird dieser 6. Oktober 1802, an dem er sich in der Herrengasse in Heiligenstadt an den Schreibtisch setzt, der Tag, an dem er seine Lebensbilanz zieht. Er blickt zurück. Nach vorn zu schauen ist ihm in der tiefen Depression, in der er steckt, unmöglich. Er schreibt von Selbstmord, nur seine Musik habe ihn bisher daran hindern können:

»O ihr Menschen die ihr mich für feindselig störisch oder Misantropisch haltet oder erkläret, wie unrecht thut ihr mir ihr wißt nicht die geheime urßache von dem; was euch so scheinet ...« Mit diesen berühmten Worten beginnt Beethovens »Heiligenstädter Testament«. Er hat es an seine beiden jüngeren Brüder adressiert – zugleich richtet er sich damit an die ganze Menschheit. Oder auch: an sich selbst. Der Text ist mehr als nur ein Testament – obgleich er das natürlich auch ist, im juristischen Sinne: Der Nachlass wird verteilt, die Instrumente, das Geld. Aber dieses in Reinschrift sauber abgeschriebene, in einem Umschlag in der Schublade verwahrte Dokument ist zugleich ein Manifest: Wir erfahren daraus viel über Beethovens Kunst-, sein Welt- und Selbstverständnis. Und von seinem Geheimnis: dass ihn ein »heilloser Zustand ... befallen« habe, aus dem ein dauerndes Übel wurde, seit vielen Jahren schon, »und doch war's mir noch nicht möglich den Menschen zu sagen, sprecht lauter, schreyt, denn ich bin taub!«.

Im Sommer 1802 war Beethoven nach Heiligenstadt gereist – damals noch ein von Wäldern umgebenes Dörfchen mit Heilquellen außerhalb Wiens, heute Teil der Stadt Wien, im neunzehnten Bezirk. Insgesamt verbrachte er ein halbes Jahr dort, in aller Stille, bei Bädern und Spaziergängen. Sein Arzt, Johann Adam Schmidt, hatte ihm diese Kur verschrieben, zur Wiederherstellung des Gehörsinns. Alles umsonst. Beethoven schreibt: »geliebte Hofnung – die ich mit hieher nahm, wenigstens bis zu einem gewissen Punckte geheilet zu seyn ... wie die blätter des Herbstes herabfallen, gewelckt sind; so ist auch sie für mich dürr geworden, fast wie ich hieher kamm – gehe ich fort ... der Hohe Muth ... er ist verschwunden ...« – »... mit freuden eil ich dem Tode entgegen ... befreyt er mich nicht von einem endlosen Leidenden Zustande? ... lebt wohl und vergeßt mich nicht ganz ...« So endet Beethovens »Heiligenstädter Testament«.

Spiegelt sich diese tiefe Depression auch in der Musik? Verschiedentlich wurde das behauptet. Anton Schindler zum Beispiel berichtet, der Satz »La malinconia« aus dem Streichquartett op. 18,6 sei so entstanden. Andere haben das Largo aus der Klaviersonate op. 10,3 als Beethovens Todessehnsuchtsmusik identifiziert. Und auch der zweite Satz aus dem F-Dur-Quartett op. 18,1 ist ein gern zitierter Kandidat. Es handelt sich um eine Trauermusik, mit Tremoli und Seufzerfiguren. In den Skizzen zu diesem »Adagio affettuoso ed appassionato« findet sich dazu eine Anmerkung, die Beethoven auf Französisch notierte, eine Regieanweisung aus der Grabszene von Shakespeares *Romeo und Julia:* »Il prend le Tombeau/ Désespoir/il se tue/les derniers soupirs« (Er umarmt das Grab. Verzweiflung. Er tötet sich. Letzte Seufzer).

Markig-militärische Trauermärsche hat Beethoven etliche komponiert. Bekenntnismusiken mit Lamentogestus, in denen subjektiv Verzweiflung ausgedrückt wird, sind bei ihm eher selten. All die Werke dieser Art, die man mit Beethovens »Heiligenstädter Testament« in Verbindung gebracht hat, sind allerdings sehr viel früher entstanden. Wir können daraus schließen, dass Beethoven damals in Heiligenstadt nicht seine erste und einzige depressive Phase durchmachte. In diesem Sommer hatte er zwar nichts oder jedenfalls nicht viel komponiert – »Ich bin auf'm Land, und lebe ein wenig faul, um aber hernach wieder destho thätiger zu leben«, schreibt er im Juli 1802 dem Verleger Hoffmeister nach Leipzig. Allerdings findet sich unmittelbar danach, in dem ersten Stück, das er fertigstellt, doch so etwas wie ein biographischer Reflex. Als Erster hat der Beethovenforscher Maynard Solomon darauf hingewiesen, dass es eine Beziehung zwischen dem »Heiligenstädter Testament« und dem Oratorium *Christus am Ölberge* op. 85 gibt. Mittlerweile wurde aber nachgewiesen, dass die ersten Notizen dazu nicht erst vier Monate nach dem Heiligenstädter Ereignis entstanden sind, sondern schon viel früher in Beethovens Skizzenbüchern auftauchen. Es kann deshalb gar nicht zutreffen, was Beethoven selbst mit Nachdruck erklärt hatte: dass er *Christus am Ölberge* in nur zwei tumultuösen Wochen kurz vor Ostern 1803 rasch zu Papier geworfen habe. Nach der Uraufführung, die am 5. April 1803 im Theater an der Wien stattfand, hat er das Oratorium außerdem einer gründlichen Revision unterzogen. Auffallend an der Zweitfassung, die wir kennen, ist immer noch die opernhafte Diesseitigkeit der Figur des Christus. Habakuk Traber beschreibt ihn treffend als einen »antikisch-mythologischen Cousin« des Prometheus. Es sei der »Bürger Jesus«, der hier, allein gelassen, mit sich und seinem Schicksal hadert. Anders als sonst in österlichen Oratorien üblich endet *Christus am Ölberge* mit der Gefangennahme Jesu; eine Kreuzigung findet nicht statt, ebenso wenig kommt die Figur des Judas vor. Es geht um die inneren Kämpfe eines Individuums mit sich selbst, auf einem Weg, der durch Nacht zum Licht führt: aus Heiligenstadt wird Gethsemane.

Natürlich bleibt immer ein Rest Spekulation, wenn man versucht, biographische Ereignisse im Werk eines Künstlers wiederzufinden. Doch in diesem Fall gibt es starke Indizien: Bei *Christus am Ölberge* hat Beethoven am Libretto mitgearbeitet, das Oratorium entsteht ohne Auftrag, ist niemandem gewidmet. Und dass eine Identifikation mit der Hauptfigur stattfinden kann, steht außer Frage, ebenso der diesseitige opernhafte Gestus dieses stilistisch höchst umstrittenen Werks.

Angefangen hatte die Krankengeschichte Ludwig van Beethovens im Jahr 1796 mit dem linken Ohr, als er fünfundzwanzig war. Er habe »ein Sausen und Brausen« vernommen, erinnert er sich später – leichter Tinnitus, würde man vielleicht heute dazu sagen – und es mit Vitamin E oder Akupunktur versuchen. Die Ärzte tappten im Dunkeln, vom Innenleben der Gehörgänge hatte man wenig Ahnung. Als sich der Zustand sukzessive verschlimmerte und auch Beethovens rechtes Ohr erfasste, verschrieb der eine mit Mandelöl getränkte Ohrstopfen, der andere eine Diät, der dritte ließ zur Ader. Die meisten Ärzte, die Beethoven konsultierte, waren Wundärzte, viele von ihnen, wie die kriegerischen Zeiten es erforderten, Militärärzte. Um 1800 herum hörte Beethoven schließlich auf dem rechten

Ohr gar nichts mehr und auf dem linken nur noch ab und zu. Aber vollkommen taub war er noch lange nicht.

1815 berichtet der britische Pianist Charles Neate, der Beethoven im Auftrag der Londoner Philharmonischen Gesellschaft besuchte, er habe sich unterhalten können, nur müsse man direkt ins linke Ohr des Komponisten hineinsprechen. Neate empfiehlt Beethoven die fortschrittlichen englischen Ohrenärzte. Beethoven darauf: »Ich habe bereits alle Arten von ärztlichen Ratschlägen erhalten. Ich werde niemals geheilt werden. Ich will Ihnen erzählen, wie die Sache entstanden ist.« Er habe einst am Theater mit einem arroganten Tenor Ärger gehabt und sei in einem Wutanfall zu schnell vom Tisch aufgesprungen und hingestürzt: »Als ich wieder aufstand, fand ich mich taub und bin es seitdem geblieben. Die Ärzte sagen, der Nerv sei verletzt.«

So ein Stück für Tenor gibt es wirklich – es ist ein ziemlich läppisches. Beethoven schrieb es 1796 als Einlage für das Singspiel *Die schöne Schusterin* von Ignaz Umlauf, das gerade am Burgtheater Furore machte. Viel Mühe hatte er sich damit nicht gegeben, er orchestrierte einfach ein altes Strophenlied, das er bereits als Jüngling in Bonn verfasst hatte. Es heißt *Maigesang*. Kaum vorstellbar, dass dieses nette Lied mitschuldig sein soll an Beethovens Taubheit. Es gibt noch viel mehr und noch viel abenteuerlichere Thesen dazu. Zum Beispiel die vom Flohbiss, der einen Typhusanfall auslöste, was dann das Gehör angriff; oder die vom genetisch bedingten Alkoholmissbrauch oder gar der Syphilis, die man Beethoven posthum andichtete. Ein Komponist mit toten Ohren, das ist nun mal ein äußerst interessanter Fall. Die steilste Theorie stammt auf jeden Fall von Peter Schleuning, einem sehr hypothesenfreudigen Musikwissenschaftler. Er meint, Beethoven selbst sei schuld. Als ein revolutionärer Ideenkünstler habe er sein Taubsein mutwillig heraufbeschworen. Als Beweisstück dient eine Notiz von 1796, die da lautet: »Muth! Auch bei allen Schwächen des Körpers soll doch mein Geist herrschen ... Nichts muss übrig bleiben.« Mit diesen Worten, so

Schleuning, habe Beethoven im »Dienste der Aufklärung« den eignen Körper verleugnet und sein Leben, mit allen menschlichen Schwächen, dem Ideenkunstwerk subsumiert, sich selbst quasi entkörperlicht. Daraufhin hätten ihm dann die Ohren den Dienst aufgekündigt: »Das Taubwerden erscheint als psychisch notwendige Folge der Unterdrückung des Körpers.«

Die vielen medizinischen Studien, die Ursachenforschung in Sachen Beethovens Taubheit betreiben, stützen sich auf die wenigen Auskünfte, die der überlieferte Briefwechsel hergibt. Es sind, genauer gesagt, nur drei Briefe, die Beethoven im Sommer 1801 an zwei seiner besten Freunde schrieb: an den Theologen Karl Amenda und den Mediziner Franz Gerhard Wegeler. Diese Freunde erfahren als Erste und Einzige aus erster Hand, was sie schon lange ahnten: Beethoven hört nichts mehr. Er verhängt über beide die Schweigepflicht. Wegeler, den Arzt, konsultiert er: »Um Dir einen Begriff von dieser wunderbaren Taubheit zu geben, so sage ich Dir, dass ich mich im Theater ganz dicht am Orchester anlehnen muß, um den Schauspieler zu verstehen. Die hohen Töne von Instrumenten, Singstimmen, wenn ich etwas weit weg bin, höre ich nicht; im Sprechen ist es zu verwundern, dass es Leute gibt, die es niemals merkten; da ich meistens Zerstreuungen hatte, so hält man es dafür. Manchmal auch hör ich den Redenden, der leise spricht, kaum, ja, die Töne wohl, aber die Worte nicht; und doch, sobald jemand schreit, so ist es mir unausstehlich.«

Hochtonverlust, Schallverzerrung und Schallüberempfindlichkeit – zu Beginn der Krankheit deuten diese Symptome auf einen Funktionsausfall der äußeren Hörzellen hin, was sich, unbehandelt, zu chronischer Innenohrschwerhörigkeit entwickelt haben kann. Heute würde, selbst bei zerstörten Hörzellen des Innenohres, ein Hörgerät helfen. Damals war nichts zu machen.

Beethoven hat seine Ärzte teils verachtet und beschimpft, teils respektiert und verehrt – mit einigen war er sogar richtig befreundet.

Für Dr. Giovanni Malfatti etwa komponierte er 1814 zur Namensfeier eine italienische Kantate: *Un lieto brindisi* WoO 103. Auf Anregung von Dr. Andreas Bertolini schrieb er die Polonaise op. 89. Dr. Aloys Weissenbach verfasste für Beethoven das Textbuch zu der Kantate *Der glorreiche Augenblick* op. 136. Dem Dr. Johann Adam Schmidt aber, der ihn in Heiligenstadt betreut hatte, widmete er sein Klarinettentrio Es-Dur op. 38. Eine echte Liebesgabe! Das Trio ist nämlich die Transkription des Es-Dur-Septetts op. 20. Und dieses Septett wiederum gehört zu den wenigen Werken, mit denen Beethoven sich auf Anhieb in die Herzen des Publikums hineinkomponiert hatte. Ein Riesenerfolg! Es gab gleich dutzendweise Bearbeitungen davon – worüber sich Beethoven so ärgerte, dass er persönlich auch eine solche verfassen wollte.

Beethoven schreibt am 18. Oktober 1802, da ist er keine acht Tage zurück aus Heiligenstadt, einen Brief aus Wien an seinen Leipziger Verleger, Gottfried Härtel, um ihm zwei Variationenwerke anzubieten. Die seien, schreibt er, »beyde auf eine wircklich ganz neue Manier bearbeitet, jedes auf eine andre verschiedene Art«. Die Unterstreichungen hat Beethoven so gemacht. Und er wiederholt dann nochmals variierend: »jedes thema ist darin für sich auf eine selbst vom anderen Verschiedene Art behandelt ... und muss ich sie selbst versichern, dass die Manier in beiden Werken ganz neu von mir ist.«

Was für ein bleischweres Mantra wird später aus diesen wenigen Worten gedrechselt! Daraus – und aus einer weiteren Äußerung, die freilich nur aus zweiter Hand überliefert ist: Beethoven soll, erzählt sein Schüler Czerny, bald darauf gesagt haben, er sei unzufrieden mit seinen bisherigen Arbeiten, er wolle ab sofort »einen neuen Weg einschlagen«.

Diese »ganz neue Manier« und Beethovens »neuer Weg« – das wuchs sich posthum zu einer großen biographischen Zäsur aus, viele Riesenkapitel Beethovenliteratur hängen daran. Wilhelm von Lenz unternahm es in seinem Buch *Beethoven et ses trois styles* (1852) als

Erster, Beethovens Gesamtwerk in drei Perioden einzuteilen. Demnach beginnt mit dem Briefdatum des 18. Oktober 1802 Beethovens zweite, die »heroische« Periode, und von der »neuen Manier« führt die Spur über den »neuen Weg« direkt zum »neuen Menschen«. Diese Periode umfasst zwar nur zehn Jahre, von 1802 bis 1812. Doch alles, was in diesen Jahren an Musik entsteht, wird fortan aufgewertet und gehört zum Kanon jener »exemplarischen Werke«, die als Maßstab für den »eigentlichen« Beethoven gelten. Entsprechend wird das Frühwerk abgewertet, das Spätwerk mystifiziert. Viele schöne, teils sehr gelungene, auch großartige Werke, die nicht in dieses Raster passen, fallen fortan aus dem Fokus der Wahrnehmung. Das betrifft mindestens die Hälfte der Klaviersonaten, viele Kammermusiken, die *Erste,* aber auch die *Zweite* und die *Vierte Symphonie* sowie Lieder, Arien, Chor- und Vokalwerke. Und erst recht trifft dies zu für die Gebrauchsmusiken und Gefälligkeitswerke, die es in allen drei Perioden gibt, die Märsche, Tänze und Liedchen. Dafür schämen sich Beethovenfans manchmal ein bisschen, weil sie nicht in die Schublade des Erhabenen passen.

Eine Hauptrolle bei dem »neuen Weg« und der »neuen Manier« wird dem sogenannten Prometheus-Thema zugeschrieben.

Diese Melodie taucht wie eine Art Wanderpokal immer wieder in verschiedener Besetzung, Funktion und Gestalt auf – unter anderem im Finale der *Eroica.* Allerdings war sie im Jahr 1802 keine Neuigkeit mehr. Beethoven verwendet sie erstmals in einem »schnöden« Gelegenheitswerk, einem Kontretänzchen zur Redoute, das im Druck bei Artaria erschien (WoO 14,7). Es war noch nicht einmal ein Originalthema, stammt vielmehr teilweise aus dem ersten Satz der g-moll-Sonate op. 7,3 von Muzio Clementi. Entstanden: 1782.

Da war Beethoven gerade zwölf Jahre alt. Kannte er diese Sonate? Sehr wahrscheinlich! Sie lag im Druck vor, auch wurden Clementis Sonaten in Bonn gespielt. Doch was heißt schon original? Beethoven hat einfach ein bekanntes Thema hergenommen und sich angeeignet, den Anfang nach Dur verlegt, das Ende verdreht. Zitieren, Parodieren, so etwas war üblich unter Komponistenkollegen, es kommt immer nur darauf an, was einer Neues draus macht.

Und was war nun wirklich das Neue an Beethovens »neuer Manier«, seinem »neuen Weg«? In den Variationen op. 35, die er Härtel anbietet, ist zwar nicht das Thema neu, doch die Art und Weise, wie sich dieser musikalische Gedanke von selbst entwickelt. Er steht nicht am Anfang, ist nicht, wie sich das für ein Variationsthema eigentlich gehört, mit dem ersten Takt »gegeben«. Vielmehr erschafft sich das Thema selbst, Schritt für Schritt. Zuerst taucht es als Gerippe auf: Nur die Basslinie ist vorhanden. Dann wird diese Basslinie aufgestockt und schon mal »vorvariiert«, angelehnt an den Fuxschen Kontrapunkt »a due, a tre und a quattro« ausgesetzt. Erst im fünften Anlauf ist das Thema vollständig zu hören. So verliert diese berühmte, allseits bekannte Melodie an Wucht – sie tritt auf als die Variation ihrer eigenen Basslinie. Das ist in der Tat neu, so ulkig hat noch nie zuvor ein Variationszyklus begonnen! In den folgenden fünfzehn Variationen löst Beethoven das Thema dann langsam wieder auf. Auch das hat es vorher noch nicht gegeben.

Vergessen wir einmal kurz den Theaterdonner um das »Heiligenstädter Testament«. Schieben wir die Schicksalswolken beiseite, die von diesem historischen Datum aus verallgemeinernd das gesamte Werk der »zweiten Periode« Beethovens überschatten und seinen »neuen Weg« ausleuchten. Dann bleibt, nachprüfbar, nur noch eine einzige authentische Äußerung von Beethoven selbst übrig: die viel zitierte Stelle aus dem Brief an Härtel. Und die wiederum bezieht sich nur auf die besagten beiden Variationszyklen, op. 34 F-Dur und op. 35 Es-Dur. Beethoven preist sie dem Verleger an: Sie sollten »unter die wirkliche Zahl meiner Größern Musikalischen Werke aufgenommen werden«. Nicht zuletzt wegen des populären Prometheus-Themas haben die »großen« Variationen op. 35 das auch geschafft, sie gehören bis heute zu den meistaufgeführten Klavierwerken Ludwig van Beethovens. Das Zwillingsstück dazu, die »kleineren« Variationen in F-Dur, hat man vergessen. Weder wurden sie jemals einbezogen in die stilkritischen Diskurse zu Beethovens »neuem Weg«, noch werden sie im Konzertsaal gespielt. Warum?

Ein Grund könnte sein, dass diese Variationen auf den ersten Blick gar nicht neu-, sondern eher altmodisch erscheinen. Das Thema kommt so schlicht daher wie ein Lied im Volkston. Jede der nachfolgenden sechs Variationen steht, wie in einer Partitenfolge, in einer anderen Tonart. Das ist einerseits um 1800 ungewöhnlich, originell und neu, andererseits aber ein bisschen verschroben, abstrakt und veraltet – Beethoven zitiert damit einen barocken Ordnungsfaktor. Vom F-Dur geht es terzenweise abwärts bis zur fünften Variation in c-moll. Sie steht im Zentrum des Werkes, es handelt sich um einen »Todtenmarsch«, wie Beethoven in die Skizzen hineinschrieb. Danach geht es über C-Dur zurück zur Tonart des Themas: F-Dur. Jede der Variationen aus op. 34 hat also einen eigenen Tonraum – eine Konstruktion, die zugleich Korsett und Experiment ist. Beethoven hat das nur dieses eine Mal ausprobiert. Im Übrigen hat er diesen Variationenzyklus für eines seiner wichtigsten Werke gehalten.

Zwei Monate nach dem genannten Brief schreibt Beethoven noch einmal an Härtel, eine Art Postskriptum. Er meint, erläutern zu müssen, was es mit diesem Slogan von der »neuen Manier« auf sich habe. Er hatte sich wieder einmal geärgert: Ein guter alter Freund aus Bonner Jugendtagen, der Flötist und Komponist Anton Reicha, der mittlerweile in Frankreich lebte, war gerade zu Gast in Wien, hatte Beethoven besucht und ihm ein paar Werke gezeigt.

Beethoven half ihm bei der Suche nach einem Verleger und wunderte sich unter anderem über einen Stapel Fugen, die Reicha ihm vorlegte. Die lehnten sich nämlich nicht nur stolz an Johann Sebastian Bachs *Wohltemperiertes Klavier* an, Reicha wollte sie als ein total neues System verkaufen: »Trente-six Fugues composées d'après un nouveau système« – sechsunddreißig Fugen, orientiert an Bach, »nach einer neuen Art«! Beethoven schreibt an Härtel: »statt allem Geschrey von einer Neuen Methode … wie es unsere Hr. Nachbarn die gallo-Franken machen würden, wie zu B. mir ein gewisser französischer Reicha-Componist Fugen presentirte après une nouvelle Methode, welche darin besteht, dass die Fuge keine Fuge mehr ist, etc – so habe ich doch gewollt den Nichtkenner drauf aufmerksam machen, daß sich wenigstens diese Variationen von andern unterscheiden …« Nämlich: seine eigenen Variationen. Was der Reicha kann, das kann Beethoven schon lange, ein Etikett darauf kleben: »Nimm mich, ich bin frisch, ich bin neu!« Hinter dem Mantra von der »neuen Manier« steckt am Ende nichts weiter als Reklame und Polemik. Dass aber Reichas Fugen »nach neuer Art« gar keine Fugen mehr sind, damit hatte Beethoven wohl recht. Ganz besonders geärgert hat er sich wahrscheinlich darüber, dass Freund Reicha sich in diesen Fugen alle möglichen Themen vorgeknöpft hat: von Bach, Händel, Scarlatti, Frescobaldi, Haydn und Mozart. Keines aber stammt von Beethoven.

Um 1802 war Beethoven schon ein berühmter Mann, nicht mehr der hoffnungsvolle Jüngling aus Bonn, vielmehr einer, dessen Ruf weit über die Grenzen Österreichs hinausgewachsen war und zu dem die Schüler strömten. Zwei Klavierkonzerte, zwei Symphonien und ein Quartettzyklus hatten ihn an die Seite von Haydn und Mozart gerückt, ganz abgesehen von den fünfzehn großen Klaviersonaten, die sein ganz spezielles poetisches Experimentierfeld geworden waren. Wenn man sich allein die Fülle der Stücke anschaut, die Anfang 1802 herauskamen, kann man wirklich nicht behaupten, die Lebenskrise rund ums »Heiligenstädter Testament« sei eine Schaffenskrise gewesen. Aber man kann feststellen: Mitten aus dieser Krise heraus explodieren neue Schaffenskräfte.

Nicht alle Kompositionen, die in diesem Schicksalsjahr 1802 entstanden sind, wurden später Beethovens »neuem Weg« zugeschlagen. *Christus am Ölberge* zum Beispiel, das Klarinettentrio op. 38 und die Variationen op. 34 passten nicht ins Raster. Czerny rechnete dafür die Klaviersonaten op. 31 dazu, Riezler außerdem noch die Violinsonaten op. 30 und natürlich die Variationen op. 35, Carl Dahlhaus am Ende sogar die *Dritte Symphonie* op. 55 sowie insbesondere den ersten Satz des Streichquartetts op. 59,3, obgleich auch der zeitlich herausfällt, denn er ist erst vier Jahre später entstanden. Das Dumme an solchen Schemata ist: Man muss sich die Musik nachträglich danach zurechtbiegen.

Noch kein Komponist vor Ludwig van Beethoven ist von seinen Verehrern so brutal über einen Leisten geschlagen worden. Allerdings: Es war auch noch keiner, wie er, in Haft genommen worden für die Formen, Normen und Standards der Musik, die nach ihm entstanden ist: Alle ethischen und ästhetischen Werte der klassisch-romantischen Musik leiten sich von Beethoven her. Nur er selbst kann dazu nicht mehr befragt werden – außer: in seiner Musik.

Die Klaviersonate op. 31,2 wird von den Fachleuten gerne in die zweite Schaffensperiode Beethovens, die »heroische«, einsortiert – obgleich sie so gar nichts Heroisches hat. Außerdem wird sie häufig als ein Hauptzeuge für Beethovens »neuen Weg« genannt, obgleich sie schon lange vor seinem Aufbruch nach Heiligenstadt fertig war. Sie trägt den Titel *Sturm-Sonate,* was sich wie das zu Anfang dieses Kapitels erwähnte Adagio aus op. 18,1 auf William Shakespeare bezieht. Der erste Satz dieser Sonate in d-moll beginnt nicht mit d-moll, sondern mit A-Dur und klingt zunächst wie eine langsame Einleitung. Doch die schlägt gleich um in ein schnelles Allegro. Das bricht ab, ausgebremst von einer Fermate, kehrt zurück zum Anfang und so fort. Man wartet auf ein Hauptthema, das kommt aber nicht. Man wartet, wartet, bis man irgendwann merkt: Ah! Wunderbar! Diese zusammengeklebten Fragmente, diese Improvisation, das *ist* das Thema gewesen. Harmonisch und formal. Und kaum hat die Durchführung dies bestätigt, passiert schon wieder etwas Neues: Da singt das Klavier zwei Rezitative in Bachscher Manier. So werden alle Erwartungen, die man zuvor jemals an eine Sonate hatte haben können, erfreulich schön getäuscht.

Beethoven war ein Komponist des Neuen par excellence, der mit fast jedem Werk, das er anpackte, einen »neuen Weg« ausprobiert hat – von seinen ersten bis zu den letzten Kompositionen. Ausgenommen vielleicht ein paar Kanons, Märsche, Lieder für das liebe Publikum. Und wenn er sich einmal mit sich selbst unterhalten wollte, dann hat er etwas in seine Skizzenbücher hineingeschrieben. Anno 1806, lange nach der Heiligenstädter Krise, notiert er ins Skizzenbuch zum Quartettzyklus op. 59: »Ebenso, wie du dich hier in den Strudel der Gesellschaft stürzest, ebenso möglich ist's, Opera trotz allen gesellschaftlichen Hindernissen zu schreiben – kein Geheimnis sey dein Nichthören mehr – auch bey der Kunst.«

# 8

# »GESCHRIEBEN AUF BONAPARTE«

Es-Dur ist die Tonart, in der die *Eroica* steht. Dem Dirigenten Michael Gielen verdanken wir den Hinweis, dass das ewige »Es« in dieser Symphonie nichts mit dem »Es« von Sigmund Freud zu tun hat –»Im Gegenteil«, sagte er in Anspielung auf den ersten Satz der *Eroica*, der Überlänge hat, »es ist das ›Ich‹, das dann mit der Zeit zum ›Über-Ich‹ wird.« Große alte Dirigenten können bisweilen sehr witzig sein, wenn man mit ihnen über Beethovens *Dritte* spricht.

Der Komponist selbst hatte das Stück einem unbekannten Helden gewidmet. Er ließ auf das Titelblatt der Originalausgabe drucken: »Sinfonia eroica«. Und als Zusatz darunter, ebenfalls in Italienisch: »komponiert zur Feier der Erinnerung an einen großen Mann« (»composta per festeggiare il sovvenire di un grand Uomo«). Wer ist dieser Mann? Wen hat Beethoven gemeint? Eine Möglichkeit haben wir schon erörtert: Zeitlich fällt die Veröffentlichung der Symphonie mit dem Heldentod von Louis Ferdinand, Prinz von Preußen, zusammen. Eine der schönsten Antworten aber auf diese Jahrhundertfrage gab ein anderer großer Dirigent, Arturo Toscanini: »Für einige ist es Napoleon; für andere ist es Alexander der Große; wieder andere sagen, es sei ein philosophischer Diskurs. Für mich ist es einfach nur: Allegro con brio.« Toscanini lieferte von allen nicht pathetischen und durchsichtigen Interpretationen der *Eroica* eine der schnellsten, zumindest was den ersten Satz angeht, das »Allegro con brio«: dreizehn Minuten fünfzig Sekunden brauchte er dafür insgesamt. Zum Vergleich: Karajan brauchte vierzehn Minuten vierzig Sekunden, Gielen fünfzehn Minuten, Furtwängler knapp sechzehn und Nikolaus Harnoncourt mehr als sechzehn. Und die Originalklanggruppe Ensemble 28 aus Wien absolviert den ersten Satz der *Eroica* in stattlichen sechzehneinhalb Minuten. Es spielen dafür aber, wie der Name schon sagt, auch nur achtundzwanzig Musiker in diesem Orchester.

Eine Puppenbesetzung ist das für eine so große, bedeutende Symphonie. Doch ist dies exakt die Besetzung, die Beethoven selbst sich gewünscht und zur Verfügung gehabt hatte, als er am 9. Juni 1804 die Uraufführung seiner *Dritten* dirigierte. In den Festsaal des Palais Lobkowitz, wo das Ereignis stattfand, hätten auch nicht mehr hineingepasst. Dieser kleine hohe Saal, dessen Decke mit Fresken geschmückt ist, fasst nach Auskunft des Wiener Theatermuseums, das heute im Lobkowitzpalais untergebracht ist, bei normaler Konzert-»Bestuhlung« maximal hundert Menschen. Nehmen wir an, dass das geladene aristokratische Publikum während der Uraufführung der *Eroica* teils gestanden hat, teils rein- und rausging, wie es üblich war, dann könnten es vielleicht hundertfünfzig gewesen sein, die bei diesem historischen Ereignis zugehört haben. Der Saal trägt heute den Namen Eroica-Saal und steht auf dem Besichtigungsprogramm musikaffiner Wientouristen ganz oben.

Hört man die *Eroica* in der kleinen Originalbesetzung, wird eines sehr viel deutlicher als bei den gängigen Aufführungen mit einem achtzig Mann starken modernen Orchester: Die Blasinstrumente sind absolut dominant. Es sitzen genauso viele Bläser auf dem Podium wie Streicher. Das muss man sich klarmachen, um die Wucht des ersten Eindrucks zu begreifen und die Ratlosigkeit, die damals aus den Publikumsreaktionen spricht: Zu lang sei diese Symphonie, »bei aller Verwebung der Instrumente« zu verworren und schwierig zu verstehen, fanden die einen. Sie wünschten, dass »sich B. entschließen wollte, sie abzukürzen«. Andere sagten »zu laut« oder »viel zu stark instrumentiert«. Der Korrespondent der *Allgemeinen musikalischen Zeitung* meinte, es sei »des Grellen und Bizarren allzu viel«.

Holz- und Blechbläser agieren in dieser Symphonie eigenständig, sie sind nicht länger Farb-, sie sind Themenlieferanten: Klassische Dreiklangssignale der Bläser, Feldmusik, Kriegs- und Revolutionsfanfaren, Pauken- und Kanonenschläge bestimmen das thematische Material. Und so hat man vom ersten Takt an, wenn der Vorhang aufgeht, dank dieses bläserdominierten Klangbilds, den Eindruck, es gehe in den Krieg oder um das Jüngste Gericht – dabei hat Beethoven nicht eine einzige Posaune vorgeschrieben, »nur« zwei Klarinetten, zwei Flöten, zwei Oboen, zwei Fagotte, zwei Trompeten, drei Hörner. Das reicht, sie haben die Macht. Dazu kommt, dass allein die Exposition so lange dauert wie in anderen Symphonien ein ganzer Satz. Ja, die gesamte *Eroica* ist so lang, dass man in der gleichen Zeit zwei Haydnsymphonien aufführen könnte. Oder zweimal Beethovens *Erste*.

Allerdings hat bereits die *Erste Symphonie* in C-Dur op. 21, die Beethoven vier Jahre vor der *Eroica* herausbrachte, auffälliges Bläserpotenzial. Auch hier stammen etliche frische rhythmische und melodische Motive aus dem Fundus der aktuellen Revolutionsmusik. In einem Fall kann man es sogar ganz genau nachweisen: Das Allegro-Thema des ersten Satzes aus der *Ersten* mit seinem trommelwirbelartigen Auftakt, dem punktierten Rhythmus und dem aufsteigenden Dreiklangmotiv am Schluss parodiert ein Thema, das von den Komponisten der Französischen Revolution mehrfach verwendet wurde, unter anderem von André Ernest Modeste Grétry sowie von Rodolphe Kreutzer, dem Sologeiger in Napoleons Privatkapelle, ebenjenem Kreutzer, den Beethoven 1799 im Salon des französischen Gesandten

Bernadotte in Wien kennengelernt und dem er seine *Kreutzersonate* gewidmet hatte. Graf Bernadotte war es, der – nach dem Zeugnis des Grafen Moritz von Lichnowsky – zuerst an Beethoven mit der Idee herangetreten war, er möge »den größten Helden seines Zeitalters in einem Tonwerke feiern«. Übrigens blitzt in der *Ersten Symphonie* am Ende der Durchführung noch eine weitere Revolutionshymne auf, die vom Konsul Bonaparte nachweislich ganz besonders geliebt wurde – der »Chant du départ« von Étienne Nicolas Méhul.

In der *Eroica* sind solche direkten Bezüge nicht mehr zu finden. Mag sein, dass die Gestik der Revolutionsmusik schon so tief eingedrungen war in Beethovens musikalisches Vokabular, dass er keine Zitatfragmente mehr verwendete. Doch damit es kein Vertun gibt, widmet er seine »Heldensymphonie« zunächst demjenigen, auf den alle genannten Spuren stracks zulaufen, der auch Toscanini gleich an erster Stelle einfiel: dem Ersten Konsul der französischen Republik, Napoleon Bonaparte.

Napoleon schätzte die Musik als eine Gemütsbewegungskunst, vor allem, wenn möglichst viele Gemüter daran beteiligt waren. Schon als Konsul hielt er sich – wie ein Aristokrat – ein Privatorchester, und zu seiner Kaiserkrönungszeremonie bestellte er bei Giovanni Paisiello eine Messe, die zwei Orchester und vierhundert Mitwirkende erforderlich machte. Etwa ein Jahr vor diesem Ereignis entwirft Beethoven den Plan, nach Frankreich auszuwandern, um unter Napoleon sein Glück zu machen. Er intensiviert die alten und knüpft neue Beziehungen zu französischen Verlegern. Am 6. August 1803 schreibt Ferdinand Ries an den Verleger Simrock nach Bonn: »Beethoven wird nun höchstens noch 1 ½ Jahre hierbleiben. Er geht dann nach Paris«; und zwei Monate später: »Beethoven wird nun bald das Sujet zu seiner Opera erhalten. Nach dieser will er weg. Mit jedem Tag vermehrt sich meine Hoffnung … ihn zu begleiten.« Mit der »Opera« ist das Textbuch zu *Leonore*, dem späteren *Fidelio*, gemeint.

Beethoven hatte es wohl schon im kleinen Finger: Wien ist die alte Hauptstadt der Musik, Paris wird die neue Hauptstadt der Musik werden. Wenige Jahre zuvor, als Napoleon die Österreicher in den Italienfeldzug verstrickte, war Beethoven noch als treuer Untertan dem Aufruf von Kaiser Franz gefolgt und als Mitglied des Wiener Freiwilligenkorps zur Verteidigung des Vaterlandes in die Uniform gestiegen. Doch steckt hinter der plötzlichen Frankophilie eigentlich kein Sinneswandel. Vermutlich ging es Beethoven nicht viel anders als Moritz von Lichnowsky oder anderen aufgeklärten Aristokratenfreunden: Er bewunderte die Ideen der Französischen Revolution, fürchtete und verabscheute aber den Terror und seine Folgen. Er war beeindruckt von diesem starken Mann, der wieder Ordnung schaffte und Europa neu vermaß. Außerdem machte er sich womöglich Hoffnungen auf eine Festanstellung in Paris. Insofern wäre die *Eroica* so etwas wie die Anlage zum Bewerbungsschreiben.

Bonaparte ist stets der Kandidat Nummer eins, wenn es darum geht, wer mit dem »grand Uomo« gemeint gewesen sein könnte; Beethoven hat diese Widmung zwar später zurückgenommen, die Worte »intitolata Buonaparte« heftig ausradiert und so weggekratzt, dass ein Loch entstanden ist – aber zerrissen ist das Papier nicht. Freund Ries (der freilich wieder einmal selbst gar nicht dabei gewesen sein konnte) berichtet davon wie folgt: Anlässlich der Kaiserproklamation Napoleons im Frühjahr 1804 soll Beethoven das Titelblatt seiner Bonaparte-Symphonie in Fetzen gerissen haben, die er auf den Boden warf mit den Worten: »Ist der auch nichts anderes als ein gewöhnlicher Mensch! Nun wird er auch alle Menschenrechte mit Füßen treten, nur seinem Ehrgeize frönen, er wird sich nun höher als alle anderen stellen, ein Tyrann werden!« Das klingt recht Beethovensch und wird auch immer wieder gern zitiert. Ist aber eine Erfindung. Besagtes Titelblatt der Partitur, das von der Gesellschaft der Musikfreunde in Wien aufbewahrt wird, gibt es wirklich. Es ist unversehrt, nur das Radierloch kann man sehen –

und darunter steht, zart, aber deutlich, mit Bleistift notiert von Beethovens eigener Hand: »geschrieben auf Bonaparte«. Auch berichtet Beethoven im August 1804 an den Verleger Härtel in Leipzig: »Die Simphonie ist eigentlich betitelt Ponaparte.« Entweder hat er es sich also noch einmal anders überlegt. Oder er hat das Loch im Papier gar nicht selbst verursacht.

Bonaparte war also, wenn nicht Titelheld, so doch auf jeden Fall der erste Widmungsträger dieser Symphonie. Er erfreute sich noch lange nach der Uraufführung der *Eroica* allerbester Gesundheit und sollte seine europäischen Nachbarn noch gut zehn Jahre in Atem halten. Als er 1821 starb, soll Beethoven von einer »Katastrophe« für Europa gesprochen haben; er selbst habe schon »vor langer Zeit die passende Musik dazu« geschrieben: Gemeint ist der zweite Satz der *Dritten Symphonie*, ein c-moll-Trauermarsch, »Marcia funebre. Adagio assai«. Vom Duktus her steht dieses Stück ganz in der Tradition eines militärmusikalischen Rituals, veranstaltet als Totenfeier für Kriegsgefallene höheren Standes, mit Trommelwirbeln und Prozessionsrhythmus, für das Defilee der Truppe. In Kriegszeiten wie damals hatten solche Trauermärsche Konjunktur, sie waren oft bestimmten Helden gewidmet. So schrieb François Joseph Gossec einen Trauermarsch auf den Tod Mirabeaus anno 1791 oder Cherubini einen Trauermarsch auf den General Lazare Hoche, anno 1797. Beethoven kannte zumindest Letzteren – Napoleon hatte dafür eigens eine Art Wettbewerb ausgeschrieben, den Cherubini und Paisiello Kopf an Kopf gewannen.

In den ersten Skizzen zur *Eroica*, 1802, hatte Beethoven einen ganz anderen zweiten Satz vorgesehen: ein Adagio in C-Dur. Warum er den Plan verwarf und stattdessen einen großen Trauermarsch komponierte, ist nicht bekannt. Ein Jahr zuvor hatte er schon einmal einen solchen Trauermarsch »sulla morte d'un Eroe« komponiert, dreiteilig und in as-moll, als dritten Satz der Klaviersonate op. 26, einziger Trauermarsch in seiner Klaviermusik. Effektvoll und malerisch imitiert das Klavier Fanfaren und sogar Trommelwirbel. Gewidmet ist diese Sonate dem Fürsten Carl von Lichnowsky, erste Skizzen dazu gehen zurück bis 1796, fertiggestellt wurde sie 1801. Die ersten Skizzen zur *Eroica,* freilich vorerst noch ohne Trauermarsch konzipiert, schließen sich erst ein knappes Jahr später an. Der Trauermarsch in der Klaviersonate op. 26 indes ist das heimliche Zentrum dieses Werks. Wer aber der »Eroe« ist, der da starb, bleibt unbekannt. Trauermärsche brauchen als fester Topos keine Identifikation. Umso mehr, als dieser Marsch dem abstrakten Klavierklang anvertraut ist.

Ganz anders konzipiert ist der Trauermarsch in der *Eroica.* Er ist länger, komplexer, farbiger und tonmalerischer, und er steht auch da, wo ein langsamer Satz hingehört, nämlich an zweiter Stelle. Seltsam allerdings für eine Programmsymphonie mit narrativem Handlungsfaden, dass der Held erst den Heldentod stirbt und im dritten Satz wiederaufersteht und weiterkämpft. Der Musikwissenschaftler Paul Bekker hat deshalb den Vorschlag gemacht, die Binnensätze in der *Eroica* umzustellen und den Trauermarsch nach hinten zu verschieben. Für Wilhelm von Lenz dagegen, einen der ersten, schwärmerischen Beethovenbiographen, war das gar kein Problem. Auch er ging –1855 – davon aus, dass die *Eroica* eine Programmsymphonie sei – ähnlich wie die *Pastorale,* mit einem bestimmten »Inhalt«. Und auch er war Anhänger der Theorie, dass mit dem Helden, dessen Geschichte hier erzählt wird, Napoleon Bonaparte gemeint sei: »Wir fassen die vier Sätze der Eroica unter folgenden Überschriften: Allegro – Leben und Tod eines Helden; Marcia: Das Leichenbegräbnis. Scherzo: Waffenstille am Grabe. Finale: Das Leichenmahl und Heldenlegende.« Für Lenz war offenbar sonnenklar, dass schon im ersten Satz der *Eroica* – mit dem überraschenden, neuen e-moll-Thema in der Durchführung – Napoleon im Kampf gefallen ist. Aber in der Erinnerung und in der Musik lebt er weiter: »Heldengeflüster zu Anfang, Heldenchöre zu

Ende … ›Malen Sie mich ruhig auf einem wilden Pferde sitzend‹,
sagte Napoleon zu David, und so hat David ihn gemalt: auf einem
bäumenden Rosse sitzend, auf der Zackenspitze eines Felsens, dessen Inschriften die Namen Hannibal und Cäsar trägt. So auch malt
die Sinfonia eroica Napoleon, den Sohn des furchtbarsten Ideenum-
schwungs, ruhig auf einem wilden Pferde sitzend. Ein größerer Maler,
malt ihn Beethoven in Zügen und Farben des Geistes, für den Geist.
Auf dem unerschrockenen Renner Phantasie stellt er sich zum Reiter,
auf die Zackenspitze des Felsens, der nach Italien sieht, dessen In-
schrift die Namen Hannibal und Cäsar trägt, tief unten im Grunde
Marengo. Die Spur des Feldherrn deckt die Lawine; der Komponist
der Sinfonia eroica schaut von derselben Höhe auf die für alle Zeiten
geschlagenen Schlachten des Geistes. Napoleon und seine Marschälle
hat die Eroica überlebt. Wen und was wird sie noch alles überleben?«
Fragte Wilhelm von Lenz.

Und jetzt kommt Kandidat zwei für den »grand Uomo« ins
Spiel: Prometheus, der »Vorausdenkende«. Er gehört zur Sippe der
alten Götter der griechischen Antike, der Titanen, Sohn des Iapetos,
Neffe von Kronos, dem Widersacher des Zeus. Nach der Überlie-
ferung des Aischylos war es Prometheus, der das Verbot des Zeus
ignorierte, eine Fackel am Sonnenwagen entzündete und den Menschen das Feuer brachte. Er wurde dafür zur Strafe an einen Felsen
gekettet, bis ihn, nach dreißigtausend Jahren, Herakles befreit hat.

Die Legende vom Menschenbildner, Lichtbringer und Revoluzzer Prometheus ist wirkungsmächtig seit Beginn der Aufklärung, sie
hat Künstler von Goethe über Schlegel bis Nietzsche, von Beethoven
über Skrjabin bis hin zu Luigi Nono inspiriert. Beethoven schrieb im
Jahr 1800 seine Ballettmusik *Die Geschöpfe des Prometheus* op. 43 für
das Burgtheater – auf eine Vorlage des Tänzers und Choreographen
Salvatore Viganò, der am kaiserlichen Hof als Ballettmeister engagiert war. Man darf davon ausgehen, dass ein kaiserlicher Auftrag
vorhanden war – auch wenn Beethoven das Werk letztlich doch

wieder der Lichnowsky-Familie zueignete, nämlich der Fürstin Maria Christine.

Es ist, seit er für Graf Waldstein in Bonn das *Ritterballett* WoO 1 verfasst hatte, Beethovens zweite und letzte Begegnung mit diesem Genre. Das Libretto ist verloren gegangen, die Handlung aber in groben Zügen bekannt: Prometheus erweckt zwei Tonstatuen – eine Frau und einen Mann – mithilfe seiner Fackel zum Leben. Vergeblich versucht er, auch ihren Verstand und ihre Gefühle zu animieren, und führt sie dann auf den Parnass, wo die Musen die Menschen in den schönen Künsten und Wissenschaften unterweisen. Die tragische Muse Melpomene ersticht Prometheus, um den Menschen den Tod vor Augen zu führen. Pan weckt ihn erneut zum Leben, alle freuen sich und vereinen sich zum finalen Gruppenjubeltanz. Die Handlung hat also wenig Heroisches an sich, auch von dem »éclat triomphal«, der sich in Beethovens Musik reichlich ausdrückt, weiß Viganòs Dramaturgie herzlich wenig, und in den fünfzehn Tanznummern stoßen der musikalische Anspruch des Komponisten und die choreographischen Korsettstangen immer wieder zusammen, sodass man meint, man höre es klappern.

Es gibt aber eine direkte Verbindung zwischen dem *Prometheus*-Ballett und der *Eroica*. Sie stützt sich aber nicht auf diese teils martialischen, teils fragmentarischen, teils redundanten Ballettszenen, sondern auf das Finale. Wenn alle Menschen und Götter gemeinsam die Apotheose des Tanzes feiern, kommt nämlich das bereits erwähnte, erstmals in einem Kontratanz erprobte Prometheus-Thema zum Zuge, das Beethoven noch zwei weitere Male verwendet hat: in den *Eroica-Variationen* op. 35 sowie in der *Eroica*. Weshalb das Prometheus-Thema nachträglich in Eroica-Thema umbenannt worden ist.

In den Siebzigerjahren nun hat sich der Musikforscher Constantin Floros die Skizzen zur *Prometheus*-Musik genauer angeschaut und fand dort neben kriegerischen, von der Französischen Revolution inspirierten Fanfaren- und Signalmotiven auch einige »semantische und musikalische Parallelen« zur *Eroica*. Er ist der Meinung, dass man die *Eroica*-Symphonie deshalb ebenso gut *Prometheus*-Symphonie nennen könnte: Prometheus ist nur eine andere Chiffre für Bonaparte.

Es gibt noch einige weitere Kandidaten für den unbekannten »grand Uomo«. Arnold Schering behauptete, Beethoven habe beim Komponieren der *Eroica* an den Trojanischen Krieg und die *Ilias* von Homer gedacht. Der Trauermarsch sei dem Hektor geweiht, im Scherzo höre man die Wettspiele zu Ehren des gefallenen Patroklos usw. Hector Berlioz, für den die *Eroica* zum Schlüsselerlebnis fürs eigene Komponieren werden sollte, hielt sich lieber an die *Äneis* des Vergil. Und Richard Wagner, dessen Beethovenerlebnis ebenfalls prägend wurde für sein Schaffen, wehrt sich ganz grundsätzlich gegen jede Art von Zuordnung: Beethoven habe gar keinen konkreten Helden im Sinn gehabt – vielmehr sei die *Eroica* ein Ideenkunstwerk und feiere das Heldentum an sich, die »Idee einer heldenmütigen Kraft, die mit gigantischem Ungestüm nach dem Höchsten greift«. In »welcher Stelle dieser Komposition findest Du einen Zug, von dem man mit Recht annehmen könne, der Komponist habe in ihm irgendeinen speziellen Moment der Heldenlaufbahn des jugendlichen Feldherrn bezeichnen wollen? Was soll der Trauermarsch, das Scherzo mit den Jagdhörnern, das Finale mit dem weichen, empfindungsvoll eingewebten Andante? Wo ist die Brücke von Lodi? Wo die Schlacht bei Arcole, wo der Marsch nach Leoben, wo der Sieg bei den Pyramiden, und wo der 18. Brumaire?« Wagner polemisiert hier gegen die Programmmusik im Allgemeinen, gegen die Franzosen im Besonderen, und beiläufig auch noch gegen die Symphonische Dichtung der Neudeutschen Schule, mithin gegen den künftigen Schwiegervater Franz Liszt. Auch für diesen musikalischen Kriegsschauplatz hat die Heldensymphonie Beethovens herhalten müssen.

Dass Beethovens Es-Dur-Musik auf eine martialische Weise von der Kriegskunst erzählt, ist schon viele Male gesagt worden, aber offenbar bis heute nicht erledigt und abgegolten. Nach der Tonarten-charakteristik ist Es-Dur zugleich »majestätisch« und »grausam und roh«. Ersteres liege an der Heiligen Dreifaltigkeit, die durch die drei B-Vorzeichen angezeigt wird, Letzteres am Schlachtenlärm. So heißt es in Kochs *Musikalischem Lexikon* von 1802, Es-Dur werde »auch der Feldton genannt … weil die bey der Kriegsmusik gewöhnlichen Instrumente in diesen Ton eingestimmt sind. So bedient man sich z. B. bey den militärischen Aufzügen gewöhnlich der es Trompeten, der es Clarinetten, u.s.w.« Was Beethovens große Es-Dur-Symphonie angeht, ist damit, wie es Walter Riezler – der seinerseits entschieden weder von Programmmusik noch von Tonartencharakteristik etwas hielt – einmal pathetisch formulierte, ein »neues Kapitel« in der Musikgeschichte aufgeschlagen worden. Und vielleicht liegt darin das eigentliche Heldentum, vielleicht heißt der Held: Beethoven. Und Richard Strauss, der sich in *Ein Heldenleben* selbst porträtiert hat, wäre einer seiner legitimen Nachfolger.

Wer ist der »große Mann«, dessen Andenken Beethoven in und mit der *Dritten Symphonie* feierte? Wir wissen es nicht. Es sind dazu schon so viele Bücher, Artikel und Aufsätze veröffentlicht worden, wie Ludwig van Beethoven Haare auf dem Kopf hatte. Er besaß übrigens – das wenigstens weiß man dank einer lückenlos erforschten Beethovenikonographie recht genau – schönes, starkes, dichtes Haupthaar. Als Hofmusikus in Bonn trug er es noch gepudert und unter der Zopfperücke verborgen; danach, als er nach Wien umgezogen war, kurz geschnitten, mit langen Koteletten an den Seiten, nach Art der freien Bürger. Und schließlich, als er alt und taub wurde, trug er die Haare kinnlang oder gar noch länger, genial, wild, wirr durcheinander, wie ein Medusenhaupt.

Auf einem Gemälde, das um 1804, also zur *Eroica*-Zeit, von Joseph Mähler angefertigt wurde, trägt der dreiunddreißigjährige Beethoven exakt den gleichen Haarschnitt wie der fast gleichaltrige Erste Konsul der französischen Republik, Napoleon Bonaparte, auf einem Ölbild von Antoine Jean Gros von 1802. Beethoven nimmt eine ähnliche Haltung ein, streckt den Arm in der nämlichen Feldherrengeste aus, der hohe Vatermörderkragen ist napoleonisch, das drapierte Seidenhalstuch ebenso, kurzum: Beethoven kleidet sich anno 1804, als er seine *Eroica* herausbringt, ganz nach der allerneuesten Mode – und diese Mode wurde in Wien wie in Paris von dem prominentesten männlichen Alphatier der Saison diktiert: von Bonaparte. »Schade, dass ich die Kriegskunst nicht so verstehe wie die Tonkunst, ich würde ihn doch besiegen«, sagte Beethoven 1806 nach der Schlacht von Jena und Auerstedt.

Offizieller Widmungsträger seiner *Eroica* war Fürst Lobkowitz, der auch dafür bezahlte. Inoffizieller Widmungsträger ist und bleibt der »grand Uomo« – der große Unbekannte. Es waren kriegerische Zeiten. Ein heroisches Zeitalter.

# 9

# »NICHTS ALS TROMMELN, KANONEN, MENSCHENELEND«

Am Ende zieht eine Frau die Pistole, lädt und legt auf ihren Widersacher an. Diese atemraubende Szene ist in Beethovens einziger vollendeter Oper zu sehen, einem Revolutionsdrama, einem politischen Stück. Über zehn Jahre schraubte er mit Unterbrechungen daran herum, noch in seinem Nachlass fanden sich nicht verwendete Bausteine dazu. Es gibt drei verschiedene Fassungen, vier Ouvertüren, zwei Namen: Zuerst heißt das Stück *Leonore,* endgültig dann: *Fidelio.* Zwischendurch nannte Beethoven es aber auch eine »Ruine« oder ein »gestrandetes Schiff« und er schreibt an einen seiner Textdichter, Georg Friedrich Treitschke: »Ich versichere Sie, lieber T., diese oper erwirbt mir die Märtirerkrone.«

Dazu passt, dass Wilhelm Furtwängler einmal nach einer *Fidelio*-Aufführung sagte, dies sei »wahrlich mehr eine Messe als eine Oper«. Furtwängler hatte 1948 in Salzburg die erste *Fidelio*-Aufführung nach dem Ende des Nationalsozialismus dirigiert. Das Bühnenbild von Emil Preetorius zitierte, mit Wachtürmen und Stacheldraht, ein KZ. Eben darauf bezieht sich Furtwängler, vorsichtig mit Worten balancierend, in folgendem Kommentar: »Als im Gefolge der politischen Ereignisse die Begriffe der Menschenwürde und Freiheit in Deutschland von neuem in ihrem ursprünglichen Sinn vor die Menschen traten, war es die Musik Beethovens, die ihnen half ... ›Fidelio‹ [streift] ... die religiöse Sphäre oder [gehört] doch einer ›Religion der Menschheit‹ an, die uns, nach allem, was wir erlebt haben, noch nie so groß, noch nie so nötig erschienen ist wie eben heute.« Diesen Text darf man wohl auch als persönliche Stellungnahme verstehen. Furtwängler war bereits mehrfach dafür angegriffen worden, dass er diese Oper auch unter Hitler und Himmler dirigiert hatte. Thomas Mann hatte sich dazu aus dem Exil gemeldet: »Wie durfte denn Beethovens ›Fidelio‹, diese geborene Festoper für den Tag der deutschen Selbstbefreiung, im Deutschland der zwölf Jahre nicht verboten sein? Es war ein Skandal, dass er nicht verboten war, sondern dass es hochkultivierte Aufführungen davon gab; dass sich Sänger fanden, ihn zu singen, Musiker, ihn zu spielen ... Welchen Stumpfsinn brauchte es, in Himmlers Deutschland den ›Fidelio‹ zu hören, ohne das Gesicht mit den Händen zu bedecken und aus dem Saal zu stürzen?« Der *Fidelio*, eine politische Oper, komponiert in kriegerischer Zeit, war erneut zum Politikum geworden.

Die interessanteste Frage zum *Fidelio* stellt sich heute keiner mehr: Warum hat sich Beethoven das angetan? Warum hat er zehn Jahre lang dieses Kreuz mit sich herumgeschleppt? Warum hat er die Oper nicht einfach gut sein und liegen lassen nach dem ersten Versuch, wie er es bei anderen Werken auch tat? Zweihundertfünfzig Seiten stark ist sein Skizzenbuch zum *Fidelio,* vollgekritzelt, mit sechzehn Notensystemen, ein Albtraum für den Komponisten, für die Forschung: eine Fundgrube.

Als die erste Fassung des Werks am 20. November 1805 uraufgeführt wird, herrscht Krieg in Wien. Kurz zuvor, am 12. November, sind zwei französische Armeen einmarschiert, fünfzehntausend Soldaten mussten einquartiert werden, Kontrollen auf den Gassen, die

Läden geschlossen, der Kaiser samt dem Hof geflohen, und auch die Adelsfamilien hatten sich auf ihre Landsitze zurückgezogen. Infolgedessen bestand das erste *Fidelio*-Publikum zum größten Teil aus französischen Offizieren, die ganz sicher nicht nach Wien gekommen waren, um sich hier die deutsche Singspielversion einer schon mehrfach verkomponierten französischen Revolutionsoper anzugucken. Die zweite Aufführung war halb leer, und nach der dritten wurde das Stück abgesetzt – ein Desaster. Die eingedampfte zweite Version der Oper, gegeben am 29. März 1806, wurde zwar mit Beifall quittiert, von Beethoven aber zurückgenommen, weil er sich vom Intendanten über den Tisch gezogen fühlte.

Die französische Vorlage des *Fidelio*-Textbuchs – das außer von Beethoven auch von Komponistenkollegen wie Pierre Gaveaux, Ferdinando Paër und Simon Mayr vertont worden war – stammt von Jean Nicolas Bouilly, der auf historische Ereignisse aus der Zeit der Schreckensherrschaft zurückgriff. Die Figuren des Stücks führen ein auffallendes Doppelleben, könnten Opfer wie auch Täter sein. Pizarro, der Vorsteher des Staatsgefängnisses? Entweder ein Vertreter des Ancien Régime, der das Recht mit Füßen tritt, oder ein vom Wohlfahrtsausschuss in die Provinz geschickter Kommissar, der in seinem Blutrausch ausrastet und zu Unrecht alles einbuchtet, was ihm in die Quere kommt. Leonore, die Hauptfigur? Eine Revolutionärin, ein Flintenweib, oder eine Gräfin aus Tours, eine edle Frau, die beherzt den adligen Gatten befreit. Beides ist möglich, und von beidem finden sich sogar Spuren in Beethovens Musik. Das macht die Brüche aus, die, je mehr das Stück verdichtet wird, von Fassung zu Fassung immer stärker hervortreten.

Der Stoff des *Fidelio* ist eine Kriminalstory, Stoff für eine Zeitoper, der auf der Straße lag und den jeder aufheben und drehen und wenden konnte. Quasi auf der Straße lagen in jenen kriegerischen Zeiten auch die geradtaktigen Soldatenlieder, die Beethoven für den Kampf gegen Napoleon komponierte (z. B. WoO 122). Solche banalen Strophenlieder sind nur die Kehrseite des *Fidelio*-Pathos, sie gehören dazu. Beethoven war bekanntlich ein Fan der Ideen der Französischen Revolution, die er als junger Mann bei dem jakobinischen Professor Eulogius Schneider an der Bonner Universität kennengelernt hatte. Aber er war, wie alle seine Zeitgenossen, auch mit den konkreten Kriegshandlungen konfrontiert, die diese Revolution nach sich zog. In Koblenz, nicht weit von Bonn, sammelten sich 1792, als Beethoven sich auf die Reise nach Wien machte, die Truppen der französischen Emigranten. Einen Taler Trinkgeld musste er dem Kutscher geben, damit ihn »der Kerl mit Gefahr Prügel zu bekommen mitten durch die hessische Armee fuhr«, und zwar »wie der Teufel«. So notierte er es in seinem »Ausgabenbüchlein«. Vier Jahre darauf, sechsundzwanzigjährig, tritt Beethoven dem Freiwilligenkorps bei, einer Wiener Infanterietruppe, die gegen Napoleon ins Feld ziehen soll. Vermutlich trug er sogar Uniform, vielleicht exerzierte er mit, hat aber dann doch nicht mit der Waffe in der Hand das Vaterland verteidigt. Sein Job war es nur, die Musik dafür zu liefern, vor allem natürlich Märsche. Die lagen damals ebenfalls auf der Straße. Mehr als drei Dutzend Märsche hat Beethoven hinterlassen, mit oder ohne Trauerrand. Und natürlich tauchen Märsche, jenseits ihrer militärischen Funktion, in vielen anderen seiner Werke auf, etwa im Septett op. 20, in der *Dritten* und der *Siebten Symphonie,* in den *Diabelli-Variationen* op. 120, in den Klaviersonaten op. 26 und op. 101. Und im *Fidelio.*

Der Bösewicht Pizarro tritt auf mit einem Marsch in B-Dur, in der Fassung von 1814. In der ersten Fassung der Oper von 1805 steht an dieser Stelle jedoch ein ganz anderer Marsch, in D-Dur. Beide Märsche sprechen Bände. Der bekannte von 1814, den wir im Ohr haben, klingt zackig und niedlich, man muss sich vor dem Tyrannen, der nach diesem Spielzeugmarsch gleich auftreten wird, nicht unbedingt fürchten. Der von 1805 ist feiner gebaut, klingt dramatischer und harmonisch überraschender, auch französischer – mit einer romantischen Einlage des »cor de chasse«, des Jagdhorns. Pizarro, der Abscheuliche, scheint also ursprünglich kein eindeutig rabenschwarzer Charakter gewesen zu sein, sondern eher eine komplexere Persönlichkeit.

Nach dem dritten Koalitionskrieg, der damit endete, dass die von Napoleon besiegten Habsburger vorübergehend aus der Allianz ausschieden, schreibt Beethoven keine Gebrauchsmusiken für den Krieg mehr. Ab 1809 jedoch, im fünften Koalitionskrieg und während der Befreiungskriege, ist dann wieder Bedarf für zackige Märsche in jeder Länge. Wer sie nicht kennt, hat nicht viel versäumt, denn Beethoven hat in dieser Disziplin keinen besonderen Ehrgeiz entfaltet. Auffallend ist aber, dass sich das Klangprofil der Militärmusik verändert hat: Nicht mehr türkische Janitscharenmusik, wie noch bei Haydn und Mozart, gibt den Ton an, Instrumente wie Schellenbaum oder Triangel. Es sind die im Durdreiklang aufsteigenden Blechfanfaren und die harmonischen Effekte der französischen Revolutionsmusik, die jetzt auch tief in den Reihen der österreichischen Truppen für Stimmung sorgen, ab und an gewürzt mit ein wenig »élan terrible« und einer Prise Moll auf französische Art.

Am 9. Mai 1809 nehmen französische Batterien die Wiener Innenstadt unter Beschuss, die Vorstädte sind schon besetzt, und nach vier Stunden Dauerkanonaden ist auch das innere Wien sturmreif. Alle regulären österreichischen Truppen verlassen die Stadt, und am 10. Mai verkündet Erzherzog Maximilian die Kapitulation und blockiert anschließend den Nachschub an Lebensmitteln, was die eigne Bevölkerung am härtesten trifft: Die Preise steigen, das Geld verliert an Wert. Beethoven, der sich in die Wohnung seines Bruders Karl in der Rauhensteingasse geflüchtet hatte, schreibt an den Verleger Härtel im fernen, sicheren Leipzig: »Welch zerstörendes wüstes Leben um mich her, nichts als Trommeln, Kanonen, Menschenelend in aller Art ... wir haben in diesem Zeitraum ein

recht zusammengedrängtes Elend erlebt.« Die Zeit für Heldenge-
sänge und Tschingderassa ist fürs Erste vorbei.

Jetzt ist eher die Zeit für Trauermärsche. Einen solchen enthält
auch die *Musik zu Friedrich Dunckers Drama »Leonore Prohaska«*
WoO 96. Beethoven kopierte einfach den »Marcia funebre sulla
morte d'un Eroe« aus seiner As-Dur-Klaviersonate op. 26, von dem
im letzten Kapitel die Rede war. »Copy and paste«, nach h-moll
transponiert, instrumentiert und fertig – hier hat er es sich wirklich
leicht gemacht. Und vier Takte kurz vor Schluss hat er dabei übersehen oder absichtlich weggelassen, sodass das Stück nun ziemlich
plötzlich einfach aufhört, ein Beethovenscher Kunstfehler, der zeigt,
wie herzlich egal ihm diese Sache gewesen sein muss.

Warum eigentlich? Ist nicht diese Leonore Prohaska so etwas
wie die kleine Schwester von Leonore Florestan? Ist sie nicht ebenso
heldenhaft, kämpft sie nicht in Männerkleidern? Ja, aber leider
kämpft sie auf der falschen Seite der Geschichte, nicht für die Franzosen, für Freiheit und Gleichheit, sondern für die Preußen. Nur
vier plüschige, spießige Nummern komponiert Beethoven für sie,
kein Vergleich zu den heroischen Bühnenmusiken, die er zu Beginn
der napoleonischen Kriege verfasst hatte.

Es waren inzwischen andere Zeiten angebrochen. Jetzt stellten
die gekrönten Häupter Europas auf dem Wiener Kongress gerade
die alte Ordnung wieder her. Die »Prohaska«-Musik, entstanden
1815 als Auftragswerk für den preußischen Kongressgesandten, ist,
wie man das von allen großen Festmusiken sagen kann, die Beethoven
im Rahmen dieser Politshow verfasst hat, von der Stange fabriziert
und wenig inspiriert.

Nur der *Fidelio* tanzt aus der Reihe. Die Fertigstellung der endgültigen Fassung fällt exakt in diese Phase der politischen Restaura-
tion. Beethoven schreibt der Heldin ein gewaltiges Akkompagnato
auf den Leib, unerhört dynamisch, modern und neu, kein Rezitativ
mehr, instrumental aufgefasst als Sonatenform. Von Hörnern und

Fagott verklärt und getragen, wird aus der Retterin ein überirdisches, utopisches Wesen: der Engel Leonore.

Zum *Fidelio* gibt es im Großen und Ganzen eine Minderheits- und eine Mehrheitsmeinung. Letztere lautet: Wie gut, dass die Fassung von 1805 so ein furchtbarer Reinfall war, nie hätte sich Beethoven sonst bereitgefunden, noch einmal viel Arbeit hineinzustecken und das Werk so durchzugestalten, dass daraus etwas ganz Einzigartiges, Besonderes wurde. An dieser Meinung halten die meisten Theaterpraktiker bis heute fest. Ab und zu kommt zwar einer auf die Idee, auch mal die erste oder zweite Fassung des *Fidelio* aufzuführen, das geschieht aber ungefähr so häufig, wie Cherubinis *Wasserträger* oder Paërs *Leonore* aufgeführt werden, nämlich: seltenst. Spätestens seit Willy Hess 1986 sein *Fidelio-Buch* herausbrachte und alle drei Fassungen vorstellte, wendete sich jedoch das Blatt. Seit Hess weiß man: Die Entstehungsgeschichte des *Fidelio* ist eben *nicht* die Geschichte einer linearen Vervollkommung. Die letzte Fassung ist nicht »besser« als die ersten beiden, sie ist anders, sie ist abstrakter, transzendenter. Der dritte *Fidelio,* »unser« *Fidelio,* ist eigentlich ein Kompromiss, geschlossen mit den Genossen Krieg, Zufall und Zeitgeist. Viele Änderungen, die Beethoven vornahm, haben das Bühnenleben aus dieser Oper herausoperiert, haben sie dramaturgisch erkalten, die Charaktere erstarren lassen. Genau das macht das »Kultische« am *Fidelio* aus, es verstärkt das Pathos, die ideologische Fracht der guten Botschaft, den quasireligiösen Charakter, das »Deutsche«.

Ein Herzstück der Oper sind Szene und Arie des Florestan, der, als Staatsgefangener, im Kerker, in der Dunkelheit, aus seiner Ohnmacht erwacht. Fast vierzig verschiedene Anfänge hatte Beethoven ausprobiert, bevor er sich für die orchestrale Introduktion zu dieser Szene entschieden hatte. In der ersten Fassung spielten noch Kontrafagott und Posaunen mit, die in der dritten gestrichen wurden. Die zweite Arienstrophe hatte zunächst folgenden Text:

Ach, es waren schöne Tage,
Als mein Blick an deinem hing,
Als ich dich mit frohem Schlage
Meines Herzens fest umfing.
Mildre, Liebe, deine Klage,
Wandle ruhig deine Bahn,
Sage deinem Herzen, sage:
Florestan hat recht getan.

In der endgültigen Version kommt dann ein Engel mit Regenbogen zu Besuch:

Und spür' ich nicht linde, sanft säuselnde Luft?
Und ist nicht mein Grab mir erhellet?
Ich seh', wie ein Engel im rosigen Duft
Sich tröstend zur Seite mir stellet,
Ein Engel, Leonoren, Leonoren, der Gattin, so gleich,
Der führt mich zur Freiheit ins himmlische Reich.

Um das schöne, seelenvolle, schubertliedhafte f-moll des »Ach, es waren schöne Tage« ist es schade. Wie gut ist es andererseits, dass Beethoven stattdessen die bekannte, verrückte, bis zum hohen B überschnappende Ekstase in F-Dur erfand, die schon so manchen Tenor heiser werden ließ: »Und spür' ich nicht linde, sanft säuselnde Luft!« Beides, Realismus und Vision, kann man nicht gleichzeitig haben, es passt nicht zusammen. Willy Hess hatte wohl völlig recht, als er in seinem *Fidelio-Buch* feststellte: »Ludwig van Beethoven war 1814 in Tat und Wahrheit ein anderer, als 1805.« Zehn Jahre später brachte der Dirigent John Eliot Gardiner mit seinem Orchestre Révolutionnaire et Romantique eine quellenkritisch erarbeitete Gesamteinspielung der *Leonore* heraus – bis heute ist es die beste Aufnahme dieser Fassung. Nachdem sich Gardiner durch die *Leonore*-Fassungen hindurchgearbeitet hatte, kam er zum gleichen Ergebnis wie Hess: »Man kann nicht eine klare Gewinn- und Verlustrechnung erstellen, um zu erfassen, oder gar zu beweisen, welche von Beethovens vorhandenen Versionen seiner einzigen Oper musikalisch überlegen oder dramaturgisch überzeugender ist ... ›Leonore‹ und ›Fidelio‹ sind Produkte getrennter Gedanken, Stimmungen und Zeiten.«

Die *Leonore* von 1805 war im Detail noch stark inspiriert von der französischen Rettungsoper, der *Fidelio* von 1814 nicht mehr. In einem Punkt aber hat Beethoven nichts geändert an der Vorlage von Bouilly, Paër und den anderen: In allen drei Fassungen tönt pünktlich am Ende, als die Frau die Pistole zieht, aus dem Off, von oben herab, das rettende Trompetensignal. Die französischen Soldaten, die in der Uraufführung saßen, haben dieses Signal offenbar nicht gehört oder diese Chiffre nicht als typisch französisch erkannt. Etwas verspätet berichtet Anfang 1806 die *Zeitung für die elegante Welt* von dem Ereignis: Das Theater »war gar nicht gefüllt, und der Beifall sehr gering. In der That ist der dritte Act sehr gedehnt, und die Musik, ohne Effect und voll Wiederholungen ... Daß doch so viele, sonst gute Komponisten gerade an der Oper scheitern, bemerkte ich ganz leise meinem Nebenmanne, dessen Mienen mein Urtheil zu billigen schienen. Er war ein Franzose und suchte die Ursache darin, dass die dramatische Komposition die höchste Kunststufe sei, und auch sonst eine ästhetische Ausbildung fordere, die man, wie er höre, bei deutschen Musikern selten finde.«

Es heißt, Beethoven habe auch deshalb so viel Kummer gehabt mit der Fertigstellung seiner einzigen Oper, weil er nicht mit Stimmen umgehen wollte oder konnte – das berühmte Vokal-Trauma. Dieses Vorurteil hält sich hartnäckig, obgleich es Dutzende von Liedern und Arien gibt, die es widerlegen. Es gibt aber noch ein starkes Argument, das erstaunlicherweise stets unterschlagen wird: *Fidelio* ist nicht Beethovens erste und einzige Oper.

1802 wohnte Beethoven vorübergehend im neu erbauten Theater an der Wien, wo der alte Emanuel Schikaneder ihm eine Wohnung eingeräumt hatte. Beethoven war gewissermaßen Schikaneders »composer in residence«, er sollte ihm eine Oper schreiben. Schikaneder verfasste das Libretto zu einer Antiken-Oper mit dem Titel *Vestas Feuer*. Die komplette erste Szene plus ein Quartett für Sopran, zwei Tenöre und einen Bariton hat Beethoven vertont. Dann brach er die Arbeit ab, weil Schikaneder aus dem Theater an der Wien vertrieben und der Vertrag hinfällig wurde. Als schließlich auch noch ein anderer Komponist – Joseph Weigl – das *Vesta*-Textbuch übernahm, legte Beethoven das Projekt endgültig in die Schublade. Dass er es aber ernst gemeint hatte damit, beweist die Musik. Voll instrumentiert und dramaturgisch perfekt ausgeführt ist diese kurze Szene, die in dem seligen Jubelterzett »Nie war ich so froh wie heute!« gipfelt. Und das Thema dazu hat Beethoven so gut gefallen, dass er es später noch einmal benutzte, und zwar in dem ekstatischen Duett »O namenlose Freude« am Ende des *Fidelio*.

In diesen zweieinhalb Minuten Musik werden die Uhren angehalten: Die wieder vereinten Leonore und Florestan kreisen fassungslos um sich selbst, sie singen, schreien immer wieder das Gleiche: namenlose, namenlose Freude. Gerettet, vereint. Zum Glücklichsein verdammt, bis in alle Ewigkeit. Auch diese Chiffre, das Zerschlagen der Uhren und das Anhalten der Zeit, ist, wie das Trompetensignal, ein Topos aus der Französischen Revolution.

Robert Schumann hörte einmal – das war im Jahre 1840 – alle vier Ouvertüren zum *Fidelio* in einem Konzert nacheinander. Anschließend schrieb er: »Wenn Beethoven mir jemals stark erschien, dann an diesem Abend, als wir ihm, besser als jemals zuvor, zuhören konnten, wie er in seiner eigenen Werkstatt formte, verwarf, änderte – glühend vor Inspiration!« Hector Berlioz liebte besonders die dritte *Leonoren-Ouvertüre,* weil sie symphonisches Ausmaß hat: Sie dürfe nicht in der Schublade verschwinden, so sein flammendes Plädoyer, sei »ein Abbild des geistigen Dramas in verkleinertem Maßstabe«, erzähle die Handlung der Oper vorweg, in Tönen sei bereits alles gesagt, was folgt. Es war dann der Wiener Hofopernkapellmeister Gustav Mahler, der Berlioz erhört und die dritte *Leonoren-Ouvertüre* wieder benutzt hat: Er fügte sie in den zweiten Akt ein, als Intermezzo zwischen Kerkerszene und Schlusstableau. Das ließ sich bruchlos organisieren, als sei es von Beethoven genau so erdacht: Nach dem Duett »O namenlose Freude« kann der Dirigent vom Schlusstakt direkt in den Unisono-Anfang der Ouvertüre hinein-springen, gleiche Melodie, gleiche Tonart. Und am Ende muss er nur den letzten Akkord der Ouvertüre weglassen: Voilà, der erste Akkord der Finalszene ist derselbe. Wilhelm Furtwängler hat das sehr gefallen, er übernahm die Praxis von Mahler und mystifizierte sie: Ähnlich wie der »Trauermarsch« über Siegfrieds Tod in der *Götterdämmerung* kurz vor Schluss noch einmal innehält und die gesamte *Ring*-Tetralogie Revue passieren lasse, so sei auch die dritte *Leonoren-Ouvertüre* eine »in absoluter Musik vorgetragene Aussage des Sinnes des Gesamtkunstwerkes«, ein »Anlaß zum Rückblick über das Vergangene«.

»Es gibt ein Stück, worin der Ton ganz sonderlich gleichzeitig ladet und zielt«, schrieb der marxistische Philosoph Ernst Bloch in seinem Buch *Das Prinzip Hoffnung*. »Es ist der ›Fidelio‹, einen Ruf gilt es darin hörbar zu machen, auf ihn hin spannt jeder Takt … Alles ist auf Zukunft gestellt … jeder Ton ist stellvertretend … das Trompetensignal … kündet … bei Beethoven eine Ankunft des Messias an … Wie nirgends sonst wird aber Musik hier Morgenrot, kriege-risch-religiöses, dessen Tag so hörbar wird, als wäre er schon mehr als bloße Hoffnung.«

Diese hochgemuten Sätze stolzierten eine Zeit lang – so lange nämlich, wie in den Opernhäusern noch die Achtundsechziger-Dramaturgen herumsaßen – durch fast jedes *Fidelio*-Programmheft. Heute passiert das nur noch selten. Schade. Blochs Worte bringen den Widerspruch dieser wunderlichen Musik, ihren Wahnsinn und ihre Methode, sehr viel schöner auf den Begriff, als alle musikwissenschaftlichen Analysen der drei Fassungen es vermochten.

# 10

# »DAS MACHT MIR SO LEICHT
NICHT EIN ANDERER NACH«

Beethoven taufte seine Stücke eher selten. Die meisten der populären Spitznamen, *Mondschein-*, *Sturm-Sonate* oder *Appassionata,* sind erst nachträglich erfunden worden, sei es von geschäftstüchtigen Verlegern, sei es von enthusiastischen Verehrern. Er selbst pflegte seine Instrumentalmusiken, also Sonaten, Quartette, Symphonien, einfach durchzunummerieren. So war das üblich – und so verlangt es das Ideal der absoluten Musik.

Es besagt: Musik hat, im Unterschied zu Wort und Bild, keinen Inhalt, der sich nacherzählen ließe. Sie transportiert keine Botschaften. Ein Komponist sollte in Noten nicht mehr sagen wollen als das, was sich in Noten sagen lässt: also nichts »Außermusikalisches«, schon gar nichts Persönliches, Privates. Bei zwei seiner insgesamt sechzehn Streichquartette hat sich Beethoven allerdings nicht daran gehalten. Den vierten Satz von op. 18,6 taufte er: Trübsinn – »La malinconia«. Das Quartett op. 95 nannte er »Quartetto serioso« – ein Quartett für den Ernstfall. Die beiden Stücke wurden im Abstand von etwa zehn Jahren geschrieben.

Stürmisch beginnt das 1810 komponierte op. 95. Ein Allegro con brio, Viervierteltakt, die Tonart ist f-moll. Eine wechselvolle Musik, ein Experiment. Es ist dies der wohl dichteste, knappste, kürzeste Sonatensatz, den Beethoven je geschrieben hat. Im zweiten Satz führt alles nach unten, Schritt für Schritt. Das Violoncello solo beginnt mit einer Tonleiter abwärts, was an eine Basso-ostinato-Figur erinnert. Allerdings hat Beethoven diese altmodische Chiffre der Trauer hier ins Dur übersetzt, nur ein kleiner Schlenker am Schluss könnte ins Moll hinführen. Auch die unaufgelösten verminderten Septakkorde, die ab Takt 23 und 27 das lieblich abwärtsschwebende Gesangsthema durchlöchern und für Schrecksekunden sorgen, stammen aus dem rhetorischen Repertoire der älteren Musik: Es sind Gesten der Bedrohung, der Klage. Folgt eine kurze Feuerpause. Dann eine kurze Fuge, vielmehr nur ein Fugato. Es ist dies nicht das einzige Fugato, gleich gibt es noch eins, dazwischen aber, mit hartem Schnitt, meldet sich abermals das Cello mit seinem Ostinato-Motto. Hebt aber an im Tritonusabstand zu seinem ursprünglichen Grundton und kreuzt sich außerdem mit den verhexten Septakkorden. Was am Anfang dieses Satzes in Gestalt einer einfachen Tonleiter wie aus dem Abc der Musik daherkam, entpuppt sich jetzt als der Teufel in der Musik: »diabolus in musica«.

Das »Quartetto serioso« steckt voll solcher komischer, auch kontrapunktischer Überraschungen, die nicht zusammenpassen. Auch wenn sich das nur umständlich beschreiben lässt, man hört die voneinander abgegrenzten Formteile so deutlich, dass man sich leicht zurechtfinden kann in diesem langsamen Satz und auch leicht begreift, dass da etwas Beunruhigendes, Trauriges im Gange ist. Nichts will in ein Formschema hineinpassen, alle Versuche, beispielsweise die Schablone »Sonatensatz« darüberzulegen, sind gescheitert. Natürlich könnte man verabreden – und das ist in der Musikwissenschaft auch geschehen –, dass sich das erste Fugato wie ein zweites Thema verhält; oder dass die Tritonuspassage die Exposition abschließt; oder dass die Durchführung ab Takt 65 beginnt und so weiter. Die Rechnung geht aber nie richtig auf. Das »Quartetto serioso« wurde auch deshalb für spätere Komponistenkollegen und Musikologen zur besonders interessanten und harten Nuss, weil dieses Streichquartett in seinen kurzen, miteinander auch noch verwandten Formabschnitten von ständiger Verwandlung durchwuchert ist: Der gesamte langsame Satz wirkt wie eine einzige Durchführung. Infolgedessen kann er, als er zu Ende ist, auch nicht aufhören. Zum Schluss erinnern sich alle vier Quartettspieler noch einmal an das Cello-Motto des Anfangs, und der letzte gemeinsame Akkord, ein pianissimozart verminderter Septakkord, lenkt sie eisern weiter vorwärts. Attacca geht es hinein in den nächsten, den dritten Satz: ein wildes, ungezogenes Scherzo. Es heißt: »Allegro assai vivace, ma serioso« – aber ernst.

Warum »serioso«? Die Antwort, die man am häufigsten dazu hört und liest, lautet: weil es Beethoven gerade gar nicht gut ging, als er diese dunkle, ernste, traurige, böse, wütende, unwirsche und verzweifelt aufbegehrende Quartettmusik schrieb. Er habe, heißt es, soeben einen Korb bekommen von seiner Liebsten, Therese Malfatti, die er hatte heiraten wollen. Andere sagen: Er habe soeben um drei Ecken erfahren, dass seine wahre »Unsterbliche Geliebte«, die Witwe Josephine Deym, sich soeben neu verehelicht habe. Wieder andere sagen: Beethoven hatte Koliken, er war depressiv und krank. Wieder andere: Er war pleite. An alledem ist auch ein Fünkchen Wahrheit. Es stimmt, er hatte manchmal Koliken, aber das sein Leben lang. Fräulein Malfatti wies ihn ab, aber Beethoven war darüber offenbar ganz erleichtert; Frau Deym hatte sich, auch das stimmt, 1810 erneut verheiratet. Ob sie wirklich Beethovens »Unsterbliche Geliebte« war und gar die Mutter seiner Tochter, das ist wieder eine andere Geschichte. Richtig ist auch, dass Beethoven anno 1810, wie alle Wiener, darben musste: Just in diesem Jahr führte die österreichische Staatsverschuldung zu einer dramatischen Geldentwertung, der Gulden hatte plötzlich, nach neuer Wiener Währung, nur noch ein Fünftel seines vorigen Wertes. Aber das »Quartetto serioso« ist nicht die *Wut über den verlorenen Groschen* (wobei übrigens auch dieser populäre Titel für das Rondo op. 129 erst nach Beethovens Tod erfunden wurde). Beethoven arbeitete lange an op. 95. Die ersten Skizzen zu allen vier Sätzen tauchen direkt im Anschluss beziehungsweise parallel zur *Musik zu Johann Wolfgang von Goethes Trauerspiel »Egmont«* op. 84 auf, im Sommer 1810. Ein Jahr später finden sich abermals Teile des Quartetts in einem Skizzenbuch, Verbesserungen an dem Stück gab es noch bis zur ersten Aufführung durch das Schuppanzigh-Quartett im Mai 1814 und zur Drucklegung 1816. Das Autograph steht letztlich auf der gleichen Sorte Notenpapier wie die Umarbeitung des *Fidelio* aus dem Jahr 1814. Beethoven hat sich also immer wieder mit diesem Werk befasst, auch als das Krisenjahr 1810 längst vorbei war.

Unmittelbar nach und zwischen den Entwürfen zur hellen, himmelstürmenden Glücksmusik des *Egmont* finden sich also in Beethovens Skizzenbuch die ersten Einfälle zur Rätselmusik des »Quartetto serioso« op. 95. Wären diese extrem widersprüchlichen Affekte jeweils als private »Bekenntnismusik« zu verstehen, dann müsste wohl auch jeder Maler, der die Farbe Lila aufträgt, gerade ganz furchtbar traurig sein oder – wenig später – bei Knallrot besonders gut drauf. Ich meine, Beethovens biographische Miseren des Jahres 1810 erklären, was das »Serioso«-Quartett angeht, gar nichts. Wie alle Künstler setzte er das, was er erlebte, nicht eins zu eins in seiner Kunst um, vielmehr spielten Handwerk, Formfragen, Sinn, Zweck, Reflexion und Sublimierung im Schaffensprozess eine Rolle. *Egmont* ist öffentliche Musik, fürs breite Publikum, fürs Theater. Heldenmusik. Das »Quartetto serioso« ist etwas für den kleinen Kreis, den Kenner, die häusliche Kammermusik. Eine Musik der Reflexion.

Es gibt hierzu eine berühmte Stelle aus einem Brief Beethovens vom 7. Oktober 1816 an den Londoner Musikverleger George Smart, aus der meist nur die erste Hälfte zitiert wird. Sie lautet komplett, auf Englisch (Beethoven sprach Englisch, Französisch, Italienisch und unterhielt sich manchmal auch auf Lateinisch): »The Quartet is written for a small circle of connaisseurs and is never to be performed in public. Should you wish for some Quartets for public performance I would compose them to this purpose occasionally. I mention here that I should like to receive regular orders from England for great compositions.«

Beethoven will, wie man sieht, mit Smart ins Geschäft kommen. Er hat ihm ein paar Kompositionen geschickt, darunter das »Quartetto serioso« op. 95, von dem hier die Rede ist. Und er macht deutlich: Diese Musik ist für den Kenner bestimmt, den »Connaisseur«. Ich kann aber auch anders. Ich kann genauso gut für ein Publikum von Nichtkennern schreiben, ganz wie Sie wollen: Ich kann öffentlich, ich kann privat. Ich kann Dur, ich kann Moll. Das ist keine Frage persönlicher Befindlichkeit, vielmehr geht es um Tempo, Charakter, Form, Stil und Vorzeichen.

Im Unterschied zu allen anderen Beethovenschen Streichquartetten ist op. 95 kein Auftragswerk gewesen. Beethoven komponierte es aus freien Stücken und schenkte es später mit herzlicher Zueignung einem seiner besten Freunde, Nikolaus Zmeskall von Domanovecz, den er in Wien mit am längsten kannte. Zmeskall sammelte Streichinstrumente, komponierte Quartette und spielte nicht nur sehr gut Cello, er war auch regelmäßig bei den Freitagsmusiken im Hause des Fürsten Lichnowsky dabei. Er gab selbst Hauskonzerte, bei denen Beethovens Quartettkompositionen ausprobiert wurden. Zmeskall ist also der Prototyp eines Connaisseurs – der ideale Adressat für ein Streichquartett, zumal eines solchen, das so ernsthaft mit den Grenzen der Gattung herumexperimentiert wie op. 95. »Ernst« heißt das »Quartetto serioso«, nicht »traurig«, was ein ganz anderer Affekt wäre.

Im Jahr 1800 vollendete Ludwig van Beethoven seine ersten Streichquartette, einen Zyklus von sechs Werken, verteilt auf zwei Hefte, die 1801 vom Wiener Verlag T. Mollo & Comp. veröffentlicht

und dem Fürsten Lobkowitz gewidmet wurden. Zu diesem Zeitpunkt war er dreißig Jahre alt, er hielt sich schon seit acht Jahren
in Wien auf, damals Welthauptstadt der Quartettkomposition. Bestimmt war es keine Kleinigkeit für ihn, dem Streichquartett so konsequent aus dem Weg zu gehen! Er war ja geradezu umzingelt von
Quartettsoireen. Da sind Beethovens quartettbegeisterte Förderer,
allen voran Fürst Lichnowsky, der ihm, kaum dass er in Wien angekommen war, einen Satz kostbarer Streichinstrumente schenkt und
regelmäßig freitags Lunchkonzerte veranstaltet, wozu die junge
Streicherformation des Geigers Ignaz Schuppanzigh als »quartet in
residence« engagiert ist. Da sind Beethovens quartettbegeisterte
Freunde, der Geiger Karl Amenda oder der bereits erwähnte Nikolaus
Zmeskall von Domanovecz, bei dessen Hauskonzerten Beethoven
manchmal die Bratsche spielte. Er spielte Haydn, spielte Mozart,
und ganz sicher hat man ihn mehr als einmal gefragt, ob er nicht
selbst endlich ein Quartett schreiben wolle.

Einmal stellte ihm nachweislich Graf Anton Georg Apponyi
diese Frage, ein glühender Quartettfan, der zuletzt 1793 Joseph
Haydn mit zwei Quartetten beauftragt und sie auch bekommen hatte.
Zwei Jahre darauf, 1795, erteilte Apponyi Beethoven einen regelrechten Auftrag zur Quartettkomposition, zu günstigsten Bedingungen. Beethovens Schüler Ferdinand Ries erinnnert sich: »Auf meine
oft wiederholte Erinnerung an diesen Auftrag machte Beethoven
sich zweimal an's Werk, allein bei'm ersten Versuch entstand ein
großes Violin-Trio (op. 3.), bei dem zweiten ein Violin-Quintett
(Op. 4.).« Auch wenn Ries als Quelle manchmal etwas trübe sein
mag – an dieser Geschichte ist etwas dran. Beethoven hat wirklich
jahrelang um das Streichquartett »herumkomponiert« und ist ihm
ausgewichen, auf Umwegen zu benachbarten Gattungen wie dem
Streichtrio und dem Streichquintett.

Bei dem Quintett op. 4 handelt es sich um eine Bearbeitung, die
wundervolle Anti-Serenade im Quartettstil, wie man das Streichtrio

Es-Dur op. 3 auch nennen könnte, war, anders als sich Ries erinnert, noch in Bonn entstanden. Und dann gibt es noch den außergewöhnlichen Fall, dass Beethoven eine seiner beliebten Klaviersonaten in ein Streichquartett umgewandelt hatte: weil »man mich so sehr bat – und ich weiß gewiß, das macht mir so leicht nicht ein anderer nach«, wie er an seinen Verleger schreibt: das Quartett F-Dur (Hess-Verzeichnis 34) nach der Klaviersonate E-Dur op. 14,1. »Hess-Verzeichnis« bedeutet, dass dieses Stück zu den über dreihundert vergessenen, fragmentarischen, unvollendeten oder für unvollständig gehaltenen Werken gehört, die nicht in die Gesamtausgabe Beethovens aufgenommen wurden und die Willy Hess in einem 1957 veröffentlichten Verzeichnis auflisten konnte.

Warum war Beethoven, was das Quartettkomponieren angeht, so ein Spätzünder? Wieso machte er so viele Umwege, warum hat er so lange gezögert, bevor er sich an diese Gattung wagte? Die Antwort ist einfach: Das Terrain war bereits besetzt. Beethovens Idol Mozart und sein Lehrer Haydn hatten mit dem vierstimmigen Satz für vier klangfarbenähnliche Instrumente eine kammermusikalische Gattung entwickelt, ausgeprägt und zu höchster Formblüte geführt, die allgemein als meisterhaft und unübertrefflich gewertschätzt wurde. Verständlich, dass Beethoven erst einmal einen großen Bogen darum machte. Er vernachlässigte in Wien zunächst seine Bratsche, stürzte sich aufs Klavier und glänzte als Pianist. Fantasierte, improvisierte, komponierte Variationen und Sonaten. Am Klavier hatte er sich zuallererst einen eigenen Namen machen können.

Schließlich, im Winter 1799, war es dann endlich so weit: Beethoven akzeptierte den Auftrag des Fürsten Franz Joseph Maximilian von Lobkowitz, ihm eine Serie von sechs Streichquartetten zu komponieren, und setzte das auch konsequent und zügig um. Lobkowitz hatte gleichzeitig Joseph Haydn mit einer Serie von sechs Quartetten beauftragt, und es ist nicht ausgeschlossen, dass dies als eine Art Wettbewerb zwischen dem alten und dem jungen

Genie gedacht war. Wenn dem so war, dann hat Beethoven die Konkurrenz jedenfalls gewonnen. Haydn, inzwischen 71, brach die Arbeit mitten im dritten Quartett ab und setzte an den Schluss jeder der vier Instrumentalstimmen jeweils ein Zitat aus einem von ihm vertonten Chorlied: »Hin ist alle meine Kraft, alt und schwach bin ich.« So ereignete sich – nach achtundsechzig Werken dieser Gattung – der Abschied Haydns von der Quartettkomposition: mit einem Menuettchen plus Trio.

Beethovens erste Quartette wurden von der Musiköffentlichkeit mit Jubel begrüßt und als in jeder Hinsicht vollkommen gepriesen. Der Beethovenbiograph Walter Riezler vertrat die Ansicht, dieses op. 18 sei »frei von jeder ungelösten Problematik, dafür von einer Meisterschaft (mit Ausnahme des vierten, C-moll) die keine Wünsche offen lässt«. Beethoven hat in diese »Problemlosigkeit« allerdings ein Übermaß an intensiver Arbeit hineingesteckt. Einige der Quartette op. 18 hat er mehrfach revidiert. Zumal das erste mit seinen Fugatopassagen und seiner außermusikalischen Shakespeare-Thematik im langsamen Satz war ein Schmerzenskind, wie die Skizzenbücher zeigen. Beethoven schreibt an Karl Amenda, dem er eine erste Fassung dieses F-Dur-Quartetts geschenkt hatte, dass »ich erst jetzt recht quartetten zu schreiben weiß«. Das letzte Stück dieser Serie, das B-Dur-Quartett, hat Beethoven freilich noch vor Vollendung des ersten fertig geschrieben. Es entstand im Frühjahr 1800 und enthält, klappsymmetrisch parallel zu op. 18,1, ebenfalls einen langsamen Satz mit Programm, der dann dem gesamten Werk seinen Namen gegeben und viele kritische Federn in Bewegung gesetzt hat: »La malinconia« – Melancholie, Schwermut.

Es gibt einen schier schon legendären Gelehrtenstreit darüber zwischen den Verfechtern der Idee der absoluten Musik, Arno Forchert und Carl Dahlhaus, was dieses Motto wohl zu sagen habe und ob es auf den gesamten vierten Satz des Quartetts B-Dur op. 18,6 zu beziehen sei oder nur auf die Einleitung oder gar auf das ganze Werk.

Zwar wurde immer wieder behauptet, dass Beethoven »gattungsgeschichtliches Neuland« betreten habe, indem er ein so ideales Genre wie das Streichquartett mit konkreten Programmideen befrachtete. Aber das ist nicht der Fall: Beethoven selbst hat gegenüber Schindler erklärt, dass dies gar nichts Besonderes sei, er habe ja bereits im Largo seiner Klaviersonate D-Dur op. 10,3 die Melancholie in Noten dargestellt. Nur steht dieser Titel da nicht als Überschrift drüber – und das ist auch nicht nötig; denn man erkennt den schwermütigen Charakter des Largo-Themas sofort, wenn es losgeht. Eine alte Formel der musikalischen Rhetorik: Moll, kleine Sekunde, Wechselnote, Chromatik – all das sagt eindeutig: Trauer. Im Vergleich dazu der Beginn des »Schwermut«-Themas aus dem Streichquartett op. 18,6: kein Moll, keine Wechselnoten, sondern lange Pfundnoten, Wiederholungen, abgetrennt durch Doppelschlag, Dacapos und das Abrutschen in die totale harmonische Nichteindeutigkeit. Auf Anhieb ist das nicht als charakteristische Formel für den Affekt der Schwermut »malinconia« zu erkennen. Man könnte eher sagen, dass es sich um etwas Rätselhaftes handelt: ein Nacht-Stück, »misterioso«.

Beethoven war übrigens keineswegs der erste Komponist gewesen, der in absoluter Instrumentalmusik so etwas Komplexes, Charakteristisches zu schildern versuchte wie den Seelenzustand der Melancholie. Vor ihm tat dies bereits Luigi Boccherini, ebenfalls in einem Streichquartett, nämlich im Larghettosatz von op. 58,2, außerdem Carl Philipp Emanuel Bach in einer Triosonate, der Lautenist Jacques Gautier in seiner *Suonata seconda*, Charles Mouton in seiner Sarabande *La mélancolique*, Vivaldi in *La notte* sowie die Komponisten Kummer und Kuhnau und viele andere mehr.

Das Wort »Melancholie« taucht erstmals beim griechischen Komödiendichter Aristophanes um 413 vor Christus auf und bedeutet »schwarze Galle«, von »melas« – schwarz und »cholé« – Galle. Die vier Körpersäfte, erklärte dann vierzig Jahre später der Arzt Hippokrates, entsprächen den vier Elementen, den vier Himmelsrichtungen und vier menschlichen Temperamenten. Wer zu viel Blut im Kopf hat, ist Sanguiniker, wer zu viel gelbe Galle hat, ein Choleriker, der Phlegmatiker leidet an zu viel Schleim und der Melancholiker an der Schwarzgalle. Bis in die Typen der Commedia dell'Arte hinein, ja bis in die Buffoopern des neunzehnten Jahrhunderts lassen sich diese vier Typen Mensch verfolgen. Und natürlich gibt es Mischformen.

So wie Beethoven im Finale seines B-Dur-Quartetts die beiden Formteile, die langsame »Malinconia«-Einleitung und den schnellen wilden Allegrettotanz, in einen von klaren Schnitten gegliederten Antagonismus überführt, so hat auch Carl Philipp Emanuel Bach in seinem c-moll-Trio den »Melancholicus« vom »Sanguineus« klar erkennbar abgegrenzt und beiden jeweils ein Instrument zugewiesen. So weit ging Beethoven nicht. Freilich kannte er Carl Philipp Emanuel Bachs Werke, er besaß einige seiner Klaviersachen. Ob er diese Triosonate kannte und sich dadurch auf die Idee zu seinem »Malinconia«-Quartett bringen ließ, lässt sich nicht sagen. Aber auch das Gegenteil lässt sich nicht beweisen.

Beethoven greift in op. 18,6 auf barocke Kontrastmodelle zurück, was den ausgestellten Widerspruch zwischen hektischer Betriebsamkeit einerseits und verzögerter Langsamkeit bzw. Stillstand der Bewegung andererseits anbetrifft, wie man es ähnlich auch schon bei Vivaldi finden kann. Aber eine typische barocke Trauerformel, die absteigende Basslinie, ist bei Beethoven erst ab dem siebten Takt zu hören. Vorher breiten sich ganz andere, avantgardistische, trüb-kühne Harmonien aus, in langen Liegetönen, dreimal wird der gleiche Gedanke wiederholt, sechs verminderte Septakkorde folgen aufeinander und werden nicht aufgelöst. Mit dem Allegretto quasi Allegro bricht der Spuk dann abrupt ab – und das Gedudel einer heiter banalen Wiener Walzermusik bricht herein: Prestissimo, im Dreiachteltakt – es handelt sich um einen sogenannten »Deutschen«.

Carl Dahlhaus hat dieses Allegretto-Finale als eine Apotheose des Tanzes und als Überwindung der Melancholie aufgefasst, wobei er sich wohl auch an dem mit Beethoven assoziierten Mythos orientierte, dass der Mensch dem Schicksal gefälligst in den Rachen greifen müsse: Durch Nacht geht es zuverlässig zum Licht. Arno Forchert, der sich bestens in der musikalischen Rhetorik der alten Musik auskannte, hat dem heftig widersprochen, und die Musik Beethovens tut dies ebenfalls, wenn auch zarter und »colla più gran delicatezza« – mit der größtmöglichen Behutsamkeit, wie als Vortragsbezeichnung über den Noten zu lesen steht.

Beethoven war um 1800, als er seine ersten Quartette schrieb, längst eine öffentliche Person. Das Streichquartett jedoch war, vorerst noch, eine privat ausgeübte Musikform, eine Hausmusikgattung, die von Kennern, Künstlern und Liebhabern betrieben und geteilt wurde. Aber das begann sich zu diesem Zeitpunkt gerade zu ändern: Beethovens Freund Ignaz Schuppanzigh war der Erste, der, wenige Jahre später, in Wien öffentliche Streichquartettkonzerte im Abonnement anbot. An dieser Schnittstelle der Entwicklung entstanden Beethovens Quartettwerke, die, jedes für sich, den Strukturwandel mitreflektieren auf eine Weise, wie es weder die Quartette Mozarts noch die Haydns hatten tun müssen.

Auf der anderen Seite hatten gerade die Quartette Beethovens großen Einfluss auf die Komponisten der Zukunft, Kollegen, die sehr viel später nach ihm kamen, von Brahms über Schönberg bis zu Hugo Wolf. Und Gustav Mahler verlegte das »Quartetto serioso« Beethovens aus dem privaten in den öffentlichen Raum. Er instrumentalisierte Beethovens f-moll-Quartett op. 95 für Orchester. Zu diesem Zeitpunkt, 1899, war die Ausbildung des öffentlichen Konzertlebens, die zu Beethovens Lebzeiten begonnen hatte, auf einem ersten Höchststand angelangt. Hausmusik war, nach der Erfindung des Phonographen, rückläufig. Andererseits waren Streichquartette längst ein Teil des Konzertlebens geworden. Mahler geht bei seiner Bearbeitung weit darüber hinaus, nur die Stimmen zu verdoppeln. Er schreibt: »Im großen Raum verlieren sich die vier Stimmen, sie sprechen nicht mit der Kraft zu den Hörern, die der Komponist ihnen geben wollte. Ich gebe ihnen diese Kraft, indem ich die Stimmen verstärke. Ich löse die Expansion, die in den Stimmen schlummert, aus.« Nicht zufällig schrieb Beethoven sein f-moll-Quartett op. 95 ohne Auftrag, für sich selbst. Es blieb ein Einzelstück und wurde nie Teil einer konventionellen Quartettserie. Nicht zufällig hat Beethoven nach diesem »Quartetto serioso« fünfzehn Jahre lang keine Quartette mehr komponiert. Und just dieses kurze, dichte, in seinen Dimensionen und seiner Faktur so schmucklos verknappte f-moll-Quartett hat sich der neunzehnjährige Student Hugo Wolf zum Vorbild gewählt. 1879 begann er mit der Komposition seines d-moll-Quartetts, sechs Jahre hat er daran gearbeitet, es sollte sein einziges bleiben – wenn man von der *Italienischen Serenade* absieht. Wolf stand dabei fast vollständig im Banne von Beethovens »Quartetto serioso«, an das er sich anlehnt, das er zitiert. Teilweise wohnte er, während er dieses Werk komponierte, sogar im selben Haus in der Schwarzspaniergasse, in dem auch Beethoven gewohnt hatte. Die Mimikry ging so weit, dass er sich, wie es angeblich Beethovens Art war, ungehobelt aufführte und am Konservatorium Feinde machte. In einem der Briefe, die sein Vater ihm schreibt – den er um Geld gebeten hatte –, heißt es: »Die Capricen und schlechten Angewohnheiten des Beethoven hast Dir bereits alle angewöhnt, auch sein brutales und abstoßendes Benehmen, von seinem Fleiß und seinem Spargeist und Schaffen ist keine Spur vorhanden. Wenn Du einen Funken Gefühl für Deine Eltern hast, so raffe Dich auf, arbeite und entbehre, sonst bist Du verloren.« Wolf raffte sich auf. Er schrieb dieses Quartett, eine Hommage an Beethovens »Quartetto serioso«, zu Ende. Und setzte, den Vater zitierend und zugleich Goethes *Faust,* als Motto darüber: »Entbehren sollst du, sollst entbehren«.

# 11

# »LIEBER ZEHNTAUSEND NOTEN
# ALS EINEN BUCHSTABEN«

Beethoven war einer von den sogenannten »Kopf-Komponisten«. Er komponierte in Gedanken, unhörbar, unsichtbar und ununterbrochen, wo er ging und stand, ob tags oder nachts. Auch in den Ferien. Er dachte in Musik. »Ich schreibe lieber zehntausend Noten als einen Buchstaben«, teilte er einmal fröhlich und vielleicht auch ein bisschen kokett seinem Verleger Nikolaus Simrock in Bonn mit, im November 1820.

In die Sommerfrische fuhr er am liebsten dorthin, wo auch seine Wiener Adelsfreunde und Auftraggeber hinfuhren, und die wiederum folgten am liebsten der Spur ihres Kaisers Franz, dessen Lieblingsferiendomizil das an Schwefelquellen reiche Städtchen Baden im Wienerwald war. Also kurte auch Beethoven in Baden, von 1804 an einigermaßen regelmäßig, insgesamt fünfzehn Sommer lang. Er wanderte viel. Er liebte die endlosen Wälder, die sanft gewölbten Bergrücken mit den drei mittelalterlichen Burgruinen Scharfeneck, Rauheneck und Rauhenstein obendrauf, und er liebte auch die Heurigenkneipen im Tal. Teils entstand dabei die *Neunte*, teils die *Missa solemnis*, auch kleine Kanons komponierte er in Baden, alles Mögliche.

Einmal, im Juli 1816, war Beethoven noch immer in Wien, aber seine gute Freundin Nannette Streicher, die Klavierbaumeisterin, schon draußen in Baden. Er schreibt ihr einen sehnsüchtigen Brief: »Kommen Sie an die alten Ruinen, so denken Sie, dass dort Beethoven oft verweilt. Durchirren Sie die heimlichen Tannenwälder, so denken Sie, dass da Beethoven oft gedichtet, oder, wie man so sagt, componiert.« In aller Regel nannte sich Beethoven nicht »Componist«, sondern »Tondichter«, wenn er von sich selbst und seinem Beruf sprach. So auch auf dem Titelblatt der ersten Ausgabe der *Ouvertüre »Zur Namensfeier«* op. 115: »Grosse Ouvertüre in C-Dur gedichtet ... von Lud. van Beethoven«. Es handelt sich um eine Sommerfrische-Musik – mit einem Fernchor von Waldhörnern am Anfang –, die er 1814 dem Kaiser Franz zum Namenstag schenken wollte, aber nicht rechtzeitig zu Ende kam. Man hört es diesem Werk nicht an, aber es war eine schwere Geburt: Der Kompositionsprozess zog sich über Jahre hin, immer wieder taucht die Ouvertüre in den Skizzenbüchern auf, sie wurde und wurde nicht fertig. Und als sie endlich doch fertig war, steckte Beethoven sie in die Schublade. Erst 1825 wurde die Ouvertüre gedruckt. Das erklärt die hohe Spätwerk-Opuszahl 115.

Einmal, im Laufe dieser endlosen Kompositionsgeschichte, nämlich 1812, finden sich zwischen den Ouvertürenskizzen auch andere, die zur *Siebten Symphonie* gehören, und weitere, die thematisches Material ausprobieren für eine geplante Vertonung von Schillers »Freudenode«. Etliche Motive daraus wanderten hinüber in die Skizzen zur C-Dur-Ouvertüre, und da blieben sie dann auch und kommen einem bekannt vor – eben weil sie nach der *Neunten* klingen. Solche organisch sprießenden Ableger von Ideen sind typisch für Beethovens Art, in Tönen zu denken und zu dichten.

Komponieren bedeutet wörtlich »zusammen-setzen« (von lateinisch »componere«). Eine Generation vor Beethoven passte das Wort noch perfekt zum Selbstverständnis der »Tonsetzer«-Zunft.

»Die musikalische Setzkunst oder Composition ist eine Wissenschaft, die Töne auf solche Art nebeneinander und übereinander zu ordnen oder zu setzen, dass daraus eine dem Endzwecke gemäße Melodie oder Harmonie entsteht.« So definierte es 1773 der aufgeklärte Johann Adolf Scheibe. Kurz danach wendete sich das Blatt. Als einer der Ersten benutzte Heinrich Christoph Koch fünfzehn Jahre später in seinem *Versuch einer Anleitung zur Composition* Begriffe wie »musikalische Ideen« oder »musikalische Gedanken«: Aus dem »Tonsetzer« ist inzwischen ein »Tonkünstler« oder auch ein »Tondichter« geworden.

Hinter diesem veränderten Sprachgebrauch steckt eine neue, veränderte Arbeitsweise: Mozart oder Haydn setzten die Töne anders zusammen als Bach oder Händel. Und Beethoven wiederum anders als Mozart, etwa im Finalsatz seiner Klaviersonate op. 7. Der Anfang, elegant von oben begonnen, von der Dominante aus, könnte wohl von Mozart sein. In der Mitte, ab Takt 60, geht es plötzlich nach c-moll, und ein alter Bekannter taucht auf, nämlich das c-moll-Präludium aus dem zweiten Teil des *Wohltemperierten Klaviers* von Bach – man kann es einfach nicht überhören! Es ist dies aber keine der üblichen Hommagen, kein Zitat, das da hinein-»gesetzt« wird. Es wird verwandelt, und Beethoven erfindet ein robust daherstampfendes Oberstimmenthema mit saftigen Intervallsprüngen dazu, und wie er dann wieder zurückswitcht ins Dur-Rondo, diese Nahtstelle könnte kein anderer sich so erdichten. Alles, was folgt, der Schluss dieser Sonate, klingt wie ein Geheimnis, das nicht verraten werden darf.

Beethoven schrieb die Sonate op. 7 mit sechsundzwanzig Jahren. Zu dieser Zeit benutzt er noch lose Notenblätter, um seine Einfälle zu notieren. Erst ein Jahr später geht er dazu über, feste Skizzenbücher anzulegen, die er selbst bindet: dreiundzwanzig mal zweiunddreißig Zentimeter im Querformat – ganz schön groß also! Diese eher unhandlichen Skizzenbücher verwendet er zu Hause, sie liegen auf seinem Arbeitstisch neben dem Klavier, die Notenlinien zieht er mit einer Rastralfeder, die Noten schreibt er mit Tinte. Ab 1815 benutzt er auch kleinere Skizzenbücher im Format sechzehn mal vierundzwanzig Zentimeter, weil er die mitnehmen kann, wenn er spazieren oder ins Gasthaus geht – was er häufig tut. Unterwegs schreibt er ausschließlich mit Bleistift.

In diesen Büchern notierte Beethoven einfach alles: Melodiefragmente, Harmoniekonzepte, Kommentare, Notizen, Mitteilungen an sich selbst, es gibt Durchgestrichenes, Überschriebenes, aber auch saubere Abschriften von Teilstücken aus Werken anderer Komponisten, etwa Passagen aus Bachschen Fugen. Weil er stets an mehreren Werken gleichzeitig arbeitete, ist das ein schönes Durcheinander, und oft findet etwas, das er in dem einen Büchlein anfängt, Fortsetzung in dem anderen. Aber unsereins soll sich ja auch nicht darin zurechtfinden: Beethoven hatte diese Skizzen für sich selbst verfasst, als Gedächtnisstütze, zum Vor- oder Zurückblättern.

Trotzdem können diese Skizzenbücher viel verraten, was wir sonst nie erfahren hätten. Zum Beispiel, dass das Scherzo der erwähnten Es-Dur-Sonate op. 7 anfangs gar nicht zu der Sonate gehört hatte. Ursprünglich hatte eine Bagatelle daraus werden sollen. Oder: dass die ersten Skizzen zur *Achten Symphonie* deutlich zeigen, dass daraus anfangs ein Klavierkonzert hatte werden sollen. Manchmal ergeht es den Skizzenforschern geradezu wie Sherlock Holmes: Wenn sie die Indizien richtig kombinieren, überführen sie den Täter. Das Autograph der Bagatellen op. 33 zum Beispiel trägt, von Beethovens eigner Hand geschrieben, die Jahreszahl 1782. Aha, dachte man: ein Jugendwerk! Aber dann entdeckte der Musikforscher Gustav Nottebohm in einem Skizzenbuch von 1802 erste Entwürfe zur Bagatelle op. 33,6 – also zwanzig Jahre später. Er suchte weiter, fand Skizzen zu anderen Bagatellen aus op. 33, schaute sich das Autograph genauer an und merkte: Das kann unmöglich die Handschrift eines zwölfjährigen Knaben sein, das schrieb der zweiunddreißigjährige Beethoven. Nun blieb nur noch eine einzige Möglichkeit: Die Jahreszahl musste falsch sein, ein Schreibfehler, Beethoven hatte sich vertan. Und so war es. Man suchte weiter und fand heraus, dass es verdächtig viele solcher falschen Daten und Zahlendreher bei Beethoven gibt. Er war mit hoher Wahrscheinlichkeit nicht nur schwerhörig, er hatte außerdem (wie so viele Pedanten) eine Dyskalkulie, eine Rechenschwäche.

Beethoven war ein Skizzen-Messie, der panische Angst hatte, dass ihm etwas entgehen, dass er etwas vergessen, verlieren könnte. Er hat also buchstäblich jeden Notizzettel gehamstert, bewahrte Berge von Papier auf. Man stelle sich das bildlich vor: ein Skizzenriesengebirge. Und weil er ja sehr häufig umzog, muss er diese ständig weiterwachsenden Papierstapel jedes Mal ganz bewusst auch wieder eingepackt und mitgeschleppt haben. Nach seinem Tode wurden die vollgekritzelten Papierberge aus dem Nachlass dann mitversteigert. Skizzenbücher waren billig zu haben. Vor allem Musikalienhändler erwarben sie und schnitten sie auseinander, um einzelne Blätter als Reliquie oder als Souvenir zu verkaufen – zum großen Kummer der Musikforscher, die nach wie vor damit beschäftigt sind, verstreute Zettel aus aller Welt wieder zusammenzusuchen und zusammenzusetzen. Insgesamt siebzig Skizzenbücher Beethovens sind heute wieder beieinander, dreiunddreißig große, für daheim, für den Schreibtisch. Siebenunddreißig kleine »da portare via«. Es waren aber mit Sicherheit noch sehr viel mehr.

Ganz anders verfuhr Constanze Mozart mit den Skizzen aus dem Nachlass ihres Mannes: Sie warf wohl einen großen Teil davon weg, weil sie meinte, das sei unbrauchbares Zeug. Mozart war, wie Beethoven, ein extremer »Kopf-Komponist«. Aber es gehörte auch lange Zeit zur Mozartlegende, dass man meinte, er habe *nur* Einfälle gehabt, nichts ausgearbeitet und nie etwas skizziert, vielmehr die ganze Arbeit des »componere« ausschließlich in Gedanken erledigt. Es schien kaum Skizzen zu geben, oder vielmehr: Für Mozart selbst waren die Skizzen offenbar unwichtig geworden in dem Augenblick, wo ein Stück fertig war. Erst der Kontrollfreak Beethoven mit seinem Sammelwahn lenkte die Aufmerksamkeit auf dieses »Missing Link« zwischen Idee und Produkt. Mittlerweile hat der Musikforscher Ulrich Konrad in seinem bahnbrechenden Buch über *Mozarts Schaffensweise* gezeigt, dass sich Mozart, genau wie Beethoven, erst einmal Notizen machte, die er dann bearbeitete. Es ist, trotz der Entsorgungsaktionen Constanzens, noch genug übrig geblieben, Konrad konnte tatsächlich ein zweihundertfünfzig Seiten starkes Verzeichnis aller Mozartschen Skizzen und Entwürfe vorlegen.

Zwischen Einfall und Autograph steht also das Skizzenbuch. »Versuch und Irrtum« nennt Konrad das Verfahren, das vor allem Beethoven exzessiv anwendet und das er als »dichten« bezeichnete: Er knobelte im »Trial and Error«-Verfahren so lange an einem Problem herum, bis er die Lösung hatte. Im Falle der berühmten Nahtstelle im ersten Satz der *Eroica,* wo die Durchführung in die Reprise einmündet und das Horn vorwitzig zu früh einzusetzen scheint, hat Beethoven nicht weniger als zwölf verschiedene Varianten ausprobiert. Eine Skizze experimentiert mit der harmonischen Fortschreitung, eine andere legt diese harmonische Fortschreitung in die Vertikale und wiederholt und umkreist immer wieder das Dreiklangsmotiv des Hauptthemas – mit dem dann später, in der Endfassung, das Horn vorpreschen wird. Wieder eine andere Skizze versucht, den Übergang in die Reprise auf konventionellem Weg als Kadenz zu bewerkstelligen, über Läufe und Skalen. Das gefiel Beethoven gar nicht, er hat es sofort wieder durchgestrichen.

Das kompositorische Problem an dieser Stelle besteht darin, dass bereits die Durchführung so viele Höhepunkte ansteuert und so viele Reprisenmomente antizipiert, dass die Rückkehr zum Hauptthema besonders hervorgehoben werden musste – sonst hätten die Hörer das womöglich nicht bemerkt. Beethoven musste hier quasi die Glocke läuten und sich etwas Spektakuläres, zugleich aber Vertrautes einfallen lassen: die Heimkehr. Als Erstes kommt das vorwitzige Horn zu Hause an, einen Takt zu früh.

Man braucht, ob man nun diesen Schaffensprozess in Noten verfolgt oder auf dem Klavier ausprobiert, eine Menge Abstraktionsvermögen, um das nachzuvollziehen. Selbst für die leidenschaftlichsten Skizzenforscher sind Skizzen immer nur Vorstufen: Schlechtere Lösungen werden aussortiert, bessere bewahrt. Und das Beste, das ist dann eben die Reinschrift, das Werk, wie wir es kennen. Wie Otto Jahn schrieb: »… machen diese Skizzen nicht selten den Eindruck unsichern Schwankens und Tastens, so wächst nachher wieder die Bewunderung vor der wahrhaft genialen Selbstkritik, die, nachdem sie alles geprüft, schließlich mit souveräner Gewißheit das Beste behält«. Sogar Beethoven scheint das zu bestätigen. Er klopft sich ab und zu selbst auf die Schulter, notiert zwischen die Skizzen Worte wie »meilleur«, »gut« oder »besser!«. Aber er wirft auch nichts weg, pflegt zurückzublättern und greift in großen Zeitintervallen wieder auf eigne alte Ideen zurück.

Der Einfall zur »Ode an die Freude« zum Beispiel tauchte zum ersten Mal 1793 in den Skizzen auf, bis dann dreißig Jahr später etwas Großes daraus werden sollte. Mehr als einmal passierte es, dass während der Reinschrift eines Stückes eine frühere Fassung wieder an die Rampe drängte, wie beim ersten Satz der Cellosonate op. 69. Das Autograph sieht am Anfang wie die Reinschrift eines bereits abgeschlossenen Werks aus. Dann franst es aus und wird zu einem großen Durcheinander, einem »Schlachtfeld widerstreitender Ideen« (Lewis Lockwood); und was dann im Druck bei Härtel herauskam und als fertiges Werk aus dem Konzertsaal bekannt ist, hat nur mehr mit der ersten Hälfte des Autographs zu tun, der Rest ist Material aus den Skizzen. Diese Musik, die wie aus einem Guss wirkt, genial hingeworfen, hatte ihre endgültige Form also erst sehr mühselig gefunden und auf Umwegen, vergleichbar einer Echternacher Springprozession: einen Schritt vorwärts in die Druckfassung, zwei Schritte zurück in die Skizzen. Der Prozess, mit allen Komplikationen, verschwindet dann im Ergebnis. Und das ist ein großer Wurf, eine Konzertsonate von symphonischem Format. Auf dem Titelblatt steht: »Grande Sonate«.

Es wäre freilich falsch, aus Beethovens Skizzensammelwut und seinem permanenten Optimierungs- und Ordnungswahn zu schließen, dass ihm alles nur Mühsal und Plage war. Er hatte auch Freude an der Arbeit, und manches ging leicht, wie im Flug. Das Violinkonzert op. 61 zum Beispiel hat er in nur sechs Wochen wie in einem Rausch vollendet, es gibt nur wenige Skizzen dazu. Das marschiert traumhaft locker und flott los – es ist ein schneller französischer Schreitrhythmus, den die Pauke da vorgibt. Und viele verschiedene schöne Hauptgedanken tauchen auf – formal abgeguckt bei den französischen Virtuosenkonzerten von Viotti, Kreutzer oder Rode. Dieses Konzert kommt uns so freundlich entgegen, es ist so unerhört beliebt und wird so viel gespielt, dass man meinen sollte, dass es in einer anerkannten Fassung vorliegt. Aber genau das ist nicht der Fall.

Die Geiger, die heute dieses Violinkonzert aufführen, spielen nämlich nicht die Stimme, die Beethoven ihnen anno 1806 zugedacht hatte, vielmehr eine spätere Bearbeitung, die erst zwei Jahre nach der Uraufführung herauskam, als Abschrift der Stichvorlage für den Erstdruck im Jahr 1808. Diese zweite Fassung (die der ersten ganz selbstverständlich übergestülpt wurde) ist zwar auch Grundlage der Gesamtausgabe, aber als Ergebnis einer Transkription: Beethoven hatte nämlich, als das Stück bei der Uraufführung floppte, eine Fassung für Klavier und Orchester daraus gemacht. Und die wurde dann von ihm noch mal zurückübersetzt für die Violine und nachpoliert. Mit anderen Worten: Die ausdifferenzierte Stimme der Solovioline, die wir kennen, kommt aus dem Klavierdenken, das Violinkonzert indes ist nichts anderes als ein »work in progress«, an dem Beethoven auch nach der Uraufführung weiterkomponierte.

Ausgearbeitete Kadenzen gab es zunächst keine, die wurden bei der Uraufführung – wie das damals üblich war – frei improvisiert. Für die Klavierfassung schrieb Beethoven jedoch wundervolle Kadenzen, mit französischem Esprit, einem Sonderauftritt der Pauke und auch mit einer Prise Kriegsmusik. Heute hört man im Konzertsaal in der Regel die glänzenden Kadenzen von Fritz Kreisler oder Joseph Joachim. Nur zwei Geiger haben sich bislang getraut, die Beethoven-schen Originalkadenzen vom Klavier wieder auf die Geige zu über-setzen: Wolfgang Schneiderhan und Christian Tetzlaff.

Es gibt keinen Geigenvirtuosen, der dieses Konzert heute nicht im Repertoire hätte. Dabei ist es nicht unbedingt ein »dankbares« Stück, es fehlen die rasanten Doppelgriffpassagen, die gewagten Flageolett-Seiltänze. Vielleicht hat deshalb der brillante Franz Clement, Beethovens guter Freund, weiland Orchesterdirektor und Primgeiger am Theater an der Wien, der das Konzert in Auftrag ge-geben und 1806 aus der Taufe gehoben hatte, seinen Part ein wenig virtuos aufgepeppt. Clement musste weitgehend ungeprobt und a prima vista aus den noch tintenfeuchten Noten spielen, weil Beethoven nicht rechtzeitig fertig geworden war. Auf dem Konzert-zettel stand zu lesen, dass er unter anderem auch eigne Komposi-tionen vortragen sollte in dieser »Musikalischen Akademie«, zum Beispiel auf einer umgekehrt gehaltenen Geige, und auf nur einer Saite improvisieren wollte – dies aber erst im zweiten Teil. Die Kon-zertkritiken berichten etwas anderes: Clement hat – sehr wahr-scheinlich – seine Kunststücke zwischen zwei Sätzen des Beethoven-schen Violinkonzerts vorgeführt, zum Ärger Beethovens, aber zur Begeisterung des Publikums, dem infolgedessen das neue Konzert »oft ganz zerrissen schien … und die unendlichen Wiederholungen einiger gemeiner Stellen leicht ermüdend«. Beethoven und Clement haben sich über diesem Vorfall nicht entzweit. Dass aber Beethoven alsbald eine Klavierfassung des Konzertes schrieb, um ihm eine zweite Chance zu geben, ist womöglich eine Fortsetzung dieser kleinen Konkurrenz-Kabale gewesen, wie sie unter Künstlern öfter vorkommen soll.

Alle Komponisten haben zu allen Zeiten beim Komponieren etwas ausprobiert, haben Varianten gesucht, korrigiert oder vielleicht auch etwas wieder verworfen. Auch von Haydn und Mozart gibt es Fragmente, Skizzen. Aber keiner vor Beethoven hatte den Schaffensprozess in dieser kritischen Phase, wie sie sich bei wohl jedem Dichter oder Komponisten zwischen dem ersten Einfall und der Niederschrift des Werks notwendig einstellt, für so essenziell wichtig gehalten, dass er jeden Schnipsel aufbewahrte und auch immer wieder umdrehte. Beethoven ist der erste Komponist der Musikgeschichte, der seine Arbeitsweise umfassend in Skizzenbüchern und Notizen dokumentiert hat. Es ist dies übrigens der einzige Teil des kreativen Prozesses, der überhaupt dokumentierbar ist. Anfang und Ende – die geniale Idee und das geniale Ergebnis – sind letztlich nicht nacherzählbar und erklärbar. Arnold Schönberg sagte es einmal: »Komponieren ist doch vor allem die Kunst, einen musikalischen Gedanken und seine angemessene Darstellung zu erfinden.«

Ob die spezielle Beethovensche Arbeitsweise nun eher der von Krisen und Zweifeln gepflasterte Weg eines Märtyrers war oder eine rauschhafte Lustreise, das kann niemand wissen. Zu vermuten ist: Es war beides, zu gleichen Teilen. Und so viel steht fest: Es gibt weit mehr unvollendete Werke von Beethoven als vollendete. Fragment geblieben ist beispielsweise ein Violinkonzert, sein erstes, in C-Dur, das er neunzehnjährig noch in Bonn komponierte. Es fand sich im Nachlass, das Autograph liegt heute im Wiener Musikverein. Skizzen gibt es dazu keine, der junge Beethoven hatte noch nicht damit angefangen, alles zu hamstern, was er schrieb. Schade drum! Es könnte nämlich gut sein, dass er dieses Violinkonzert, von dem nur zweihundertneunundfünfzig Takte des ersten Satzes vorhanden sind, tatsächlich fertig komponiert hatte. Dafür spricht der Bindebogen, der sich am Ende der letzten Seite des Autographs über der

Solovioline wölbt und ins Leere weist. Es ging also auf der nächsten Seite weiter. Es muss mindestens eine zweite Notenpapierlage gegeben haben, vielleicht auch eine dritte, die verloren gingen. Und wer weiß: Vielleicht taucht eines schönen Tages der Rest dieses Satzes irgendwo wieder auf, vielleicht auch noch der zweite Satz und ein Finale dazu.

# 12

# »JE GRÖSSER DER BACH, JE TIEFER DER TON«

B rechen wir auf ins Grüne zu einem Ausflug nach Arkadien. Natürlich nicht ins echte Arkadien, das liegt viel zu weit weg, in Griechenland, mitten im Peloponnes, und ist eine steinige, trockene, ziemlich öde Gegend, wo man allenfalls Ziegen oder Schafe halten kann. Die utopische Wunschlandschaft Arkadien, darin Ludwig van Beethoven mutterseelenallein an einem Bach herumsitzt und vor sich hin träumt, liegt im Wienerwald, der nur so von üppigem Grün, von Büschen, Blüten und Bäumen strotzt. Ein Dudelsack spielt. Jemand summt eine Melodie. Der Schäfer (oder ist es eine Schäferin?) bricht ab, pfeift weiter, noch mal von vorn … Klingt wie ein altes Volkslied … und ist auch eins: ein Kinderlied aus Kroatien, eine Art Rundgesang, den Beethoven hier gleich zu Beginn seiner *Sechsten Symphonie* op. 68, der *Pastorale,* in den Violinen zitiert.

Noch bis Ende des neunzehnten Jahrhunderts soll diese geradtaktige, kurzgliedrige Melodie – »Sirvonja« heißt sie – im Wienerwald von den Hirten und Waldhütern, die als Fremdarbeiter eingewandert waren, gesungen worden sein. Eine seltsame Eigenschaft dieses Themas ist, dass es nicht weitergeht.

Die Melodie bricht immer wieder ab, taucht, in immer kürzere Glieder zerfallend, wieder auf, wie eine Erinnerung, etwas, das jemand in Gedanken vor sich hin singt. Und darunter liegt, zart und im Piano, der Bordun der Bratschen und Celli. Kontrabässe kommen erst in Takt 13 dazu, und noch später, ab Takt 27, singen dann auch die Oboen dieses Hirtenkinderlied. Schließlich stimmen alle ein, das singt und tanzt im Tutti im Kreis herum. Dann blitzt da eine Triolenfigur hinein, ein zartes Geschmettere – eindeutig das Signal eines Jagdhorns, aber hier von Fagott und Klarinette gespielt, also tiefer und dunkler, denn wir sollen ja nicht denken, dass gleich nebenan gejagt wird, sondern weit weg, hinter den sieben Bergen. Das alte Lied, der kreiselnde Tanz und das ferne Jagdmotiv ergeben zusammen mit dem Dudelsack-Bordun eine wunderliche Atmosphäre des Ungefähren, Ungewissen, Selbstversunkenen, einen schönen Stillstand: So raffiniert hat Beethoven den Beginn seiner *Sechsten Symphonie* instrumentiert. Die *Pastorale* ist die erste große Orchestersymphonie, die so zart und leise anfängt.

Im *Pastorale*-Skizzenbuch hat Beethoven fast nur Einstimmiges notiert. Die Harmonik musste nicht groß skizziert werden, da sie sich hauptsächlich auf die einfachsten Klänge beschränkt; erst im zweiten Satz wird das etwas aufregender. Auf einer kolorierten Aquatinta-Zeichnung, die der Schweizer Kupferstecher Franz Hegi anno 1834 angefertigt hat – sie trägt den Titel *Beethoven am Bache, die Pastorale komponierend* –, sieht man, wie dem Komponisten das Skizzenbüchlein aus der herabhängenden linken Hand gleitet, auch der Bleistift in der rechten rutscht schon weg. Im ersten Hintergrund sind Schafe zu sehen samt Schafhirtin, dahinter zwischen

Bäumen ein Kirchturm (es läuten wohl auch die Glocken), noch weiter hinten grüßt aus dem Wald, vom Berg herunter, eine Burgruine – und Beethoven, im Vordergrund, trägt einen Sehnsuchtsrock in diesem typischen Wertherfrack-Blau, nachlässig zugeknöpft. Auch die gestreiften Gamaschen, das Halstuch, der hohe Napoleonkragen und die geringelte Lockenpracht sprechen eine klare Sprache: Wir haben es mit einem jungen Bourgeois zu tun, der vom besseren Morgen träumt. Und der sich doch, das zeigt die Landschaft, in der er sitzt, noch immer zurücksehnt in die ruinöse Vergangenheit des Ancien Régime, in die Idylle der Bosketten, den Park rund um den Petit Trianon.

Das Skizzenbuch zeigt allerdings, dass Beethoven diese Symphonie nicht im Grünen, sondern am Schreibtisch komponiert hat: Er benutzte Tinte, nicht Bleistift, wie unterwegs. Schon in den Skizzen probiert er verschiedene Untertitel aus, denn er ahnt offenbar, dass man ihm diesen Ausflug in die Vergangenheit übel nehmen könne. Da heißt es zum Beispiel: »Sinfonia pastorella … man überläßt es dem Zuhörer die Situationen auszufinden … Sinfonia caracteristica – oder Erinnerung an das Landleben … Wer auch nur je eine Idee vom Landleben erhalten, kann sich ohne viele Überschriften selbst denken, was der Autor will …« Am Ende tauft er dann den ersten Satz so: »Angenehme, heitere Empfindungen, welche bei der Ankunft auf dem Lande im Menschen erwachen«. Dem Verleger Härtel war das zu umständlich, er änderte es für den Druck in: »Erwachen heiterer Gefühle bei der Ankunft auf dem Lande«. Und so steht es bis heute in allen Konzertführern zu lesen.

Apropos Konzertführer: Sie werden den Hinweis, dass es sich beim Anfangsthema um das kroatische Kinderlied »Sirvonja« handelt, in Ihrem Konzertführer wahrscheinlich *nicht* finden. Recherchiert hatte dies bereits 1880 der Volksliedforscher Franjo Kuhač aus Zagreb, was für die deutsche Musikwissenschaft jedoch nicht akzeptabel war: unvorstellbar, dass der große Beethoven eine seiner

Symphonien mit einem geklauten Kinderlied vom Balkan beginnen könnte! Also wurde Kuhačs Fund ignoriert – und erst viel später, für die Musikwissenschaft im Ostblock, im realen Sozialismus, wieder interessant: Beethoven schaut dem Volk aufs Maul, das war für die Genossen ein gefundenes Fressen. Wie man sieht: Auch unser Beethovenbild ist imprägniert vom Kalten Krieg.

Uraufgeführt wurde die *Pastorale* am 22. Dezember 1808, bei klirrender Kälte, im Theater an der Wien. »Folglich kommt hier niemand auf dem Lande an«, bemerkt dazu etwas süffisant Konrad Küster im aktuellen *Beethoven-Handbuch*. Küster vertritt nämlich ganz entschieden den Standpunkt, auf dem die meisten Beethovenforscher immer noch beharren: Die *Pastorale* kann und darf keine schnöde, billige Tonmalerei enthalten. Partout muss bewiesen werden, dass auch diese Symphonie, wie alle großen Instrumentalwerke Beethovens, als absolute Musik zu verstehen ist – als eine ungegenständliche, freie Idealmusik. Ströme von Tinte wurden in diesem wissenschaftlichen Disput schon vergossen. Trotz der Satztitel, der Folklore-Zitate, trotz Bauerntanz, Vogelkonzert, Jagdhorn, Hirtengesang, Blitzschlag, Donner, Sturm und so weiter sucht man nach Beweisen dafür, dass das alles nicht so gemeint war. Das Gemurmel des Baches, welches den gesamten zweiten Satz in Bratschen und Celli durchzieht, und die Rufe der Vögel darüber, in Violinen und Flöte, seien, schreibt Küster, total nebensächlich für die musikalische Faktur: »Jenes als ein Begleitkontinuum und diese in ihrer inhaltlichen Konkretisierung sind für den Satz sekundär.« Und ab und an wird diesem zweiten Satz auch noch das Sonatenhauptsatzschema übergestülpt, drei der fünf Variationen sollen die Durchführung darstellen. Das allermeiste Kopfzerbrechen verursacht den Beethovenforschern aber das Vogelterzett am Ende dieses Satzes, wenn der Bach plötzlich schweigt und nur noch Kuckuck, Wachtel und Nachtigall zu hören sind. Walter Riezler, erklärter Parteigänger der absoluten Musik, ringt sich in seiner Beethovenbiographie einen einzigen Satz dazu ab: Dieses Vogelkonzert sei »rein musikalisch gesehen wie ein Rezitativ auf einer Fermate, das den Fluss des musikalischen Geschehens wohl für einen Augenblick aufhält, seine Richtung aber nicht verändert«.

»Je größer der Bach, je tiefer der Ton« – notierte sich Beethoven 1804 in einem seiner Skizzenbücher beim Entwurf eines *Pastorale*-Themas. Soll man da wirklich lieber ein »Begleitkontinuum« mit »Fermate« heraushören? Die Namen der drei gefiederten Freunde am Ende des Satzes stehen sogar in den Noten geschrieben: Frau Nachtigall trillert in der Flöte, die Wachtel schlägt in der Oboe, der Kuckuck ruft in der Klarinette. Beethoven hat den Vögeln hier eine Hörbühne gebaut: eine Art »Naturtheater«. Das Imitieren von Vogelrufen war seit der Renaissance ein beliebter Gimmick gewesen, doch noch nie zuvor trieb es einer so weit damit wie Beethoven an dieser Stelle – nach ihm erst wieder Mahler und Messiaen.

Warum hat er sich mit dieser Symphonie überhaupt so tief eingelassen auf die Tonmalerei, die man seinerzeit zu den Todsünden des Komponierens rechnete? Es kann auf diese Frage nur eine schlichte Antwort geben: weil er in Tönen malen *wollte*. Beethoven kannte aber das Problem. In den Skizzen zur *Pastorale* notiert er sich Sätze, die fast wörtlich auch in Johann Georg Sulzers *Allgemeine Theorie der Schönen Künste* zu finden sind. »Jede Mahlerei, nachdem sie in der Instrumentalmusik zu weit getrieben, verliert …«, heißt es da, oder: »Auch ohne Beschreibung wird man das Ganze, welches mehr Empfindung als Tongemälde, erkennen!« Am Ende, im Autograph, ringt sich Beethoven dann zu der Sulzerschen Formulierung »Mehr Ausdruck der Empfindung, als Malerey« durch. Tonmalerei in der Musik ist, nach Sulzer, ausnahmsweise erlaubt, wenn sie nicht den »Begriff von toten Dingen« geben will, sondern die »Empfindungen des Gemüts« nachzeichnet, die dadurch hervorgerufen werden. Auch Johann Jacob Engels Schrift *Ueber die musicalische Malerey*, 1802 neu aufgelegt, dürfte Beethoven bekannt gewesen sein.

Engel schreibt, ganz im Sinne Sulzers: »Besser also immer, dass man in einer Gewittersinfonie mehr die inneren Bewegungen der Seele bey einem Gewitter, als das Gewitter selbst male, welches diese Bewegungen veranlasst.« Aber wie soll das gehen – den Schrecken darstellen, der einem bei Krach in die Glieder fährt – unter Vermeidung von Krach? Keiner der Komponisten vor Beethoven, die Gewittermusiken schrieben, hat sich je daran gehalten, weder Bach noch Händel oder Rameau, weder Gluck noch Mozart.

Eine möglichst tongenaue Nachahmung außermusikalischer Geräusche war schon seit der Renaissance ein beliebtes Komponistenhobby, auch den aristokratischen Auftraggebern gefiel das. Endlos die Liste der Tempesta- oder Chasse- oder Schlachtmusiken, der arkadischen Pastoralen und idyllischen Seestücke, in denen Blitze einschlagen, Kuhglocken läuten, Hirtenschalmeien und Jagdhörner tönen, Bächlein rieseln, Winde peitschen, Katzen klagen, Schafe blöken. Erst im Lauf des achtzehnten Jahrhunderts, kurz vor und nach der Französischen Revolution, änderte sich mit einem neuen Publikum auch das Ideal: Die Verbürgerlichung der Musik brachte es mit sich, dass banales Malen mit Tönen nunmehr als unfein empfunden wurde – ausdrücklich ausgenommen davon waren die Oper und die aktuellen französischen Gebrauchsmusiken wie militärische Truppenübungs- und Siegesfeiern: Da durften tüchtig weiterhin die Kanonen knallen. Joseph Haydn jedoch distanzierte sich noch nachträglich von dem Frosch, den er in seinen *Jahreszeiten* hatte quaken lassen: »Diese ganze stelle als eine Imitazion eines frosches ist nicht aus meiner feder geflossen; es wurde mir aufgedrungen, diesen französischen Quark niederzuschreiben.«

Für das Gackern im ersten Satz seiner Symphonie Nr. 83 *Das Huhn* und die gezackten Flötenblitze und das Kontrabassbrodeln in der Gewittermusik seiner Symphonie Nr. 8 *Le soir* hat sich Haydn meines Wissens nie entschuldigt. Letztere Symphonie kannte Beethoven mit Sicherheit. Sie war 1761 auf Anregung des Fürsten

Paul Anton Esterházy entstanden, der den jungen Haydn gerade frisch eingestellt hatte und ein besonderes Faible für die Tonmalerei besaß. In der Esterházyschen Notenbibliothek findet sich ein Exemplar von Vivaldis *Vier Jahreszeiten*, und genau so etwas wünschte sich der Fürst nun auch von seinem neuen Vizekapellmeister, nämlich vier »Tageszeiten«-Symphonien. Haydn komponierte also in barocker Concerto-grosso-Form Morgen, Mittag und Abend, nur die Nacht hat er weggelassen. Vierzig Jahre später, 1801, benutzte Haydn den abwärtszuckenden Flötenblitz aus *Le soir* noch einmal – nämlich in der Gewittermusik aus seinem Oratorium *Die Jahreszeiten*. Den Prototyp dazu hatte, wie gesagt, Antonio Vivaldi in der Gewittermusik der *Vier Jahreszeiten* geliefert. Könnte sein, dass Beethoven auch diese Musik kannte, die seinerzeit zwar nicht mehr gespielt wurde, deren Noten aber innerhalb der Tonsetzerzunft weitergereicht wurden. Und ohne Frage bezieht sich Beethoven in seiner *Pastorale* direkt auf das musikalische Arkadien, wie es in Vivaldis *La primavera* aufscheint: heitere Empfindungen im zärtlich punktierten Wiegeschritt, Vogelpiep, ländliche Tänze – und plötzlich brechen Blitz und Donner los.

Der Aufklärung zum Trotz, den wütenden Traktaten der Musiktheoretiker zum Trotz – und auch trotz der Tatsache, dass Benjamin Franklin inzwischen den Blitzableiter erfunden hatte, der den großen Donnerer Zeus arbeitslos machte – blieben zünftige Tonmalereien auch im bürgerlichen Zeitalter weiter in Mode. Es sind immer noch dieselben musikrhetorischen Formeln, mit denen ein Gewitter gemalt wird: abwärtsstürzende Zickzackfiguren in hohen Streichern oder Bläsern, Tremologrummeln in den tiefen Streichern, plötzlicher Schlagzeugeinsatz. 1782, ein Jahr nachdem Mozart in *Idomeneo* einen solchen tongemalten Sturm hatte losbrechen lassen, komponierte der Musikdirektor Justin Heinrich Knecht in Biberach eine Pastoralsymphonie, die er *Le portrait musical de la nature* taufte. Es wird darin fast die gleiche »Geschichte« erzählt wie bei Vivaldi oder bei Beethoven: Erst zwitschern die Vögel am rieselnden Bach, dann bricht ein Unwetter los und zerstört die Idylle – vorübergehend. Dieses Stück von Knecht wird wegen der zeitlichen Nähe und der Untertitel gern als der unmittelbare Vorläufer von Beethovens *Pastorale* gehandelt. Aber das ist wohl Unsinn. Fraglich ist schon allein, ob Beethoven die Symphonie überhaupt bekannt war: Er kam nie nach Biberach, und Knecht schaffte es nie nach Wien. Und man muss sich das einmal anhören: Knechts tonmalerische Mittel sind eher armselig, seine Instrumentationskunst ist dilettantisch. Wenn's donnert, wird halt auf die Pauke gehauen.

Im unmittelbaren Vorfeld von Beethovens *Pastorale* entstanden weitere Gewittermusiken, darunter eine schöne von Daniel Steibelt für den ersten Satz seines dritten Klavierkonzerts, außerdem eine *Spazierfahrt auf dem Rheine, vom Donnerwetter unterbrochen* des Mannheimer Hofkapellmeisters Abbé Vogler. Auch Haydn lässt es 1801 in seinen *Jahreszeiten* ordentlich krachen – und schließlich Beethoven selbst, ebenfalls 1801, in seiner Ballettmusik *Die Geschöpfe des Prometheus,* darin es gleich am Anfang elfmal mächtig zickzackblitzt – denn Zeus ist wütend, weil ihm das Feuer gestohlen wurde.

Dieses *Prometheus*-Gewitter ist freilich nur eine zahme Vorstudie und tonmalerisch noch durchaus konventionell. In der *Pastorale* jedoch sprengt Beethoven alle Zunftregeln und bekannten Formate, er entfesselt einen Bruitismus, wie er bis dahin beispiellos war. Für alle die Beethovenforscher, die so gern eine grundsätzliche Trennungslinie ziehen würden zwischen diesem Gelärme roher Naturgewalten und, zum Beispiel, dem Krach des Kanonendonners in der Schlachtsymphonie op. 91, ist das eine wirklich harte Nuss. Der Musikwissenschaftler Roland Schmenner, der das Dreieinhalb-Minuten-Gewitter aus der *Pastorale* zum Thema seiner Dissertation gemacht hat, bringt es auf den Punkt: »Nach wie vor scheut sich die Beethovenforschung, auszusprechen, worum es sich beim Gewittersatz in erster Linie handelt: um Lärm. Offenbar ist die Bedeutung

des Begriffs immer noch derart negativ besetzt, dass er allenfalls Sonderfällen der neuen Musik zugesprochen wird.« Beethovens Zeitgenossen jedoch liebten beides: die Kanonen und die Blitze. Und sie waren in der Lage, zu bemerken, dass Beethoven in der *Pastorale* eine neue Qualität der Tonmalerei geglückt war. So berichtet der Organist und Komponist Michael Gotthard Fischer im Januar 1810 in der Leipziger *Allgemeinen musikalischen Zeitung* von einer überaus erfolgreichen Aufführung der *Pastorale* und schreibt über die Gewitterszene: »Es ist diess Stück unstreitig das gelungenste unter den übrigen dieses ländlichen Gemäldes, und durchaus von erhabener Wirkung.« Sooft das Thema »schon andere Componisten, theils mit, theils ohne günstigen Erfolg bearbeitet haben: so einfach und neu ist die Form, unter welcher uns der geniale Beethoven diess imposante Naturschauspiel in der Nachahmung giebt. Gewöhnlich fassen Componisten von niederem Range, wenn sie uns einen Sturm darstellen wollen, den höchsten Moment desselben auf, und lassen, um recht natürlich zu seyn, weder die ausübenden Musiker, namentlich den Paukenschläger, nebst den beyden Trompeten- und Flötenbläsern, noch die Zuhörer zu Athem kommen ... Nicht so Beethoven. Zwar sind auch ihm die höchsten Grade des Orkans Gegenstände der Schilderung: allein er verschmäht dabey so wenig die langsame Annäherung, als die allmälige Entfernung des Wetters. So vernehmen wir mit den beyden ersten Tacten in dem Tremolo der Contrebässe und Violoncelle den fernen Donner, die Violinen malen uns in den folgenden 5 Tacten die leise, unruhige Bewegung der Luft, eine Wirkung des kommenden Gewitters. Nach und nach rückt das Wetter näher heran, und beym 21ten Tact erscheint es uns, unter dem starken Eintreten aller Blasinstrumente und einem 4 Tacte langen Paukenwirbel, in seiner ganzen Furchtbarkeit ...«
Es handelt sich, vergleichbar der »Szene am Bach«, um eine dramatische Szene, ein Schauspiel für die Ohren, inszeniert auf der Natur-Hörbühne.

Beethovens *Pastorale* wurde bahnbrechend für die romantische Programmmusik im neunzehnten Jahrhundert. Das zeigen die enthusiastischen Reaktionen von Protagonisten wie Berlioz und Liszt, aber auch viele Werke von Komponisten aus der zweiten Reihe. So implantiert John Field 1817 eine Erinnerung an den großen Brand von Moskau im Jahr 1812 und die Niederlage Napoleons mitten in sein fünftes Klavierkonzert, das *L'incendie par l'orage* heißt – Brand wegen Gewitter. Erstmals wird hier im Orchester ein Tamtam eingesetzt, auf dem Höhepunkt des Lärmens kommt ein zweites Klavier dazu, und fünfundvierzig Mal darf die Feuerglocke läuten.

Die Plötzlichkeit, mit der das Gewitter in das Brueghelsche Dorffest des dritten Satzes der *Pastorale* einbricht und die Landleute, die man sich ja stets nur als »lustige« vorzustellen hat, in alle Himmelsrichtungen auseinandertreibt, könnte sich Beethoven bei Goethe abgeguckt haben. Die gesamte Szene wirkt nämlich wie eine Musikalisierung dessen, was Werther in seinem Brief vom 16. Junius 1771 erzählt: »Der Tanz war noch nicht zu Ende, als die Blitze, die wir schon lange am Horizont leuchten gesehn, und die ich immer für Wetterkühlen ausgegeben hatte, viel stärker zu werden anfingen und der Donner die Musik überstimmte. Drei Frauenzimmer liefen aus der Reihe, denen ihre Herren folgten; die Unordnung wurde allgemein, und die Musik hörte auf.« Und dann fügt Werther alias Goethe etwas hinzu, was die Wirkung der *Pastorale* erklärt, noch bevor sie komponiert worden war: »Es ist natürlich, wenn uns ein Unglück oder etwas Schreckliches im Vergnügen überrascht, dass es stärkere Eindrücke macht als sonst, teils wegen des Gegensatzes, der sich so lebhaft empfinden lässt, teils und noch mehr, weil unsere Sinne einmal der Fühlbarkeit geöffnet sind und also desto schneller einen Eindruck annehmen.«

Im Mai 1810 schreibt Beethoven in einem Brief an Therese Malfatti: »Wie froh bin ich, einmal in Gebüschen, Wäldern, unter

Bäumen, Kräutern, Felsen wandeln zu können, kein Mensch kann das Land so lieben, wie ich. Geben doch Wälder, Bäume, Felsen den Widerhall, den der Mensch wünscht!« Oder er schreibt an den Harfenfabrikanten Johann Andreas Stumpff: »Ich muss mich in der unverdorbenen Natur wieder erholen und mein Gemüt wieder reinwaschen.« Oder an sich selbst in einer Tagebuchnotiz: »Mein unglückliches Gehör plagt mich hier nicht. Ist es doch, als ob jeder Baum zu mir spräche auf dem Lande: Heilig, heilig! Im Walde Entzücken! Wer kann das alles ausdrücken?« In der *Pastorale* hat Beethoven genau das getan.

Es soll in diesem ländlichen Kapitel nicht unterschlagen werden, dass es noch eine andere Beethovensche *Pastorale* gibt, eine kleine, die sieben Jahre zuvor entstand, als von der großen *Pastorale* noch kein Skizzenfetzen existierte: die Klaviersonate D-Dur op. 28. Der Titel »Sonate pastorale« stammt nicht von Beethoven selbst, hat sich aber bereits in frühen Ausgaben etabliert, und Beethoven hat sich nie dagegen gewehrt. Man muss es klipp und klar feststellen: Diese Sonate hat, von wenigen Figuren abgesehen, die sich eventuell auf die Tradition der ländlichen Hirtenmusiken rückbeziehen ließen – etwa ein Dudelsack-Bordun im Schlussrondo –, mit der großen symphonischen *Pastorale* nichts zu tun, weder thematisch noch formal. Trotzdem gibt es einen Kriechstrom, der die beiden Werke verbindet. Das betrifft die Verweigerung eines Anfangs, das auskomponierte Beginnen. Die Sonate op. 28 gehört zu jenen Stücken, in denen Beethoven erstmals gezielt die Sonatenhauptsatzform auseinanderpflückte, und es ist nicht ausgeschlossen, dass er sich später, als er seine *Sechste* rasch zu Papier brachte, mit dem kroatischen Kinderlied zu Beginn, daran erinnert hat – wo die Sonate nun schon mal so hieß.

Wie es in der *Pastorale* eine der herausragenden Eigenschaften des ersten Themas ist, dass es zögert und nicht weitergeht, dass die Melodie immer wieder abbricht, in immer kürzere Glieder zerfallend, so ist eines der auffälligsten Merkmale des ersten Satzes der »Sonate pastorale« die Beiläufigkeit, mit der das Thema hereinschlendert, subdominantisch, nebensächlich und mit einem pochenden Orgelpunkt, wie man ihn eigentlich am Ende eines Stückes erwarten würde, bei der Coda. Viele Beethovenforscher hatten ihre Probleme damit, diesen Satz in die bekannte, praktische, lehrbuchmäßige Sonatenhauptsatzform einzupassen, das Schema reicht hinten und vorne nicht aus, wie ein zu kurzes Hemd.

Und so, wie der Satz anfängt, so hört er auf – mit einem der kürzesten und plötzlichsten Schlüsse, die Beethoven jemals eingefallen sind. Beiläufig. Im Ungewissen. Zwei Akkorde. Punkt.

# 13

# »HEBEL DER FURCHT,
# DES ENTSETZENS, DES SCHMERZES«

Sie bewegt »die Hebel des Schauers, der Furcht, des Entsetzens, des Schmerzes« und »öffnet uns das Reich des Ungeheuren und Unermesslichen. Glühende Strahlen schießen durch dieses Reiches tiefe Nacht. Und wir werden Riesenschatten gewahr, die auf- und abwogen, enger und enger uns einschließen, und alles in uns vernichten, nur nicht den Schmerz der unendlichen Sehnsucht ... die das Wesen der Romantik ist.« So Ernst Theodor Amadeus Hoffmann am 4. Juli 1810 in der Leipziger *Allgemeinen musikalischen Zeitung* über die *Fünfte Symphonie* Beethovens. Der Dichter und Komponist war sofort wild begeistert von diesem Werk, als der Verleger Härtel – der sowohl die Zeitschrift wie auch die Symphonie herausgebracht hatte – ihm, ein halbes Jahr nach der Uraufführung, die Noten zuschickte. Er analysierte das Stück, das er noch nicht gehört hatte, las sich an den Noten besoffen und schrieb einen enthusiastischen Aufsatz darüber, eine der ersten Werkkritiken der Musikgeschichte. Das markante Klopfthema da-da-da-dam, mit dem der erste Satz beginnt, nennt Hoffmann freilich nicht Thema, erst recht nicht Motiv oder gar Schicksalsmotiv, er sagt dazu

»Hauptgedanke«. Vier Töne hat dieser Gedanke. Dreimal kurz, einmal lang.

Die Dirigenten, die dieses Stück in Angriff nehmen, müssen darauf achtgeben, dass es auftaktig beginnt, also nicht mit dem ersten Ton, sondern mit einer Pause, die man »hören« muss. Allerdings kriegen auf den rund hundertsechzig Aufnahmen, die es mittlerweile von der *Fünften* gibt, nur wenige diese Nuance hin.

Bereits E. T. A. Hoffmann bemerkte: »Im zweyten Takt eine Fermate; dann eine Wiederholung jenes Gedankens einen Ton tiefer ... Noch ist nicht einmal die Tonart entschieden!« Stimmt, aus diesem »Hauptgedanken« könnte c-moll werden, aber ebenso gut Es-Dur.

»So klopft das Schicksal an die Pforte«, soll Beethoven einmal auf Nachfrage zu seinem Sekretär Anton Schindler über den Beginn der *Fünften* gesagt haben, daher ihr Beiname *Schicksalssymphonie*. Aber Schindler erzählte viel, wenn der Tag lang war. Ein anderer, der Beethoven mindestens ebenso nahestand, sein Schüler Carl Czerny, berichtet etwas völlig anderes: »Der Gesang eines Waldvogels« habe Beethoven zum Thema der c-moll-Symphonie angeregt. Das muss eine Art Specht gewesen sein, und zwar ein mächtiger, starker, fleißiger, der klopft und pocht, was das Zeug hält. »Sehr groß! Ganz toll«, rief der alte Goethe, als Felix Mendelssohn ihm diesen ersten Satz der *Fünften* aus dem Klavierauszug vorspielte. »Man möchte sich fürchten, das Haus fiele ein!«

Dieser erste Satz wurde – so können Sie es in den Konzertführern lesen – in der Sonatenhauptsatzform komponiert. Dabei handelt es sich um eine dreiteilige Struktur, die aus Exposition, Durchführung und Reprise besteht. Die Exposition stellt zwei Themen vor und wird wiederholt. Die Durchführung verarbeitet und verknetet diese beiden Themen miteinander, darf abschweifen in entferntere Tonarten, wird aber nicht wiederholt. Die Reprise wiederholt den ersten Teil, aber verändert, quasi auf höherer Ebene. Der Haken an dieser Sache ist: Beethoven wusste nichts davon; er konnte sich in seiner *Fünften Symphonie* nicht an das Schema der Sonatenhauptsatzform halten, weil es erst nach seinem Tod »erfunden« wurde.

Dieses Formschema taucht als Modell nach 1830 auf, es wird von Musikgelehrten wie Heinrich Birnbach, Hermann Franck und Adolf Bernhard Marx beschrieben, und zwar aus musikpädagogischen Gründen. Später wird noch ausführlicher davon die Rede sein. Beethoven dagegen kannte Begriffe wie »Exposition« nicht, Worte wie »Motiv« oder »Thema« gehörten gewiss zu seinem aktiven Wortschatz, hatten aber eine andere Bedeutung als heute. Er und seine Komponistenkollegen kannten auch keinen Formteil namens Durchführung. Allenfalls Reprise war ein Wort, das schon länger im Schwange war, es kommt aus dem Französischen und bedeutet dasselbe wie italienisch Dacapo, zu Deutsch: Wiederholung. Und Wiederholen gehört seit den Anfängen der abendländischen Musik nun einmal zur Grundausstattung aller instrumentalen und vokalen Kompositionen. Jeder erste Teil einer Arie oder Sonate wird wiederholt – damit man sich's besser merken kann. Ansonsten gilt: Die Form der Sonate, kodifiziert und definiert als »Sonatenhauptsatzform«, ist ein Phantom, ein sehr lebendiges allerdings, das bis heute durch den Musikunterricht an den Schulen, die Grundkurse an den Musikhochschulen und durch musikwissenschaftliche Seminare spukt. Es spukt durchs Internet und durch die Literatur. Und wir alle, die wir mit Musik zu tun haben, haben dieses Formschema sozusagen intus, und wundern uns ab und zu, dass die Musik, die wir spielen oder hören, hinten und vorne nicht hineinpassen will in diese Form.

Dies gilt auch für den ersten Satz von Beethovens *Fünfter*. Eine Exposition sollte – laut Schema – zwei kontrastierende Themen vorstellen: ein starkes »männliches« Thema und ein lyrisches »weibliches«. In der *Fünften* gibt es aber nur ein einziges Thema, ebendieses knappe Klopf- oder Schicksalsmotiv. Um diese Abweichung von der Sonatenhauptsatzform zu erklären, stehen in den Konzertführern dann meist schöne Ausreden zu lesen: »Dieser Satz hat eine starke Tendenz zur Monothematik« oder dergleichen. Manche behaupten auch, es gebe doch ein zweites Thema – weil es ja unbedingt eines geben muss –, und schlagen dann zum Beispiel die Folge von gleichmäßig fließenden Vierteln vor, die ab Takt 63 dolce in den Streichern intoniert wird: Das wäre doch ein sehr nettes, weibliches, zweites Thema:

Passt nur leider nicht ins Schema, diese liebliche Geigenmelodie ist nach einer Sequenz schon wieder passé, wird sofort vom Klopfthema in den Kontrabässen und Celli unterminiert und geht darin auch alsbald wieder restlos auf. Abgesehen davon: In der Durchführung kommt diese Melodie gar nicht vor. Das wäre aber, schematisch argumentiert, notwendig.

Zweites Thema? Verzweifelt gesucht! Wie wäre es mit der schönen lyrischen Oboenmelodie hier, die jeder sofort heraushört. Auch ein feiner Kandidat für das zweite Thema:

Nein, bedaure sehr, diese Melodie in Takt 268 kommt auch nicht infrage. Sie ist zu kurz und kommt zu spät, taucht auf wie ein Traum, kurz vor Ende des Satzes, wie ein Innehalten, eine Zäsur – und ist schon wieder vorbei. Diese Oboenmelodie passt so überhaupt gar nicht ins Sonatenhauptsatzschema hinein, dass sie, obgleich wunderschön, von den Konzertführern entweder ignoriert wird – oder man nennt sie »Einschiebsel«, »Modifikation« oder »Episode« oder was auch immer. Es wurde aber viel geforscht speziell zu dieser Stelle, weil jede Abweichung vom Lehrbuchschema in den Augen der Wissenschaft eine Herausforderung ist, die irgendwie passend gemacht werden muss.

Wie gesagt: Beethoven selbst ahnte noch nichts von dem Kummer, den seine Musik, die alle Formen sprengt, der Nachwelt eines Tages machen würde. Ziemlich sicher aber kannte er einen Satz aus einer Symphonie, die im gleichen Jahr wie seine *Fünfte* entstanden ist und uraufgeführt wurde und wenige Monate vor dieser im Druck herauskam. Der Komponistenkollege wohnte in Paris, hieß Étienne Nicolas Méhul, und er verwendete im vierten Satz seiner Symphonie Nr. 1 g-moll exakt das gleiche Klopfmotiv – nur ohne Fermate. Robert Schumann, der diese Symphonie Méhuls 1839 kennenlernte, wunderte sich sehr über die »Ähnlichkeit mit dem ersten Satze der c-moll-Sinfonie von Beethoven … so auffallend, dass hier eine Reminiszenz von der einen oder anderen Seite im Spiel sein muss; auf welcher, vermag ich nicht, zu entscheiden«. Mit anderen Worten: Einer von beiden müsse abgeschrieben haben vom anderen. Beethoven oder Méhul. Jedoch: Beides kann nicht sein. Weder hat Méhul Beethoven bestohlen, noch zitierte Beethoven Méhul. Beethoven hatte sich das Thema bereits 1803 in einem seiner Skizzenbücher notiert – zu diesem Zeitpunkt dachte der Revolutionshymnenkomponist Méhul noch nicht im Traum daran, eine Symphonie zu schreiben. Méhul seinerseits konnte Beethovens *Fünfte* nicht parodieren, denn als er an seiner g-moll-Symphonie schrieb, war Beethovens Stück in Frankreich noch unbekannt – die französische Beethovenrezeption setzte erst viel später ein.

Nehmen wir also an: Dieses elektrisierende Thema lag in der Luft. Es ist vor allem ein probates Thema aus der französischen Revolutionsmusik: ein Signal, eine Fanfare. Zweitens handelt es sich um eine altbekannte rhetorische Figur aus der Barockmusik: Das drohende dreimalige Pochen bezeichnet Gefahr oder Schrecken, zumal in italienischen Opern und Oratorien. Auch Bach hat diese Figur benutzt, zum Beispiel in der *Johannespassion*. Und Luigi Cherubini verwendete sie in seiner martialisch-pathetischen *Hymne du Panthéon*, die den Märtyrern der Revolution gewidmet ist und

1794 als offizielle Hymne der Französischen Revolution eingeführt werden sollte. Am Ende dieses Stücks klopft ebenfalls das Schicksal an die Pforte. Aber auch Cherubini hatte dieses Klopfmotiv nicht neu erfunden, er las es direkt von der Straße auf wie andere Revolutionsmusiker – und wie Ludwig van Beethoven auch.

»Es gibt keinen einfacheren Gedanken, als den, welchen der Meister dem ganzen Allegro zum Grunde legte«, schreibt E. T. A. Hoffmann über das »Schicksalsmotiv« der *Fünften*. Und ruft dann all die Bilder auf, die dieser rhetorischen Figur seit jeher anhaften: Schauer, Furcht, Entsetzen, Schmerz. Weiter heißt es: »und mit Bewunderung wird man gewahr, wie er alle Nebengedanken, alle Zwischensätze, durch rhythmischen Verhalt jenem einfachen Thema so anzureihen wusste, dass sie nur dazu dienten, den Charakter des Ganzen … immer mehr und mehr zu entfalten«. Hoffmann hat also überhaupt kein Problem damit, dass es im ersten Satz nur dieses eine starke, dynamisch vorwärtsdrängende Thema gibt und kein »weibliches« zweites. Aber es entgeht ihm nicht, dass diese »Schicksalsfanfare« rhythmisch identisch und melodisch abgewandelt auch im dritten Satz und im attacca erreichten Finalsatz abermals eine wichtige Rolle spielt – in Ersterem, nach nächtlichem Beginn, ab Takt 19 brutal dreinschlagend. Im Trioteil dieses Satzes wird übrigens die einzige kontrapunktische Episode der *Fünften* präsentiert. Für den Finalsatz registriert Hoffmann auch klipp und klar die revolutionäre Ahnengalerie des Themas und unterlegt seiner Beschreibung die bildhafte Aufklärungsmetapher, wie sie zur inneren Triebfeder der Französischen Revolution geworden war: »per aspera ad astra«. »Die Strahlen der Sonne vertreiben die Nacht« hieß es in Mozarts *Zauberflöte*. Bei Beethoven konkretisiert sich die Botschaft politisch: Nur durch die Nacht des Schreckens gelangt die Menschheit zum Licht der Freiheit, Gleichheit und Brüderlichkeit. »Mit dem prächtigen, jauchzenden Thema des Schlusssatzes, C-Dur, fällt das ganze Orchester, dem jetzt noch kleine Flöten, Posaunen und Contrafagott hinzutreten, ein – wie ein strahlendes, blendendes Sonnenlicht, das plötzlich die tiefe Nacht erleuchtet.« So E. T. A. Hoffmann.

In diesem triumphierenden Final-Allegro wimmelt es übrigens nur so von Revolutionsmusiken. Beethoven zitiert direkt aus Hymnen von Rouget de l'Isle, François Joseph Gossec und anderen: Der aufsteigende C-Dur-Dreiklang am Beginn stammt aus einem Freiheitschor von Gossec aus dem Jahr 1792. Der »éclat triomphal«, der »élan terrible«, die siegessicher tremolierenden Pikkoloflöten sind in diesem Satz nicht zu überhören. So endet Beethovens *Fünfte Symphonie* c-moll op. 67 mit einem gewaltigen Lärm, genauso wie er es in einem Brief an den Auftraggeber, Graf von Oppersdorff, im März 1808 beschrieben hat: »Das letzte Stück der Sinfonie ist mit 3 Posaunen und Flautino besetzt, zwar nur 3 Pauken, wird aber mehr Lärm als 6 Pauken und zwar besseren Lärm machen.« Und man muss es deutlich sagen: Diese *Fünfte* ist eine effektvolle Programmsymphonie, ganz wie ihr Schwesterwerk, die gleichzeitig komponierte *Pastorale,* mit der sie einige Gemeinsamkeiten aufweist. Und zugleich ist die *Fünfte* eine »Parallelsymphonie« der *Eroica* und deren legitime Fortsetzung, weil sie als Ideal einlöst und beantwortet, was die *Eroica* als Frage in den Raum gestellt hat: ob die Menschheit wohl noch zu retten sei. Erste Skizzen zur *Fünften* sind im *Eroica*-Jahr entstanden, und die Tonartparallele Es-Dur/c-moll ist ohnehin evident.

Ein Wort noch zum Hintergrund, zu den Anfängen der Musikwissenschaft im neunzehnten Jahrhundert und den Erfindern der Sonatenhauptsatzform. Der Finalsatz aus Beethovens *Fünfter* wurde – wie der erste – nach dem Lehrbuchschema erklärt, wobei dann die Proportionen des Modells völlig aus den Fugen geraten: Drei Themen hat die Exposition, nicht nur zwei; Reprise und Coda sind dreieinhalb mal so lang wie die Durchführung und mehr als doppelt so lang wie die Exposition. E. T. A. Hoffmann war der Erste, der diesen Symphoniesatz 1810 analysierte, er sprach noch von Gedanken und Sätzen, auch einmal von Themen – aber nicht von einer Exposition.

Und er unterstellt kein Gerüst, keine Großform, vielmehr beschreibt er eine modulatorische Verlaufsform. Zwei Jahre zuvor hatte er sich die Grundideen zu einem Aufsatz »Über Sonaten« auf die Rückseite einer eigenen Sonate notiert. Auch hier ist noch keine Rede von Durchführung oder Reprise, Exposition und Themendualismus, stattdessen heißt es: »Es muss anscheinende Willkür herrschen, und je mehr sich die höchste Künstlichkeit dahinter versteckt, desto vollkommener.«

1824 meldet sich in der frisch gegründeten *Berliner Allgemeinen musikalischen Zeitung* der Musikkritiker und Komponist Adolf Bernhard Marx zu Wort, er fasst in seinem Essay »Etwas über die Symphonie und Beethovens Leistungen in dem Fache« die zu diesem Zeitpunkt kursierenden Theorien zu Symphonie und Sonate zusammen. Der Sonate schreibt er eine Gestaltung nach Art der Pindarschen Ode zu, der Symphonie eine nach Art eines antiken Hymnus; Erstere gilt als individuelle, Letztere als kollektive Gemütsbewegungsform. Dass die neueste Ausformung der Sonate, die »aus dem Melodienflusse gebildet und bedingt« sei, in ihrem »Schein der schönen Unordnung« der Ode entspricht, war schon 1771 in Sulzers *Allgemeiner Theorie der Schönen Künste* zu lesen gewesen, von einer monothematisch aufgefassten »fließenden Fortführung des Hauptgedankens« sprach auch Abbé Vogler 1778 in seinen *Betrachtungen der Mannheimer Tonschule*. So weit liefert Marx nichts Neues. Die besonderen Leistungen »Beethovens in diesem Fache« aber sind, das macht er ein für alle Mal klar, mit solchen Definitionen nicht mehr zu erfassen. Hierfür sei eine neue Theorie zu entwerfen: Das »Verhältnis der Form zum Inhalte in der neueren Musik« zu bestimmen, dies sei Aufgabe der Zeit, fordert er.

Marx ist Schriftführer dieser im Berliner Verlag Schlesinger erscheinenden Zeitschrift. Eine der Hauptaufgaben des Organs ist es, die neuesten Werke Beethovens, die bei Schlesinger herauskommen, als das Nonplusultra der zeitgenössischen Kompositionskunst zu preisen. Wie auch E. T. A. Hoffmann die *Fünfte* dem Verleger der *Fünften* zuliebe besprach. Unglückseligerweise veröffentlichte Schlesinger aber just nur Beethovens späte Sonaten und Streichquartette – äußerst widerborstige Werke, die sich gegen Kategorisierungen aller Art sträuben. Marx geht dem Problem daher erst einmal aus dem Weg: »Diese neuen Quartette erheben sich weit über die Sphäre seiner und aller anderen Kompositionen dieser Gattung … Es sind nicht mehr vier heitere Kunstbrüder. Die uns zu ihrer und unserer Freude Musik machen. Es sind vier tief ergriffene schöpferische Geister, die in herrlicher Freiheit und wunderbarer Sympathie in vierfach geschlungener Bruderumarmung aufschweben.«

Kurz darauf veröffentlicht Marx eine Artikelfolge des befreundeten Klavierlehrers Heinrich Birnbach mit dem Titel »Über die verschiedene Form größerer Instrumentalstücke aller Art und deren Bearbeitung«. Bevorzugt geht es dabei um die Werke Beethovens, aber auch die von Haydn, Mozart, Spohr, Hummel und Ries. Und bezeichnenderweise wagt sich Birnbach im Falle Beethoven nur bis zu den mittleren Quartetten op. 59 vor. Er stellt Modulationspläne auf, untersucht Perioden und Abschnitte und bemüht sich, allgemein verbindliche Formprinzipien zu finden. So verschieden gebaut sind aber diese zwei- oder dreiteiligen, mono- oder duothematischen Werke, dass Birnbach alle möglichen widersprüchlichen Definitionen von »Passagen« und »Mittelsätzen« aufstellt. Er kommt zu dem Ergebnis, dass »Tonstücke von ganz gleicher Art in verschiedener Form geschrieben werden«, und hofft, dass es »dennoch mehrere Gattungen derselben gibt, welche nur unter eine Rubrik aufgenommen werden können«.

Adolf Bernhard Marx – von Haus aus Jurist – war mit diesem wirren neuen Kodex nicht zufrieden, er schreibt unterdessen selbst an einer neuen Kompositionslehre, die sich zu mehreren Bänden auswächst. Im dritten Teil, 1845, wird schließlich die moderne Sonatenhauptsatzform auf den Begriff gebracht: Marx definiert Vorder- und Nachsatz, Haupt- und Seitensatz, Gang und Periode, Motiv und

Thema, Exposition und Durchführung. Er bestimmt die Rondoform neu, entwirft die dreiteilige Liedform, die Variationsform. All die bei Freund Birnbach noch aus der musikalischen Praxis abgeleiteten Ausbeulungen, Ecken und Kanten sind nunmehr abgeschliffen worden. Parallel dazu schreibt Marx auch an der ersten großen Beethoven-biographie der Musikgeschichte: Sie kommt 1859 in zwei Bänden heraus und erlebt sechs Auflagen. Die Marxsche Kompositionslehre erlebt bis 1908 insgesamt zehn Auflagen und wird das meistbenutzte Lehrbuch des neunzehnten Jahrhunderts. Die letzten Ausgaben werden von Hugo Riemann betreut, der dann eine eigne Kompositions- und Formenlehre formuliert: auf den gleichen Grundsätzen – und die sind bis heute verbindlich.

Es ist ein Paradox, dass ausgerechnet Beethoven zum Gewährs-mann für eine Kodifizierung der musikalischen Formen wird, der sich wiederum seine Werke ganz entschieden entzieht. Und ein bisschen tragisch ist es auch – oder sogar komisch –, wenn Marx, der ja wahrlich kein Dummkopf war, vielmehr ein musikalisch gebil-deter und dialektisch denkender Komponist und Gelehrter, sich mit seinen selbst erfundenen Definitionen stranguliert. Zum Beispiel, wenn er das zweite Thema aus dem ersten Satz der *Pathétique* ge-nannten Klaviersonate op. 13 erklären will: »Der erste Satz erhebt sich nach einer ernsten, breit gelagerten Einleitung (Grave) kühn aufstrebend, lässt sich herab, schwingt sich nieder und abermals nieder, um aber- und abermals emporzudringen. Nun sollte der Seitensatz in Es-Dur auftreten. Aber dazu ist die Stimmung zu düs-ter, es wird Es-Moll daraus. Hier setzt sich der Seitensatz fest … das mächtige Gemüth dieses Tondichters, der aus seiner einsamen Höhe weit umschaut, braucht weite Beziehungen.« Und noch ein wunder-barer Satz aus Absurdistan: »Wir werden uns nicht dahin verirren, hier noch erläutern zu wollen, was nur gehört zu werden braucht, um von allen verstanden zu sein.« Marx sagt damit nichts anderes als »Diese Musik erklärt sich von selbst«, und er wischt damit zugleich sein eignes Lebenswerk, seine Formenlehre und alle daraus abgeleiteten Exegesen souverän wieder vom Tisch.

Natürlich ist das keine Lösung. Kein lebendiges Kunstwerk erklärt sich von selbst, erst recht nicht eine komplexe Musik ohne Worte, die auf den Schultern einer so langen, so starken und staunenswert reichen Tradition steht und von einem so eigensinnigen und einfallsreichen Künstler wie Ludwig van Beethoven komponiert wurde. Dass dem nicht beizukommen ist mit kodifizierten Formeln und ablesbaren Tabellen, aber auch nicht mit blumigen Bildern und kitschigen Metaphern, sollte eigentlich klar sein. Worte sind machtlos, die Musik sagt es selbst besser – da hatte Marx schon ganz recht. Andererseits kann jeder Versuch einer Musikanalyse, auch wenn er unzureichend bleibt oder scheitert, dennoch ex negativo nützlich sein und neue Türen für das Verständnis aufstoßen. Anspruchsvolle Musik wie die von Beethoven hat viele Schichten und birgt so viele Widersprüche in sich, dass wir immer etwas Neues darin entdecken, egal wie oft wir sie spielen oder hören.

Kehren wir noch einmal zum Da-da-da-dam-Motiv zurück. Es taucht auch im ersten Satz der großen Klaviersonate f-moll op. 57, der *Appassionata*, auf. Der Titel stammt wie so oft nicht von Beethoven selbst, sondern vom geschäftstüchtigen Hamburger Verleger Cranz. Diese Sonate kam ein Jahr vor der *Fünften* heraus, aber die ersten Skizzen zur Symphonie hatte Beethoven schon notiert, bevor er mit der Komposition der Sonate anfing. Es gibt also eine einfache Erklärung für den Ideentransfer von einem Stück ins andere. In Takt 10 der Sonate taucht das Klopfmotiv zum ersten Mal auf, in der linken Hand, im Bass. Es breitet sich obsessiv aus. Man meint zuerst, der Unisono-Beginn des Satzes sei eine langsame Einleitung, er wird aber thematisch für den ganzen Satz. Das zweite Thema ist die Umkehrung des ersten, die Exposition wird nicht wiederholt, die Coda weitet sich zur Durchführung aus: Fast alles ist unregelmäßig an diesem Sonatenhauptsatz, der keiner ist. Adolf

Bernhard Marx beschrieb den »Inhalt« des Satzes als einen »Aufschrei der Angst« und einen »Sturm der Seele«. Es folgen ein langsamer Variationensatz mit Zinnsoldatenmarsch-Charakter und ein dramatisches Allegro-Finale, das kaum einer je wieder so schnell gespielt hat wie Swjatoslaw Richter im Jahr 1960. Ob dieses rasende Finale Rondoform hat oder ob es als Sonatenhauptsatzform aufzufassen sei, allerdings mit Rondotendenzen, oder aber – auch das gibt es – ein »Sonatenrondo« ist, darüber mögen sich die Gelehrten getrost weiter streiten.

Die Mittelsätze von Sonaten und Symphonien, die langsamen Sätze, sind zwar ausgenommen von den nie endenden Formdebatten, doch dafür hatte Marx, der große Beethoven-»Formatierer« im neunzehnten Jahrhundert, noch etwas anderes in seiner Formenlehre festgeschrieben: die sogenannte dreiteilige Liedform sowie die Variationenform. Damit verhält es sich ähnlich: Auch diese Schubladen klemmen.

Der langsame Satz aus der *Fünften*, ein Andante con moto, steht in As-Dur. Nach der Tonartencharakteristik von Christian Friedrich Daniel Schubart, die Beethoven besaß, kannte und an der er sich zuweilen auch orientierte, ist dies ein »Gräberton«: »Tod, Grab, Verwesung, Gericht, Ewigkeit liegen in seinem Umfange.« Marx, dem solche altmodischen Praktiken zuwider waren, hat sich zu diesem Andantesatz nie geäußert, aus gutem Grund: Es gibt kein passendes Schnittmuster dafür in seiner Formenlehre.

Die Gestalt dieses Satzes ist ungewöhnlich. Einerseits handelt es sich um Doppelvariationen – also zwei Themen, die variiert werden: Das erste ist lyrisch, es wird von Bratschen und Celli intoniert, das zweite tritt militärisch glanzvoll mit Hörnern, Trompeten und Pauken auf. Diese Themen stehen somit in einem Kontrastverhältnis zueinander – wie in einer Sonate –, und sie verändern sich im Verlaufe der Variationen, werden erweitert und ergänzt – wie in einer Durchführung –, schließlich aber, in der Coda, zusammengeführt.

E. T. A. Hoffmann, der ja Marxens Lehrbuch noch nicht unterm Kopfkissen liegen hatte, fiel dazu Folgendes ein: »Wie eine holde Geisterstimme, die unsre Brust mit Trost und Hoffnung erfüllt, tönt … das liebliche (und doch gehaltvolle) Thema von dem Andante in As-Dur [im] 3/8tel Takt, welches Bratsche und Violoncello vortragen. Die weitere Ausführung des Andante erinnert an mehrere Mittelsätze in Haydnschen Symphonien; indem hier, so wie es dort oft zu geschehen pflegt, das Haupt-Thema nach eingetretenen Zwischensätzen auf mannigfache Weise variirt wird … der Gedanke, immer zwischen hindurch in As-Dur, einen pomphaften Satz aus C-Dur mit Pauken und Trompeten eintreten zu lassen, [wirkt] frappant … Zweymal geschieht der Uebergang ins C mittelst der enharmonischen Verwechslung … Alle Sätze des Andante sind sehr melodiös und der Hauptsatz sogar schmeichelnd, aber selbst der Gang dieses Thema's … das stete Aneinander-Rücken der harten Tonarten As und C, die chromatischen Modulationen – sprechen wieder den Charakter des Ganzen aus [gemeint ist: der ganzen Symphonie], und eben deshalb ist dies Andante ein Theil desselben. – Es ist, als träte der furchtbare Geist, der im Allegro [dem ersten Satz] das Gemüth ergriff und ängstete, jeden Augenblick drohend aus der Wetterwolke, in die er verschwand, hervor …«

Was Hoffmann nicht erwähnt, aber vielleicht mit dem Bild einer dunklen Wetterwolke meint: Auch in diese Idylle klopft und grummelt wieder das »Schicksalsmotiv« hinein, versteckt in den Takten 76f. (in zweiter Violine und Bratsche) und 88f. (in den Celli).

# 14

# »MEIN ENGEL, MEIN ALLES, MEIN ICH«

Beethoven schreibt einen Brief. Es ist der 6. Juli 1812, in den frühen Morgenstunden. Er ist einundvierzig Jahre alt. Nachts um vier war er im Gasthof Zur Eiche im böhmischen Kurort Teplitz eingetroffen, ein Achsbruch der Postkutsche hatte ihn aufgehalten. Hat er schon ausgepackt? Trägt er schon sein Nachtgewand? »Mein Engel, mein alles, mein Ich. – nur einige Worte heute, und zwar mit Bleystift (mit deinem).« – »Schon im Bette drängen sich die Ideen zu Dir meine »Unsterbliche Geliebte« … leben kann ich entweder nur ganz mit dir oder gar nicht … liebe mich – heute – gestern – Welche Sehnsucht mit Thränen nach dir – dir – dir … ewig dein, ewig mein, ewig unß.«

Es ist dies einer der berühmtesten, auch wohl schönsten Liebesbriefe der Menschheitsgeschichte. Wem gehörte aber der Bleistift, mit dem Beethoven schrieb? An wen schreibt er? Wer war die »Unsterbliche Geliebte«?

Ludwig van Beethoven war ein Womanizer. Er war oft verliebt, stets nur für kurze Zeit und jedes Mal in eine andere. Sicherlich war er nicht so hübsch wie Johann Nepomuk Hummel oder Franz Liszt, aber er muss am Klavier eine enorme Aura ausgestrahlt haben. Es ist mehrfach bezeugt, dass er sehr charmant sein konnte. Von den vielen Mädchen oder Frauen, die seinen Weg kreuzten, könnten rund zwanzig Anspruch erheben auf den Ehrentitel, seine »Unsterbliche Geliebte« zu sein – jene Unbekannte, Unbenannte, Einzige und Einmalige, der er in jener Sommernacht 1812 in Teplitz einen Brief schreibt, darin von unsagbarem Glück, ewiger Treue und dauerhaftem Zusammenleben die Rede ist.

Eine Zeit lang hieß es, die Opernsängerin Elisabeth Röckel stecke dahinter, die kleine Schwester des Tenors Joseph Röckel, Beethovens Florestan bei der zweiten *Leonore*-Aufführung 1806. Diese Kandidatin für den Posten der »Unsterblichen Geliebten« wurde aber schon vor geraumer Zeit definitiv aussortiert. Trotzdem trägt das berühmte a-moll-Klavierstück WoO 59 weiterhin den Titel *Für Elise*. Inzwischen weiß man, dass Beethovens Handschrift falsch entziffert worden ist und er diese Bagatelle nicht »für Elise«, vielmehr »für Therese« geschrieben hat. Elisabeth Röckel heiratete nicht Beethoven, sondern seinen Komponistenkollegen Hummel. Eine Locke von Beethovens Haar, die man in ihrem Nachlass fand, ist noch heute im Beethoven-Haus in Bonn zu besichtigen.

Aber auch »Therese« kommt als »Unsterbliche Geliebte« nicht infrage: Therese Malfatti von Rohrenbach zu Dezza, über zwanzig Jahre jünger als Beethoven, Tochter eines Wiener Bankiers, heiratete einen gewissen Johann Wilhelm von Droßdik. Beethoven hatte drei Monate lang für sie geschwärmt, schenkte ihr Sonaten und Albumblätter, schaute täglich vorbei, bis Theresens Eltern ihm endlich ausrichten ließen, er sei als Musiker zwar stets willkommen, doch als Heiratskandidat unerwünscht. Besonders tief hat ihn das nicht getroffen. Im Mai 1810 schreibt er an Therese: »Leben Sie nun wohl, verehrte T., ich wünsche Ihnen alles, was im Leben gut und schön ist, erinnern sie sich meiner, und gern – vergeßen sie das Tolle – seyn sie überzeugt, niemand kann Ihr Leben froher, Glücklicher wissen

wollen, als ich, und selbst dann, wenn Sie gar keinen Antheil nehmen, an Ihrem Ergebensten Diener und Freunde Beethowen.« Die
beiden war also noch beim Sie. Das bedeutet: Nichts ist passiert.
Man siezte sich in Adelskreisen, brieflich duzte sich Beethoven nur
mit einigen wenigen seiner Männerfreunde, gegenüber den Damen
wahrte er stets die Form. Ganz anders bei dem Brief, den er in der
Nacht des 6. Juli 1812 an die »Unsterbliche Geliebte« schreibt. Mit
ihr ist er per Du. So etwas gab es unter Liebenden, die schon das Bett
miteinander geteilt haben.

Im Übrigen existierten mindestens zwei Theresen. Einmal: besagte Therese Malfatti. Als Beethoven sich noch Hoffnungen machte,
dass aus der Liebelei etwas Festes werden könnte, schenkte er dieser
Therese alle möglichen Musiken, Lieder zur Gitarre sowie die zwei-
sätzige Klaviersonate Fis-Dur op. 78, die mit einer schmachtenden
langsamen Einleitung beginnt, einer Art Rezitativ, einem kurzen
Lied ohne Worte. Als es dann aus war mit der Malfatti, widmete
Beethoven diese Sonate flugs um und eignete sie einer anderen Therese zu, die er schon sehr viel länger kannte und über die Maßen
schätzte: der ungarischen Komtesse Therese von Brunsvik. Eine Zeit
lang hat man diese Fis-Dur-Sonate sogar als »klingende Liebeserklä-
rung« auffassen wollen und sie »Theresen-Sonate« genannt.

Beethoven lernte die Komtesse Therese Brunsvik und deren jüngere Schwester Josephine im Mai 1799 kennen, er war neunundzwanzig, die beiden Mädchen vierundzwanzig und neunzehn Jahre
alt. Sie waren mit ihrer Mutter nach Wien gekommen, um in die
Gesellschaft eingeführt und verheiratet zu werden. Klavierunterricht
bei dem bekanntesten Virtuosen und Komponisten der Stadt gehörte zur Grundausstattung dieser Strategie. Die Brunsvik-Schwestern waren sehr musikalisch, auch literarisch gebildet, hübsch und
fröhlich. Beethoven unterrichtete sie nicht nur gratis, er begleitete
sie auch ins Theater und zu Ausflügen, und es erwuchs eine Freundschaft daraus, die mit Unterbrechungen ein Leben lang hielt. Auch

mit dem Bruder, Graf Franz von Brunsvik, schloss Beethoven Freundschaft. Etliche Male war er sommers bei den Brunsviks zu Gast auf deren ungarischem Schloss Martonvásár. Franz widmete er die *Appassionata*, der älteren Schwester Therese – wie gesagt – die Fis-Dur-Sonate op. 78, wofür sie ihm ein idealisiertes Selbstporträt mit antikisch-griechischer Frisur schenkte, das bis zu Beethovens Tod offen an der Wand in seinem Arbeitszimmer hing. Auf der Rückseite findet sich die eigenhändige Widmung: »Dem seltnen Genie, dem grossen Künstler dem guten Menschen von T. B.«

Einer schönen Cousine der Brunsviks – ihre Mutter war eine geborene Brunsvik –, die ebenfalls bei ihm Unterricht nahm, Giulietta Guicciardi, widmete Beethoven um 1800 sein Rondo G-Dur op. 51,2. Ein interessantes Stück: einerseits ein harmloses Rondo mit virtuos ausufernden Episoden, ein Salonstück, das leicht und luftig daherkommt. Niemand käme anfangs auf die Idee, dass so etwas Nettes von Beethoven erdacht sein könnte. Man meint, es sei nach drei Minuten wieder vorbei, aber dann bricht, spätestens mit der Moll-Episode, etwas Fremdes in die Idylle. Dieses Rondo ist so lang wie die Klaviersonate op. 78, und hinter der kreisförmigen Wiederholungsstruktur verbirgt sich eine zweite Ebene, die Entwicklungsstruktur einer Sonate, mit einem zweiten Thema in der Dominante und einer Art Durchführung in E-Dur.

Wie Giulietta Guicciardi später berichtet hat, forderte Beethoven das ihr gewidmete Rondo wieder zurück, als er es für eine andere Dame brauchte, nämlich die Gräfin Henriette von Lichnowsky. Er habe sie freilich »reichlich entschädigt« für diesen Verlust: Beethoven versprach ihr ein anderes Werk als Ersatz und er hielt Wort. Giulietta Guicciardi, verheiratete Gräfin Gallenberg, wurde auf diese Weise Widmungsträgerin der Sonate op. 27,2, der sogenannten *Mondscheinsonate*. Und mehr noch: Eine Zeit lang wurde sie von der Nachwelt, vielleicht weil diese Sonate so populär geworden ist, als heißeste Kandidatin an der Spekulationsbörse für die »Unsterbliche Geliebte«

gehandelt. Giulietta Guicciardi soll das »liebe, zauberische Mädchen« gewesen sein, von dem Beethoven im November 1801 an seinen Freund Wegeler nach Bonn schreibt, dass sie ihn »liebt, und die ich liebe, und es ist das erste Mal, dass ich fühle, dass heiraten glücklich machen könnte, leider ist sie nicht von meinem Stande«.

Letzteres war freilich der Normalfall: Sooft Beethoven sich auch verliebte – es waren in aller Regel Damen von Adel. Allerdings hielt man ihn in Wien wegen des »van« in seinem Namen und weil er fast ausschließlich mit Adligen verkehrte ja ohnehin für einen Herrn von Stand; auch er selbst hielt sich zeitweilig dafür bzw. hielt sein Gegenüber im Unklaren darüber. Außerdem hatte er eine Aura, galt als attraktiv – und wer Klavier spielt, hat sowieso Glück bei den Frauen. Beethoven konnte sich, was das betrifft, nicht beklagen. Als Bonner Teenager, so berichtet Freund Wegeler, hatte er an jedem Finger mindestens zehn Affären, und Ferdinand Ries schreibt: »Wenn wir an einem etwas reizenden Mädchen vorbeigingen, drehte er sich um, sah es mit seinem Glase nochmals scharf an und lachte oder grinste, wenn er sich von ihr bemerkt fand.«

Giulietta Guicciardi war zwar nur eine der vielen Beethovenschen Wiener Salonflammen, aber sie gehörte zum ungarischen Clan der Brunsviks, mit denen Beethoven sich ab 1800 angefreundet hatte. Alle jungen Leute aus dieser Familie bekamen von ihm (mindestens) ein Musikstück geschenkt oder gewidmet, aus reiner Freundschaft, denn diese Widmungen waren nicht mit Geldgeschenken verbunden. Sogar angeheiratete Ehemänner bekamen etwas ab. Nur eine nicht: Josephine, die jüngere der Brunsvik-Schwestern, ging leer aus.

Warum? Nun wird es ernst. Josephine war die große Liebe seines Lebens. Was auf Gegenseitigkeit beruhte und, da an eine Heirat nicht zu denken war, auf keinen Fall öffentlich mit Widmungen und Bildchen und Briefchen und Ballkarten dokumentiert werden durfte. Warum war an eine Heirat nicht zu denken? Sie wäre schlicht und einfach nicht standesgemäß gewesen.

Zwei Monate nachdem Josephine Brunsvik, neunzehnjährig, den Klavierunterricht bei Beethoven aufgenommen hatte, wurde sie von der Familie gegen ihren Willen mit einem fast dreißig Jahre älteren Mann verheiratet, dem Grafen Deym. Sie war wohl nicht unbedingt unglücklich mit ihm, jedenfalls kamen in schneller Folge vier Kinder auf die Welt. Die Verbindung zu Beethoven riss deswegen jedoch nicht ab – im Gegenteil, er wurde zu ihrem musikalischen Hausfreund. Auch später trafen die beiden in verschiedenen Lebensphasen immer wieder zusammen, wohl wissend, dass das Wasser zwischen ihnen, wie bei den Königskindern, zu tief war. Kaum war Graf Deym vier Jahre nach der Hochzeit gestorben, intensivierte sich die Beziehung wieder, Beethoven ist nun täglich und bis in die Nacht hinein bei Josephine, was die Familie mit Argwohn beäugt. Abermals soll eine Vernunftehe die Mesalliance verhindern: Josephine heiratet einen gewissen Baron von Stackelberg. Diese zweite Ehe wird ihr zu einem unerträglichen Gefängnis.

Als Josephine von Stackelberg, verwitwete Deym, geborene Brunsvik, im Sommer 1812 aus der Ehe fliehen und sich scheiden lassen will, reist sie nach Prag, sie trifft sich dort am 3. Juli mit Beethoven – sie verbringen eine Nacht zusammen und trennen sich am nächsten Morgen. Sie reist zurück nach Wien, um die Scheidung voranzutreiben. Er nimmt die Kutsche nach Teplitz. Dieses Szenario ist in detektivischer Kleinarbeit von den Beethovenforschern zusammengesetzt worden wie ein Puzzle. Jedes Detail ist erwiesen und kann nur so gewesen sein. In diesen Julitagen schrieb Beethoven den berühmten Brief an die »Unsterbliche Geliebte«. Viele Aussagen, die darin zu finden sind, erhalten so plötzlich Sinn: »kannst du es ändern, daß du nicht ganz mein, ich nicht ganz dein bin?« Oder: »wir werden unß wohl bald sehn … wären unsere Herzen immer dichtan einander«. Oder: »vom Schicksaale abwartend, ob es unß erhört – leben kann ich entweder nur ganz mir dir oder gar nicht.« Oder:

»sey ruhig, nur durch Ruhiges beschauen unsres Daseyns können wir unsern Zweck zusammen zu leben erreichen«.

Dass dem wirklich so war, dass diese über Jahre hinweg immer wieder aufblühende Herzblattgeschichte nicht nur eine romantische Erfindung ist, beweisen nicht zuletzt die vierzehn leidenschaftlichen Liebesbriefe Beethovens an Josephine – geschrieben zwischen 1804 und 1809 –, die 1950 auftauchten. Möglicherweise gab es noch viel mehr. Die Familie Brunsvik hatte sie unter Verschluss gehalten, vielleicht einiges vernichtet, wie auch etliche Tagebuchseiten Josephines herausgerissen und vernichtet wurden. Aber diese Briefe sind echt und eindeutig. Er nennt sie darin: Engel, Herz, sein Eigen, Geliebte. Aber: Die beiden siezen einander noch, haben zu diesem Zeitpunkt noch nicht das Bett geteilt, einander nicht die Ehe versprochen.

Das Lied *Andenken* WoO 136 hat Beethoven seiner Josephine nicht offiziell gewidmet, trotzdem gehört es ihr. Der Text stammt von Friedrich von Matthisson, er wurde mehrfach vertont, unter anderem vom Goethe-Freund Carl Friedrich Zelter – wofür Goethe eine neue Textvariante schuf. Statt des »Ich denke dein, wenn durch den Hain der Nachtigallen Accorde schallen« heißt es jetzt, ungleich poetischer: »Ich denke dein, wenn mir der Sonne Schimmer vom Meere strahlt; ich denke dein, wenn sich des Mondes Flimmer in Quellen malt.« Beethoven hat diesen Goetheschen Text vertont. Und als Josephine ihn nach nur acht Wochen stürmischer Bekanntschaft und ersten Flirts sitzen ließ und das erste Mal heiratete, und zwar den alten Grafen Deym – mit halbwegs gebrochenem Herzen, aber doch standesgemäß –, da schenkte er, der schnöde Zurückgelassene, ihr Variationen über dieses Lied für Klavier zu vier Händen (WoO 74). Und damit das vergiftete Hochzeitsgeschenk nicht allzu vielen Leuten auffiel, schrieb Beethoven es nicht nur Josephine Brunsvik ins Stammbuch hinein, sondern auch deren Schwester Therese, die so quasi als Anstandswauwau fungierte.

Auch dem frischgebackenen Gatten seiner Liebsten machte Beethoven ein schönes Geschenk. Man kann nicht sagen, dass es vergiftet war, es war nur banal – eine Gefälligkeit. Graf Joseph Nepomuk von Deym besaß ein riesiges Palais in der Wiener Rotenturmstraße, welches außer den Wohnräumen auch noch Platz für eine Kunstgalerie, ein Wachsfigurenkabinett und eine Sammlung mechanischer Instrumente bot. Für Letztere komponierte Beethoven *Fünf Stücke für die Flötenuhr* WoO 33.

Über Josephine von Deym, geborene Brunsvik, die Frau, die Beethoven mehr als zwanzig Jahre lang liebte, mehr oder wenig heimlich, und die ihn in diesem Zeitraum nicht nur einmal, sondern gleich dreimal hintereinander sitzen ließ, sind schon mehrere Bücher geschrieben worden. Trotzdem bleiben ihre Wesenszüge seltsam weich und unscharf. Es gibt drei, vielleicht sogar vier Bilder von ihr, zwei davon fanden sich in Beethovens Nachlass. Der Mund sieht auf allen Darstellungen gleich aus, mit auffallend breiter Oberlippe – sehr sexy –, attraktiv auch die großen Augen. Beethoven hatte beide Porträts – unbeschriftete Medaillons – zusammen mit seinen Bankaktien, dem Testament und mit dem Brief an die »Unsterbliche Geliebte« in einer Art Safe aufbewahrt. Als man diesen nach seinem Tode fand, nahm Sekretär Anton Schindler Bilder und Briefe sofort erneut unter Verschluss. Erst 1840 veröffentlichte er den Brief an die »Unsterbliche Geliebte« und wies eines der beiden Bilder fälschlich Giulietta Guicciardi zu. Familie Brunsvik war natürlich schockiert: Therese Brunsvik, die ältere Schwester, lebte noch, inzwischen fünfundsechzig Jahre alt, nach wie vor unverheiratet und eine Pionierin für die sogenannten Kleinkinderbewahranstalten – heute würde man das Kindergärten nennen. Sie notiert in ihr Tagebuch: »3 Briefe Beethovens an Giulietta? Ob es Machwerke sind? Sie werden wohl an Josephine sein, die er leidenschaftlich geliebt hat. Dem Silber gleichet die Rede, doch Schweigen zur rechten Zeit ist Gold.« Die Tagebücher der treulich verschwiegenen Therese sind – auch wenn etliches davon mit Sicherheit vernichtet worden ist – überhaupt eine wahre Fundgrube. Therese war eine gute Schwester und für Beethoven zugleich eine gute Freundin. Anno 1817 notiert sie: »Ob Josephine nicht Straffe leidet wegen Luigis Weh – seine Gattin! Was hätte sie nicht aus diesem Heros gemacht!« Oder: »Beethoven! Ist es doch wie ein Traum, dass er der Freund, der Vertraute unseres Hauses war – ein herrlicher Geist! Warum nahm ihn meine Schwester nicht zu ihrem Gemahl als Wittwe Deym? Sie wäre glücklicher geworden als mit Stackelberg.«

Vielleicht war Josephine zu wankelmütig, zu zart besaitet, zu freundlich, zu liebenswürdig. Jedenfalls war sie auch eine ganz ausgezeichnete Pianistin und Musikerin und trat halböffentlich bei den Soireen auf, die sie in den Jahren 1801 bis 1804 im Palais ihres Gatten in der Rotenturmstraße gab, Beethoven zu Ehren. Der schickte ihr öfters Noten von Stücken, an denen er gerade komponierte und die sie dann kommentierte, zum Beispiel die Klaviersonaten op. 27 und die Streichquartette op. 18. Das Lied *Andenken* taucht unter anderem in der Shakespeare-Episode (2. Satz) des Streichquartetts op. 18,1 als geheime Botschaft auf. Josephine wird das sehr wohl verstanden haben, ihr Ehemann eher nicht. Eine andere chiffrierte Botschaft, über die sich spekulieren lässt, ist ihr musikalisierter Name, Punktierung und abfallende Linie, zwei Mal wiederholt. »Jo-se-phine! Jo-se-phine!« Dies lässt sich sehr gut dem Thema des »Andante grazioso con moto« unterlegen, des sogenannten *Andante favori* WoO 57, welches ursprünglich als Mittelsatz der *Waldsteinsonate* vorgesehen war:

Beethoven schnitt es dort heraus, ersetzte es durch eine nur halb so lange Episode und schickte das Andante dann als Einzelstück an Josephine Deym mit einem Brief, der ebenfalls eine Wortwiederholung enthält: »Hier – Ihr – Ihr – Andante.« Man darf davon ausgehen, dass Josephine auch diese Botschaft sehr wohl verstanden hat.

Beethovens »Unsterbliche Geliebte«, die schöne Josephine, war nicht nur außerordentlich musikalisch und sehr wankelmütig, sondern auch außerordentlich fruchtbar. Folglich hatte sie für eine ganze Schar von Kindern Sorge zu tragen, was dadurch noch erschwert wurde, dass ihre Ehemänner sie unversorgt im Stich zu lassen pflegten. Auch deshalb hatte wohl die Lovestory zwischen ihr und ihrem Luigi kein Happy End finden können. Zurück aus Prag, in jenem Juli 1812, stellt Josephine fest, dass sie erneut schwanger ist. Wenn sie sich jetzt von Stackelberg trennt, den sie monatelang nicht gesehen hat und der ihr bereits einige der Kinder gewaltsam hatte fortnehmen wollen, dann wird sie vor jedem Gericht der Welt den Kürzeren ziehen. Sie lässt, um der Kinder willen, Beethoven zum dritten Mal im Stich. Sie kehrt umgehend zurück zu Stackelberg, der nicht merken soll, dass das neue Kind nicht seines ist. Es wird eine Tochter, geboren am 9. April 1813, neun Monate nach dem Treffen mit Beethoven in Prag.

Josephine nennt das Kind Minona – ein auch damals nicht alltäglicher Name, der rückwärts gelesen »anonim« ergibt. Minonas treue Tante, Therese, vertraut ihrem Tagebuch an, dass dieses Kind »von robusterer Gestalt« sei als all seine Geschwister und »das meiste Genie« habe. Den Namen Beethoven erwähnt sie in diesem Zusammenhang nicht. Minona von Stackelberg wächst im Schoße der Familie Brunsvik-Stackelberg auf, bekommt natürlich eine solide Musikausbildung und soll auch selbst komponiert haben. Sie blieb unverheiratet und starb 1897 mit vierundachtzig Jahren in Wien. Es gibt zwei Fotos von der alten Dame, die Ähnlichkeit der Augen-, Mund- und Stirnpartie mit der Beethovens springt einen geradezu an. Dazu gibt es bis heute keinen wissenschaftlich haltbaren Beweis. Auch wird diese Theorie von einer starken Fraktion von Beethovenforschern abgelehnt und ins Reich der Legende verwiesen. Aber schauen Sie sich die Bilder an, lesen Sie die Originalbriefe, vergleichen Sie die fixierbaren und gesicherten Daten. Und dann denken Sie, was Sie wollen über Beethovens Tochter.

Im Herbst 1804 sandte Beethoven seiner Josephine das Lied *An die Hoffnung* op. 94, in dem ein Engel die Tränen zählt. Nach der Trennung der beiden, nach 1812 also, hat er es noch einmal überarbeitet und mit einer rezitativartigen Einleitung versehen, darin er, mit eigenen Worten, die Frage stellt, ob es denn einen Gott geben kann, wenn so viel Unmenschliches auf Erden zugelassen wird: »Hoffen soll der Mensch. Er frage nicht.«

Im November 1812, vier Monate nach dem letzten Treffen mit Josephine, beginnt Beethoven, ein Tagebuch zu führen. Der erste Eintrag lautet: »Auf diese Art mit St. geht alles zugrunde.« Das »St.« könnte Stackelberg bedeuten, es könnte aber auch gar kein »St.« sein, sondern ein »A.«, wie Graphologen herausgefunden haben, und dann wäre eventuell eine gewisse Antonie Brentano damit gemeint, die sich mit Ehemann und Kindern zur selben Zeit wie Beethoven in Prag aufhielt. Er war mit Frau und Herrn Brentano schon seit Längerem befreundet und blieb es auch. Die Lieblingstheorie des amerikanischen Plattenproduzenten und Musikwissenschaftlers Maynard Solomon ist, dass es sich bei Antonie Brentano um die »Unsterbliche Geliebte« gehandelt haben müsse, dass sie von Beethoven in seinem Brief in der Nacht zum 6. Juli so leidenschaftlich bestürmt worden sei. Das Hauptargument dafür lautet, dass sie nun mal zur rechten Zeit am rechten Ort war. Das wäre schön und ist auch schön puritanisch gedacht. Könnte ja sein, dass Herr Brentano und Frau Brentano, umringt von Kindern und Dienstboten, gemeinsam mit Freund Beethoven am Abend zuvor diniert haben. Und dass der Gast dann, als es mit dem Schäferstündchen in der Besenkammer nichts wurde, all seine sublimierten libidinösen Fantasien in einen nächtlichen Brief ergoss, rein platonisch natürlich. Dann wäre Beethovens moralische Weste sauber geblieben: kein Ehebruch, kein

langjähriger wenigstens, am Horizont – und erst recht kein außer-
eheliches Kuckuckskind mit im Spiel.

Es gibt noch viele weitere Kandidatinnen, die man hier nicht
sämtlich vorstellen muss, auch wenn sich interessante, ja abenteuer-
liche Frauenfiguren darunter finden und wunderbare Musik in
den Geschichten stecken mag. Erwähnt seien noch die Sängerin
Magdalena Willmann, der Beethoven immerhin einen Heiratsantrag gemacht haben und die ihn als »zu hässlich« abgelehnt haben
soll, sowie die resolute Babette von Keglevicz, verheiratete Fürstin
Odescalchi, eine begabte Klavierschülerin Beethovens, der er nicht
nur sein erstes Klavierkonzert widmete, sondern außerdem auch die
Sonate Es-Dur op. 7, der man später den Titel *Der Verliebte* gab.

Es ist schon seltsam, wie viel Aufmerksamkeit die Musikforscher
immer wieder darauf verwendet haben, Beethovens »Unsterbliche Geliebte« aufzuspüren. Dutzende von Abhandlungen und Büchern, sogar etliche Filme sind zu diesem Thema entstanden. Selbst wenn sich
eines Tages Briefe, Locken, Bilder oder sonstige Beweise dafür fän-
den, dass die jahrzehntelange Herzensfreundschaft Beethovens mit
Josephine Brunsvik rein platonisch gewesen sei, dass Beethoven stattdessen in einzig wahrer Liebe für, sagen wir, Marie Leopoldine Esterházy oder Baronin Dorothea von Ertmann oder sonst irgendeine
entbrannt wäre, oder, noch besser, dass er niemals eine »Unster-
liche Geliebte«, vielmehr stattdessen einen Unsterblichen Geliebten
gehabt hätte, wie das bei Elton John oder Benjamin Britten oder
Hans Werner Henze der Fall war bzw. ist – selbst dann: Was wäre
damit gewonnen für das Verständnis von Beethovens Musik? Ich
meine: gar nichts. Abgesehen davon lag offen gelebte Homosexualität
zu Beethovens Lebzeiten mindestens ebenso außerhalb aller bürgerlichen und aristokratischen Moralgesetze wie die Möglichkeit, dass
ein Normalsterblicher mit einer Dame von Geblüt offen zusammenleben und die Ehe eingehen könnte. Diese Bastion war von der Französischen Revolution noch nicht genommen worden, und Beetho-

ven, der musikalische Revolutionär, blieb letzlich wegen dieser Standesschranken unverheiratet und ohne legitime Nachkommen. Dabei sehnte er sich nach einer eigenen Familie. Zumindest dafür gibt es zuverlässige Zeugen: Vier Tage nachdem Josephine ihre jüngste Tochter Minona geboren hat, legte sich Beethoven nämlich einen Sohn zu. Am 12. April 1813 unterzeichnet sein schwer erkrankter jüngerer Bruder Kaspar Karl (auf Drängen Beethovens) eine notariell beglaubigte Willenserklärung, dass im Falle seines Ablebens dieser als Vormund für den sechsjährigen Sohn Karl eingesetzt werden solle. Es folgten jahrelange kostenintensive und nervtötende Streitigkeiten um das Sorgerecht mit der Schwägerin Johanna, Prozesse ohne Ende, und Seele und Wohlergehen des Kindes wurden zwischen diesen Fronten geradezu geschreddert. Die meiste Zeit verbrachte der Neffe Karl in Internaten, und als der kleine Karl zu einem großen Karl heranwuchs, war aus ihm ein verwöhnter, haltloser und unglücklicher Mensch ohne Antrieb und ohne Perspektive geworden. Nach verschiedenen Versuchen, beruflich Fuß zu fassen, unternahm er, zwanzigjährig, einen Selbstmordversuch. Bei der folgenden polizeilichen Untersuchung gab er zu Protokoll: »Ich bin schlechter geworden, weil mich mein Onkel besser haben wollte.«

Ein schwerer Schlag für Ludwig van Beethoven, der doch immer nur das Allerbeste für seinen Neffen gewollt hatte. 1816 vertraut er seinem Tagebuch an: »K. betrachtest du als dein eigenes Kind, alle Schwätzerey, alle Kleinigkeiten achte nicht über diesen heiligen Zweck.« Einmal, bei einem der Prozesse vor dem Landgericht, erwähnt er, er wolle den Knaben wohl am renommierten Theresianum anmelden, wenn er nur adelig wäre – und tut damit kund, dass das »van« im Namen kein »von« ist. Daraufhin wird der ganze Fall an ein niederes Zivilgericht verwiesen, wo die Streithähne der Familie Beethoven nun ewig warten müssen, zwischen Schustern und Dienstmädchen. Nach dem missglückten Selbstmordversuch lässt Beethoven seine Beziehungen spielen, um diesen unehrenhaften Fall

alsbald vergessen zu machen. Es gelingt ihm, Karl einen Ausbildungs-
platz in der k. u. k. Armee zu besorgen. Und kurz entschlossen widmet er dem Regimentskommandeur, Baron Joseph von Stutterheim,
sein neuestes Werk, das Quartett cis-moll op. 131. Der wird nicht
schlecht gestaunt haben, als er die Noten in seiner Post fand.

Auch die Neffentragödie wurde zum dankbaren Klatsch-und-
Tratsch-Stoff für Dutzende von wissenschaftlichen Abhandlungen,
Romanen und Filmen, wobei auch hier gilt: Mit Beethovens Musik
hat dieser Zweig der Beethovenforschung nichts zu tun. Am weites-
ten wagten sich die Wissenschaftler Editha und Richard Sterba vor,
als sie 1964 in ihrer Studie *Ludwig van Beethoven und sein Neffe* die
Libido Beethovens ins Licht der Psychoanalyse tauchten: Eine neu-
rotische Mutterbindung, ein latenter Ödipuskomplex, dazu eine
narzisstische Störung wie häufig bei genialen Künstlern sowie eine
gewisse homosexuelle Komponente in der Beethovenschen Persön-
lichkeitsstruktur hätten, so die These der Sterbas, dazu geführt, dass
der Komponist mit keiner Frau glücklich werden konnte, sooft er
dies auch versuchte. Diese These wird allenfalls noch übertroffen
von dem britischen Film *Immortal Beloved* von Bernard Rose, der
1994 herauskam und uns Schwägerin Johanna, mit der Beethoven
jahrelang um den Neffen prozessiert hatte, als die »Unsterbliche Geliebte« vorstellt: Wo so viel Leidenschaft im Spiel ist, da kann natürlich auch Verachtung und Hass jederzeit in hollywoodreife Liebe
umschlagen.

Doch zurück zu den Fakten. In den letzten Jahren ihres Lebens
blieb Josephine allein. Sie ist verarmt, verlässt das Haus nicht
mehr, auch die Zeit der Hauskonzerte ist vorbei. Das Deymsche und
Stackelbergsche Vermögen hat sich in Luft aufgelöst. Es gibt einige
handfeste Hinweise dafür, dass Beethoven und sie in dieser Zeit
doch noch einmal zusammenkamen. Sicher ist, dass sie einander
trafen, bei Konzerten in Wien oder in Baden, im Sommer, und miteinander spazieren gingen. Höchst wahrscheinlich auch, dass er sie

finanziell unterstützt hat: Drei Monate vor ihrem Tod, im Dezember 1820, schickt Beethoven eine nicht genau spezifizierte, aber offenbar beträchtliche Summe Geldes durch einen Boten an das Haus zu den zwölf Aposteln in der Adlergasse, »gegenüber den gräfl. Deymschen Hause«, sie sei bestimmt für einen namentlich nicht genannten »kranken Mann«. Wir dürfen davon ausgehen, dass dieser Mann Josephine hieß – selbst zu diesem Zeitpunkt sind also noch Vertuschungsmanöver notwendig. Josephine stirbt am 31. März 1821, sie wird zweiundvierzig Jahre alt.

Einen letzten musikalischen Gruß an sie hat Beethoven in seinem großen Liederzyklus *An die ferne Geliebte* op. 98 untergebracht. Darin ist, so schreibt es sehr schön Jan Caeyers, aus der »Unsterblichen Geliebten« die »ferne Geliebte« geworden. Die sechs Stücke – nach Versen von Alois Jeitteles – sind durch kurze Intermezzi miteinander verbunden, das letzte Lied schlägt den Bogen zurück zum ersten. Einen Widmungsträger gibt es nicht, aber im letzten Lied – es heißt »Nimm sie hin denn, diese Lieder« – taucht zu den Worten »Und ein liebend Herz erreichet, was ein liebend Herz geweiht« in der Gesangsmelodie noch ein letztes Mal, als fast wörtliches Zitat, der Ruf »Jo-se-phine« aus dem *Andante favori* von 1802 in der Gesangsmelodie auf. Eine Erinnerung an eine versunkene, bessere Zeit.

# 15

# »BANNER DER ZEIT«

Schneller, höher, heller, weiter! Zur Zeit Beethovens ist die Kunst der Beschleunigung ein ganz großes Thema. Die Industrialisierung, die in England schon lange begonnen hatte, erreicht jetzt endlich auch das gemütliche Wien. 1818 werden in der Kärntner Straße die ersten Gaslampen zur Straßenbeleuchtung entzündet. 1808 führt der Uhrmacher Jakob Degen seine Flugmaschine in der Winterreitschule vor. Mindestens einmal, das ist verbürgt, gehörte Beethoven zu den Schaulustigen bei diesen »Degenschen Aufflügen«, und auch die Auftritte der Fallschirmspringerin Madame Garnerin im Prater, die im Heißluftballon aufstieg, hat er nicht versäumt. 1812 schippert das erste Dampfschiff auf der Donau. »Danken wir Gott für die zu erwartenden Dampfkanonen u. für die schon gegenwärtige Dampfschiffahrt«, schreibt Beethoven an den Verleger Schott nach Mainz, »was für ferne Schwimmer wird's da geben, die unß Luft u. Freyheit verschaffen?«

Wer schneller ist, ist klar im Vorteil – diese neue Gewissheit kurbelt alle Lebensbereiche im Industriezeitalter an, auch im Klavierbau: 1802 setzt der Fabrikant Broadwood in London zum ersten Mal eine Dampfmaschine bei der Produktion ein und steigert so den

Output um das Zehnfache, vierhundert Klaviere pro Jahr können nun hergestellt werden. Zum Vergleich: Ein handwerklicher Betrieb wie die Klavierbauerwerkstatt von Anton Walter in Wien brachte es jährlich auf nur etwa dreißig.

Beethoven muss als Pianist Staunenswertes in Sachen Kraft und Geschwindigkeit geleistet haben. Sein Schüler Carl Czerny, dessen *Schule der Geläufigkeit* op. 299 und *Kunst der Fingerfertigkeit* op. 740 bis heute nicht ganz aus dem Klavierunterricht verschwunden sind, erklärte später anerkennend, an Beethovens Schnelligkeit in Bezug auf Skalen, Doppeltriller und Sprünge sei niemand sonst herangekommen – nicht einmal Johann Nepomuk Hummel. Czerny bezeichnet »Geläufigkeit bis zu den schnellsten Graden« als eine von vier Anforderungen des »brillanten Stils«. Die anderen drei sind: kräftiger Anschlag, Reinheit des Tons und gute Nerven. So viel zur Grundausstattung der neuen Klaviervirtuosen, die nun wie die Champignons aus dem Boden schießen. »Instrument moderner Bildung ist vorzüglich das Klavier!«, ätzte Heinrich Heine, Hector Berlioz beschreibt in einer Novelle, wie ein Konzertflügel, des Skalenklimperns zahlloser Klaviereleven überdrüssig, durchdreht, verrückt wird und sich aus dem Fenster des Konservatoriums in den Hof zu Tode stürzt, und Czerny seinerseits komponierte *Eisenbahn-Variationen*, mit der Opuszahl 431. Nicht zuletzt Robert Schumann spottete über die neue Sportlichkeit in der Musik: »Hrn. Czerny kann man nicht einholen, mit aller kritischen Schnelligkeit … Hätte ich Feinde, nichts als solche Musik gäb ich ihnen zu hören, sie zu vernichten …« Schumann hat sich übrigens die Klaviervirtuosenkarriere verbaut, weil er mit einem selbst gebauten Sehnendehnapparat seine Finger ruinierte.

Dass ausgerechnet die Pianisten, die ja eine mechanisch einigermaßen aufwendige Musikmaschine zum Klingen brachten, anfälliger waren für den Reiz der Geschwindigkeit als andere Musiker, kann man verstehen – und daran hat sich, trotz »Slow Food«-Bewegung und trotz diverser Propheten einer neuen Langsamkeit wie Grete

Wehmeyer oder Paul Virilio bis heute nicht viel geändert. Doch sind in der Zwischenzeit einige heftige Glaubenskriege entbrannt über die wahre Art, wie schnell oder wie langsam Beethoven zu spielen sei, ja ganze Tempo-Kirchen wurden errichtet! Möglich wurde dies dank der Erfindung einer weiteren Musikmaschine: des Metronoms.

Der französische Musiktheoretiker Marin Mersenne hatte bereits 1636 ein Pendel zur Vermessung der Musikzeit vorgeschlagen, und seither hatte es viele weitere Versuche der Metronomisierung gegeben, aber nichts, was wirklich praktikabel und zuverlässig gewesen wäre. Beethoven, der – wie wohl alle Komponisten – in ständiger Sorge war, dass seine Werke auch richtig aufgeführt würden, zumal im richtigen Tempo, begrüßte darum das erste patentierte Chronometer im Jahr 1813 mit Nachdruck. Er schloss Freundschaft mit dem Erfinder. Und sogar einen Kanon für den k. k. Hofkammermaschinisten Johann Nepomuk Mälzel soll er komponiert haben.

Der kleine Kanon zu drei Stimmen bekam zwar einen offiziellen Eintrag ins Beethovensche Werkverzeichnis – Nummer 162 der Werke ohne Opuszahl –, aber das Autograph ist verschollen, und schon Georg Kinsky und Hans Halm, die als Erste Beethovens Werke katalogisierten, merkten: Da stimmt was nicht! Wenn dieser Kanon wirklich, wie es Beethovens Sekretär Anton Schindler bezeugt hat, 1813 spontan bei einem Abschiedsessen für den nach London reisenden Freund Mälzel in einem Wiener Beisl entstanden ist, dann muss der Text später dazugekommen sein. Dort heißt es nämlich: »Banner der Zeit! Großer Metronom!« Das Wort Metronom aber war zu diesem Zeitpunkt noch gar nicht erfunden – die neue Ticktack-Maschine Mälzels hieß zunächst noch Chronometer –, und Mälzel reiste in diesem Jahr auch gar nicht nach London. Kurzum: Die Geschichte ist unwahr, der Mälzel-Kanon eine Fälschung. Er gehört zu den vielen nachträglichen Legendenbildungen, an denen Anton Schindler teilhatte, man vermutet inzwischen, er habe selbst den Kanon geschrieben.

Wir können dankbar sein, dass zumindest dieser Teil des Beethovenmythos sich in Luft auflöste. Das bedeutet nämlich viel für unser Verständnis der gerne als harmlos und gemütlich verkannten *Achten Symphonie* F-Dur op. 93. Es war eben nicht so, dass der Meister in Weinlaune mal eben einen kleinen Einfall improvisierte, um den herum er nachträglich einen ulkigen Symphoniesatz baute, den zweiten der *Achten*. Es war genau andersherum: Der Kanon wurde nachträglich aus der Symphonie herausgeklaubt. Und harmlos ist dieses Allegretto scherzando auch nicht, eher unheimlich: Takt und Metrum liegen miteinander im Streit, im Wechsel von irregulär betonten Takthälften und regulären Synkopen. Und das hört sehr plötzlich auf. »Beethoven beendet den Satz, ohne ihn abzuschließen«, bemerkt dazu Peter Gülke, Musikwissenschaftler und Dirigent, der als einer der Ersten hinter der Fassade der »Gemütlichkeit« in der *Achten Symphonie* den Subtext suchte. Er fand in diesem heiter-leichten Allegretto rhythmische und harmonische Brüche und Entgleisungen ins Ungemütliche, bis an die »Grenze der Groteske«.

Die *Achte* hat sich, eingekeilt zwischen so charakteristische Nachbarwerke wie die *Fünfte, Sechste* und *Siebte* einerseits, die *Neunte* andererseits, schon früh den Ruf erworben, sie sei eine »Symphonie der guten Laune«. Sie ist die kürzeste aller Beethovenschen Symphonien und scheint, was Satzformen und Satzfolge angeht, die altmodischste zu sein. Doch der Eindruck täuscht. Von dem seltsamen zweiten Satz ausgehend, so Gülke, lasse sich eine kompositorische Gesamtkonzeption dieser Symphonie erschließen, die er als »Musik über Musik« beschreibt: Es gehe in diesem Werk in allen vier Sätzen immer wieder um ein »Spiel mit Vorgegebenem« und »mit verschiedenen Verlaufsformen … Kontraktionen und Dehnungen, Stauungen und befreiende Ausläufe – durchweg Mittel, dem Hörer das Wesen des musikalischen Zeitflusses und die Möglichkeiten der Dialektik von Rhythmus und Metrum bewusst zu machen«.

Dank der Skizzenbücher weiß man heute, dass Beethoven nach Abschluss der *Siebten Symphonie* damit begonnen hatte, ein Klavierkonzert in F-Dur zu schreiben, sein sechstes. Mitten in der Arbeit am ersten Satz dazu überlegte er es sich dann doch anders und komponierte stattdessen lieber eine weitere Symphonie, für die er den Beginn und große Teile des melodischen Verlaufes der Klavierkonzertskizzen verwendete. Wenn man das weiß, kann man es auch hören: Typisch konzertmäßig geradeaus klingt das Orchestertutti zu Beginn der *Achten,* prächtig wird der Vorhang aufgezogen, die Holzbläser antworten. Aber das Thema entfaltet sich nicht. Schon in Takt 12 löst es sich in eine dominantisch-leittönige Überleitung auf, baut Sequenz auf Sequenz, dann folgt Stillstand, Trugschluss, Generalpause. Und plötzlich duckt sich das zurück ins Piano, wie ein Doppelpunkt: Ja, hier könnte jetzt das Klavier einsetzen. Und das tut es auch, nämlich in den Skizzen, mit einem hübsch pianistisch aufwärtsrollenden Triolenthema in D-Dur. Für die Symphonie hat Beethoven diese Passage in die Streicher verlegt, aus den Triolen sind synkopisch abgeknickte Achtelfiguren geworden.

Diese Synkopen sind der Schlüssel zur *Achten Symphonie,* ab jetzt geht nichts mehr nur einfach geradeaus. Auch der Schluss des Satzes ist voller Tücken, voller Brüche und Sprünge: Ursprünglich sollte er einfach mit ein paar akkordischen Orchesterschlägen enden. Sehr wahrscheinlich wurde das noch bei den ersten privaten Proben in den Gemächern von Erzherzog Rudolph so gespielt. Dann aber komponierte Beethoven in letzter Sekunde eine Riesencoda dazu, dreiundachtzig Takte, die alles nochmals grundsätzlich infrage stellen.

Eine andere Spezialität der *Achten Symphonie,* die dem Hörer vielleicht nicht sofort auffällt, sondern sich ihm eher unauffällig ins Ohr schleicht, ist die Behandlung der Pauken und Trompeten. Der Tonart zuliebe sind es hohe F-Trompeten, wie sie im Militär verwendet werden, was der Musik insgesamt einen spitz-aggressiven Anstrich gibt. Im dritten Satz, der, traditionell, Tempo di Menuetto heißt, haben die Pauken fast pausenlos zu tun. Sie knallen zusammen mit den Trompeten immer wieder auf einem unbetonten synkopischen Taktteil dazwischen. Und dann ist da dieser hineinkomponierte Unfall, der so oft wiederholt wird, bis es jeder weiß: Da hat sich keiner verspielt, das ist eine Parodie, eine Antimilitärparodie – quasi komponierter Pazifismus: Bei der Fanfare setzen die Holzbläser haarscharf um einen Schlag »zu früh« ein. Das erinnert an Komponistenscherze wie Mozarts *Musikalischer Spaß*, Haydns *Paukenschlag-Symphonie* oder auch an den Horneinsatz im ersten Satz der *Eroica*. In Beethovens *Achter* freilich hat dieser komponierte »Fehler« wenig Scherzhaftes an sich. Außerdem ist er umringt von weiteren Rückungen und Verrückungen.

Das Finale beginnt mit einem erstaunlich leise und flink sich abspulenden ersten Einfall, der auf der Dominante C-Dur endet. Und da platzt plötzlich fortissimo in Takt 17 ein lautes Cis hinein. Das hat hier gar nichts zu suchen, wird aber doch vom ganzen Orchester tourettehaft im Unisono ins C-Dur hineingebrüllt. Dazu sagte Beethovens Kollege Louis Spohr nach der Uraufführung, es sei, als würde jemand mitten im Gespräch plötzlich aller Welt die Zunge herausstrecken. Danach setzt die Musik ihren Gang fort, als sei nichts geschehen. Erst 355 Takte später, in der zweiten Reprise, taucht Cis wieder auf, es wird mehrfach wiederholt, hat hier aber nun eine harmonische Funktion: Es leitet als Dominante über in eine düstere fis-moll-Episode. Schließlich, als dieser Spuk vorbei ist, hat man den Eindruck, als wolle die Symphonie in einem überlangen, über mehr als vierzig Takte auskomponierten »Schlussakkord« einfach nicht mehr aufhören. Es ist der längste Schluss, den Beethoven jemals komponiert hat. Der Beethovenbiograph Jan Caeyers spricht vom »Ende der klassischen Symphonie«, danach könne nichts mehr kommen, oder, besser gesagt: Danach kommt dann nur noch die Symphonie mit Chören.

Bei der Uraufführung der *Achten* am 27. Februar 1814 im großen Redoutensaal in Wien, zusammen mit zwei bereits bekannten

Werken, der *Siebten* und der Schlachtsymphonie op. 91, blieb der Erfolg aus. In einer Kritik heißt es: »Die grösste Aufmerksamkeit der Zuhörer schien auf dies neueste Product der B.schen Muse gerichtet zu seyn, und alles war in gespanntester Erwartung: doch wurde diese, nach einmaligem Anhören, nicht hinlänglich befriedigt, und der Beyfall, den es erhielt, nicht von jenem Enthusiasmus begleitet, wodurch ein Werk ausgezeichnet wird, welches allgemein gefällt.« Carl Czerny berichtet, dass Beethoven sich über die matte Reaktion des Publikums sehr geärgert und gesagt habe, diese Symphonie habe wohl nicht so gut gefallen wie die anderen, »eben weil sie viel besser ist«.

Satz für Satz hat Beethoven die *Achte* dann im Dezember 1817, also vier Jahre nach der Uraufführung, »durchmetronomisiert« – das heißt, er legte seine Tempovorstellung mithilfe von Mälzels Metronom (MM) in Zahlenangaben fest: MM 69 pro punktierte Halbe im ersten Satz im Dreivierteltakt; MM 88 pro Achtel im zweiten Satz, dem Allegretto; MM 126 pro Viertelschlag im Menuett, dem dritten Satz; 84 pro Ganze im Finale, dem Allabreve. Die meisten Dirigenten, auch historisch informierte, halten sich jedoch keineswegs sklavisch an diese Zahlen. Das ist insofern interessant, als wir ohnehin davon ausgehen können, dass Metronomangaben nur einen Annäherungswert für die lebendige Aufführung darstellen, die ja auch noch von anderen Faktoren abhängt: Besetzung, Saalgröße, Klima etc. Walter Levin, Primarius des LaSalle-Quartetts, an sich in allen Tempofragen ein treuer Priester der strengen Lehre, sagte es so: »Metronomangaben bedeuten ja nicht, dass ein Stück in ein und demselben Tempo durchgespielt werden muss. Sie geben nur den Tempobereich an, in dem es gespielt werden soll. Innerhalb dieses Tempos muss es einem dann gelingen, all die unterschiedlichen Charaktere zu artikulieren.« Levin spielte in den Neunzigerjahren eine Orchesterbearbeitung des Septetts Es-Dur op. 20 ein, das eine Zeit lang zu den beliebtesten und meistaufgeführten Werken Beethovens rechnete, mithin aber auch zu den meistbearbeiteten, meistverhunzten. Für die langsame Einleitung des ersten Satzes legte Beethoven die Metronomzahl 72 für das Achtel fest, im folgenden Allegro con brio fordert er MM 96 pro Halbe. Ersteres ist auffallend langsam, Letzteres ziemlich schnell. Walter Levin nun hat den Tempokontrast nochmals zugespitzt, indem er das Allegro anfangs schneller realisiert als gefordert und erst im weiteren Verlauf flexibel zurücknimmt – mit folgender Begründung: »Das Tempo variiert entsprechend innerhalb dieser [vom Metronom gezogenen] Grenzen. Das ist wie beim Sprechen, da passiert auch nicht alles auf ein und demselben Niveau. Wir sind ja keine Computer!«

Mälzels patentiertes Metronom kam 1817 in Wien, London und Paris heraus, es kostete stolze drei Louisdors. Komponisten, die dafür Reklame machten, bekamen es geschenkt. Insgesamt hat der geschäftstüchtige Mälzel sein Gerät an zweihundert Komponisten verschickt. Als Erster ließ sich Ignaz Mosel vor diesen Karren spannen, er veröffentlichte im November 1817 in der *Wiener Zeitung* einen lobenden Artikel. Beethoven schreibt dem Kollegen daraufhin einen Leserbrief: »Euer Wohlgeboren! Herzlich freut mich dieselbe Ansicht, welche Sie mit mir theilen in Ansehung der noch aus der Barbarei der Musik herrührenden Bezeichnungen des Zeitmaßes; denn nur z.B. was kann widersinniger seyn als Allegro, welches ein für allemal Lustig heißt; u. wie weit entfernt sind wir oft von diesem Begriffe des Zeitmaßes, so das Stück selbst das Gegenteil der Bezeichnung sagt. Was mich angeht, so habe ich schon lange darauf gedacht, diese widersinnigen Bezeichnungen des Zeitmaßes für die vier Hauptbewegungen Allegro, Andante, Adagio, Presto aufzugeben; Maelzels Metronom gibt uns hierzu die beste Gelegenheit.«

Beethoven hat diesen Vorsatz allerdings nicht konsequent in die Tat umgesetzt. Deutsche Tempoangaben, gar deutsche Charakterisierungen zu erfinden, die die alten italienischen ersetzen – dies blieb dem vormärzlichen Patrioten Robert Schumann vorbehalten. Aber Beethoven lieferte ihm dazu eine Steilvorlage, er hatte das –

noch bevor er Mälzels Metronom kennenlernte – bereits zweimal praktisch erprobt. Zuerst in der sehr privaten, poetischen, während des Wiener Kongresses komponierten Klaviersonate e-moll op. 90, dann in der 1816 entstandenen Sonate A-Dur op. 101. Im Autograph gibt Beethoven Letzterer, da er nun einmal gerade dabei ist, die italienische Musikterminologie einzudeutschen, den Titel »Neue Sonate für Hammerklavier« (statt: für Pianoforte). Man nennt sie deshalb auch *Kleine Hammerklaviersonate*. Die vier Sätze tragen jeweils einen deutschen Ober- und einen italienischen Untertitel. »Langsam und sehnsuchtsvoll« heißt zum Beispiel das »Adagio, ma non troppo con affetto« – das Richard Wagner so sehr liebte, dass er den beredt sprechenden Doppelschlag daraus zum Sehnsuchtsmotiv in seinem *Ring des Nibelungen* machte. Das folgende Allegro, attacca angeschlossen mittels einer Trillerorgie, wird »Geschwinde, doch nicht zu sehr, und mit Entschlossenheit« überschrieben. Zu dieser Sonate op. 101 gibt es zwar bandwurmlange deutsche Satzbezeichnungen, jedoch keine Metronomzahlen.

In seiner ersten Begeisterung für Mälzels Metronom hatte Beethoven 1817 seine ersten acht Symphonien sowie die ersten elf Streichquartette von op. 18 bis op. 95 nachträglich durchmetronomisiert. Das war eine so große Sensation, dass die *Allgemeine musikalische Zeitung* einen Teil der Zahlenliste in ihrer Ausgabe vom 17. Dezember veröffentlichte: »Die Tempo's sämmtlicher Sätze aller Symphonien des Hrn. L. v. Beethoven, vom Verf. selbst nach Maelzels Metronom bestimmt«. Außerdem metronomisierte Beethoven noch das Septett op. 20 sowie drei Lieder, drei Chorsätze und die Streichquintett-Fuge op. 137. Bei der Komposition der *Neunten* plante er die Metronomisierung gleich mit ein, und auch für die *Missa solemnis* und die späten Streichquartette waren Metronomzahlen geplant.

Klavierkonzerte und Klaviersonaten hat Beethoven nicht nachträglich metronomisiert: Möglicherweise weil er meinte, als Pianist die Durchsetzung des richtigen Tempos bei der Aufführung immerhin noch persönlich »in der Hand zu haben«. Vielleicht war sein Interesse an der Metronomisierung aber auch ein Strohfeuer. Neu Komponiertes hat er längst nicht, wie die Verleger es nunmehr wünschten, immer metronomisiert. Er suchte nach Ausreden: »Metronomisirung folgt nächstens. Warten Sie ja darauf«, schreibt er an Schott in Bezug auf die *Missa solemnis,* »in unserm Jahrhundert ist dergleichen sicher nöthig.« Es kam dann aber nicht dazu. Ein andermal heißt es: »Die Metronomisierungen (hohl der Teufel allen Mechanismus), folgen – folgen – folgen.« Und dann – ebenfalls brieflich – ein »Attest«: Sein Metronom, so Beethoven, sei »krank« geworden und müsse »vom Uhrmacher wieder den gleichen stäten Puls erhalten«. Dass dies nicht bloß eine wohlfeile Ausrede gewesen sein kann, beweist unter anderem ein handschriftlicher Einkaufszettel aus dem Hause Beethoven, der 2011 auftauchte und in einer Kölner Auktion versteigert wurde. Außer einer Mausefalle, Seife und Bier sowie anderen Konsumartikeln steht dort an erster Position: »Bejm Met Uhrmacher/ihr/Metronom«. Das Gerät war also offenbar in Reparatur und sollte abgeholt werden.

Funde wie diese sind purer Zunder für die anhaltende Debatte über Beethovens wahre Tempi. Sie wurde bereits erbittert geführt von Arnold Schönbergs Schwager, dem Geiger Rudolf Kolisch, der im amerikanischen Exil über »Tempo and Character in Beethoven's Music« (1942) forschte. Er forderte, dass Dirigenten wie Furtwängler sich endlich an Beethovens Metronomangaben halten sollten. Dass sie es nicht täten, verfälsche den Charakter der Musik. Im Allegretto der *Siebten Symphonie* beispielsweise schreibt Beethoven die Metronomzahl 76 pro Viertel vor. In seiner Einspielung mit den Berliner Philharmonikern aus dem Jahr 1953 schert sich Furtwängler nicht darum. Er ist der gleichen Auffassung wie sein Kollege Bruno Walter, das Allegretto müsse als Andante gespielt werden, da es sich um einen Trauermarsch handele, einen Kondukt. Herbert von Karajan fasst zehn Jahre später – ebenfalls mit den Berliner Philharmonikern – den Charakter des Themas entschieden anders auf und hält sich im Allegretto exakt an Beethovens Metronomvorschrift. Das mag überraschen, wenn man bedenkt, dass Karajan für die Interpreten im Gefolge der Schönbergschule das war, was das rote Tuch für den Stier ist. Die Geiger Rudolf Kolisch und Walter Levin, der Dirigent René Leibowitz, sie gehörten ja nicht nur zu Karajans schärfsten Kritikern, sie waren es auch, die in Sachen Beethoveninterpretation die erste große Tempo-Glaubenskirche errichteten: rhythmische Präzision, Schnelligkeit, Strukturklarheit und eine »revolutionäre«, »plebejische« Haltung statt Gefühl und Pathos – das waren die ersten Gebote.

Ein einziges Mal, berichtet der Musikkritiker Hans Heinz Stuckenschmidt (ebenfalls ein Schönbergschüler), sei es ihm gelungen, seinen Freund Kolisch »mühsam« zu überreden, mit in ein Karajankonzert zu gehen, im Jahr 1972 in Salzburg. Es gab Beethovens *Fünfte* und Schönbergs *Verklärte Nacht*. »Während des Konzerts schwieg Rudi. Als wir heimfuhren, verblüffte er uns durch den Satz: ›Dieser Karajan bringt meine ganze Anti-Star-Theorie zu Fall.‹ Er fand bestätigt, was er neunundzwanzig Jahre zuvor über Beethovens musikalische Charaktere und Zeitmaße geschrieben hatte!« Dagegen hat sich René Leibowitz, dessen Einspielung aller Beethovensymphonien 1964 herauskam, die als das Nonplusultra der korrekten Tempofindung gilt, etwas mehr Zeit gegönnt. Er braucht für das Allegretto der *Siebten* acht Sekunden länger als Karajan.

Die ersten Dirigenten, die versuchten, Beethovens Tempoangaben möglichst punktgenau zu erfüllen, waren Felix Mendelssohn Bartholdy in Leipzig und François Antoine Habeneck in Paris. Fast von Anfang an gab es Streit darum. In erster Linie war es Beethovens Sekretär Anton Schindler, der alles lieber langsamer und behaglicher gehabt hätte. Er führte – freilich erst nach Beethovens Tod – einen regelrechten Feldzug für die Verlangsamung der Tempi und scheute

nicht davor zurück, entsprechende Einträge in die Konversationshefte zu fälschen. Schindler erfindet Anekdoten, er berichtet zum
Beispiel, Beethoven sei schockiert gewesen, als er 1821 im Musikverein ein viel zu schnelles Allegretto der *Siebten* erlebt und erfahren
habe, dass dies seiner Metronomisierung entspreche. Mittlerweile
sind wir darüber aufgeklärt worden, dass diese Story ebenso gefälscht ist wie der Mälzelkanon. Es gibt wirklich keine einzige
Metronomisierung Beethovens, die nicht spielbar ist. Allerdings
existieren etliche Beispiele dafür, dass die geforderte Schnelligkeit
(oder Langsamkeit) als ästhetisch unsinnig oder nicht sinnvoll dar-
stellbar aufgefasst wurde.

Das berühmteste, umstrittenste Exempel sind die Metronomzahlen der *Hammerklaviersonate* B-Dur op. 106, der einzigen Klaviersonate, zu der Beethoven selbst das Tempo maß und eintrug. Zu
allen anderen Sonaten lieferte Carl Czerny die Metronomzahlen
nach, wie er übrigens auch Haydn und Mozart metronomisierte.
Czerny ist insofern eine Autorität in Tempofragen, als er, als
Beethovens Meisterschüler, auch der Uraufführungspianist der
*Hammerklaviersonate* war. Er ist der Erste und bleibt über ein gutes
Jahrhundert hinweg auch der Einzige, der das Tempo von MM 138
per Halbe im ersten Satz sowohl für spieltechnisch machbar als auch
musikalisch sinnvoll und gerechtfertigt hielt. Schon Ignaz Moscheles
widersprach ihm, er fand das Tempo MM 116 per Halbe gerade
noch vertretbar. Und im Laufe des neunzehnten Jahrhunderts wurden die Pianisten dann immer langsamer, bis hin zu Hans von
Bülow, der Czernys Tempi »verwirrend und verwischend« nannte
und mit MM 112 per Halbe argumentierte, sowie Felix Weingartner,
der nur noch MM 92 per Halbe akzeptabel fand. Damals kam die
Theorie auf, dass Beethoven mit den Eröffnungsakkorden dieser
Sonate den Widmungsträger, Erzherzog Rudolph von Österreich,
angesungen habe, »Vi-vat vi-vat Rodolfo!«. So etwas darf man ja
nicht einfach so schnell hinnuscheln.

Inzwischen wissen wir aber, was Hans von Bülow noch nicht wusste: Die Tempoangabe MM 138 per Halbe hat sich nicht etwa der eilige Herr Czerny ausgedacht, es ist die Originalmetronomisierung von Beethoven. Nun gab es nur noch zwei Möglichkeiten: Entweder fing man an zu üben. Oder man fand Beweise dafür, dass sich Beethoven geirrt und sein Metronom falsch, nämlich schräg von unten, abgelesen hatte; oder dass er es nicht richtig geölt hatte; oder dass es ausgeleiert war. Der Musikwissenschaftler Peter Stadlen experimentierte mit einer Mischung aus grünem Olivenöl und Staub. Die Pianistin Grete Wehmeyer spielte alles doppelt so langsam, sie war überzeugt davon, dass Beethoven das Metronom falsch abgelesen hatte; es gelte, wie bei einem Pendel, nur ein Ausschlag pro Bewegung, also: nur jeder zweite Schlag. Den schönsten Kommentar zu dieser Theorie sprach Nikolaus Harnoncourt: »Beethoven war taub, das stimmt. Aber er war nicht blöd.«

Außer Artur Schnabel, der bereits 1935 bewies, dass die *Hammerklaviersonate* in den von Beethoven geforderten Tempi spielbar ist – wenn auch mit ein paar charmanten Verspielern –, hat meines Wissens seither nur noch ein einziger Pianist diese »Beinahe-Unmöglichkeit« bezwungen: Michael Korstick. Er spielt den ersten Satz im Durchschnittstempo von MM 125 per Halbe und fehlerfrei. Chapeau! Und man kann auch nicht sagen, dass die musikalische Logik unter diesem Tempo leidet. Trotzdem denke ich immer, wenn ich solche Darbietungen höre, an eine Zirkusnummer oder an die Eiskunstlaufweltmeisterschaft: Man fiebert bei einem Vierfach-Toeloop oder einem dreifachen Salto mit und freut sich, wenn's vorbei ist und alle Knochen noch heil sind.

An Schönbergs und Korsticks Credo, dass Tempo und Charakter der Musik nicht zu trennen sind, kommt selbst ein Rekordhalter wie Michael Korstick nicht vorbei. Letztlich ging es in allen Glaubenskriegen um die richtigen Beethovenschen Tempi nie nur um die objektivier- und messbaren Metronomzahlen, sondern um Denkweisen, Weltanschauungen, Moden. Und natürlich sind unsere heutigen Hörweisen – wir können ja alle Sonaten und Symphonien jederzeit abrufen und auf die Repeat-Taste drücken – ganz andere als die Czernys, Mälzels, Mendelssohns oder Schindlers.

Außer einem Metronom besaß Beethoven auch noch eine Zündmaschine, die mit Petroleum funktionierte – das Streichholz wurde erst später erfunden. Auch soll er sich 1825 für eine der ersten Kaffeemaschinen erwärmt haben. Sie wird in der *Wiener Zeitung* angepriesen, Beethoven erkundigt sich nach dem Preis, und Neffe Karl trägt ins Konversationsheft ein: »Eine Dampfkaffeemaschine auf 8 Schalen kostet 35 florin. Ganz von Blech.« Wieder ist es der unzuverlässige Anton Schindler, der kolportiert, dass Beethoven für jede Tasse Kaffee sechzig Bohnen abzählte. Mir scheint diese Zahl ähnlich lebensgefährlich hoch, wie Schindlers erfundene Metronomzahlen bedauerlich niedrig waren.

Von Beethovens gutem Freund Mälzel, Erfinder des Metronoms, ist noch zu berichten, dass er vier schöne Hörrohre baute, glänzend und aus Messing, die man im Beethoven-Haus in Bonn besichtigen kann. Beethoven hat aber nur eines davon benützt. Auch wurde Mälzel zu einem der Pioniere der Tonaufzeichnung, der mit allerhand Musikautomaten experimentierte, aufziehbare Spieluhren und hydraulisch angetriebene Orchestrions konstruierte sowie ein Panharmonicon, darin ein halbes Symphonieorchester stak.

Im Auftrag Mälzels komponierte Beethoven für diese Musikmaschine im Herbst 1813 *Wellingtons Sieg oder die Schlacht bei Vittoria* op. 91, eine Kriegsmusik, die aktuell den Sieg der Engländer über Napoleon am 21. Juni 1813 schildert: Die Armeen marschieren gegeneinander auf, beziehen Stellung und kartätschen einander nieder. Anschließend hat Beethoven diese Schlachtmusik auch für Menschenorchester instrumentiert. Kaum ein Komponistenkollege in Wien, der bei der Uraufführung am 8. Dezember 1813 nicht mittun wollte – schon aus patriotischen Gründen: Meyerbeer und

Hummel schlugen die Pauken und ließen die Kanonen krachen, Salieri dirigierte das Fernorchester aus der Kulisse, Mozarts Sohn Franz Xaver führte die Bratschen, Ignaz Moscheles die Geigen an. Es war eine Mordsgaudi. Und als die Uraufführung von *Wellingtons Sieg oder die Schlacht bei Vittoria* op. 91 vorbei war, wussten endlich ganz Wien und die Welt: Dieser Luigi van Beethoven, das ist ein Genie.

# 16

# »MENSCH, HILF DIR SELBST!«

Längst nicht alle Musiker glauben an Gott«, hat der Komponist Mauricio Kagel einmal festgestellt: »Aber an Bach? Alle!« Glaubte Ludwig van Beethoven an Gott? Und wenn ja, an welchen? Es gibt dazu eine aufschlussreiche Erinnerung des Komponisten Ignaz Moscheles. Als junger Mann, gerade zwanzigjährig, hatte er dem damals schon sehr berühmten Kollegen Beethoven beim Notenkopieren behilflich sein dürfen. Eines Tages, im Juli 1814, schickte er ihm per Boten den Klavierauszug der dritten Fassung des *Fidelio* zurück. Ans Ende hatte Moscheles, wie das Ritual es verlangte, die Komponisten-Dankesformel »Finis, mit Gottes Hülfe« gesetzt. Tags darauf bekommt er die Noten mit Beethovens Korrekturen zurück, auch das Finis hatte er verbessert: »Mensch, hilf dir selbst!«

Der dritte Satz des gut zehn Jahre später komponierten Streichquartetts a-moll op. 132 trägt den Titel »Heiliger Dankgesang eines Genesenen an die Gottheit, in der lydischen Tonart«. Beethoven greift darin auf die a-cappella-Musik von Giovanni Pierluigi da Palestrina zurück. Rätselhaft an diesem Quartettsatz ist aber nicht nur das Heraufbeschwören einer seit dreihundert Jahren versunkenen Musiksprache, auch die Formulierung »an die Gottheit« hat etwas Archaisches.

Beethoven war katholisch getauft und erzogen worden. Auch dass er täglich das Wirtshaus, selten die Messe besuchte und nur gelegentlich beichten ging, wissen wir. Doch er betete regelmäßig. Und er kannte sich aus mit der Liturgie – schließlich hatte er schon mit zwölf als Organist in Bonn die Gottesdienste akkompagniert. Die Sakramente hat er respektiert, zur Institution Kirche aber ein distanziertes Verhältnis, was sich in seinen Schriften und Briefwechseln von den frühen Jahren bis ins Alter spiegelt. »Reise nach Rom und Küss dem Pabst die Pantoffl«, rät er einmal ironisch seinem bigotten Bruder Johann – demjenigen, der einst einen Brief stolz mit »Gutsbesitzer« zeichnete, woraufhin Beethoven im Antwortbrief seine Unterschrift mit dem Zusatz »Hirnbesitzer« versah.

Wie Beethovens umfangreiche Bibliothek bezeugt, hat er sich viel mit antiken und asiatischen Religionen, mit dem Hinduismus, der Freimaurerei und anderen spirituellen Strömungen befasst. Besonders starke Lesespuren weisen die beiden Bände *Betrachtungen über die Werke Gottes im Reiche der Natur und der Vorsehung auf alle Tage des Jahres* auf, die um 1772 der protestantische Theologe Christoph Christian Sturm verfasst hatte. Beethoven besaß die zweite oder dritte Auflage von 1785, sie wurde so etwas wie sein Vademecum oder seine Bibel. Oft hat er daraus zitiert, vieles angestrichen und unterstrichen. Beethoven besaß auch mindestens fünf kirchenkritische Bücher, die auf dem Zensurindex der Wiener Kirchenbehörde standen, etwa die Schriften des katholischen Moraltheologen Johann Michael Sailer sowie *Ansichten von Religion und Kirchenthum* von Ignaz Aurelius Feßler.

Um 1803 komponierte Beethoven das Lied *Der Wachtelschlag* nach einem Gedicht von Samuel Friedrich Sauter:

Horch, wie schallt's dorten so lieblich hervor!
Fürchte Gott! Ruft mir die Wachtel in's Ohr!
Sitzend im Grünen, von Halmen umhüllt,

Mahnt sie den Horcher am Saatengefild:
Liebe Gott! Er ist so gütig und mild.
Wieder bedeutet ihr hüpfender Schlag:
Lobe Gott! Der dich zu lohnen vermag.
Siehst du die herrlichen Früchte im Feld?
Nimm es zu Herzen, Bewohner der Welt!
Danke Gott! Der dich ernährt und erhält.
Schreckt dich im Wetter der Herr der Natur:
Bitte Gott! Ruft sie, er schonet die Flur.
Machen Gefahren der Krieger dir bang,
Traue Gott! Sieh, er verziehet nicht lang!

Diesem Beethovenschen Lied werden Sie heute im Konzertsaal schwerlich begegnen, denn Liederabende sind zwar nicht ganz aus der Mode gekommen, christliche Erbauungslyrik jedoch schon. Dazu kommt: So ein Lied passt in mehrfacher Hinsicht nicht ins gängige Beethovenbild. Erstens handelt es sich um Vokalmusik, zweitens ist es naiv, volkstümlich und tonmalerisch, drittens fromm. Allenthalben kann man aber nachlesen, dass ein so aufgeklärter Mensch und nachweislicher Sympathisant der Französischen Revolution wie Beethoven kein braver Christ gewesen sei, ja dass er gegen den Klerus polemisiert habe. Und immer wieder wird die Anekdote weitergereicht, dass sein Lehrer Haydn ihn nicht nur »Großmogul«, sondern auch einen »Atheisten« genannt habe. Letzteres aber war Beethoven mit Sicherheit nicht. Im Gegenteil.

In Kreisen der Aristokratie mögen sich Ende des achtzehnten Jahrhunderts neben Libertinage, Misanthropie und Unmoral auch »gottlose« Tendenzen breitgemacht haben. Die bürgerliche Aufklärung hielt mit philosophisch fundierter überkonfessioneller oder protestantischer Religionsübung, mit Gebeten und Liedern dagegen.

In das kleine Lied *Der Wachtelschlag* hat Beethoven einige Arbeit hineingesteckt, hat den Text ergänzt und verändert, die

Strophenform aufgebrochen und die Sache durchkomponiert, er probierte raffinierte Harmoniewechsel aus und verewigte darin nicht zuletzt den Wachtelruf, der später dann in der *Pastorale* wieder ertönt. Das Lied ist niemandem gewidmet, es steht für sich allein. Gehört aber, quasi als elaborierte Zugabe, zum Kontext der *Gellert-Lieder* op. 48, die unmittelbar zuvor entstanden sind. Diese sechs Gesänge nach Texten aus den *Geistlichen Oden und Liedern* von Christian Fürchtegott Gellert, gewidmet dem Grafen von Browne, fallen so aus dem Rahmen, dass sie in vielen Beethovenbiographien nicht einmal erwähnt werden. Es ist auch keine Brücke in Sicht, die von dieser choralartig deklamierten, protestantischen Erbauungslyrik zur *Dritten Symphonie* führen könnte (an der Beethoven gleichzeitig schrieb). Gellerts Gedichte waren unter anderem von Carl Philipp Emanuel Bach exemplarisch verkomponiert worden, einiges aus dessen Liedersammlungen war Beethoven bekannt.

Dass sich im »Tsi-tsi-bä«, dem Ruf der Wachtel, die christliche Lehre spiegelt und überall in der schönen Natur der Funke Gottes wirkt, korrespondierte außerdem prächtig mit dem pantheistischen Weltbild Schillers und Goethes, mit dem sich auch Beethoven immer wieder auseinandergesetzt hat. 1810 schreibt er in sein Tagebuch: »Gott ist immateriell, deßwegen geht er über jeden Begriff; da er unsichtbar ist, so kann er keine Gestalt haben. Aber aus dem, was wir von seinen Werken gewahr werden, können wir schließen, daß er ewig, allmächtig, allwissend, allgegenwärtig ist.« Schillers Aufsatz über »Die Sendung Moses« gehörte zum Bestand von Beethovens Bibliothek, und er schrieb sich daraus in kalligraphischer Reinschrift folgenden Spruch vom Tempel zu Sais ab, den er eingerahmt auf seinen Schreibtisch stellte und der offenbar mehrere Umzüge unbeschadet überlebte: »Ich bin was da ist. Ich bin Alles, was ist, was war und was sein wird, kein sterblicher Mensch hat meinen Schleier aufgehoben.« Und noch eine weitere altägyptische Tempelinschrift kopierte er und hing sie sich an die Wand: »Er ist einzig.

Von ihm selbst und diesem Einzigen sind alle Dinge ihr Dasein schuldig.«

Seine erste Kirchenkomposition hat Beethoven erst mit dreiunddreißig Jahren herausgebracht, obgleich er schon in seiner Bonner Jugend die Orgel im Gottesdienst hatte spielen müssen und mit den liturgischen Ritualen von Kindesbeinen an vertraut war. Das Osteroratorium *Christus am Ölberge* op. 85 entstand zur selben Zeit wie der *Wachtelschlag* und die *Eroica* – nicht im Auftrag der Kirche, sondern ebenfalls aus eigenem Antrieb. Die Uraufführung fand im Theater an der Wien statt. Die Konzeption dieses Werkes ist in jeder Hinsicht außergewöhnlich: dramatisch und opernhaft einerseits, parabel- und gleichnishaft andererseits. Über die Identifikation mit der zentralen Figur des Menschensohnes, der als »Bürger Jesus« von der antiken Figur des Lichtbringers Prometheus übermalt wird, war an anderer Stelle schon die Rede. Nachzutragen wäre der Hinweis, dass Beethoven siebzehn Jahre später während der Vorbereitung auf den nächsten Vormundschaftsgerichtstermin im Kontext des Prozesses um den Neffen Karl eine seiner Erziehungsmaximen notiert hat: »Socrates und Jesus waren mir Muster.« Mit Kirche hat das nichts zu tun, mit Glauben viel.

Neben den Schriften Sturms, den Fugen Bachs, den Schulwerken Carl Philipp Emanuel Bachs und sämtlichen Werken von Georg Friedrich Händel fand sich in Beethovens Nachlass auch ein Bündel Messen von Joseph Haydn. Gebrauchsspuren darin und Kopien daraus in den Skizzenbüchern zeigen, wie eingehend er sich mit diesen Werken befasst hat. Sie seien, schreibt er am 26. Juli 1807 an Fürst Nikolaus von Esterházy, wahrlich »unnachahmliche Meisterstücke«. Der konkrete Anlass: Esterházy, der große Gönner Haydns, hatte Beethoven gebeten, eine Messe zu schreiben, die als Geschenk zum Namenstag seiner Gattin gedacht war. Beethoven wählte die klassische Freudentonart C-Dur und den traditionellen fünfteiligen Messtext ohne irgendwelche Zusätze, auch durch die Strenge des vierstimmigen Vokalsatzes wirkt die Musik dieser *C-Dur-Messe* op. 86 erstaunlich konventionell. Dass Beethoven sich noch während der Arbeit am »Gloria« bei seinem Lehrer Haydn rückvergewissert hat, lässt sich daran ablesen, dass sich in den Skizzen auch herauskopierte Stellen aus der *Schöpfungsmesse* finden. Der Schatten Haydns war also mächtig – freilich nicht übermächtig: Das Neue, recht eigentlich Beethovensche an der *C-Dur-Messe* sind das romantisch-dramatische Espressivo und die Individualisierung der Textausdeutung. Es gibt keine Arien, die vier Solostimmen wachsen aus dem Chor hervor.

Der Katholik Beethoven schreibt stolz an seinen protestantischen Verleger, Härtel, er habe in dieser Messe »den text behandelt, wie er noch wenig behandelt worden ist ... dem Kyrie liegt vor allem sanftheit und Heiterkeit zugrunde. Der Katholicke tritt sonntags geschmückt, festlich und heiter in seine Kirche. Das Kyrie Eleison ist gleichfalls die Introdukzion zur ganzen Messe, bei zu starcken Ausdrücken würde wenig übrig bleiben für da, so sie wirklich starck sein müssen.«

Und heiter und als Individuen betreten die Gläubigen in der *C-Dur-Messe* den Schauplatz des Geschehens, der Chorbass ist der Erste, der zur Tür hereinkommt. »Aber lieber Beethoven, was haben Sie denn da wieder gemacht!«, soll Fürst Nikolaus von Esterházy am 13. September 1807 unmittelbar nach der Uraufführung dieser Messe in der Bergkirche zu Eisenstadt gesagt haben. Kolportiert wurde das wieder einmal von Beethovens Sekretär Anton Schindler, der wieder einmal nicht selbst dabei gewesen sein kann. Der Satz klingt wie eine Paraphrase auf den Spruch von Joseph II., der zur *Entführung aus dem Serail* gesagt haben soll: »Zu schön für unsere Ohren und gewaltig viele Noten, lieber Mozart.« Aber wenn es auch nicht wahr sein mag, so ist es doch gut erfunden. Esterházy war nachweislich enttäuscht von Beethovens unorthodoxer, nicht liturgischer Textbehandlung und von der symphonischen Instrumentation. Er fühlte sich provoziert: »La messe de Beethoven«, schreibt er an die Gräfin Henriette Zielinska, »est insupportablement ridicule et détestable« – unerträglich lächerlich und abscheulich. Er glaube nicht, dass sie anständig aufgeführt werden könne, er sei wütend und beschämt.

Beethoven seinerseits ist ebenfalls tief verletzt Er bricht mit Esterházy, zieht die Widmung zurück und trägt, nach einer Anstandsfrist, das Werk dem befreundeten Fürsten Ferdinand von Kinsky an. Außerdem sorgt er dafür, dass diese seine Messe unter die Leute kommt und auch auf weltlichen Wegen verbreitet wird. Eine zweite (Teil-)Uraufführung findet außerhalb der Kirche statt: Von den fünf Sätzen der Messe werden zwei – »Gloria« sowie »Sanctus« mit »Benedictus« – im Theater an der Wien gesungen, und zwar in jenem denkwürdigen Mammutkonzert vom 22. Dezember 1808, in dem außer der *Fünften Symphonie* auch die *Sechste,* das vierte Klavierkonzert und die *Chorfantasie* op. 80 uraufgeführt wurden. Kein Wunder, dass neben all diesen Attraktionen die Missa-Kostproben in den Kritiken ganz untergehen.

Trotzdem war die *C-Dur-Messe* für den liturgischen Gebrauch gedacht – nicht zufällig hat Beethoven den dramatisch-individuellsten, »weltlichsten« Satz daraus, das »Credo«, bei der Aufführung im Theater an der Wien weggelassen und nur »Gloria« und »Sanctus« vorgestellt, auch auf dem Programmzettel als »Hymnen« angekündigt; was vielleicht damit zu tun hatte, dass die Wiener Zensurbehörde lateinische Worte aus dem Kirchentext auf Anschlagzetteln am Theater untersagte. Wie Carl Dahlhaus einmal bemerkt hat, ist die Missa letztlich eines der Schlüsselwerke in der Säkularisierung der neueren Kirchenmusik, die »den Konzertsaal in eine Kirche, die Messe in ein Konzertstück verwandelt« hat.

E. T. A. Hoffmann hat seine Besprechung der Beethovenschen *C-Dur-Messe* aus den Noten, nicht nach einer Aufführung rezensiert. Direkt nach dem Erscheinen bei Breitkopf & Härtel im November

1812 bekam er die Partitur zugesandt, und seine Besprechung erschien im Juni 1813 in der Leipziger *Allgemeinen musikalischen Zeitung*. Hoffmann hat also ein halbes Jahr an dieser Musikkritik gesessen, und es ist daraus ein grundsätzlicher Essay geworden, der den aktuellen Stand der Kirchenkomposition in jenen Zeiten des gesellschaftlichen Umbruchs reflektiert. Es heißt darin:

»Mit dem Et vitam [aus dem ›Credo‹ der *C-Dur-Messe*] tritt wieder ein jauchzendes Fugenthema ein ... Man wird auf die weitere Ausführung begierig und will sich gern den Wellen des dahin brausenden Stroms überlassen: aber auch hier bricht leider der Satz ab, nachdem er durch die vier Stimmen geführt ist, und, ausser einer Engführung und der Imitation des zweiten Taktes durch drey Stimmen, wird das herrliche Thema nicht weiter benutzt.« – »Bs. Genius bewegt sonst gern die Hebel des Schauers, des Entsetzens. So, dachte Rec., würde auch die Anschauung des Ueberirdischen sein Gemüth mit innerem Schauer erfüllen, und er dies Gefühl in Tönen aussprechen. Im Gegentheil aber hat das ganze Amt den Ausdruck eines kindlich heitern Gemüths, das, auf seine Reinheit bauend, gläubig der Gnade Gottes vertraut und zu ihm fleht, wie zu dem Vater, der das Beste seiner Kinder will und ihre Bitten erhört.«

Hoffmann liebt und preist den strengen »stile antico« der alten Italiener, zieht den Hut vor Michael und Joseph Haydn – Mozart erwähnt er gar nicht –, verdammt jedoch die dramatische, opernhafte Kirchenmusik der jüngsten Zeit als »frivole Missgeburten«. Insofern sucht er auch in der Beethovenschen Messe vor allem nach der Spur des alten Kirchenstils, nach durchgeführten Fugen, kontrapunktischen Wendungen, reinem Satz. Anders als Fürst Esterházy wird er fündig, entdeckt »manch wahrhaft vortreffliche Momente« und »echt kirchenmässig gesetzte« Imitationen. Aber er findet auch Regelverstöße, gewagte Modulationen, die er nicht zur Nachahmung empfehlen möchte, und vor allem stört ihn, dass kein einziger Fugensatz zu Ende durchgeführt wird. Hoffmann verteidigt Beethoven:

Er habe »manchen kleinen Verstoss gegen den strengen Satz deshalb nicht rügen [mögen], weil die einmal usurpirte Freyheit, die man dem Genius, der durch Anderes so schadlos hält, wol verstattet, keinen Zwang mehr duldet, und das freye Regen und Bewegen im Gefühl eigner Kraft unmöglich für eine Sünde gegen dieses oder jenes, vielleicht wohl gar nur conventionelle Gesetz halten zu können scheint.«

Das sind freundliche, aber doch deutliche Worte. Beethoven hält uns, so sieht und sagt es E. T. A. Hoffmann, »schadlos« durch die Sonaten und Symphonien – die Prüfung im Fach Kirchenmusik aber hat er nicht bestanden. Nicht einmal dieser glühendste romantische Verehrer Beethovens möchte ihm auf dem Weg in ein neues Zeitalter der Säkularisierung folgen. Was hätte Hoffmann wohl gesagt, hätte er die zweite Messkomposition Beethovens kennenlernen können? Von der Beethoven selbst meinte, sie sei sein »größtes Werk«? In der er alle Haydnschen Vorbilder und Hoffmannschen guten Ratschläge in den Wind schlägt und hofft: »Von Herzen – Möge es wieder – zu Herzen gehn«?

An der *Missa solemnis* op. 123 hat Beethoven vier Jahre komponiert. Fünf Jahre nachdem der erste Plan gefasst wurde, fand im fernen Sankt Petersburg die Uraufführung statt, am 18. April 1824. Beethoven nannte das Stück gewöhnlich »Grosse Messe«. Er verwendete ein einziges Mal, aus Gründen, die mit dem Werk wenig zu hatten, das Wort »solemnis« dafür, nämlich am 10. April 1823, als er bei dem Porträtmaler Joseph Karl Stieler Modell saß, der ihm für das Bild ein Notenblatt in die Hand geben und den Titel daraufpinseln wollte. »Welche Tonart?«, fragte Stieler. »D«, antwortete Beethoven, »Missa solemnis aus D!« Und so heißt sie nun.

Die *Missa solemnis* ist ein von den Interpreten gefürchtetes Werk. Einerseits ist die Musik der Tradition der Messkompositionen bis zurück zu Palestrina verpflichtet, andererseits handelt es sich um subjektive Bekenntnismusik. Beethoven schreibt einen rigorosen »Instrumentalismus« in allen Stimmen, mit dramatisch-opernhaften Ausbuchtungen, starke Kontraste zerklüften den musikalischen Kontext. Für Herbert von Karajan war diese große Messe eine ähnlich ultimative Herausforderung wie die *Neunte Symphonie*, beide Werke durften in keiner Saison fehlen. Zusammen bilden sie den Mount Everest der abendländischen Musikgeschichte – schon allein aus sportlichen Gründen muss man den wohl regelmäßig bezwingen. Und beide Werke sind Bezugsgröße, Ursache und Quelle für ein neues Musikdenken im neunzehnten Jahrhundert, darin Musikausübung zu einem heiligen Priesteramt wird, Kunst zu Religionsersatz, Religion zu Kunst.

Mit Beethoven hatte das alles angefangen. Wie tief aber die Wurzeln der *Missa solemnis* zurückreichen in die barocke Vergangenheit, darauf hat als Erster der amerikanische Musikwissenschaftler Warren Kirkendale hingewiesen. Das eröffnende »Kyrie« ist so ähnlich schon in ungezählten Messvertonungen vor Beethoven komponiert worden: simple Tonika-Akkorde, Unisono-Deklamation, Auf-der-Stelle-Treten. Die Bewegungslosigkeit bezeichnet, als ein musikrhetorischer Topos, Gott als den Urgrund alles Seins. Das »Credo« kommt zwar im Triumph mit Trompeten und Pauken daher, aber im »Et incarnatus est« machen sich plötzlich auffallend viele alte Tonarten breit. Und die zitternden, flatternden Zweiunddreißigstel, womit die Flöte zu den Worten »de spiritu sancto« den als Taube hereinfliegenden Heiligen Geist verkörpert, hatte ganz ähnlich auch schon Heinrich Ignaz Franz Biber in seinen *Rosenkranzsonaten* verwendet. Erst zu den Worten »Et homo factus est« verstummt diese Tauben-Flöte. Beethoven verlässt die Sphäre der alten Kirchentonarten, er verlässt die Kirche. Und kehrt mit einem Ruck zurück ins Dur und Moll, in die musikalische Gegenwart. Was er damit sagen wollte, kann man in den Skizzen nachlesen. Er schreibt an dieser Stelle zwischen die Noten hinein: »hier menschlich«.

Das »Benedictus«, das in der Messliturgie der Wandlung folgt, verherrlicht den »Bürger Jesus«, Christus-Menschensohn. Gewöhnlich ist dies in allen Messen schon lange vor Beethoven ein heller, milder, süßer, pastoraler Satz. Es gibt freilich einen »nahen Verwandten« (so Kirkendale) zu diesem »Benedictus«, und zwar aus Beethovens eigenem Stall: Er verwendet ab Takt 200 dieselben langen Triolenketten für die Solovioline, wie sie auch die erste Geige im langsamen Satz seines Streichquartetts e-moll op. 59,2 zu spielen hat. Diese Sphärenmusik erfand Beethoven in Erinnerung an einen sternklaren Nachthimmel, wie Carl Czerny berichtet. Und Czerny seinerseits wollte damit womöglich an den berühmten Sinnspruch Kants erinnern, den Beethoven in sein Konversationsheft eintrug: »das Moralische Gesetz in unß u. der gestirnte Himmel über uns«. So stoßen also im »Benedictus« der *Missa solemnis,* wenn die Solovioline ihre Kreise am Firmament zieht, der aufgeklärte Philosoph Kant und der alte christliche Kinderglaube an den guten Hirten auf wundersame Weise zusammen.

Für die *C-Dur-Messe* op. 86 hatte sich Beethoven von seinem Verleger ausdrücklich einen deutschen Text gewünscht und auch erhalten. Er war von einem gewissen Christian Schreiber verfasst worden. E. T. A. Hoffmann fand ihn scheußlich, »preziös und weitschweifig«, Beethoven fand ihn wunderbar und rührend. Noch besser gefiel ihm zehn Jahre später eine zweite Eindeutschung der *C-Dur-Messe* durch Benedict Scholz, folglich wünschte er sich dies nun auch für seine *Missa solemnis.* Daraus wurde nichts, und es ist auch nicht schade darum. Der Sinn solcher Übersetzungen war ja kein patriotischer, vielmehr ein ökumenischer und auch ökonomischer: Deutsche Texte sollten helfen, die Musik auch in protestantischen und weltlichen Kreisen populär zu machen. Nun waren aber die vom Ritus gezogenen engen Grenzen der katholischen Kirchenmusik durch Beethovens Messen ohnehin längst übersprungen worden, seine Auffassung von Gottesdienst aller Art ist tendenziell multikonfessionell. Auch nimmt er sich so viele Freiheiten im Umgang mit den liturgischen Vorlagen heraus, sind seine musikrhetorischen Figuren so eng verhäkelt mit den Worten, dass jede Übersetzung nur Schaden anrichten kann. Am Ende des letzten Satzes, des »Agnus Dei«, verlässt die *Missa solemnis* vollends den sakralen Raum, sie zieht hinaus in die Welt und interpoliert in die Bitte nach Frieden krasse Kriegsepisoden – oder vielmehr umgekehrt: Der Krieg bricht ein in den pseudosicheren Raum religiöser Innerlichkeit.

Auch hierzu gibt es weit verzweigte Wurzeln in der Tradition der Messkomposition: Haydns *Missa in tempore belli* war Beethoven zweifellos bekannt, auch Cherubinis *Krönungsmesse*, die mit einem Militärmarsch abschließt. Ob er auch einige der älteren Kriegsmessen der Barock- und Renaissancemeister kannte, sei dahingestellt. Das Genre der »Missa per pace« wurde immer dann aktuell, wenn konkrete Kriege die Menschen bedrohten. So brutal aber wie in der *Missa solemnis* hatte noch nie zuvor diesseitiger Kriegslärm die Gemeinschaft der Gläubigen aufgestört. Und das gleich doppelt: Erst tönt ein echtes Militärsignal, als Ferntrompete, es kündigt den Anmarsch der Truppe an. Folgt ein opernhaftes »recitativo accompagnato«, äußerst ungewöhnlich in einer Messe – und schon ist der Krieg da. Für das folgende Fugato hat Beethoven sich ein Thema bei Händel ausgeliehen, aus dem »Halleluja«-Chor des *Messias*. Dieses Thema ist so bekannt, es ist hier so eindeutig und leicht erkennbar, als würde Beethoven eine Flagge hissen. Warren Kirkendale hat hierfür eine plausible Erklärung: Zur Zeit der Befreiungskriege, die Beethoven live miterlebt hat, gehören die Engländer zu den Guten. Sie sind Verbündete, werden dank Wellingtons Sieg bei der Schlacht von Vittoria sogar zu Friedensbringern. Händel indes galt damals allen als Engländer, seine Oratorien wurden europaweit gefeiert als Blüte britischer Musik. »Wie in Wellingtons Sieg das Lied der Franzosen dem Lied der Engländer unterliegt, so müssen in der Missa die Kriegsfanfaren dem bekannten Stück der englischen Kirchenmusik weichen.« »Zuletzt:

timpani als Friedenszeichen« steht als eine Art Regieanweisung in Beethovens Skizzen. Damit ist diese Szene vollendet, und mit einer kurzen, fast beiläufigen Schlusswendung endet die *Missa solemnis* D-Dur op. 123.

Fast möchte man meinen, dieser Schluss passe nicht. Er klingt wie ein Versehen. In den Konzertführern steht dann zum Beispiel zu lesen, Beethoven lasse uns mit der offenen Frage, ob der Friede von Dauer sei oder nicht, ratlos zurück. Kann sein, kann auch nicht sein. Allerdings hatte die *Missa solemnis* nicht unbedingt so aufhören sollen. Wie wir dank der Skizzen und des Briefwechsels wissen, wollte Beethoven die Ordinariumstexte ergänzen durch ein sogenanntes Proprium oder gar mehrere solcher Messteile, die nicht zu den Pflichtstücken gehören, sondern nur von Fall zu Fall im Gottesdienst verwendet werden. Noch im Mai 1823 schreibt er an den Verleger Diabelli: »Ich lasse das Graduale und Offertorium auch dazu stechen in derselben Ordnung. Dann sollte auch ein Tantum Ergo dabei sein, damit alles vollständig wäre.« Man stelle sich vor, er hätte diese Texte wirklich noch komponiert! Dann würde die *Missa solemnis*, die eh schon Überlänge hat, auf keine CD und in kein Konzertprogramm mehr passen.

Beethovens Plan war, sich mit dieser verlängerten Messe bei Kaiser Franz I. für eine feste Stelle als Hofkapellmeister zu bewerben: Er wollte sie riesig und prächtig umschreiben als »Messe für den Kaiser«, nachdem sein ursprünglicher Plan, sich mit einer »Messe für den Erzbischof von Olmütz« alias Erzherzog Rudolph um eine Festanstellung zu bemühen, gescheitert war. Dieser liebenswürdige Erzherzog, jüngster Bruder des Kaisers, war Klavier- und Kompositionsschüler Beethovens seit seinem fünfzehnten Lebensjahr. Schon früh wurde er auf eine klerikale Laufbahn hin dressiert und schließlich am 9. März 1820 als Erzbischof von Olmütz inthronisiert. Auf diesen Tag hatte Beethoven gewartet, auf diesen Tag hin hatte er seine *Missa solemnis* als Geschenk für den hohen Herrn und quasi als Anzahlung zu komponieren begonnen. Noch einen Monat vor dem Termin rechnet er sich konkrete Chancen aus, er schreibt an Freund Simrock nach Bonn: »Mein gnädigster Herr Erzbischof und Kardinal hat noch nicht Geld genug, seinem ersten Kapellmeister gehörig das Seinige zukommen zu lassen. Dies dörfte noch eine Weile währen.«

Es kam anders. Beethoven wurde erstens nicht rechtzeitig fertig mit dem Stück, zweitens hatte er sich gründlich verrechnet, was den Job anging, den er schon sicher in der Tasche wähnte. Trotzdem blieben Beethoven und der Bischof gute Freunde, soweit dieser Begriff überhaupt passend ist bei dem obwaltenden Standesunterschied. Niemandem sonst hat Beethoven so viele große und wichtige Werke gewidmet wie Erzherzog Rudolph, von keinem anderen wurde er so zuverlässig immer wieder gefördert und unterstützt. In der erzherzöglichen Bibliothek und den erzherzöglichen Sammlungen ging er aus und ein. Und wenn Beethoven auch noch in seinen späten Jahren zur Beichte ging, auch seinen Neffen dazu anhielt und die Sakramente respektierte, hatte das gewiss auch mit diesem milden Habsburgerspross zu tun.

# 17

# »SEID UMSCHLUNGEN, MILLIONEN!«

Auf Bitten des Freimaurers Christian Gottfried Körner schrieb Friedrich Schiller 1785 seine erste Fassung der »Ode an die Freude«. Ein Männerbund feiert sich selbst. Ein Jubel steckt in diesen Versen, eine namenlose Freude: »Seid umschlungen, Millionen.« Aber auch ein Fragezeichen hat Schiller hineingetextet in diese menschheitsumspannende Verallgemeinerung: »Ihr stürzt nieder, Millionen?« Beides, Zweifel und Jubel, wurden von Beethoven musikalisch vergoldet. Die Quote der Follower, die begeistert das Finale seiner *Neunten* anklicken, hat heute die Milliardengrenze längst überschritten.

Beethovens *Neunte* ist mehr als nur eine Symphonie. Sie ist ein Politikum, ein Manifest, ein Ideengebirge, ein Vermächtnis, eine Projektionsfläche, sie kann Droge sein oder Psychowaffe, Nationaldenkmal oder Lebenshilfe. Stalin ließ 1936 mit einer Aufführung der *Neunten* seine totalitäre Verfassung absegnen. Furtwängler dirigierte 1937 die *Neunte* zu Führers Geburtstag. Friedrich Engels wünschte sich »Freude, schöner Götterfunken« als Arbeiterhymne (statt der *Internationalen*). Die Freudenmelodie erklingt 1949 zur Gründung der DDR, 1990 zur Feier der Wiedervereinigung. Eine deutsch-deutsche Schicksalssymphonie. Im Übrigen war sogar das Autograph der *Neunten* von der Mauer betroffen: Ein Teil wurde in Westberlin aufbewahrt, der andere in Ostberlin, und so verlief die innerdeutsche Grenze mitten durch den vierten Satz, genau bei Takt 697, just wenn die Altstimmen singen: »Diesen Kuss der ganzen Welt!«

So viel zur politischen Benutzeroberfläche der *Neunten.* Aber auch andere Symphonien Beethovens wurden mit politischer Botschaft beladen. Auch die *Dritte,* auch die *Fünfte.* 1962, ein Jahr nach dem Mauerbau, schrieb Reiner Kunze ein Gedicht, das als Antithese zu Schillers »Freudenode« verstanden werden kann:

Die Bringer Beethovens

Sie zogen aus, Beethoven zu bringen
jedermann
Und da sie auch eine schallplatte hatten
spielten sie zur rascheren einsicht
die sinfonie nr. 5 c-moll opus 67

Der mensch M. aber sagte,
es sei ihm zu laut, das
mache sein alter

Über nacht setzten die bringer Beethovens
maste an straßen und plätze
spannten drähte befestigten
lautsprecher und mit dem morgen
ertönte zur bessren gewöhnung
die sinfonie nr. 5 c-moll opus 67,
laut genug daß man sie hörte
auch in der ferne

Der mensch M. aber sagte, ihn schmerze der kopf,
ging heim gegen mittag schloß
türen und fenster und lobte
die dicke der mauern

Herausgefordert, knüpften die bringer Beethovens
draht an die mauern und hängten
lautsprecher über die fenster daß
durch die scheiben drang
die sinfonie nr. 5 c-moll opus 67

Der mensch M. aber ging aus dem haus und zeigte an
die bringer Beethovens;
doch jeder fragte ihn, was er habe
gegen Beethoven

Angegriffen, klopften die bringer Beethovens
am tore des menschen M., stellten als er es auftat
hinter die schwelle den fuß; die sauberkeit lobend
traten sie ein
Zufällig kam auch die rede
auf Beethoven
und zur belebung des themas hatten sie
zufällig bei sich
die sinfonie nr. 5 c-moll opus 67
der mensch M. aber schlug mit der eisernen schöpfkelle
ein auf die bringer Beethovens
Er wurde verhaftet zur zeit

Mörderisch nannten die tat des M.
anwalt und richter der bringer Beethovens
Doch hoffnung sei immer

Er wurde verurteilt
zur sinfonie nr. 5 c-moll opus 67
von Ludwig van Beethoven

Da trommelte M. und schrie
bis stille war

Er war schon zu alt, sagten die bringer Beethovens
Am sarge des M. aber, sagten sie,
stehn seine kinder

Und die kinder verfügten
daß gespielt werde
am sarge des menschen M.
die sinfonie nr. 5 c-moll opus 67

Dieses Gedicht erzählt davon, wie Beethovens Musik zu einem Instrument der Indoktrination und zu einer Waffe gegen Andersdenkende wurde. Zugleich ist der Text eine Parabel auf die Gleichschaltung des öffentlichen und privaten Lebens in einer Diktatur, die bis in die Gedanken der Menschen hineinkriecht und sie vergiftet, sei es die Diktatur des Proletariats, sei es die nationalsozialistische. Kunze hatte in der DDR Schreibverbot, seine Lyrik wurde im Westen gedruckt, sie kursierte in Ostdeutschland nur in Abschriften, als »Schmuggelware«. Im Beethoven-Gedenkjahr 1977 – zum hundertfünfzigsten Todestag –, als alle Radio-DDR-Kanäle voll des Lobes waren über diesen »verdienten Aktivisten des deutschen Volkes«, machte Kunze dann, wie man damals sagte, »rüber«. Das war ein Jahr nach der Ausbürgerung von Wolf Biermann, der seinerseits Freund Kunze ein Lied gewidmet hatte mit dem berühmten Refrain von der Gefahr, in der man nicht umkommt, das von »magenkranken Göttern« berichtet und von der »aufgerissenen deutschen Heldenbrust«.

Das Gedenkjahr 1977 wurde hüben wie drüben mit allem Drum und Dran begangen. 1970 war auch schon ein Beethoven-Gedenkjahr gewesen (da wurde sein zweihundertster Geburtstag gefeiert), ebenfalls in beiden deutschen Staaten mit Kongressen, Festreden und Staatsakten. Zwischen beiden Jubiläen lag die Biermann-Ausbürgerung, in deren Gefolge rund zehntausend DDR-Bürger die Ausreise beantragten. Viele Gäste aus dem Westen, darunter die französische Beethovenforscherin Brigitte Massin, sagten 1977 ihre Teilnahme am Ostberliner Beethovenkongress ab. Zur Begründung schreibt Massin, es sei ihr nicht möglich, »in einem Land, das die künstlerische Freiheit mit Füßen tritt, über Beethoven zu sprechen, der jede Art von politischer Unterdrückung abgelehnt habe«. Willi Stoph, Ministerpräsident der DDR, hält dagegen: »In der westdeutschen Bundesrepublik wird eine im Prinzip volksfeindliche Kultur- und Kunstpolitik betrieben. Unter den dort herrschenden Verhältnissen führt der Versuch, Beethoven als Aushängeschild für die Politik zu benutzen, zu keiner Legitimation, das Erbe des großen Komponisten anzutreten. Dies umso weniger, als das in der Bundesrepublik manipulierte Beethoven-Bild völlig einseitig ist, weil es die demokratisch-revolutionären Gedanken Beethovens, die in seiner Musik unüberhörbar sind, ausklammert.« Und aus dem Westen schallte es zurück: »Eroica mit Hammer und Zirkel! Beethoven hoffte … gemeinsam mit Schiller: Alle Menschen werden Brüder. Es tut mir leid, Genossen, aber: ›Alle Menschen werden Genossen‹ war damit nicht gemeint.« So weit die *Bild am Sonntag*.

Sowohl der demokratisch-kapitalistische Westen als auch der planwirtschaftlich-sozialistische Osten reklamierten seine Musik jeweils als nationales Erbe. Als dann zwölf Jahre später die Mauer fiel und die DDR zerbröselte, textete Leonard Bernstein die Ode »An die Freude« um in eine Ode »An die Freiheit« – wohl ohne zu ahnen, dass er damit realisierte, was Hanns Eisler, der Komponist der DDR-Nationalhymne, schon lange vorher vorgeschlagen hatte.

Bereits 1951 verfasste der Dichter der DDR-Nationalhymne, Johannes R. Becher, aus Anlass der dritten Weltfestspiele der Jugend in Ostberlin einen neuen Text für die kleine Schwester der *Neunten,* die *Chorfantasie* op. 80. Aus des »Lebens Harmonien« machte er »Friedens Melodien« und so fort. Und alsbald wurde diese DDR-Fassung der *Chorfantasie* Beethovens in einer hochkarätig besetzten Aufnahme der VEB Deutsche Schallplatte verewigt, mit Franz Konwitschny am Pult. Von Frieden ist in beiden Texten die Rede, ansonsten gibt es signifikante Unterschiede. Hier der ursprüngliche Text:

Schmeichelnd hold und lieblich klingen
Unsers Lebens Harmonien,
Und dem Schönheitssinn entschwingen
Blumen sich, die ewig blühn.

Fried' und Freude gleiten freundlich
Wie der Wellen Wechselspiel;
Was sich drängte rauh und feindlich,
Ordnet sich zu Hochgefühl.

Wenn der Töne Zauber walten
Und des Wortes Weihe spricht,
Muß sich Herrliches gestalten,
Nacht und Stürme werden Licht.

Äuß're Ruhe, inn're Wonne
Herrschen für den Glücklichen.
Doch der Künste Frühlingssonne
Läßt aus beiden Licht entstehn.

Großes, das ins Herz gedrungen,
Blüht dann neu und schön empor,

Hat ein Geist sich aufgeschwungen,
Hallt ihm stets ein Geisterchor.

Nehmt denn hin, ihr schönen Seelen,
Froh die Gaben schöner Kunst.
Wenn sich Lieb' und Kraft vermählen,
Lohnt dem Menschen Göttergunst.

Und hier Bechers Neudichtung:

Seid gegrüßt! Laßt Euch empfangen
Von des Friedens Melodien!
Unser Herz ist noch voll Bangen,
Wolken dicht am Himmel stehn.

Aber neue Lieder tönen,
Und der Jugend Tanz und Spiel,
Zeugt vom Wahren und vom Schönen,
Ordnet sich zu hohem Ziel.

Wo sich Völker frei entfalten
Und des Friedens Stimme spricht,
Muß sich Herrliches gestalten,
Nacht und Träume werden Licht.

Leben wird zu Lust und Wonne,
Wird zu aller Wohlergehn,
Und der Künste Frühlingssonne
Läßt die Welt uns neu erstehn.

Großes, das uns je gelungen,
Blüht im neuen Glanz empor.

»Friede, Friede ist errungen!«
Jubelt laut der Menschheitschor.

Nehmt denn hin, ihr lieben Freunde,
Froh der Gaben schöner Kunst.
Wenn sich Geist und Kraft vereinen,
Winkt uns ewigen Friedens Gunst.

Diese sozialistische Textparodie, randvoll mit herrlich pathetischen Floskeln gefüllt, wäre unmöglich gewesen, wenn nicht auch das Stück selbst eines der entschieden mit Botschaft aufgeladenen Werke Beethovens wäre. Die *Chorfantasie* op. 80, uraufgeführt 1808, wird selten gespielt, man fasst sie mit eher spitzen Fingern an. Die Musik entstand zuerst, der Text wurde nachträglich draufkopiert. Merkwürdig auch diese naiv auf- und niederschwebende C-Dur-Melodie, die mehrfach in Variationen auseinandergefaltet und am Ende mit Pauken und Trompeten in die Welt hinausposaunt wird, »mit Kraft«: Wir kennen sie aus dem Chorfinale der *Neunten*.

Erstmals erfunden hatte Beethoven diese vielfach kopierte und zitierte Melodie für das Lied *Gegenliebe* WoO 118,2, das er bereits in der Bonner Zeit komponiert und bis dato noch nicht veröffentlicht hatte. *Gegenliebe* besingt das Glück der Liebe zwischen zwei Menschen. In der *Chorfantasie* wird diese Botschaft sublimiert: Besungen wird jetzt das Glück der Liebe zur Kunst. Und in der *Neunten* erfasst die Melodie die gesamte Menschheit, die ganze Welt.

In dem Doppellied *Seufzer eines Ungeliebten & Gegenliebe* WoO 118 ist freilich im Jahr 1794 bereits angelegt, was erst in die *Chorfantasie* und später in die *Neunte* einging: nämlich eine Melodie, die so tut, als sei sie ein Volkslied; formale Brüche, etwas Zusammengesetztes, Rezitativ und Variation; sowie ein zentrales Wort, das in hoher Lage herausgeschleudert wird. Im Lied heißt das Wort »dich«, in der *Chorfantasie* »Kraft« und im Chorfinale der *Neunten* »Gott«.

Man kann in den Skizzen zur *Chorfantasie* sehr schön sehen, wie Beethoven selbst versucht hat, neue passende Worte für seine Melodie zu finden, bis er dann schließlich den Modepoeten Christoph Kuffner beauftragte. Mit dessen Arbeit war er allerdings unzufrieden und schreibt an seinen Verleger Härtel in Leipzig: »Wollten Sie vielleicht einen anderen Text unterlegen, da der Text wie die Musik das Werk einer sehr kurzen Zeit war, so dass ich nicht einmal eine Partitur schreiben konnte; doch müßte bei einer anderen Unterlegung das Wort ›Kraft‹ beibehalten werden, oder ein anderes, äußerst ähnliches dafür an die Stelle kommen.« Und hier eine weitere Briefstelle, die dazugehört, wenn sie auch aus einem anderen Kontext stammt: »Hol Sie der Teufel«, schreibt der siebenundzwanzigjährige Beethoven in einem Augenblick bester Laune an seinen Freund Zmeskall von Domanovecz, »ich mag nichts von Ihrer ganzen Moral wissen. Kraft ist die Moral der Menschen, die sich vor anderen auszeichnen, und sie ist auch die meinige.«

Dieser Satz gehört zu den meistzitierten Beethoven-Sprüchen überhaupt. Er soll uns den ganzen Beethoven erklären helfen – die »Kraft«-Stelle in der *Chorfantasie* op. 80 lieferte dazu den musikalischen Schlüssel. Seltsamerweise wird das Stück aber bis heute eher als ein verunglücktes Machwerk angesehen: Es stöpselt drei Formen zusammen, die nicht zusammengehören, Klavierkonzert, Symphonie und Kantate.

Beethovens Zeitgenossen sahen das noch anders. In einer der ersten Besprechungen in der *Allgemeinen musikalischen Zeitung*, 1812, wird die Neuartigkeit dieser zusammengesetzten Form als »wahre Selbstbiographie eines Künstlers ...« gedeutet. Die *Chorfantasie* op. 80 sei ein Selbstporträt Beethovens, ein »Reflectierspiegel seines Innern« und die Idee dazu »ganz originell, neu und auch glücklich«. In der wilden, wie improvisiert wirkenden Klaviereinleitung stelle er sich als Virtuose vor: Stimmt! Für sein brillantes Extemporieren am Klavier war Beethoven in Wien berühmt. In den folgenden Orchestervariationen mit dem kriegerischen Marsch zeige er seine Meisterschaft im Symphonischen: Genau! Spätestens seit der *Dritten* wurden die mit Kriegsmusik aufgeladenen Instrumentaldramen Beethovens Markenzeichen. Schließlich, zum Finale, folge die Menschenstimme, sie trage das persönliche Credo dieses Künstlers vor: »Nehmt denn hin, ihr schönen Seelen, froh die Gaben schöner Kunst. Wenn sich Lieb' und Kraft vermählen, lohnt dem Menschen Göttergunst.« In der *Neunten* tritt dann der Künstler zurück ins Kollektiv, der Klavierpart fällt weg, aus den Göttern wird Gott.

Was ist mit dieser Symphonie, dass über alle politischen Lager hinweg ein jeder meint, er könne sich darin spiegeln? Im Beethovenjahr 1970 hat der Komponist Mauricio Kagel in Köln nach Antworten gesucht. Er drehte einen surrealen Schwarz-Weiß-Film namens *Ludwig van,* in dem unter anderem Joseph Beuys ihm die Küche Beethovens baut und Werner Höfer einen *Internationalen Frühschoppen* mit sechs Journalisten aus sechs Ländern, darunter Koryphäen wie Heinz-Klaus Metzger und Otto Tomek, moderiert und Fragen stellt wie »Warum wird Beethovens Musik missbraucht?« oder »Was kann man dagegen tun?«. Unterdessen steigt Beethoven persönlich am Bonner Hauptbahnhof aus dem Zug, die Kamera folgt ihm quer durch die Stadt, zum Beethoven-Haus, an den Rhein, unter die Leute. Er geht der Sache selbst nach. Weil er aber taub ist, hört er nicht, was man ihm sagt. Er hört immer wieder nur die eigene Musik, und auch die klingt, eben weil er taub ist, verzerrt und verbogen. Kagel zieht aus alledem den Schluss: Man sollte Beethoven heute gar nicht mehr aufführen, und wenn, dann nur noch so, »wie er seine Musik selbst gehört hat: nämlich schlecht«.

Der von Kagel dazu komponierte Soundtrack wird also von einer ziemlich mickrigen Kurkapelle zelebriert. Man kann den kompletten Film auf YouTube anschauen. Wie da, während die Credits eingeblendet werden, aus einem Gully, in Form weißen Nebels, die Eröffnungsquinten der *Neunten* aufsteigen, als seien es giftige Abgase, das ist böse und zugleich herzzerreißend und überirdisch schön. Denn es wird, in der Karikatur, deutlich, welcher Schatz uns verloren ging: Wir *können* Beethovens *Neunter* nie wieder so zuhören, als sei es das erste Mal. Nicht einmal den ersten Satz daraus kann man hören, ohne den vierten mitzudenken.

Auch in der *Vierten* gibt es eine langsame Einleitung, die *Fünfte* hat ein ähnlich prägnantes erstes Thema, und was die Durchführung anbelangt, den rhythmischen »élan terrible« und die motivische Durcharbeitung der Stimmen, lassen sich die Vorgängersymphonien mit der *Neunten* durchaus in Vergleich setzen. Aber wir lesen und hören Beethovens letzte Symphonie heute nicht mehr von vorne – von ihrem ersten Satz her, wie es die Zeitgenossen Beethovens taten. Die Rezeptionsgeschichte der *Neunten* – ihr Missbrauch, wie Kagel sagen würde – hat dafür gesorgt, dass wir sie von hinten her hören, vom Chorfinale. Zurückgehen soll dies auf Richard Wagner, der in seinen Dresdner Jahren mehrmals die *Neunte* dirigiert hatte und daraufhin das Werk als »das menschliche Evangelium der Kunst der Zukunft« auf den Sockel hob. Nachdem das Dresdner Opernhaus 1849, während der Revolution, in Brand gesetzt worden war, sei er auf dem Weg von seiner Wohnung zum Rathaus an einer Barrikade vorbeigelaufen, und ein Gardist habe ihm zugerufen: »Herr Kapellmeister, nun, der Freude schöner Götterfunken hat gezündet, das morsche Gebäude ist in Grund und Boden verbrannt.« So weit Wagner in seiner Autobiographie. Etwas sehr Ähnliches erzählte zehn Jahre zuvor Wolfgang Robert Griepenkerl in seiner Novelle *Das Musikfest oder die Beethovener*: Da setzt am Ende einer Aufführung der *Neunten* der Götterfunke des letzten Satzes das ganze Haus in Brand. Und im ersten Satz, in der Reprise, bei den Sechzehnteltriolen der Flöten und Geigen ab Takt 330, hört der Kontrabassist Hitzig gar schon im Voraus die Gewehrkugeln prasseln: »Die Fahne ist gerettet, Musikdirektor, rief er laut, als er auf dem Cis anlangte. Die Bässe haben's gehalten, denk' ich.«

Seit der Antike vertritt der Chor das Volk, aus ihm spricht – nach humanistischer Tradition – die Stimme der Menschheit. In der demokratischen Musikfestbewegung, die sich seit den Befreiungskriegen in ganz Deutschland ausgebreitet hatte, spielte das Chorsingen eine Schlüsselrolle. Zu den Musikfesten strömten nun, in der Vormärz-Zeit, Profi-, aber vor allem auch Laienmusiker, Sänger und Sängerinnen von überallher zusammen. »Solche Feste sind Nationalfeste«, heißt es in Griepenkerls Novelle. »Man sollte sie noch weiter ausdehnen, als bisher geschehen. Hier lernt das Individuum, sich unterzuordnen, dem großen Ganzen. Das stolze Gefühl eines selbstbesiegten Egoismus vereinigt Tausende.« Beim achten Niederrheinischen Musikfest in Aachen 1825 wurde Beethovens *Neunte* aufgeführt, wenn auch, weil sie so schwer und so lang war, nur fragmentarisch: Gespielt wurden der erste Satz und das Chorfinale, gekürzt wurden das Adagio und ausgerechnet der ohnehin knappste Satz, das Scherzo. Bei dieser Aufführung – nur ein Jahr nach der Wiener Uraufführung – geschah es zum ersten Mal, dass die *Neunte* direkt in den Dienst einer politischen Idee gestellt wurde. Fortan gehörte sie fest zum Repertoire der bürgerlich-nationalrevolutionären Bewegung. Sogar Giacomo Meyerbeer, der an sich eher ein königstreuer Konservativer gewesen war, ließ sich davon mitreißen, auch er komponierte für die Musikfeste. Für die zweite Auflage von Griepenkerls *Das Musikfest oder die Beethovener* vertonte er einen Denkspruch, der den Geist dieses Aufbruchs festhält:

Vergangenheit, ein tiefer Schacht,
Erinnerung, Grubenlicht in Nacht;
Die Gegenwart, die Sonne Grüßen,
Thatkräft'ger Wille Strahlenschießen!
Die Zukunft, Tag in Nacht verborgen,
Die Hoffnung, dämmernd Roth im Morgen!

Musik wird Morgenrot! Diese Metapher sollte sich als überaus haltbar erweisen. Ernst Bloch hat sie für Beethovens *Fidelio*, Hanns Eisler für Beethovens Musik überhaupt verwendet. Und nicht einmal hundert Jahre nach der ersten Aufführung der *Neunten* übernimmt die Arbeitermusikbewegung die Fackel: Als Erbe der vormärzlichen Musikfestbewegung führt sie nicht nur die Tradition fort, regelmäßig mit großen Laienchören die *Neunte* zu zelebrieren, sie begründet eine neue: die Silvesterkonzert-Neunte. Die erste fand zum Jahreswechsel 1918/19 im Leipziger Krystallpalast als eine »Friedens- und Freiheitsfeier« von, für und mit den revolutionären Arbeitern statt, Dirigent war Arthur Nikisch.

1927 verkündet Adolf Hitler bei einer Rede in München, die *Neunte* Beethovens verkörpere das Führerprinzip. Im gleichen Jahr schreibt Eisler in der *Roten Fahne*: »Die neunte Symphonie, größtes Werk Beethovens, endet stark, siegesgewiß, jubelnd, zuversichtlich, männlich. Deshalb können wir mit vollem Recht sagen, dass seine Musik auch heute, hundert Jahre nach seinem Tode, dem Proletariat nahegeht, ihm Energien zuführen kann ... Und wenn dieser gewaltige Hymnus ›An die Freude‹ aufbraust, sich steigert und jubelnd ausklingt, dann kann und muss jeder klassenbewusste Arbeiter ... sich sagen können: Diese Töne, die schon jetzt uns, den noch kämpfenden Arbeitern, Energien zuführen, werden erst recht uns gehören, wenn wir erst über die jetzt herrschende Klasse gesiegt haben werden und den Millionenmassen der bis dahin Unterdrückten mit dem Triumphgesang Beethovens zujauchzen werden: Seid umschlungen, Millionen.«

Eisler hat übrigens später in der DDR-Nationalhymne noch einmal auf die *Neunte* zurückgegriffen. Nicht Peter Kreuders Schlager »Goodbye Johnny« steckt, wie oft behauptet, hinter der Melodie von »Auferstanden aus Ruinen«, vielmehr – wie der Musikwissenschaftler Hartmut Krones überzeugend nachwies – Beethovens Freudenmelodie. Die Harmoniefolge ist identisch, die ersten vier Takte stimmen rhythmisch überein: eindeutig eine sequenzierte Umkehrung des Themas.

Bleibt noch eines zu erwähnen, das in aller Regel vergessen wird, wenn man über die *Neunte* spricht: Beethoven war nicht der erste und schon gar nicht der einzige Komponist, der Schillers »An die Freude« vertont hat. Vor ihm tat dies, unter anderem, der siebzehnjährige Franz Schubert, dessen Chor »An die Freude« (D 189) im Schatten der Hymne aller Hymnen allerdings ganz und gar unterging.

In der Neuen Pinakothek in München, auf dem Gemälde *Die Symphonie* von Moritz von Schwind, kann man Franz Schubert sehen, wie er klein im Hintergrund sitzt, mitten im Publikum. Das Bild zeigt nicht eine Aufführung der *Neunten,* sondern eine Aufführung der *Chorfantasie* op. 80. Eine Dame sitzt am Klavier. Beethoven ist bereits tot, in einem Alkoven, zentral, prangt seine mit Lorbeer bekränzte Büste, seine Augen sind geschlossen.

# 18

# »UNSER MUSIKALISCHER
JEAN PAUL«

Im Juli des Jahres 1807 servierte Cottas *Morgenblatt für gebildete
Stände* seinen geneigten Lesern ein neues Besteck zum besseren
Verständnis der Beethovenschen Symphonien. Heute würde man so
etwas »Musikvermittlung« nennen. Der Text beginnt anschaulich
mit einem Vergleich: Joseph Haydn, heißt es da, stehe etwa auf einer
Stufe mit dem Dichter Christoph Martin Wieland, Mozart müsse
man sich als Schiller der Musik vorstellen. Und Beethoven? »Beethoven ist unser musikalischer Jean Paul!« Der Name Goethe taucht in
diesem Ranking noch nicht auf.

Johann Paul Friedrich Richter, der Einsiedler aus Bayreuth, war
einer der populärsten, aber auch umstrittensten Schriftsteller jener
Tage. Seine labyrinthischen Romane, sein bizarrer Humor, die phan-
tastischen Szenarien, die sprunghaften Pointen – entweder man
mochte das, oder man fand es furchtbar, Freund oder Feind, dazwischen gab es nichts. Der Vergleich war, was Beethoven betrifft, nicht
unbedingt als Kompliment gemeint. Doch was hielten jüngere Zeitgenossen davon, wie dachten Schumann und Schubert darüber?
Speziell: Schumann, der so verrückt nach Jean-Paul-Lektüre war

wie die heutige Jugend es noch ist nach Terry Pratchett oder David Foster Wallace.

»Vive la Bagatelle!«, steht in einer Notiz von 1782, die im Nachlass von Jean Paul gefunden wurde. Und weiter: »Von einem großen Mann ist alles interessant, und die Kleinigkeiten desselben sind es nicht am wenigsten.« Vierzig Jahre später komponierte Beethoven die Bagatellen op. 119, die so avanciert klingen, als wären sie wiederum zwanzig Jahre später von Robert Schumann komponiert worden. Als Jean Paul seine Notiz schrieb, war Beethoven zwölf Jahre alt. Als Beethoven seine Bagatellen schrieb, war Schumann zwölf Jahre alt. Mit achtzehn schrieb der junge Schumann dann in sein Tagebuch: »Jean Paul und Beethoven hängen in meiner Stube nebeneinander. Sie haben schon manche Menschen unglücklich gemacht. Denn der Mensch ward zu hoch gestimmt u. konnte nicht glücklich seyn – aber doch auch glüklich. Bey mir wird es Wehmut, aus Wonne und Schmerz zusammengesetzte Entzükung.«

Mit neunzehn komponierte Schumann seine *Papillons* op. 2. Jedes einzelne dieser kleinen, attacca ineinander übergehenden Charakterstücke ist die sehr konkrete Schilderung einer Szene aus dem Kapitel »Larventänze« in Jean Pauls Roman *Flegeljahre:* Da wird mit Riesenstiefeln herumgestakst, in weiten Oktavgängen, und es werden feine Trillerblütenkränze verteilt. Schumann las diesen Roman 1828, ein Jahr nach Beethovens Tod, zum ersten Mal, und Beethovens späte Bagatellen waren ihm zu diesem Zeitpunkt noch gar nicht bekannt, aber die Parallelen sind doch frappierend. Dabei hatte Schumann als Gymnasiast in Zwickau außer einer vierhändig gespielten *Eroica* im Klavierunterricht kein weiteres Beethovensches Werk kennengelernt – zumindest gibt es keinen Hinweis darauf. Auch in seinem ersten Jahr als Jurastudent in Leipzig übte er bei seinem Klavierlehrer Friedrich Wieck zwar alle möglichen Stücke von Ries und Czerny, Hummel und Moscheles, auch ein Rondo und eine Polonaise von Franz Schubert – aber keine einzige Note Beethoven.

Erst mit siebzehn hört Schumann auf einer Reise nach Dresden eher zufällig erstmals eine Beethovensche Symphonie. Das Konzert fand am Samstag, den 28. Juli 1827, statt – welche Symphonie gegeben wurde, wissen wir nicht. Schumann schreibt an seinen Freund Emil Flechsig: »wie Donner Gottes« sei diese Symphonie über ihn gekommen, und »die Blume der ersten Liebe stieg sanft aus dem Grab der Vergangenheit auf«. Von nun an wird Beethoven für Schumann wichtig. Er hört alle Symphonien im Leipziger Gewandhaus und gründet einen studentischen Musikzirkel, wo – neben Klavierquartetten und -trios von Prinz Louis Ferdinand und Franz Schubert – vor allem Beethovensche Kammermusik gespielt wird. Im Todesjahr Schuberts, 1828, macht Schumann dann eine Pilgerreise nach Bayreuth zum Grab von Jean Paul. Die Witwe des Dichters schenkt ihm ein Bild ihres Mannes, das er nach seiner Rückkehr neben das Konterfei Beethovens über seinen Schreibtisch hängt. Dies sind ab jetzt seine beiden Götter.

Etwa zu dieser Zeit beginnt Schumann, autodidaktisch zunächst, zu komponieren. Zuerst ein Klavierquartett in c-moll, das er wenig später unvollendet zur Seite legt. Spuren des Beethovenschen c-moll-Klaviertrios op. 1,3, das Schumann gerade spielte, ziehen sich durch alle vier Sätze des Stücks, und das rhythmische Muster des Finalsatzes ist inspiriert vom Kopfsatz der *Siebten Symphonie* Beethovens, die er eben kennengelernt hatte. Das Thema des Trios im Scherzo erinnert an den ersten Satz aus Beethovens Trio op. 1, Nr. 3. Das ist sicher noch kein Meisterwerk, aber ein mutiges Gesellenstück ist dieses allemal, wenn man bedenkt, dass der achtzehnjährige Schumann keinerlei kompositorische Ausbildung hatte und seine Ideen über Stimmführung, Harmoniefortschreitungen etc. hauptsächlich aus der Nachahmung früher Beethovenwerke bezog.

Seit 1829 reift in Schumann der Entschluss, die Juristerei an den Nagel zu hängen und sich ganz der Musik zu widmen. Seine beiden Götter werden ihm dabei zu leuchtenden Leitsternen, ja sie rücken in seinen Tagebuchaufzeichnungen immer näher zusammen, bis ihre Physiognomien miteinander verschmelzen. *Tonwelt. Aus dem Tagebuch der heiligen Caecilia* heißt eine der frühesten Musikschriften Schumanns von 1828, worin sich ein Porträt Beethovens findet, das in Stil, Satzbau und Wortwahl so eng an die aphoristische Sprache Jean Pauls angelehnt ist wie sein c-moll-Klavierquartett an die frühe Beethovensche Kammermusik: »Beethoven! ... Formlose Geisterschatten zogen mit ihren weißen, klaren Gewändern wie ferne Segel nach ihrer Heimat. Da gingen weiche, einzelne Töne wie Geisterhauch durch den großen Raum u. das Herz sehnte sich und strebte ihnen nach u. ein tiefer ernster Ton sprach dazwischen wie eine dunkle Verkündigung – und aus der Tiefe u. aus der Höhe antworteten Stimmen, aber sie waren weit und redeten von Jenseits. – Nun sprang das große Tor der Zukunft weit auf, u. alles zitterte u. bebte u. seufzte, lauter u. näher rollten die Donner u. die Blitze leuchteten hell u. das Herz fühlte sich so klein in diesem großen Streit! Da sprachen sanfte Stimmen das Gebet des Herrn u. überwältigten den Donner. Wie eine Morgenröthe schifften Töne aus dem dunklen Chaos ...«

Schumann komponiert noch weitere Gesellenstücke, teils nicht einmal zu Ende, die er später wieder verwirft. Dazu gehört zum Beispiel die *Zwickauer Symphonie,* außerdem die *Etüden in Form freier Variationen über ein Thema von Beethoven* WoO 31. Das Thema zu Letzteren stammt aus der *Siebten Symphonie,* aber auch die »Szene am Bach« aus der *Pastorale* taucht im weiteren Verlauf auf, und kurz vor Schluss hören wir, was Schumann aus dem Beginn der *Neunten Symphonie* neu herausholt. Diese sogenannten *Beethoven-Etüden* – begonnen 1831 und nie ganz vollendet – sind schon so etwas wie die kleine Schwester der großen *Symphonischen Etüden* op. 13. Es ist eine eigne Handschrift zu bemerken, manche melodische Wendung, die Schumanns Klavierstil später unverwechselbar macht.

Warum sich Schumann, dessen erste Kompositionsversuche der Kammermusik und der Symphonie galten, dann zunächst ganz aufs Klavier und kleine Formen wie Lieder verlegte, dazu gibt es eine populäre, aber nicht unheikle Erklärung aus der Psychologie, die nicht nur für Schumann, sondern für eine ganze Generation gilt. Man nennt sie das Beethoventrauma. »Wer vermag nach Beethoven noch etwas zu machen?«, soll Franz Schubert geseufzt haben. Und ob diese Frage nun wirklich von ihm so gestellt wurde oder nicht: Sie wurde im neunzehnten Jahrhundert zu einem negativen Mantra. Die große Form, zumal die Instrumentalsymphonie, so kann man es überall lesen, habe für Komponisten, die im Schatten Beethovens aufwuchsen, zu einem besetzten Terrain werden müssen. Gegen diese Theorie spricht einerseits die *Symphonie fantastique* von Berlioz, andererseits dagegen sprechen die Symphonischen Dichtungen Liszts, auch die Symphonien Mendelssohns, Schuberts und Schumanns.

Als Musikschriftsteller hat sich Schumann mit nichts anderem so oft und so scharf auseinandergesetzt wie mit dem aktuellen Symphonieschaffen. Er spricht dabei stets vom großen Vorbild Beethoven, nicht im Sinne einer Drohung, eher als Ansporn. 1839 bricht er eine Lanze für die von ihm wiederentdeckte *Große C-Dur-Symphonie* von Franz Schubert, er schreibt nach einem Probenbesuch an seine Braut Clara Wieck: »Ich war ganz glücklich und wünschte nichts, als Du wärest meine Frau und ich könnte solche Sinfonien schreiben.« Es dauerte kein Jahr, da war beides Realität geworden. Für ein Trauma oder eine Krise spricht das nicht gerade.

Wie Schumann in seinen Rezensionen die neuen Symphonien der Kollegen allezeit an Beethoven maß, so werden alsbald auch seine eignen Symphonien daran gemessen. Von der *Zweiten Symphonie C-Dur op. 61* zum Beispiel, die 1846 von Mendelssohn in Leipzig uraufgeführt wird, behauptet der Kritiker Ernst Gottschald in der *Neuen Zeitschrift für Musik,* sie sei nichts anderes als die

Fortsetzung der *Neunten:* »Die Grundidee der neunten Symphonie, welche ist es? Frage bei Schumann's Zweiter Symphonie an, sie wird Dir Rede stehen und sagen: ›Das ist mein Vorbild, wir sind zum Preise einer und derselben Idee geschaffen!‹ Und in der That, dieses sieggekrönte Ringen des einzelnen Subjectes nach vollständigster Durchdringung mit und absolutem Aufgehen in liebevoller geistiger Allgemeinheit ist auch die Idee der neunten.«

Man darf davon ausgehen, dass Schumann, der immerhin zehn Jahre lang als Schriftleiter der *Neuen Zeitschrift für Musik* wirkte, nichts dagegen einzuwenden hatte. Und es ist etwas Wahres dran: Wie in der *Neunten* sind Scherzo und Adagio vertauscht in Schumanns *Zweiter;* und wie in Beethovens *Fünfter* und *Neunter* wird die zyklische Idee verwirklicht, indem der Finalsatz Themen der vorangegangenen Sätze aufgreift. Schumanns *Zweite* ist ein kraftvolles, formsicheres Orchesterstück, eigensinnig instrumentiert, sprunghaft und romantisch in Themensetzung und -durchführung, bunt und bizarr wie eine Erzählung von Jean Paul. Und am Ende taucht zwar kein Chor auf wie in der *Neunten,* aber eine kantable, schöne Melodie, nach einem Übergang von c-moll nach C-Dur, markiert durch eine kurze Generalpause, die wie ein Doppelpunkt wirkt. Das klingt nach Zitat, ja es *ist* ein Zitat: Es handelt sich um eine Melodie aus Beethovens Liederkreis *An die ferne Geliebte* op. 98 zu den Worten: »Nimm sie hin denn, diese Lieder.«

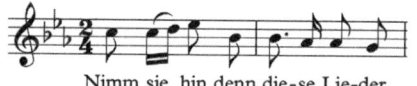

Nimm sie hin denn die-se Lie-der

Dieses Lied aus Beethovens op. 98 sollte zur Erkennungsmelodie bei der erst heimlichen, dann unheimlichen Liebe zwischen Clara Wieck und Robert Schumann werden. Und hier, in Schumanns *Zweiter Symphonie,* ist das Zitat nicht nur wie ein Etikett außen aufgeklebt; es wird glänzend ausgeführt und integriert.

Ähnlich souverän ging Franz Schubert mit dem Vorbild Beethoven um. Er bekämpft es nicht, es lähmt ihn nicht. Es inspiriert ihn vielmehr, er integriert es. Im Finale seiner Symphonie C-Dur D 944, der *Großen C-Dur-Symphonie,* zitiert er die Freudenmelodie aus der *Neunten,* sie taucht auf wie ein Regenbogen und wird eingebunden in den thematischen Prozess. Diese Symphonie wurde erst elf Jahre nach Schuberts Tod uraufgeführt. Federführend bei der Entdeckung war Robert Schumann, der im Januar 1839 bei einem Besuch in Wien durch den Bruder Franz Schuberts, Ferdinand, Einsicht in die noch unveröffentlichte Partitur erhielt.

Dann ging alles sehr schnell: Zurück in Leipzig, vertraute Schumann die Noten Felix Mendelssohn Bartholdy an, der sorgte sofort für die Aufführung, die am 21. März stattfand. Schumann schreibt dazu in seiner *Neuen Zeitschrift für Musik:* »Sag ich es gleich offen, wer diese Sinfonie nicht kennt, kennt noch wenig von Schubert, und dies mag nach dem, was Schubert bereits der Kunst geschenkt, allerdings als ein kaum glaubliches Lob angesehen werden. Es ist so oft und zum Verdruß der Komponisten gesagt worden, ›nach Beethoven abzustehen von sinfonischen Plänen‹ und zum Theil auch wahr, daß außer einzelnen bedeutenderen Orchesterwerken … das Meiste … nur mattes Spiegelbild Beethovenscher Weisen war, jener lahmen, langweiligen Sinfoniemacher nicht zu gedenken, die Puder und Perücke von Haydn und Mozart passabel nachzuschaffen die Kraft hatten, aber ohne die dazugehörigen Köpfe … Wie ich geahnt und gehofft hatte … daß Schubert, formenfest, phantasiereich und vielseitig, auch die Sinfonie von seiner Seite packen würde … ist nun in herrlichster Weise eingetroffen. Ich will nicht versuchen, dieser Sinfonie eine Folie zu geben. Aber dass sie uns in eine Region entführt, wo wir vorher gewesen zu sein uns nirgends erinnern können, dies zuzugeben, höre man solche Sinfonie.«

Es ist aber keineswegs so, dass Schubert erst 1839 von Robert Schumann aus dem Schutt des Vergessens gezogen wurde. So hätte man's gerne: dass die Geschichte schön ordentlich der Reihe nach abläuft und keinerlei Jean-Paulsche Bocksprünge macht. Es trifft zu, dass die *Große C-Dur-Symphonie* elf Jahre lang in der Schublade lag, eben weil Schubert nun einmal gestorben war und sich nicht um eine Aufführung kümmern konnte. Schuberts Klaviermusik dagegen, seine Lieder und Liederzyklen waren in aller Munde und gehörten fest zum Hausmusikrepertoire, ebenso die Kammermusik. Schumann, dreizehn Jahre jünger als Schubert, hatte – wie erwähnt – schon als Schüler dessen Klavierwerke im Unterricht gespielt, er kannte sie – früher als diejenigen Beethovens – und er schwärmte für Schubert, fast wie für Jean Paul oder Beethoven. Als ihn im Dezember 1828 die Nachricht von dessen Tod ereilt, schreibt er in sein Tagebuch: »Du, frühzeitig Heimgegangener, du himmlischer Schubert – hätten Gespenster und Doppelgänger Worte, sie sprächen wie du; aber wenn die Engel und die Genien der Welt schon einmal anredeten, sie sprächen auch wie du: du bist der überirdische, störende Geist, den seine Frühlingsblumen verhüllen.« Erst Schubert, dann Beethoven wurden die musikalischen Idole des jungen Schumann: Ihre Werke sprengten Formgrenzen. Und er suchte und fand bei beiden das von Jean Paul verkündete dialektische Prinzip, diesen Widerspruch zwischen Walt und Vult, zwischen Florestan und Eusebius, zwischen Besonnenheit und Ekstase – eben das, was den Davidsbündler begeistert und den Philister beunruhigt.

Schubert seinerseits kannte Beethoven noch persönlich. Sie liefen einander manchmal in Wien über den Weg. Nicht dass sie viel miteinander zu tun gehabt hätten, dazu war der Altersunterschied vermutlich zu groß. Als Beethovens *Zweite Symphonie* 1803 im Theater an der Wien uraufgeführt wurde – ein Werk, welches Schubert besonders beeindrucken sollte –, war der kleine Franz erst sechs Jahre alt, er ging in Lichtental zur Schule und fing an, auf der Geige herumzukratzen. Später, mit sechzehn und siebzehn, begegnete Schubert dem berühmten Mann ab und zu in der Verlagshandlung

Steiner & Co., so jedenfalls berichtet es sein Freund Anselm Hüttenbrenner: »Wir weideten uns an den kernigen, mitunter sarkastischen
Bemerkungen Beethovens, besonders wenn es welscher Musik galt.«
Im April 1822 widmet Schubert Beethoven seine Variationen e-moll
für Klavier zu vier Händen, er will ihm stolz die Erstausgabe des
Werks, das übrigens als Thema ein französisches (i. e. »welsches«)
Lied verwendet, selbst überbringen. Hat die Noten dann aber doch
nur an der Tür abgegeben oder vielmehr von Hüttenbrenner abge-
ben lassen und draußen gewartet, schüchtern, wie er war. Was Schubert nicht wissen konnte, was wir aber dank der Konversationshefte
wissen: Beethoven fand diese Variationen äußerst interessant, er hat
sie mit seinem Neffen etliche Male vierhändig gespielt.

Schubert und Beethoven lebten zur gleichen Zeit, doch in verschiedenen Welten. Als der Wiener Kongress die Stadt sowohl
belebte als auch erschütterte, war Schubert siebzehn Jahre alt und
beeindruckt, wohl auch eingeschüchtert von der öffentlichen Rolle,
die der vom versammelten europäischen Adel umschwärmte
Beethoven dabei spielte. Er würde auch gerne solche Akademien
geben, soll er einmal zu seinem Freund Joseph von Spaun gesagt
haben. Umgekehrt kannte Beethoven Schuberts Lieder, soweit sie
in den Salons herumgereicht wurden. Laut Auskunft von Anton
Schindler hat er sich sogar damit intensiv beschäftigt, und Schindler
hütete noch lange nach Beethovens Tod ein Album mit sechsundzwanzig Schubertliedern aus Beethovens Besitz. Weil einige der
von Schindler erwähnten Lieder Schuberts in diesem Album, die
Beethoven besonders gefallen haben sollen, noch ungedruckt waren,
hat Beethovens Sekretär wohl ausnahmsweise die volle Wahrheit
berichtet: »Mehrere Tage hindurch [konnte] sich [Beethoven] gar
nicht davon [von dem Liederalbum] trennen und stundenlang ver-
weilte er täglich bei ›Iphigenias Monolog‹, den ›Grenzen der
Menschheit‹, der ›Allmacht‹, ›Der jungen Nonne‹, der ›Viola‹, den
›Müller-Liedern‹ und andern mehr noch. Mit freudiger Begeisterung

rief er wiederholt aus: ›Wahrlich, in dem Schubert wohnt ein göttlicher Funke! – Hätte ich dies Gedicht gehabt, ich hätte es auch so in
Musik gesetzt!‹«

Wirklich gibt es einige Beethovenlieder nach Texten, die auch
der junge Schubert vertont hat. Die Unterschiede sind groß – die
Ausdrucksmittel so individuell, so charakteristisch, dass man sofort,
schon nach dem ersten Ton, sagen kann, wer da spricht. Etwa das
*Bundeslied* von Goethe: ein anakreontisches Gedicht in fünf Stro-
phen, bestimmt für heitere Feste, lustige Gesellschaft, im Volkston.
Beethoven vertonte diesen Text 1797, im Jahr, als Schubert geboren
wird. Er hat das Lied später für die Musikfestbewegung überarbeitet
und erweitert. Ihm ist völlig klar, dass dies ein Lied ist, das öffentlich
gesungen und aufgeführt werden muss, mit vielen (Laien-)Sängern,
vielen Zuhörern, womöglich open-air. So schreibt er also eine simple
Strophenmusik, die jeder einigermaßen musikfreudige Mensch vom
Blatt singen kann – freilich wird sie prächtig ausstaffiert: mit Ge-
sangssolisten, Chor und einem Bläserensemble, dessen Klang auch
im Freien schön weit trägt. Ganz anders geht Schubert mit Goethes
Gedicht um. Er komponiert ein Lied für die private Feier in geschlossenen Räumen, unter Freunden – für eine Schubertiade, harmonisch raffiniert, für nur drei Solostimmen, die sich abwechseln.

Ab dem Sommer 1812 nimmt der fünfzehnjährige Franz Schubert
Unterricht bei Antonio Salieri. Der soll ihm das Belcanto- und das
Opernkomponieren beibringen, wie er das siebzehn Jahre zuvor
schon dem jungen Ludwig van Beethoven beizubringen versucht
hatte. Salieri ist mit Beethoven zwar nach wie vor gut befreundet,
denkt aber nicht besonders freundlich über dessen Musik. Er ist ein
Mann der alten Schule, der auf Einhaltung der Regeln achtet: Was
sich für den Kirchenstil schickt – etwa Kontrapunktisches –, das
passt nach Ansicht Salieris nicht in den galanten Stil; ein komisches
Singspiel und eine ernste Seria sollten unterschiedlich besetzt und
harmonisiert werden usw. Salieri gibt diese Weisheiten an seine

Schüler weiter, und Schubert übernimmt sie. Am 16. Juni 1816 schreibt er in sein Tagebuch allerhand Abfälliges über die »Bizarrerie, welche bei den meisten Tonsetzern jetzt zu herrschen pflegt, u. einem unserer größten deutschen Künstler beynahe allein zu danken ist«. Er meint ohne Zweifel, ohne ihn zu nennen: Beethoven. »Von dieser Bizarrerie, welche das Tragische mit dem Komischen, das Angenehme mit dem Widrigen, das Heroische mit der Heulerey, das Heiligste mit dem Harlekin vereint, verwechselt, nicht unterscheidet, den Menschen in Raserey versetzt, statt in Liebe auflöst, zum Lachen reizt, anstatt zum Gott erhebt.«

Diese Tagebuchstelle wird immer dann zitiert, wenn es darum geht, einen Gegensatz zu konstruieren zwischen dem mittel- und erfolglosen, lyrisch begabten Schubert, dem armen »Schwammerl«, und dem mächtigen, einflussreichen Überflieger Beethoven, dem großen Louis. Es sind Klischees, die nur funktionieren, wenn man einerseits Schuberts Opern und Symphonien unter den Tisch fallen lässt, andererseits Beethovens Lieder, Bagatellen und späte Quartettsätze. Sollte sich Schubert in dieser Tagebuchnotiz zum Sprachrohr der alten Schule gemacht haben, so darf man wohl seine eignen Kompositionen zum Zeugen dafür nehmen, dass dies nur vorübergehend seine Meinung gewesen sein kann. Denn in den Liedern hatte Schubert zu diesem Zeitpunkt längst einen eignen Tonfall gefunden, den er selbst »schauerlich« nannte, andere nannten ihn »bizarr«. Schumann bezeichnet ihn als »jeanpaulsch«.

Schuberts Lieder werfen Regeln über den Haufen und schaffen sich neue, sie mischen »Tragisches« ins Alltägliche, das »Heiligste« stellen sie neben den »Harlekin«. In der Ballade *Der Zwerg*, komponiert 1822, wird das Kopfthema aus Beethovens *Fünfter Symphonie* zitiert. Anfangs erkennt man es nicht, es liegt versteckt und verkürzt in der Klavierbegleitung, die sich so anhört, als würden da nur die Wellen murmeln, eine Idylle: »Es schwebt das Schiff auf glatten Meereswogen«. Dann stellt sich nach und nach das Grauen ein: Das

Schicksal klopft an. Nach den Worten »mich selber hassen« und »den Tod gegeben« liegt das Klopfmotiv aus der *Fünften* dann offen zutage. Ein Meisterstück der Camouflage. Dieses Lied wurde 1823 veröffentlicht, Beethoven könnte es also noch gekannt haben.

Halten wir also fest: Ein musikalischer Vatermord fand nicht statt, erst recht kein künstlerischer Selbstmord. Vielmehr: Austausch. Das gilt für Schubert ebenso wie für Schumann. Konrad Küster hat en détail analysiert, wie Schubert in seinen großen, für die Öffentlichkeit bestimmten Kirchenmusiken mit ganz ähnlichen Weiterungen experimentierte wie Beethoven in seinen letzten Quartetten.

1835 ist die Idee für das erste Beethovendenkmal in der Welt. Es soll in Bonn aufgestellt werden, im Rahmen eines der Rheinischen Musikfeste. Franz Liszt ruft auf, dafür zu sammeln, die Idee findet großen Widerhall, und auch Schumann ist begeistert dabei. Er schreibt an den Verleger Kistner: »Florestan und Eusebius wünschen gern etwas für Beethovens Monument zu thun und haben zu diesem Zwecke etwas unter folgendem Titel geschrieben: Ruinen. Trophaeen. Palmen. Große Sonate f.d. Pianoforte … Für Beethovens Denkmal.«

Diese »Ruinen«-Sonate ist der erste Schritt zu seiner großen *Fantasie* in C-Dur op. 17. Er widmet sie Franz Liszt, der ihm im Gegenzug seine h-moll-Sonate widmet. Beide Werke stehen ganz im Banne des Beethovenschen Denkmals. Sie verwalten quasi Beethovens musikalisches Sonaten-Erbe, erweitern und sprengen die Form, ziehen ihr einen romantischen Legendenton ein, intensivieren und verknoten neu die thematischen Querbezüge. Und am Ende des ersten Satzes von Schumanns *Fantasie* kreuzt sie wieder auf, die Beethovensche Erkennungsmelodie der Liebe zwischen Robert und Clara: »Nimm sie hin denn, diese Lieder.«

# 19

# »GLORREICHER AUGENBLICK«

Im November 1814 komponierte Beethoven zur Eröffnung des Wiener Kongresses eine Kantate namens *Der glorreiche Augenblick*. So ein »Augenblick«, sollte man meinen, müsste doch eigentlich auf den Punkt genau zu datieren sein. Aber bis heute sind sich die Historiker nicht ganz einig: War der historische Moment, auf den es ankam, jener 12. April 1814, als Napoleon, nicht ganz freiwillig, abdankte und sich nach Elba trollte? Oder war es der 26. September 1814, als in Paris die Heilige Allianz geschlossen wurde zwischen dem Zaren, dem König von Preußen und dem Kaiser von Österreich? Oder war es Ende Oktober 1814, als die letzten aristokratischen Delegierten zum Wiener Kongress eintrafen? Oder der 29. November? An diesem Tag versammelten sich zweitausend Menschen im Redoutensaal der k. u. k. Hofburg, darunter die gekrönten Häupter Europas, um Beethoven zu lauschen.

*Der glorreiche Augenblick* op. 136 hat einen Vorläufer: die Chorkomposition *Ihr weisen Gründer glücklicher Staaten* WoO 95. Mit diesem Stück, einer Art Kreuzung zwischen Militärmarsch und Geburtstagsständchen, sollten die Fürsten Europas im Herbst 1814 in Wien empfangen werden. Es ist kurz wie ein Tusch, kunstlos, schlicht, volkstümlich, eine Hymne, jeder könnte sie mitsingen.

Dieser Chorsatz fand sich in Beethovens Nachlass, und wir wissen nicht, ob es sich um ein Auftragswerk handelte oder ob er das aus eigenem Antrieb komponierte. Wir wissen aber, dass »Begrüßungsmusiken« dieser Art im Herbst des Jahres 1814, als eine Kongressdelegation nach der anderen in Wien eintraf, am laufenden Meter komponiert und auch aufgeführt wurden. Diabelli, Haslinger, Moscheles, Hummel – alle Wiener Komponisten eilten sich, die Fürsten zu begrüßen. Dieser Jubel über das Ende des entbehrungsreichen Krieges war echt und gerecht – und er war allgemein: Keiner von denen, die die Kriegszeiten am eignen Leibe miterlebt hatte, konnte sich ausschließen beim patriotischen Freudenfest: Endlich Frieden! Auch Beethoven freute sich. Er komponierte fleißig mit, um den Kongress zünftig zu akkompagnieren. Außer dem Begrüßungschor WoO 95 komponierte er noch einen weiteren Chorsatz mit Bass-Solo für das Singspiel *Die Ehrenpforte* (WoO 97), ein opernartig ausschweifendes Stück namens *Germania* (WoO 94) sowie die Kantate *Der glorreiche Augenblick*.

Die ist etwas aufwendiger geraten, sie beginnt mit einem Chor: »Europa steht! Und die Zeiten, die ewig schreiten, der Völker Chor und die alten Jahrhundert, sie schauen verwundert empor.« Den – schlechten – Text dazu hatte Beethovens Arzt Aloys Weißenbach gezimmert. Ein Gelegenheitswerk, das insgesamt nur zwei Mal aufgeführt wurde, am 29. November – zusammen mit der *Siebten Symphonie* und der Schlachtsymphonie op. 91 – und am 2. Dezember des Jahres 1814. Das geplante dritte Konzert dieser Kongress-Serie am 25. Dezember wurde – mangels blaublütiger Ehrengäste – abgesagt. Danach hatte diese Kantate ihren Dienst getan. Nach Beethovens Tod gab man ihr zwar sogar eine regelrechte Opuszahl, 136, auch erfand man einen neuen, zeitlosen Text dazu, der nicht die Fürsten preist, vielmehr die schönen Künste. Aber das half alles nichts, *Der glorreiche Augenblick* war nicht fürs Repertoire zu retten. Paradoxerweise hatte dieses am seltensten aufgeführte Werk Beethoven doch das höchste Honorar beschert, denn bei der Uraufführung am 29. November 1814 im Redoutensaal der k. u. k. Hofburg saßen außer dem Kaiser Franz auch noch ein Zar und eine Zarin sowie sechs Könige nebst Königinnen, ungezählte Prinzen, Fürsten, Herzöge, Grafen sowie Gräfinnen, Komtessen, Prinzessinnen im Publikum. Beethoven dirigierte und lenkte den größten Orchesterapparat, den man ihm je zur Verfügung gestellt hatte: Allein achtundsechzig Mann saßen in den Streichern! »Vienna! Kronengeschmückte, Götterbeglückte, Herrscher bewirtende Bürgerin ...« So freut sich in den ersten drei Sätzen dieser Kantate das Chorvolk herzlich über die Anwesenheit sämtlicher in Wien versammelten Monarchen Europas. Untertänigst wird im dritten Satz jeder einzelne illustre Gast begrüßt. Im Folgenden geht es dann um den Wiener Kongress und das länderübergreifende gesamtpatriotische Ziel dieser außerordentlichen politischen Versammlung: Es soll ein dauerhafter Frieden wiederhergestellt werden.

Für die Vertreter des Ancien Régime bedeutete dies vor allem, dass sie die alten Verhältnisse restaurieren, die Bürgerrechte einschränken, Grenzen neu festzurren und bis ins kleinste deutsche Duodezfürstentum die Adelsherrschaft festigen wollten. »Hinter der glänzenden Fassade des Wiener Kongresses«, schrieb Thomas Jefferson, »trat die schwärzeste Reaktion auf den Plan.« Dazu kam – das war in dieser Form freilich neu – eine verschärfte Geheim- und Spitzelpolitik. Nicht nur in Österreich, auch in Preußen oder in Sachsen werden bislang ungeahnte überwachungsstaatliche Maßnahmen installiert, die jeden künftigen Keim der Opposition sofort ersticken sollten. Und natürlich saß auch in den Konzerten, die Beethoven im Winter für die versammelten gekrönten Häupter gab, die Wiener Geheimpolizei und hörte mit.

Einem dieser Spitzel verdanken wir Aufklärung über die wahre Auslastungsquote sowie die Wirkung, die Beethovens *Glorreicher Augenblick* erzielte. Anton Schindler hatte nachträglich großspurig behauptet, es seien sechstausend Zuhörer erschienen, von »denen jeder zu fühlen schien, ein solcher Moment werde in seinem Leben niemals wiederkehren: Die ehrfurchtsvolle Zurückhaltung von jedem lauten Beifallszeichen verlieh dem Ganzen den Charakter einer großen Kirchenfeier.« Dagegen gab der Metternichsche Geheimpolizist zu Protokoll, es seien »nur« knapp zweitausend gewesen, und schon bei der zweiten Aufführung sei der Saal überdies halb leer geblieben. Weiter heißt es in dem Bericht: »Die gestrige musikalische Akademie hat den Enthusiasmus für das Compositur-Talent des H.Beethoven auf keine Weise vermehrt. Es bilden sich wirklich Fractionen pro und contra Beethoven. Gegenüber von Rasumowsky, Apponyi, Kraft, welche Beethoven vergöttern, steht eine weit überzählende Majorität von Kennern, die von des Herrn Beethoven Composition gar keine Musik hören wollen.«

Diese Bemerkung im Polizeibericht, die einige der adligen Gönner Beethovens namentlich so hervorhebt, als machten sie sich schon damit verdächtig, betrifft nicht so sehr den *Glorreichen Augenblick* als vielmehr Beethovens Musik generell. Man darf das wohl insbesondere auf die *Siebte Symphonie* A-Dur op. 92 beziehen, die, wie die Zeitungen es ankündigten, vor dem *Glorreichen Augenblick* »zur Begleitung« gespielt worden war. Ein Tanzrhythmus, ein schneller Galopp bildet die Grundidee des ersten Satzes, Poco sostenuto – Vivace; »nie vorher, nie nachher hat Beethoven eine Musik geschrieben, über die in ähnlich ausschließlicher Weise ein Rhythmus von höchster Prägnanz herrscht« (Riezler). Auch wenn diese »Apotheose des Tanzes« hier nur eine Garnitur abgibt zu den Lustbarkeiten rund um den Wiener Kongress, so steckt in dieser Musik doch eine unheimliche, beunruhigende Kraft, womöglich gar ein Rest revolutionärer Bedrohung.

»Le Congrès danse beaucoup, mais il ne marche pas« – Der Kongress tanzt, er marschiert nicht. Mit diesem Bonmot charakterisierte einer der französischen Delegierten, der Fürst de Ligne, anno 1814 das große Wiener Ereignis: Der Krieg ist vorbei, es darf wieder getanzt werden. Und auf dem Kongress wurde – neben den altmodischen Menuetten – längst auch der neumodische bürgerliche Walzer getanzt, und zwar auch auf den privaten Festen und Bällen in den Adelspalais und sogar bei den offiziellen Redouten des Hofes, sobald nämlich der Kaiser und seine Entourage sich entfernt hatten. Ein Delegierter, der französische Comte de La Garde de Messence, berichtet: »Nach dem Weggehen der Souveräne begannen die Orchester Walzer zu spielen. Alsobald schien eine elektrische Bewegung sich in der ganzen zahllosen Versammlung mitzuteilen. Man kann aber auch kaum die Macht begreifen, die der Walzer ausübt. Sobald die ersten Takte sich hören lassen, klären sich die Mienen auf, Augen beleben sich, ein Wonnebeben durchrieselt alle.«

Für den Wiener Kongress hat Beethoven zwar ausschließlich Chorwerke und Kantaten komponiert, doch war er sich grundsätzlich nicht zu schade für den Walzer. Schließlich hatte er vorher und nachher für die Maskenbälle und Festlichkeiten seiner adligen Gönner und Freunde mehrere Handvoll solcher netten Gebrauchsmusiken geschrieben, nicht nur Kontratänze und Ecossaisen, sondern auch Ländler und einige Walzer. Noch haften die Eierschalen des Menuetts daran. Von dem Sturm, der kurze Zeit später durch die Straußschen Walzer fegen wird, ist noch nichts zu spüren.

Ob Beethoven selbst auch tanzte? Eher nicht. Man kann ihn sich jedenfalls nicht gut als Tänzer vorstellen. Es gibt dazu auch keinen einzigen Zeitzeugenbericht – außer dem Hinweis, dass er gelegentlich einmal Damen, denen er die Harfe schlug, beispielsweise die Brunsvik-Schwestern, zu Ballveranstaltungen begleitet hat. Als Musikus fiel ihm aber vor allem die Aufgabe zu, für die qualifizierte Erbauung seiner adligen Freunde zu sorgen. Und wenn er dafür respektvoll behandelt und gut bezahlt wurde, sich auch selbst leidlich amüsierte, war das wohl Glücks genug. Eine andere Leidenschaft, der man sich auf dem Wiener Kongress ebenso exzessiv hingab wie dem Tanz, teilte Beethoven in jeder Hinsicht. Er aß für sein Leben gern – nein, er prasste. Meist ging er abends aus. Wenn er sich aber Gäste nach Hause einlud, dann mussten es mindestens sechs Gänge sein.

Während des Wiener Kongresses wohnte er, wie schon im Winter zuvor, in einer sehr geräumigen Bleibe im Bartenstein-Haus, auf der Mölker Bastei. Aus dieser Zeit gibt es noch keine Konversationshefte, mag sein, Beethoven konnte sich im mündlichen Gespräch noch leidlich gut zurechtfinden. Man darf aber wohl davon ausgehen, dass Rezepte, Menüs und Einkaufslisten aus den Konversationsheften späterer Jahren auch für diese Zeit hochzurechnen sind. Diese Listen zeigen nicht nur an, was, sondern auch, wie viel im Hause Beethoven gegessen wurde. Vor allem Neffe Karl ist beauftragt, Einkaufslisten für die Haushälterin zu entwerfen und deren Arbeit zu überwachen. Er notiert alles treu ins Buch, entwirft dabei ganze Menüfolgen. Erst gibt es zum Beispiel »Frittaten Nudelsuppe oder Fleisch mit Sauce, Spinat mit Carbonnaden, Kalter Kalbsbraten«; oder »Brotsuppe«. Danach: »Fleisch mit Sauerampfern, Weisse Rüben mit kleinen Fischen, Karpfen in schwarzer Sauce«. Nach einem solchen »einfachen Mittagessen« klagte der Geiger Karl Holz einmal, es sei wieder »wirklich zu viel« gewesen, und auch Franz Oliva, Buchhalter des Bankhauses Offenheimer & Herz, mit dem Beethoven bestens befreundet war, bemerkte im Anschluss an eine solche Luncheinladung: »Sie lassen immer zu viel kochen, meinetwegen sollten Sie dieß nicht thun.«

Einmal, als ihm wieder eine Haushälterin weggelaufen war, hat Beethoven sogar selbst gekocht. So berichtet es sein Komponistenkollege Ignaz Ritter von Seyfried: »Den Geladenen blieb nichts übrig, als in Erwartung der Dinge, die da kommen sollten, sich pünktlich einzustellen. Sie trafen ihren Wirth im Nachtjäckchen … die Lenden umgürtet mit einer blauen Küchenschürze, am Herde vollauf beschäftigt. Nach einer Geduldprobe von mehr denn anderthalb Stunden, nachdem der Mägen ungestüme Forderungen kaum mehr durch cordiale Zwiegespräche beschwichtigt werden konnten, wurde endlich servirt. Die Suppe gemahnte an den in Gasthöfen der Bettlerzunft mild gespendeten Abhub; das Rindfleisch war kaum zur Hälfte gar gekocht und für eine Straussennatur berechnet. Das Gemüse schwamm gemeinschaftlich im Wasser und Fett und der Braten schien im Schornstein geräuchert. Nichtsdestoweniger sprach der Festgeber allen Schüsseln tüchtig zu … und suchte sowohl durch das eigene Beispiel, als durch unmässiges Anpreisen der vorhandenen Leckerbissen seine saumseligen Gäste zu animiren. Diese jedoch … betheuerten, bereits übersatt zu sein und hielten sich an ein gesundes Brod, frisches Obst … und unverfälschten Rebensaft. Glücklicherweise ennuyirte bald nach diesem denkwürdigen Gastgebot den Meister der Töne das Küchenregiment. Freiwillig legte er das Szepter nieder.«

Dieser glanzvolle Winter, in dem Delegationen von allen Höfen Europas die Wiener Nächte durchzechten, war für Ludwig van Beethoven eine Zeit der Ernte, des Ruhmes und Erfolges. Man feierte ihn wie einen Popstar. Auf der Straße grüßten ihn ehrerbietig die Leute, in den Schaufenstern lag sein Konterfei aus, das der Verleger Artaria nach einer Zeichnung von Louis Letronne hatte vervielfältigen und verteilen lassen. Kaum ein Salon, eine Party, wo Beethoven nicht geladen war und als Ehrengast im Mittelpunkt stand. Und Tausende kamen, um seine Musik zu hören.

Das ist bislang noch in jeder Beethovenbiographie problematisiert worden: Wie konnte es dazu kommen, dass ein freier Geist, der einmal den vor dem Adel buckelnden Goethe verhöhnt hatte, plötzlich selbst wieder tief in den Hofknicks versank? Etliche Biographen, etwa Lewis Lockwood, suchen Hilfe bei der Psychologie und diagnostizieren eine tiefe Schaffenskrise, die Beethoven kompensiert habe, indem er sich in äußerlichen Glanz und Gloria stürzte. Andere, etwa Jan Caeyers, kreiden ihm seinen »k. u. k. Kongress-Kitsch« als unverzeihliche Entgleisung an. Wieder andere, etwa Nicholas Cook, verteidigen die eher schlichten Gelegenheitwerke, die so ganz aus dem heroischen Kanon herausfallen, und interpretieren sie vor dem Hintergrund ihrer Zeit. Jeder mag einen Zipfel der Wahrheit erwischt haben. Beethoven hat, jedenfalls scheint es so, ein doppeltes Spiel à la Doktor Jekyll und Mister Hyde gespielt. Im Winter 1814 schreibt er an Freund Treitschke: Es sei doch »besser mit Künstlern als mit den sogenannten Großen – Kleinwinzigen – zu tun zu haben«. Oder, etwa zur gleichen Zeit, an den Komponistenkollegen Johann Nepomuk Kaňka: »Also ist alles Wahn, Freundschaft, Königreich, Kaiserthum, alles nur Nebel, den jeder Windhauch vertreibt und anders gestaltet.« Andererseits vertraut er seinem Tagebuch in dieser Zeit einen Merksatz an, der glatt von Machiavelli oder auch Metternich stammen könnte: »Gegen alle Menschen nie äußerlich die Verachtung merken lassen, die sie verdienen, denn man kann nicht wissen, wo man sie braucht.«

Die melancholische, musikliebende Zarin Jelisaweta Alexejewna, eine gebürtige Prinzessin von Baden, die ihn innig verehrte, brauchte Beethoven zum Beispiel, um seine Kasse zu füllen. Sie gewährte ihm mehrere Privataudienzen und überschüttete ihn mit Geschenken. Für die ihr gewidmete Polonaise op. 89 überreichte sie ihm fünfzig harte Dukaten – und beglich auch noch mit Verspätung die Schulden ihres Gatten, des Zaren: Weitere hundert Dukaten zahlte die Zarin als Salär für die drei Violinsonaten op. 30, die Beethoven vierzehn Jahre zuvor dem Zaren Alexander I. gewidmet hatte; damals ohne Resonanz, jetzt eines der besten Geschäfte seines Lebens.

Natürlich war Beethoven nicht nur für die russische, sondern auch noch für andere Delegationen beim Wiener Kongress tätig. Das fast freundschaftliche Verhältnis, das ihn mit Erzherzog Rudolph verband, mag sein Teil dazu beigetragen haben, dass er nicht mehr nur bei seinen Lieblingsmusikgrafen Lichnowsky, Kinsky und Rasumowsky aus und ein ging, sondern dass sich nun alle Türen wie von selbst öffneten. Der Erzherzog führte ihn bei allen königlichen Gästen ein, er reichte Beethoven herum wie eine persönliche Trophäe. Er trug außerdem Sorge dafür, dass Fürst Ferdinand von Trauttmansdorff, der als kaiserlicher Obersthofmeister für das Damen- und Unterhaltungsprogramm des Wiener Kongresses zuständig war, diesen Komponisten stets bevorzugt behandelte. Trauttmansdorff hatte ein stattliches Budget und verschaffte Beethoven Extras und Privilegien. Dass der Zar nebst dem preußischen König schon kurz nach der Ankunft in Wien, am 26. September 1814, in eine *Fidelio*-Aufführung hineingeschleust wurden, war Trauttmansdorffs Idee und Verdienst.

Eine Kehrseite dieser glänzenden äußeren Erfolge Beethovens ist freilich die innere Emigration. Er wird zu dieser Zeit rapide immer schwerhöriger, er zieht sich in sich selbst zurück, und es mag sein, dass ihm der lärmende Rummel um seine Person während des Wiener Kongresses vorkommt wie eine schöne Abschiedsparty. Zum letzten Mal tritt er, im Salon der Zarin, öffentlich als Klaviervirtuose auf. Und während er dort umschwärmt wird, virtuos alle Wünsche und alle Konventionen erfüllt, ist er als Komponist schon auf dem Weg zu neuen Ufern. Arbeitet an einer Klaviersonate, am 16. August 1814 ist sie fertig. Aus diesem Stück spricht bereits die radikal verknappte, subjektivistische Musiksprache des Spätwerks. Zum ersten Mal verwendet Beethoven hier deutsche Satzbezeichnungen, und nicht zum ersten, aber auch nicht zum letzten Mal schreibt er eine Sonate in nur zwei Sätzen, die sich diametral aufeinander beziehen. Der erste Satz beginnt forte: »mit Empfindung und Ausdruck«, erregt und lebhaft. Der zweite fängt in Schubertscher Leichtigkeit wie ein Lied ohne Worte an, »sehr singbar vorzutragen«, und schraubt sich dann hinein in variierte Dacapos. Bis wir am Ende, in der Coda, zum ersten Mal hören, wie die Musik sich selbst auflöst.

Diese e-moll-Sonate op. 90 kommt Anfang Juni 1815 bei Steiner in Wien im Druck heraus. Im gleichen Monat wird bei Kälte, strömendem Regen und bedecktem Himmel in Belgien die Schlacht von Waterloo geschlagen. Napoleon hatte Anfang März des Jahres überraschend Elba verlassen. Der Wiener Kongress hört mit einem Schlage auf zu tanzen und zu tagen, die Fürsten und Könige reisen ab und machen sich und ihre Truppen fit für die nächste Schlacht. Nicht nur in Waterloo, auch in Wien und anderswo dauerregnete es in diesem Sommer, höchstwahrscheinlich eine der ersten Folgen eines globalen Klimawandels, ausgelöst durch eine Katastrophe auf der fernen indonesischen Insel Sumbawa. Dort war am 10. April 1815 der Vulkan Tambora ausgebrochen, mit der Gewalt einer Atombombe, genauer: mit der hundertsiebzigtausendfachen Auswirkung der Hiroshima-Bombe. Viel werden die Wiener wohl von diesem Ereignis nicht gewusst und mitbekommen haben, aber sie waren direkt von den Folgen betroffen, wie der Rest der Welt: von Temperatursturz, Wetterchaos, Missernten, Hungersnöten. 1816 ist der Sommer, in dem es nicht mehr richtig hell wird in Europa. Zugleich greifen die Metternichschen Reformen: Diskutieren verboten. Denken verboten. Eine dunkle Zeit ist angebrochen.

Aber auch eine neue Metapher taucht auf, eine leuchtende Metapher, die von den vormärzlichen Musikschriftstellern in den nächsten Jahren auf Beethovens Musik angewendet wird. So schreibt der achtzehnjährige Robert Schumann, und meint damit die *Siebte Symphonie,* die er so besonders liebt: »Beethoven – du bist ein Vulkan; du brichst aus u. Lava stürzt hervor, u. überschüttet die Blumen und Alles zittert – jetzt steht er still u. in den Lavamassen wohnen die Blumen ja noch alle.«

Insgesamt hatte das österreichische Kaiserhaus in diesem halben Jahr, das der Wiener Kongress andauerte, rund zwanzig Millionen Gulden ausgegeben für die Bespaßung der Gäste. In heutiger Währung wäre das etwa eine Milliarde Euro: eine gigantische Imagekampagne für die Monarchie! Auf den Straßen von Wien machte unterdessen eine Karikatur die Runde, die folgenden Spottvers ins Bild setzte: »Der König von Bayern trinkt für alle. Der König von Dänemark spricht für alle. Der König von Württemberg isst für alle. Der Zar liebt für alle. Der Kaiser von Österreich-Ungarn zahlt für alle. Der König von Preußen denkt für alle. Und Talleyrand beschwindelt alle.«

Letzten Endes zahlte natürlich nicht der Kaiser persönlich diese Zeche. Vielmehr wurde das Volk zur Kasse gebeten. Am 1. Januar 1815 wurden die Steuern in Österreich um satte fünfzig Prozent angehoben, um die Wiener-Kongress-Löcher im Staatshaushalt zu stopfen. Für Ludwig van Beethoven insofern keine Katastrophe, als es nicht einmal ein Jahr dauerte, bis er sich gänzlich vom Steuerzahlen befreit sah. Die Wiener Zeitungen verkünden es am verregneten, dunklen 25. Dezember 1815: »Der Magistrat der Haupt- und Residenzstadt Wien hat Herrn Ludwig van Beethoven aus Rücksicht auf die Bereitwilligkeit mit welcher er zu wiederholten Malen seine Compositionen wohlthätigen Zwecken widmete, das Diplom als Ehrenbürger ertheilt.« Und als solcher war Beethoven automatisch »taxfrei«.

Einer der »wohlthätigen« Zwecke, von denen hier die Rede ist, war das Konzert zugunsten des Wiener Bürgerspitalfonds, das Beethoven im Dezember 1815 dirigierte. Dabei brachte er ein neues Chorwerk zur Uraufführung, welches zum *Glorreichen Augenblick*, der exakt ein Jahr zuvor das Publikum begeistert hatte, in krassem Gegensatz steht: Letzteres war ein öffentliches Schaufensterstück, dieses ist eine Herzensangelegenheit. Die ersten Skizzen waren schon ein Jahr zuvor entstanden. *Meeresstille und Glückliche Fahrt* op. 112 für Chor und Orchester nach Versen von Goethe ist kein schlichtes, strophisches Stück zum Nachsingen wie die Kantate des Vorjahres, sondern eine ambitionierte Vokalkomposition, die das Wort-Ton-Verhältnis neu austariert. Auf die »glatte Fläche« des Sprechgesangs, in regelmäßigen trochäischen Vierhebern, folgt

Dynamik und Leben der Fahrt, wobei die Soprane zu den Worten »in der ungeheuern Weite« einen schier unsingbaren Undezimensprung stemmen. Wusste Beethoven nicht, was man Sopranstimmen zumuten kann? Hat es ihn nicht weiter interessiert? Immerhin, er hat der Originalausgabe von *Meeresstille und Glückliche Fahrt* ein paar Verse aus der *Odyssee* von Homer vorangestellt, ein Bekenntnis zum Gesang:

>»Alle sterblichen Menschen der Erde nehmen die Sänger
>Billig mit Achtung auf und Ehrfurcht; selber die Muse
>Lehrt sie den hohen Gesang, und waltet über die Sänger.«

# 20

# »TÖNENDE SPRACHLOSIGKEIT«

M it elf Jahren – noch in der Obhut seines Lehrers Christian Gottlob Neefe – hatte Ludwig van Beethoven zum ersten Mal ein
Gedicht vertont. Mit fünfzig schrieb er sein letztes Klavierlied. Die
Verbindung von Sprache und Musik, die Kongruenz von Deklamation und Rhetorik begleiteten ihn durch sein gesamtes Schaffen.
Trotzdem heißt es immer wieder, dass Beethovens Vokalmusik nicht
so bedeutend sei wie seine Instrumentalmusik: Er habe wohl von
Sängerkehlen nicht die geringste Ahnung gehabt. Es gibt dazu freilich ein paar stichhaltige Gegenbeweise.

Zum Beispiel das *Flohlied* aus Teil 1 von Goethes *Faust* – viele
werden es kennen. Es ist dies ein biestiger Gesang des Mephisto,
aber zugleich ein stilisiertes Gesellschaftslied, ein Studentenlied.
Viele Komponisten haben es vertont, darunter Schubert, Berlioz,
Wagner und Mussorgsky – Beethoven indes war der Erste, der es in
Töne gesetzt hat. Den ersten Entwurf zum *Flohlied* op. 75,3 notiert
er sich 1790 – da war die Erstausgabe des *Faust* noch gar nicht erschienen. Vermutlich entnahm er den Text einem 1789 bei Göschen
erschienenen Gedichtband, aus dem er später noch andere Goethe-

texte vertonte. Er schätzte den Dichter Goethe über alles, las, ja verschlang seine Werke und hat ihn viel verkomponiert.

Die Endreime beim *Flohlied* hängen nach Goethescher Art bisweilen etwas schief in den Angeln: »Floh« reimt sich auf »Sohn«. Aber die Verse tragen viel Musik in sich, sie inspirierten Beethoven zu genuin musikalischen Einfällen wie den clusterartigen Stakkati im Refrain »Wir knicken …« Und sängerfreundlich ist seine Vertonung auch: keine schwierigen Sprünge darin, keine komplizierten Rhythmen, mittlere Lage, die vokale Linie gleichmäßig fließend, wie eine balladeske Deklamation. Das Knicken und Stechen und wie sich die am Ende in Mephistos Lied einfallenden Studenten gar nicht einkriegen können vor Gekicher: Das hat Beethoven ins Klavier verlegt und dazu im vorletzten Takt den Fingersatz vorgeschrieben: legato, aber alle Töne mit dem Daumen anschlagen. Man hört quasi, wie der Pianist noch ein paar Flöhe knickt.

Bildhaft ist diese Gedichtvertonung, wortgetreu. Zugleich erfüllt sie das Liedideal der Zeit, wie es, beispielsweise, von Heinrich Christoph Kochs *Musicalischem Lexikon* 1802 definiert worden war: Jede Liedmelodie müsse Strophe für Strophe wiederholt werden – und »von jedem Menschen, der gesunde und nicht ganz unbiegsame Gesangsorgane besitzt, ohne Rücksicht auf künstliche Ausbildung derselben vorgetragen werden« können. Beethovens Vater war Sänger. Sein Großvater war Sänger gewesen. Von Beethoven selbst und seiner Begabung zum Gesang weiß man wenig, aber dass er die Dichter liebte und eine Leseratte war, ist verbürgt. Er las regelmäßig im Kaffeehaus oder im Wirtshaus die Zeitungen oder den neuesten Musenalmanach. Er schrieb Gedichte ab. Er besaß und las Schriften von Hölty, Goethe, Shakespeare, Ossian und Schiller.

Als Beethoven 1809 den Auftrag erhält, für das Burgtheater eine Bühnenmusik zu Goethes *Egmont* zu komponieren, will er dafür kein Geld nehmen. Er habe dies »bloß aus Liebe zum Dichter geschrieben« oder »bloß aus Liebe zu seinen Dichtungen, die mich glücklich machen«. Für den *Egmont* hatten schon einige andere Bühnenmusiken komponiert, erst 1787 der Goethefreund Philipp Christoph Kayser, 1791 dann Johann Friedrich Reichardt – beider Werke gefielen Goethe weitaus besser. Beethoven ist ihm zu eigenwillig, er hat zu viele ungewöhnliche Ideen. Das Lied des Clärchen im ersten Aufzug zum Beispiel beginnt bei Goethe eigentlich als Duett, Brackenburg sekundiert Clärchen, er singt mit und hört dann »in Tränen« auf. Für Beethoven aber steht Clärchen als Heldin im Fokus allein, sie braucht keinen männlichen Beistand. Sein f-moll-Lied wächst sich durch Wiederholung zu einer mehrteiligen Form aus, man hört Clärchens Herz klopfen, hört den Trommelschlag, das Orchester seufzt für sie, ein Marsch in F-Dur strahlt für sie.

Aus Beethovens Musik zu *Egmont* spielt man heute in aller Regel nur noch die feurige Ouvertüre. Die Liednummern daraus sind aber nicht weniger attraktiv, nicht weniger charakteristisch und originell. Sie sind nur nicht mehr so bekannt. Eduard Hanslick, einer der großen Musikkritiker des neunzehnten Jahrhunderts und Kritiker Richard Wagners, schrieb einmal: »Viele [von Beethovens] Liedern gehörten einer verschollenen Zeit und einem Geschmack an, den gerade seine eignen künstlerischen Taten auf instrumentalem Gebiet beseitigt hatten.« Hanslick gibt damit ein allgemeines Urteil wieder, das sich allerdings erst im Lauf des neunzehnten Jahrhunderts herausgebildet hatte, wobei der Witz dabei gerade darin besteht, dass ausgerechnet die Schriften Wagners kräftig daran mitgewirkt hatten. Das Argument, Beethoven habe kein Händchen fürs Vokale gehabt, wurde von Wagner zu einem tragenden Pfeiler seiner Theorie der Zukunftsmusik ausgebaut: Auch im Vokalen habe Beethoven allezeit instrumental gedacht, es gebe zu viele »anstößige Übersprünge« aus dem Instrumentalen, zumal seine *Missa solemnis* eigentlich ein »rein sinfonisches Werk« sei, darin der Text »lediglich als Material für den Stimmgesang diene«. Erst er, Wagner, habe diese Entwicklung vollendet: indem er den Sprung aus dem instrumental gebundenen Finale der *Neunten* ins Musikdrama gewagt habe. Zu einem guten Teil also ist die Abwertung des Beethovenschen Liedschaffens das Problem einer späteren Generation. Zu seinen Lebzeiten wurde das noch ganz anders aufgefasst.

Davon zeugt zum einen der Siegeszug der *Chorfantasie* und der Beethovenschen Chorlieder auf den Musikfesten. Davon zeugen zweitens die zahllosen Transkriptionen und Variationen über Beethovens Lieder, die in der ersten Hälfte des neunzehnten Jahrhunderts entstanden sind – woran unter anderem Wagners Schwiegervater Franz Liszt lebhaft beteiligt war. Liszt hat Dutzende von Liedern Beethovens für Klavier bearbeitet, denn sie waren mindestens so populär und beliebt wie die Lieder Schumanns oder Schuberts. Auch diese Transkriptionen sind heute aus den Konzertsälen verschwunden.

Auch Beethovens Clärchen-Lied aus dem *Egmont* gibt es in einer Lisztschen Transkription. Dieses Stück ist kein schlichtes Lied im Volkston mehr, wie es Goethe von seinen Freunden Zelter und Reichardt kannte und wie es ihm bedeutend lieber gewesen war. Der alte Goethe war ja paradoxerweise just ein Vertreter jener »verschollenen Zeit« und jenes veralteten »Geschmacks«, die Hanslick dann, zwei Generationen später, nachträglich pauschal aus Beethovens Liedern heraushört.

Der erste Briefkontakt zwischen Beethoven und Goethe kommt zustande, als der Komponist dem verehrten Dichter die Noten zum *Egmont* schickt. Er schwärmt in diesem Brief, vom 12. April 1811, überschwänglich von »... diesem Herrlichen Egmont, den ich, indem ich ihn eben so warm, als ich ihn gelesen, wieder durch Sie gedacht, gefühlt und in Musick gegeben habe«. Goethe lässt sich Zeit mit der Antwort. Sein Dankesschreiben vom 25. Juni 1811 ist zwar höflich, aber subkutan auch zugleich eine Unverschämtheit – denn nicht dem Komponisten Beethoven erweist er seine Reverenz, sondern dem Pianisten, und auch die Wortwahl ist die eines Hofmannes, der mit dem Domestiken redet: »Habe niemals etwas von Ihren

Arbeiten durch geschickte Künstler und Liebhaber vortragen hören, ohne daß ich gewünscht hätte Sie selbst einmal am Clavier zu bewundern und mich an Ihrem außerordentlichen Talent zu ergetzen.« Goethe verspricht allerdings, er wolle Beethovens Schauspielmusik zu *Egmont* einmal in Weimar aufführen, er lädt ihn gleich dazu ein. Ersteres wird nur einmal, nämlich 1814, realisiert, Letzteres gar nicht. Nach der Vorstellung soll Goethe sogar – nach einem Bericht von Friedrich Christoph Förster – ein lobendes Wort gesprochen haben – von dem Beethoven aber nichts erfuhr. Zur Vertonung von Egmonts Traum äußerte Goethe: »Hierbei ist allerdings die musikalische Begleitung angezeigt, und Beethoven ist mit bewundernswertem Genie in meine Intentionen eingegangen.« Zu diesem Zeitpunkt war der Graben zwischen Dichter und Komponist aber schon gar zu tief geworden, auch das hyperaktive Supergroupie, die phantastische Bettine von Arnim, hatte es nicht geschafft, ihre beiden Idole miteinander bekannt und zu Freunden zu machen.

Nur einmal trafen sie zusammen, im böhmischen Kurbad Teplitz – eine viel zitierte Anekdote. Wieder nimmt Goethe vor allem den dienstbaren Pianisten wahr. Er notiert am 21. Juli 1812 in Teplitz in sein Tagebuch: »Abends bey Beethoven. Er spielte köstlich.« Und am 2. September 1812 schreibt er an Zelter: »Beethoven habe ich in Töplitz kennen gelernt; sein Talent hat mich in Erstaunen gesetzt; allein ist er leider eine ganz ungebändigte Persönlichkeit, die zwar gar nicht unrecht hat, wenn sie die Welt detestabel findet, aber sie freylich dadurch weder für sich noch für andere genußreicher macht. Sehr zu entschuldigen ist er hingegen und sehr zu bedauern, da ihn sein Gehör verlässt, das vielleicht dem musikalischen Theil seines Wesens weniger als dem geselligen schadet. Er, der ohnehin lakonischer Natur ist, wird es nun doppelt durch diesen Mangel.« Zelter wiederum antwortet Goethe: »Was Sie von Beethoven sagen, ist ganz natürlich. Auch ich bewundere ihn mit Schrecken. Seine eignen Werke scheinen ihm heimliches Grauen zu verursachen.«

Die beiden quirligen Einlegearien zu Ignaz Umlauffs Singspiel *Die pucefarbenen Schuhe oder Die schöne Schusterin* kann Zelter nicht gemeint haben: »O welch ein Leben« und »Soll ein Schuh nicht drücken« (WoO 91). Diese komische Oper wurde 1795 in Serie am Kärntnertortheater gezeigt. Beethoven war fünfundzwanzig, als er die beiden Nummern dafür schrieb. Es sind dies die einzigen Einlegearien von ihm, die auch aufgeführt wurden, und man muss sich fragen: Warum hat er sich dafür hergegeben? Für Geld? Oder um einen ersten Fuß in die Operntür zu stellen?

Die Tenorarie »O welch ein Leben« ist jedenfalls eine schnelle Sache gewesen. Beethoven orchestrierte dafür einfach ein Klavierlied, das er bereits in Bonn komponiert hatte: *Maigesang* op. 52,4 nach einem Text von Goethe. Weil der metrische Aufbau nicht ganz der nämliche ist, hat er den Text kurzerhand verändert, dann funktionierte das wunderbar. In der koketten Sopranarie »Soll ein Schuh nicht drücken« ist dagegen eine gewisse Verwandtschaft zur Schuh-Anprobe-Szene und Kunstverteidigungsansprache im dritten Akt von Wagners *Meistersingern von Nürnberg* zu erkennen. Man meinte lange Zeit, das Stückchen sei für Anna Maria Weiß gedacht gewesen, die die Titelrolle in der *Schönen Schusterin* sang. Wahrscheinlicher ist, dass Beethoven es für die Sängerin Magdalena Willmann schrieb, die er noch aus Bonn kannte und der er just einen Heiratsantrag gemacht hatte, den sie jedoch ablehnte. Die Willmann, so hieß es in einer Kritik, »singt mit sehr viel Geschmack, hat vortrefflichen Ausdruck und eine rasche, hinreißende Aktion«. Wie Beethoven war sie nach der Auflösung der Bonner Hofhaltung nach Wien umgesiedelt, seit 1795 gehörte sie zum Ensemble des Hoftheaters. Beethoven hat für sie einige Arien geschrieben, die sich alle durch ein in der Tiefe erweitertes Register auszeichnen, was dieser Sängerin und ihrem großen Ambitus entgegenkam.

Wir wissen von Mozart, wie auch von Haydn, Gluck und Rossini, dass sie ebenfalls in dieser Weise auf ihre Sängerinnen und Sänger Rücksicht nahmen. Von Beethoven weiß man das nur in diesem einen Fall, was aber vielleicht nur daran liegt, dass noch kein Musikforscher dieser Frage nachgegangen ist. Warum nicht? Weil das Klischee es so will und jeder es nachspricht: Beethoven war kein Sängerkomponist.

Auch die wunderbare Sängerin Christa Ludwig, eine der strahlendsten Leonoren in der Interpretationsgeschichte des *Fidelio*, erklärte einmal in einem Interview, sie habe ungern Beethoven-Lieder gesungen, die seien ihr »zu spröde«: Er wisse nichts »von den Schwierigkeiten eines Sängers. Psychologie war nicht Beethovens Stärke, er war ein politischer Denker.« Beethovens Lieder-Skizzen zeigen, dass er im Gegenteil sogar großen Wert darauf legte, der Menschenstimme entgegenzukommen. Und seit wann braucht ein Politiker keine Psychologie?

Nur vereinzelt – besonders in der *Missa solemnis* und im Finalsatz der *Neunten* – nahm er keine Rücksicht mehr auf den Ambitus der Sänger: Der Spitzenton, mit dem Florestan seine Arie beginnen muss, die utopischen Chorsopranhöhen in der *Neunten*, wenn »Gott« ins Spiel kommt, sind solch probate Stellen. Sie werden immer dann zitiert, wenn es wieder einmal heißt, dieser Komponist habe kein Händchen gehabt fürs Vokale. Es gibt aber im *Fidelio* doch mehr zu singen als dieses eine hohe G. Gerade in den Ensembleszenen hat Beethoven opernpsychologisches Neuland betreten. In dem Quartettkanon im ersten Akt zum Beispiel führte er vier Stimmen zusammen zu »tönender Sprachlosigkeit«. Dieser Ausdruck stammt von Oscar Bie, der auch das schöne Bonmot »Gleichzeitiges Singen ist schön, aber unlogisch« kreiert hat.

Das Besondere an diesem Kanon: Alle vier singen die gleiche Melodie, aber jeder hat einen anderen Text. Und jeder denkt etwas ganz anderes, jeder singt auf seinem eigenen Stern. Das ist revolutionär auf der Opernbühne.

Schon bei Mozart kommt es zwar vor, dass mehrere Personen anderer Meinung sind, andere Texte haben, und doch miteinander singen. Etwa in den Finali, es handelt sich dann um Vaudevilles, man streitet sich quasi nacheinander und findet sich im Refrain. In der *Entführung* ist das so, auch im Finale des *Don Giovanni*. Oder, beispielsweise, in »Soave sia il vento« in *Così fan tutte*: Da singen alle gleichzeitig, denken und fühlen indes das Nämliche. In der alten Seria-Oper wurden nämlich Aktion (also Handlung) und Kontemplation (also das Innehalten und Nachdenken) streng nach Rezitativ und Arie getrennt. Im Quartettkanon aus dem *Fidelio* schießt nun beides zusammen, und es entsteht ein mit widerstreitenden und einander durchkreuzenden Gefühlen angefülltes Vakuum: Die eine schwärmt von Hochzeit, die andere hofft auf Freiheit, der Dritte träumt vom Feierabend, und der Vierte fürchtet sich. Diese Affekte paralysieren sich gegenseitig. Und da alle gleichzeitig singen und man sowieso kein Wort so richtig versteht – außer »wunderbar« oder »mir fällt kein Mittel ein« –, bewegt sich nichts. Die dramatische Handlung steht still, eine tönende Pause. Der Musikwissenschaftler Carl Dahlhaus erfand dafür den Begriff: »kontemplatives Quartett«.

Es gibt später auch »kontemplative Quintette«, etwa in Wagners *Meistersingern,* »kontemplative Sextette«, etwa in Rossinis *Cenerentola,* oder »kontemplative Terzette« wie im *Rosenkavalier,* »erfunden« aber wurde das Prinzip der »tönenden Sprachlosigkeit« von Beethoven. Er hat für den *Fidelio* natürlich auch ganz »normale« Opernensembles geschrieben, in denen sich die Gefühle der Figuren nicht simultan, sondern sukzessiv entfalten, und diese, wenn sie zusammensingen, mit einer Stimme sprechen: »Ja, wir werden glücklich sein!«

Im Terzett »Gut, Söhnchen, gut« aus dem ersten Akt des *Fidelio* gibt es, anders als im »kontemplativen Quartett«, deutliche Unterschiede zwischen den verschiedenen Fassungen der Oper. Zunächst enthielt das Ensemble einen kleinen Gruß an den verehrten Mozart, der später gestrichen wurde: Beethoven zitiert und paraphrasiert hier –

immerhin geht es ja ums Glücklichsein – das pa-pa-pa-plappernde verliebte Duett von Papageno und Papagena aus der *Zauberflöte*.

Zu dem Vorurteil, Beethoven könne oder wolle nicht für Stimme komponieren, gehört auch, dass man ihm generell Opernerfahrung abspricht. Dass er nur eine einzige fertige Oper hinterlassen und an diesem Schmerzenskind *Fidelio* so lange herumlaboriert hat, heißt allerdings nicht, dass er nicht ein passionierter Operngänger gewesen wäre. Schon der junge Beethoven hatte in Bonn, wie seine Jugendfreunde bezeugen, keine Opernpremiere am Hoftheater ausgelassen und die neuesten Opern kennengelernt: von Mozart, Soler, Piccini, Paisiello, Grétry, Anfossi, Gaßmann, Philidor, Gluck und anderen mehr. Kaum in Wien angelangt, nahm er Unterricht bei Salieri. Und sein Leben lang hat Beethoven von der Oper geträumt, er hat auch immer wieder neue Projekte in Angriff genommen. Insgesamt wissen wir von nicht weniger als dreiundfünfzig Opern, die in unterschiedlichen Stadien der Entstehung wieder in der Schublade verschwunden sind: Oftmals scheiterte Beethoven schon früh am Libretto; teils waren es vage Pläne, die in Briefen mit Freunden diskutiert wurden; es sind aber auch etliche musikalische Skizzen vorhanden, es gibt Berichte über verschollene Skizzen. Teils liegen Libretti vor wie im Fall von »Die Ruinen von Babylon«, teils sind sie verloren gegangen wie im Fall von »Odysseus' Wiederkehr«. Außerdem wollte Beethoven eine *Alcina* und eine *Armida* komponieren, eine *Phaedra* und einen *Faust* sowie *Nero*, *Macbeth*, *Lear*, *Antigone*, einen *Brutus* und eine *Schöne Melusine*. So weit eine kleine Auswahl. Der erste Opernplan, den er realisieren wollte, war 1803 »Vestas Feuer«; davon war schon die Rede im *Fidelio*-Kapitel. Das letzte Libretto, das er sich 1825 vornahm, stammte von Ludwig Rellstab und galt der *Orestie*.

Dass Beethoven nicht an Opern interessiert war, lässt sich ebenso schwerlich behaupten, wie dass er nicht für Vokalstimmen schreiben wollte oder konnte.

Es gibt eine einzige Monographie über »Beethoven als Liederkomponist«, die so etwas wie Vollständigkeit und Vorurteilsfreiheit anstrebt und alle Lieder analysiert. Sie stammt aus dem Jahr 1928. Hans Boettcher heißt der Autor, er schreibt zusammenfassend: »Rückblickend erkennen wir, wie mit Beethovens Eingreifen in die Liedgattung in kürzester Zeitspanne ein ungeheurer Weg zurückgelegt ist. Von seiner Gebundenheit an ganz bestimmte Bezirke des gesellschaftlichen Lebens hat Beethoven das Lied gelöst und es zur vollwertigen künstlerischen Gattung verselbständigt. Mit Beethoven hat sich das Lied den großen Konzertsaal erobert. Und doch ist gerade das Lied Beethovens, mit dem dieser Schritt getan ist, nie im öffentlichen Musikleben so richtig heimisch geworden.«

Über achtzig Lieder hat Beethoven komponiert. Nicht alle sind so gesellig und leicht zu singen. Aber fast alle sind heute vom Radar unseres Konzertlebens verschwunden. Von vielen Liedern findet man nicht einmal gute Aufnahmen. Das bisschen, was es gibt, ist älteren Datums und meist vergriffen, mit drei Ausnahmen: die legatosatte *Adelaide* op. 46, das *Flohlied* und der rätselhafte Liederkreis *An die ferne Geliebte* op. 98 aus dem Jahr 1816. In diesem Zyklus greift ein Lied ins andere – und das letzte verweist wieder zurück auf das erste. Vor Beethoven – von seinem eignen »Sehnsucht«-Experiment abgesehen – war noch kein Komponist auf die Idee gekommen, kleinere Lieder zur lyrischen Großform zu verbinden. Und die Idee machte Schule: Schubert, Schumann, Mendelssohn – sie alle orientierten sich an Beethovens *Ferner Geliebten,* zitierten sie, hofierten sie. Und auch Franz Liszt zog den Hut vor ihr, mit einer seiner kongenialen Klaviertranskriptionen.

Wie ernst Beethoven selbst es genommen hat mit Wort und Ton, mit den Dichtern und der Lyrik, zeigt ein Blick in die Skizzenbücher: An den kürzesten Liedern hat er am längsten herumgefeilt. Fast immer sind diese Skizzen auch textiert, will sagen: Beethoven schreibt in jedem Liedentwurf immer wieder den Gedichttext zu den Noten dazu, denn auf die Verbindung von Ton und Deklamation kommt es an, auf die Aussage und auf die Singbarkeit.

Hier ein Beispiel für Beethovens akribische Arbeitsweise, die, glaube ich, außergewöhnlich, wenn nicht einzigartig ist. Er war, wie andere Komponisten auch, anno 1808 von der Literaturzeitschrift *Prometheus* gebeten worden, eines der »Mignon-Lieder« aus Goethes *Wilhelm Meister* zu vertonen. Er nahm sich »Nur wer die Sehnsucht kennt« vor und komponierte das gleich viermal hintereinander, um zu schauen, was alles so drinstecken mag an Musik in diesen Versen. Vielleicht erging es ihm ähnlich wie bei den *Diabelli-Variationen*: Die Aufgabe, vor die er sich gestellt sah, schien ihm nicht groß genug. Er schickte alle vier Fassungen ein. Dass die Herausgeber des *Prometheus* nur eines der vier Lieder abdruckten, ärgerte ihn so sehr, dass er alle vier unter dem Titel *Die Sehnsucht von Göthe mit vier Melodien* im Wiener Kunst- und Industrie-Comptoir in Druck gab. Drei Monate später hagelte es wie üblich diverse Raubdrucke.

Im vierten dieser »Mignon-Lieder« verlässt Beethoven nicht nur das Strophenprinzip, es werden auch Motive der ersten drei Lieder aufgegriffen, weshalb man dieses vierblättrige »Sehnsuchts«-Kleeblatt als einen kleinen Liederzyklus auffassen kann – der erste der Musikgeschichte, vier Jahre vor dem Liederkreis *An die ferne Geliebte* op. 98. Wahrscheinlich ist er auch der kürzeste. Und mit Sicherheit ist dies der einzige Liederzyklus, darin alle Stücke auf ein und denselben Text komponiert wurden.

Man kann diese Rarität verschroben nennen und Beethoven einen Kauz, konsequent ist es schon! Die Musikwissenschaftlerin Helga Lühning, spezialisiert auf Skizzen, kommt zu dem Schluss, Beethoven habe wohl offenbar ein »Problem« damit gehabt, die »sinnerfüllte Deklamation als Grundlage der musikalischen Erfindung zu erfassen ... Eine musikalische Entscheidung – oder ein persönliches Bekenntnis? In Beethovens Liedkompositionen stehen die Bereiche der künstlerischen Gestaltung und des Erlebens oft dicht beieinander.« Da ist es schon wieder, das alte Vorurteil, es hat nur ein neues Mäntelchen umgelegt: Der arme Beethoven, er könne nun mal nicht mit Stimmen. Selbst Walter Riezler, einer der besten, weil präzisesten, musiknahesten Beethovenbiographen überhaupt, kam nicht zurecht mit Beethovens Vokalmusik: »Die Skizzenbücher zeigen, daß Beethoven nichts so schwer fiel wie die Gesangsmelodie.« Aber feilte er nicht ebenso manisch-akribisch an seinen Instrumentalmusiken? Das war nun mal seine Arbeitsweise. Man könnte genauso gut sagen: Die Skizzenbücher zeigen, dass Beethoven nichts so schwer fiel wie das Komponieren.

Ein anderer Beethovenforscher, Thomas Seedorf, kam auf die Idee, das Problem zu erledigen, indem er es anders etikettierte. Statt mit »Liedern« Beethovens befasst er sich mit »vokaler Kammermusik« (so nachzulesen im aktuellen *Beethoven-Handbuch*). Diese famose Wortschöpfung trifft aber höchstens auf einen Spezialbereich des Beethovenschen Liedschaffens zu: die Volksliedbearbeitungen für Gesang und Klaviertrio.

Es heißt, Beethoven habe diese Bearbeitungen nur um des Geldes willen angefertigt, wie andere Komponisten auch: Bis zu vier Dukaten pro Lied bot der verrückte, reiche Edinburgher Verleger und Volksliedsammler George Thomson für Hausmusikarrangements im Wiener klassischen Stil. Auch Haydn, Pleyel und Kozeluch, auch Hummel und Carl Maria von Weber konnten der Versuchung nicht widerstehen. Sie alle arrangierten Lieder für Thomson: Trinklieder, Tanzlieder, Liebeslieder, Kriegslieder und Balladen, Chorlieder und Sololieder – ein schönes Durcheinander, so wie Thomson es bei seinen Reisen durch Wales, Schottland und Irland zusammengesammelt hatte.

Beethoven zierte sich erst und sagte Thomson ab. Das war im Jahr 1803, als es ihm finanziell noch recht gut ging. Sechs Jahre später allerdings, als die zweite kriegsbedingte Teuerungswelle rollte, ließ er sich doch herbei. Thomson war begeistert, als 1812 die erste

Beethovensche Lieferung mit Liedbearbeitungen bei ihm eintraf, sie seien, schrieb er, »so viel besser als die alltäglichen Werke, die uns begegnen, so wie Shakespeares Dramen die Arbeiten der gewöhnlichen Bühnenstück-Sammler überragen«; nur leider für den Hausmusikgebrauch viel zu schwer, Beethoven möge doch bitte wenigstens den Klavierpart einfacher gestalten. Das hat der natürlich weit von sich gewiesen. Zum Glück: Gerade das macht ja aus den Liedbearbeitungen wahre Schätze – diese ungewohnte Allianz zwischen verdichteter motivisch-thematischer Arbeit und popmusikalisch-fetziger Folkmusic.

Alle Instrumente werden von Beethoven selbstständig geführt, jedes Lied ist anders, originell und individuell gestaltet. In den Jahren 1813 bis 1825 hat Ludwig van Beethoven insgesamt hundertdreiundvierzig Arrangements von schottischen, walisischen und irischen Liedern für Thomson angefertigt. Auch mit den Texten hatte sich Beethoven intensiv auseinandergesetzt, wie der Briefwechsel der beiden zeigt, den Beethoven übrigens auf Französisch führte. Wir wissen, dass Beethoven mehrere Sprachen fließend beherrschte und als »homme de lettres« geradezu obsessiv alles las, was nicht niet- und nagelfest war. Pedant, der er war, hatte er seine Lektürestunden fest in seinen Tagesablauf integriert, und Lyrik gehörte zu seinen Leidenschaften. Und diese Leidenschaft blitzt überall auch in seinem reichen Liedschaffen durch, selbst wo es nur um ein Murmeltier (op. 52,7), um einen pucefarbenen Seidenschuh oder um den Tod eines Pudels (WoO 110) geht.

# 21

# »PILGERFAHRT ZU BEETHOVEN«

Ich glaube an Gott, Mozart und Beethoven.« Mit diesen Worten
auf den Lippen stirbt im Jahr 1840 ein junger Musiker in Paris.
Eine erfundene Figur, ein Mensch aus Papier, aus einer Novelle.
Richard Wagner hatte ihn sich ausgedacht und zum Helden einer
Artikelfolge gemacht, die er während seines Paris-Aufenthalts in der
*Revue et Gazette musicale* veröffentlichte. Die Serie beginnt mit der
Novelle *Eine Pilgerfahrt zu Beethoven.* Der junge Musikus, der sich
da aus Leipzig zu Fuß nach Wien aufmacht, zu seinem Leitstern,
seinem Idol, ist niemand anderes als Wagner selbst. Wen nahm er
sonst noch mit auf die Reise? Im Banne Beethovens standen außer
Wagner auch Liszt, Berlioz, Schumann, und die Spur reicht weiter bis
zu Brahms, Mahler, Schönberg.

Von all den Beethovenjüngern, die im neunzehnten Jahrhundert
unterwegs waren, ist Wagner gewiss der krasseste Fall. Er wirft sich
Beethoven zu Füßen wie einem Gott oder einem Guru, nennt ihn
»Meister«, spricht von einem »Heiligen«, ja einem »Propheten«, der
das Kunstwerk der Zukunft – also: Wagners eigene Werke – vorher-
gesagt habe. Wagner fasst in seinen Kunstschriften Beethovens
Kompositionen als eine Art von Horsd'œuvre auf, als Vorstufen für

sein eigenes Musikdrama. Das ist, man kann es nicht anders sagen, einerseits pure Propaganda. Andererseits hatte wohl jeder Komponist, der sich an Beethoven emporrankte, ein ähnliches Problem. Wie sich selbst behaupten? Wie eine eigne Musiksprache finden? Wie tief greift das Beethovenerlebnis ein in die Faktur der eignen Werke?

Direkte Zitate, wie sie die Beethovenfans der ersten Generation, Schumann oder Schubert, verwendet haben, finden sich bei Wagner nicht, aber Einflüsse. Er ist zwar nur drei Jahre jünger als Schumann, kompositorisch aber ein Spätzünder. Erst seine großen Opern, die er ab Anfang dreißig schrieb, ließ er gelten. Viele der Jugendwerke hat er später vernichtet, weniges hob er auf. Mit siebzehn komponierte Wagner eine Konzertouvertüre in d-moll, die, wie er selbstkritisch (oder, besser gesagt, »selbstspöttisch«) bemerkte, »stark auf der Beethovenschen Coriolanouvertüre fußte«. Er schreibt noch eine weitere Konzertouvertüre in C-Dur, danach entstehen in rascher Folge weitere Orchestermusiken, darunter eine Fragment gebliebene Symphonie in E-Dur, die sich, wie Wagner selbst bekennt, an Beethovens *Siebter Symphonie* orientiert. Und mit neunzehn, als Student in Leipzig, schrieb Wagner eine C-Dur-Symphonie, durchs Kopfthema in deren Eröffnungssatz spuken Beethovens *Leonoren-Ouvertüren.*

Wagner lernte das Komponieren zuerst autodidaktisch, und zwar etwa so, wie es Beethoven seinerzeit von Mozart gelernt hatte: durch Abschreiben bei seinem Idol, durch »copy and paste«. Er kopierte die Symphonien, aber auch sonst alles, was er ergattern konnte. Heinrich Dorn, von 1829 bis 1832 Kapellmeister am neu eröffneten kurfürstlichen Leipziger Hoftheater, bezeugt, es habe »wohl nie zu irgend welcher Zeit einen jungen Tonkünstler gegeben, der mit Beethovens Werken vertrauter gewesen wäre, als der damals achtzehnjährige Studiosus Wagner. Des Meisters Ouvertüren und größere Instrumentalkompositionen besaß er größtenteils in eigens abgeschriebenen Partituren; mit den Sonaten ging er schlafen und mit den Quartetten stand er auf.«

In seiner Novelle *Eine Pilgerfahrt zu Beethoven* erwähnt Richard Wagner freilich nichts davon. Überhaupt beschreibt der junge Musikus aus Leipzig die eigne Musik nur ex negativo: Er habe bisher, gesteht er Beethoven, als er ihm denn endlich gegenübersitzt, nur »ein paar Galopps und Potpourris« verkauft, leichte Ware, Salonmusik fürs Klavier, er habe sich ja das Geld für seine Pilgerfahrt erst zusammensparen müssen. Beethoven schmunzelt und sagt: »Ich alter Narr würde es auch besser haben, wenn ich Galopps machte. Hier in Wien gilt die Waare viel. Wie ich es jetzt treibe, werde ich immer darben!« Darin sind sie sich also einig, der junge Herr Wagner und der alte Herr Beethoven: Die populäre Musik, mit der Geld zu verdienen wäre, die ist beiden viel zu billig!

Dies ist eines der neuen Paradigmen, die nach Beethovens Tod durch die Rezeption seiner Musik entstanden: Die sogenannte Trivialmusik wird ins »musikalische Souterrain« verwiesen, U-Musik trennt sich von E-Musik. Zwar ist weder von Beethoven noch von Wagner ein »Galopp oder Potpourri« für Klavier überliefert. Doch mit sogenannter leichter Ware hatte Wagner sich doch öfter befasst, als er es später wahrhaben wollte: Zum Beispiel fertigte er in Paris Klavierauszüge an für Opern von Donizetti oder Halévy, auch komponierte er Polonaisen.

1852 erläutert Wagner in einem Brief seinem Freund Theodor Uhlig, »… daß die Beethoven'schen größeren Tonwerke nur in letzter Linie Musik, in erster Linie aber einen dichterischen Gegenstand enthalten«. In seiner Schrift *Das Kunstwerk der Zukunft* acht Jahre später kommt er zu dem Schluss, dass es musikhistorisch fortan notwendig geworden sei, die Instrumentalmusik (also Sonate und Symphonie) durch die Dichtung (also das Musikdrama) zu erlösen und zu ersetzen: »Auf Haydn und Mozart musste ein Beethoven kommen; der Genius der Musik verlangte ihn mit Notwendigkeit, und ohne auf sich warten zu lassen, war er da; wer wird nun auf Beethoven das sein, was dieser auf Haydn und Mozart im Gebiete der absoluten Musik war? Das größte Genie würde hier nichts mehr vermögen, eben, weil der Genius der absoluten Musik seiner nicht mehr Bedarf.« Dies ist ein weiteres der nachbeethovenschen Paradigmen: Niemand darf, niemand kann nach Beethoven mehr Symphonien schreiben.

Um die Mitte des neunzehnten Jahrhunderts ist diese Auffassung schon zu einem Gemeinplatz geworden. »Es sind aber zwey Klippen, an denen der Versuch [eine Symphonie zu komponieren] gewöhnlich scheitert«, beginnt beispielsweise ein Rezensent seine Abhandlung über Johann Wenzel Kalliwodas zweite Symphonie. »Nähern sich diese Tondichtungen anderer Componisten den Beethovenschen zu sehr, so verwirft man sie nur zu leicht als Nachahmungen. Stehen sie denen jedoch zu fern, so sprechen sie in der Regel nicht an. Fällt also das Schiff nicht in die Scylla, so fällt es in die Charybdis.« Zwar erfreut sich die Gattung Symphonie weiterhin allergrößter Beliebtheit, rein quantitativ betrachtet: Neue Konzertsäle sind im Bau, laufend werden Symphonien, Konzerte und Symphonische Dichtungen komponiert, statt einzelner Sätze führt man – dank der Reformen Mendelssohns, Schumanns und des Geigers Carl Moeser – in den Konzerten neuerdings große Symphonien am Stück auf. Gleichwohl beginnt just zu diesem Zeitpunkt, so wird es post festum ausgerufen, das »Zeitalter der Epigonen«. Für die Epoche von etwa 1850 bis etwa 1870 diagnostiziert Carl Dahlhaus eine »Krise der Symphonie«, die für ihn mit dem Tode Mendelssohns und der Einweisung Schumanns in die Nervenheilanstalt beginnt und 1876 damit endet, dass Brahms seine *Erste Symphonie* veröffentlicht: die Symphonie in c-moll op. 68.

Anders als Wagner fühlt sich Johannes Brahms nicht dazu berufen, eine musikhistorische Sendung zu erfüllen und das Rad neu zu erfinden. Nicht das Pathos ist seine Sache, eher die Ironie. Brahms inszeniert keinen geschichtsphilosophischen Bruch, er komponiert weiter, in der Tradition Bachs, Haydns, Mozarts, Beethovens, Mendelssohns, Schumanns. Im Kopfsatz seiner *Ersten Symphonie* zitiert er die Schumannsche *Manfred-Ouvertüre,* und für das Thema des finalen Allegro verwendet er die zweite Hälfte des Freudenthemas aus Beethovens *Neunter.* Darauf angesprochen, sagte er: »Ja, merkwürdig … und noch merkwürdiger, dass es jeder Esel hört.«

1869 war Brahms endgültig nach Wien gezogen. Er wolle, schreibt er in einem Brief, fortan seinen »Wein trinken, wo ihn Beethoven getrunken hat«. Ende 1871 bezieht er eine Mietwohnung in der Karlsgasse 4, wo er bis zu seinem Tod bleiben wird. Brahms besitzt eine Büste Beethovens, die in seinem Arbeitszimmer so platziert wird, dass er sie, wenn er beim Komponieren am Flügel sitzt, im Rücken hat. »Ich werde nie eine Symphonie komponieren! Du hast keinen Begriff davon, wie es unsereinem zumute ist, wenn er immer einen Riesen hinter sich marschieren hört«, schreibt er an seinen Freund Hermann Levi. Dieses berühmte Zitat wird immer dann hervorgeholt, wenn es um das Paradigma der Krise der Symphonie geht. Der Witz darin wird aber meist übersehen: Brahms schreibt diese Worte ja nicht nur buchstäblich mit Beethovens Büste im Nacken, er schreibt sie, während er gleichzeitig unter Hochdruck an seiner *Ersten Symphonie* arbeitet. Deren erste Skizzen gehen zurück auf das Todesjahr Schumanns, vorangegangen waren Studien im Kontrapunkt, waren die *Haydn-Variationen,* die Serenaden. Ohnehin war, als Brahms an dieser Symphonie arbeitete, die Auseinandersetzung mit dem an Beethoven aufgehängten Mythos vom Originalgenie schon im vollen Gange: auch dies ein Paradigmenwechsel mit Folgen. Denn fortan galt es nicht mehr, wie noch bei Schumann oder Schubert, als höfliche Hommage, wenn ein Komponistenkollege den anderen zitierte, nach dem neuen musikalischen Code civil galt dies nun als ehrenrühriger Diebstahl.

Der Kritiker Eduard Hanslick hatte Brahms in der *Wiener Presse* am 10. Dezember 1862 öffentlich dazu aufgefordert, er möge das zweite Scherzo aus seiner Serenade op. 11 streichen, weil es sich thematisch zu eindeutig bei Beethovens *Zweiter Symphonie* bedient. Auf diesem Hintergrund sind die Schumann- und Beethoven-Zitate, die Brahms in seiner *Ersten Symphonie* verarbeitet, als eine bewusste Kampfansage zu verstehen: Brahms wehrt sich gegen das neue Paradigma, er kontert die Polemik mit der selbstbewussten Setzung seiner eignen Musik, die neue Wege suchte für satztechnische Probleme, die mit zu Beethovens Erbe gehören: das obligate Akkompagnement und jene Technik der Durchführung, die Schönberg später als »entwickelnde Variation« bezeichnet hat. Kurzum: Johannes Brahms setzt sich mit Beethoven musikalisch auseinander, nicht ideologisch. So kommt es, dass Hans von Bülow, der diese erste Brahmssche Symphonie gut kannte und öfter dirigierte, sie in einer zeittypischen Melange aus Bewunderung und Häme als »Beethovens Zehnte« bezeichnet hat.

Es gibt bekanntlich wirklich eine »Zehnte« von Beethoven. Das ist kein Witz, auch nicht das Ungeheuer von Loch Ness, das da sein mythenumwölktes Haupt aus den Niederungen der Fußnoten erhebt. Verglichen mit der *Ersten* von Brahms ist diese »Zehnte« Beethovens ein bedauernswertes, blutarmes Retortenbaby. Aber daran wird sehr deutlich, was der Unterschied ist zwischen Abschreiben und Komponieren – und auch, welchen Flurschaden die neuen Paradigmen der nachbeethovenschen Ära anzurichten imstande sind: Jeder Originalkrümel kann da zum Goldklumpen erklärt werden.

1988 durchforstete der britische Musikforscher Barry Cooper die Skizzenbücher Beethovens von 1822 bis 1825. Er fand mehr als fünfzig Schnipsel, aus denen er den ersten Satz zu Beethovens Symphonie Nr. 10 Es-Dur zusammenpuzzelte – von allen »Pilgerfahrten«, die je zu Beethoven unternommen wurden, die mit Abstand absurdeste. So in etwa mag das geklungen haben, hätte Beethoven das komponiert, meint Barry Cooper: »Mit dieser Realisierung kommen wir wohl Beethovens Zehnter so nah wie nur möglich.« Und weiter: »Sie ist natürlich lange nicht so gut, wie wenn Beethoven sie komponiert hätte, und besonders an einigen Stellen hätte ich mir von mir selbst mehr Phantasie gewünscht.« Dem ist nichts hinzuzufügen. Klons wie diese, Rekonstruktionen aus Skizzensplittern, mögen beliebt und sogar spektakulär sein, sind aber sinnlos, weil sie einen Bogen machen um die Essenz des Komponierens: Sie blenden die Werkstatt aus. Sie ignorieren den Weg, der zwischen Skizze und Werk liegt.

Der Musikwissenschaftler Klaus Kropfinger hat in den späten Hauptwerken Richard Wagners, also den großen Musikdramen, nicht weniger als einundsechzig Spuren der Auseinandersetzung mit Beethoven nachweisen können. Einige beziehen sich auf verborgene, strukturelle Aspekte der Komposition, andere erschließen sich beim Hören wie ein direktes Zitat. So gibt es zum Beispiel rhythmische Korrespondenzen zwischen dem Streichquartett op. 127 und dem zweiten Akt von *Tristan und Isolde*.

Wohl fast jeder Komponist, der nach Beethoven kam, begann wie Wagner mit dem Kopieren und Transkribieren seiner Werke. Dann folgte eventuell das Zitieren. Und danach verzweigen und verästeln sich die Spuren solcher Lernprozesse, sie dringen ein in das eigene Komponieren. Jenseits der Schaukämpfe, die im neunzehnten Jahrhundert um die Beethovensche Symphonie geführt wurden, findet dieses Weitertragen des Feuers vor allem in der Königsgattung Streichquartett statt: im kontrapunktisch aufgeladenen, vierstimmigen Satz. Man kann das zeigen etwa in den frühen Quartetten Mendelssohns, in Schumanns Quartetten op. 41, in Schuberts letztem G-Dur-Quartett, in der Fuge des schönen a-moll-Quartetts von Friedrich Kuhlau, im d-moll-Quartett von Hugo Wolf, bei Brahms, Reger, Schönberg, Bartók, Rihm, Holliger – die Liste ließe sich verlängern.

Das Modell, das sich Brahms bei der Komposition seines letzten Streichquartetts B-Dur op. 67 vornimmt, ist Beethovens Streichquartett Es-Dur op. 74. Trotz einer Fülle direkter Anklänge sind die kompositorischen Parallelen phantastisch subtil. Zum Beispiel im letzten Satz: Beide Male handelt es sich um schnelle Variationensätze, was eine Seltenheit ist, da Variationen in Streichquartetten in aller Regel nur im langsamen Mittelsatz vorkommen. Beethoven entwickelt das Thema aus der kleinen Terz, die abwärts führt, Brahms entwickelt sein Thema ebenfalls aus der Terz, aber die führt er aufwärts. Rhythmisch sind die Themen freilich so verschieden, dass die melodischen Verwandtschaftsverhältnisse überdeckt sind. Beide Sätze stehen im Zweivierteltakt. Eine weitere Reverenz an Beethovens op. 74 ist das Pizzicato im Cello: Wegen der Pizzicati im ersten Satz heißt Beethovens Werk *Harfenquartett,* Brahms erinnert daran im letzten Satz von op. 67.

Damit ist es aber nicht getan. Das Beethovensche Modell durchwuchert harmonisch und formal den gesamten Satz bei Brahms, er übernimmt die Variationsverfahren, verändert sie, führt sie weiter. Am Schluss des ersten Teils des Themas moduliert Brahms nach D-Dur, der Dur-Mediante seiner Haupttonart (Beethoven moduliert in die Dur-Mediante G-Dur). In der ersten Variation gewährt Brahms der Bratsche ein großes Solo – ähnlich wie Beethoven es in der zweiten Variation tut. In der fünften und sechsten Variation beider Quartettsätze gibt es Parallelen in Ostinato, Stimmführung, Auftaktigkeit und dem Triolenpuls des Cellos. Wenn man das alles auch nicht beim ersten Hören erkennen und benennen kann, so erkennt und begreift man doch sofort die empathische Qualität.

Bemerkenswert ist, dass Brahms in op. 67 nicht an Beethovens späte Quartette anknüpft, sondern an die mittleren, das heißt eine Tradition anders fortschreibt, als Beethoven sie fortschrieb: »Die Tatsache, dass Brahms die Beziehung auf gerade dieses Beethovensche Vorbild – wie auch im Falle seiner ersten Symphonie – musikalisch offen aussprach, indem er nicht nur formale und strukturelle Einzelheiten in der für sein Komponieren spezifischen Weise umsetzte, sondern sein B-Dur-Quartett darüber hinaus mit Anklängen, Anspielungen und geradezu korrekten Zitationen durchwob, macht deutlich, dass es eine durchaus selbstbewußte Weiterentwicklung des Beethovenschen Vorbildes war, die ja gerade wieder an einem Punkt ansetzte, den Beethoven selbst mit dem f-moll-Quartett op. 95, kaum, dass er ihn erreicht, auch schon wieder verlassen hatte«, schreibt dazu der Musikwissenschaftler Rainer Cadenbach.

Unter den Beethovenenkeln des neunzehnten Jahrhunderts ist Johannes Brahms der mit dem Januskopf. Man kann von ihm und über ihn hören, was einander eigentlich strikt ausschließt: dass er vor Beethoven eingeknickt, sich verbogen habe und, als Beethovens Lordsiegelbewahrer, konservativ bis auf die Knochen gewesen sei. Hugo Wolf, der Boshafte, witzelte einmal, Brahms sei »unser Beethoven Nr. 2« geworden. Erst später stellte ein Komponistenkollege alle diese Kirchen zurück ins Dorf. Arnold Schönberg verfasste 1947 den berühmten Aufsatz »Brahms the progressive«, in dem er die Brücken aufzeigt, die von Brahms zur Neuen Wiener Schule führen. Auch in seinem Buch *Style and Idea* kommt Schönberg noch einmal beiläufig auf Brahms zu sprechen. Hier geht es um den eigenen Schaffensprozess, konkret um die Entstehung von Schönbergs Streichquartett d-moll op. 7 und – infolgedessen – auch um Beethoven: »Vielleicht könnte es für einen Analytiker interessant sein zu erfahren, dass ich Nutzen zog aus den ungeheuer vielen Ratschlägen, die mir ein zu diesem Zweck gewähltes Vorbild gab: der erste Satz der Eroica. Alexander von Zemlinsky hatte mir erzählt, Brahms habe gesagt, dass er jedesmal, wenn er sich schwierigen Problemen gegenüber sah, Rat zu holen pflegte bei je einem großen Werk von Bach und Beethoven, die er beide immer in der Nähe seines Stehpultes aufbewahrte. Wie wurden sie mit ähnlichen Problemen fertig? Natürlich wurde das Vorbild nicht mechanisch kopiert, sondern seine geistige Essenz entsprechend angewandt. Auf gleiche Weise erfuhr ich aus der Eroica Lösungen für meine Probleme: wie man Eintönigkeit und Leere vermeidet, wie man aus Einheit Mannigfaltigkeit erzeugt, wie man aus Grundmaterial neue Formen schafft: wieviel aus oft ziemlich unbedeutenden kleinen Gebilden durch geringfügige Modifikationen, wenn nicht durch entwickelnde Variation zu machen ist. Von diesem Meisterwerk ... lernte ich auch viel über die Schaffung harmonischer Kontraste und ihre Anwendung. Brahms' Rat war ausgezeichnet, und ich wünschte, diese Geschichte würde junge Komponisten davon überzeugen, dass sie nicht vergessen dürfen, was unsere musikalischen Vorfahren für uns getan haben.«

Ging es bei Schönbergs kompositorischer Pilgerfahrt zu Beethoven vor allem um die Lösung von Formproblemen, so war Hector Berlioz von der Idee der wortgebundenen Instrumentalmusik fasziniert. Bereits drei Jahre nach Beethovens Tod, 1830, brachte er seine *Symphonie fantastique* heraus, eine der ersten Symphonischen Dichtungen, die zum Wort drängt. Einen »compositeur-poète« nennt Berlioz sich selbst – und das ist auch der Titel, den er Beethoven in seiner Artikelserie in der *Revue et Gazette musicale* verleiht, die alle neun Beethovensymphonien analysiert und interpretiert. Mit seiner *Étude critique des symphonies de Beethoven* hat Berlioz entscheidende Weichen für die Beethovenrezeption in Frankreich gestellt und sich selbst als ein enthusiastischer Propagandist für Beethoven und zumal für dessen Spätwerk ins Zeug gelegt. Ihn selbst, Berlioz, feierte die Kritik bereits bei Erscheinen der *Symphonie fantastique* als den französischen Nachfolger Beethovens – einen Ruf, den er mit Werken wie *Harold en Italie* und *Roméo et Juliette* alsbald vertiefte.

Letzteres, 1839 komponiert, ist das erste Werk der Musikgeschichte, das sich explizit auf Beethovens *Neunte Symphonie* beruft. Im Untertitel heißt das Stück »Symphonie dramatique avec chœurs« – eine dramatische Symphonie mit Chören. Und ganz anders, ja geradezu im Widerspruch zur deutschen Beethovengefolgschaft, etwa Wagners, ist es hier die Instrumentalmusik, der sich die Vokalmusik unterordnet – nicht umgekehrt. Die Hauptfiguren – Romeo und Julia – singen nicht. Ihre Geschichte wird in Tönen erzählt und von Chören gerahmt. Alles Wesentliche sagt die Sprache jenseits der Sprachen: die freie, malerische, poetische Phantasiesprache des Orchesters.

Wenn Ludwig van Beethoven in Deutschland je einen PR-Agenten hatte, der ähnlich aufopfernd und enthusiastisch für ihn und für die Verbreitung seiner Werke kämpfte, dann war dies der Schwiegervater Richard Wagners: Franz Liszt. Es heißt, dass er ihm als elfjähriges Wunderkind in Wien vorgespielt und einen Weihekuss des Meisters auf die Stirn empfangen habe. Wäre wunderbar, ist aber Legende. Doch Liszt hat von 1829 an die Ausgabe aller Beethovenschen Klaviersonaten betreut, später dann auch die Klavierkonzerte ediert, er hat Beethovens Werke in ganz Europa aufgeführt, sämtliche Symphonien und etliche Vokalwerke und Kantaten Beethovens für Klavier transkribiert, zu zwei und vier Händen, und sich auch als Komponist entschieden in die Nachfolge Beethovens gestellt, mit seinen Symphonischen Dichtungen ebenso wie in seiner großen h-moll-Sonate.

Und Franz Liszt schrieb im Alter von vierunddreißig Jahren eine wunderliche Beethoven-Kantate, die bei der Einweihung des ersten Beethovendenkmals in Bonn uraufgeführt wurde. Dieses groß besetzte Stück für Soli, Chor und Orchester mündet in eine Apotheose, darin Beethoven vom Librettisten heiliggesprochen und vom Komponisten selbst herbeizitiert wird wie für eine Séance. Dazu orchestriert Liszt das Andante cantabile aus Beethovens Klaviertrio op. 97: »Und es soll in fernsten Tagen noch sein Bild der Nachwelt sagen, wie die Mitwelt ihn verehrt. Heil! Heil! Beethoven Heil!«

# 22

# »TEMPO UND CHARAKTER«

Beethovens *Vierte Symphonie* in B-Dur op. 60 beginnt mit totalem Stillstand. Für die ersten paar Sekunden dieser Musik könnte man nicht einmal genau sagen, ob es sich um Moll oder Dur handelt – oder ob es überhaupt schon Musik ist. Es ist einfach nur ein Ton, ein B. Gespielt, ausgehalten, lang gezogen von Hörnern, Fagotten, Klarinetten und einer Flöte. Was wird daraus werden? Das kommt ganz auf den zweiten und dritten Ton an.

Es folgen absteigende Terzstufen, die an die Dies-irae-Sequenz aus der Totenmesse erinnern, ferne Tonarten, schwebende Klangflächen kommen und gehen, und bis Takt 34 lässt sich auch harmonisch nicht sagen, wo das hingehen soll. Erst in Takt 36 wird der Motor angeworfen, die Reise beginnt. Richard Wagner meinte, dies sei eine »kalte Musik«, Hector Berlioz fand den Anfang der *Vierten* »dumpf brütend«. Der Dirigent Carlos Kleiber aber, der überhaupt nur vier der neun Beethovenschen Symphonien aufgenommen hatte und äußerst heikel war bei der Freigabe von Mitschnitten, machte bei seinem Live-»Schnappschuss« der *Vierten* eine Ausnahme. Diese Einspielung sei ihm, schrieb er an die Plattenfirma, ein »persönliches Vergnügen ... Für jene, die auf Lebendigkeit hören können, haben wir hier Sachen drin, die spielt kein Orchester so lustvoll und frech oder so beseelt und erfreuend wie dieses Orchester an jenem Tag.«

Beethovens *Vierte* gehört zu den Stiefkindern im Musikbetrieb. Man begegnet ihr eher selten im Konzertsaal, und schon Hans von Bülow hatte sie 1880, zusammen mit der *Ersten* und der *Zweiten Symphonie*, als eher unwichtig aus seinem Beethovenkosmos aussortiert. Bei Kleibers Einspielung aus dem Jahr 1982 handelt es sich um eine der wenigen Einzelaufnahmen des Werks, eine heiß umschwärmte Kultaufnahme, außerdem eine der schnellsten. Kleiber dirigiert den ersten Satz eine volle Minute schneller als der schnelle Arturo Toscanini und sogar zwei Minuten schneller als Roger Norrington, der bekanntlich zu den Lordsiegelbewahrern der korrekten historischen Aufführungspraxis gehört.

Das ist vielleicht die größte Überraschung, die man beim Vergleichen von alten Schallplattenaufnahmen erleben kann: So kategorisch und kontrovers, wie die Debatten in der Theorie geführt werden mögen um die wahre Art, Beethoven zu interpretieren – in der Praxis sieht es anders aus. Fast alle Dirigenten – von Wilhelm Furtwängler bis Riccardo Chailly, von Sergiu Celibidache bis Nikolaus Harnoncourt – verfahren vor allem in der Tempowahl so unglaublich subjektiv, als habe es das Schönbergsche Plädoyer für den Zusammenhang von Tempo und Charakter nie gegeben und als existierten nicht die sehr konkreten Metronomvorgaben von Beethoven, die, wie der Notenschlüssel und die Vorzeichen, in allen Ausgaben und allen Orchesterstimmen abgedruckt und im Falle der *Vierten* auch wirklich gut spielbar sind. Was die achtunddreißig Takte der langsamen Einleitung anbelangt (Beethoven schreibt hier die Metronomzahl 66 pro Viertel vor), halten sich nur vier von vierzig Dirigenten an das von Beethoven gewünschte Tempo, nämlich: Mariss Jansons, Claudio Abbado, Michael Gielen und John Eliot Gardiner. Auch die schnellen älteren Aufnahmen, etwa die von

Felix Weingartner oder Bruno Walter, sind zu langsam, Herbert von Karajan überschreitet das Limit in seiner schnellsten Aufnahme um zehn Sekunden, René Leibowitz, der Metronomfetischist, sogar um einundzwanzig Sekunden, Furtwängler um fast eine Minute.

Eine Minute bei nur achtunddreißig Takten, das grenzt an Mystifikation! Mehr Zeit als Furtwängler nehmen sich später nur noch Karl Böhm und Celibidache und, in einer neueren Aufnahme: Christian Thielemann.

Eine der schnellsten Lesarten ist diejenige des Ensembles Anima Eterna unter Jos van Immerseel. Im direkten Vergleich mit Thielemanns Einspielung ist zu hören, wie stark das Tempo den Charakter der Musik verändert. Das ist keine Frage von subjektivem Zeitempfinden, da geht es auch um Botschaften, um Bekenntnisse. Auf den ganzen Satz berechnet, liegt eine Differenz von drei Minuten zwischen diesen beiden Aufnahmen, und begleitet wird diese Tempodifferenz von erheblichen Unterschieden in Klangbild und Ausdruck. Thielemann taucht die Musik in ein weiches Legato, lässt die Bläsermelodien ausschwingen, er kostet auch die enharmonischen Verwechslungen aus und zelebriert den Augenblick, den Stillstand. Immerseel dagegen drängt vorwärts, pointiert die Achtelpausen zwischen den Achtelschlägen und setzt so den dynamischen Ablauf unter Strom. Hier ist sich die Einleitung zur *Vierten* nicht selbst genug, sie will unbedingt irgendwo hinführen. Und noch ein Unterschied: Thielemann arbeitet mit einem modernen Symphonieorchester, durchgängig mit Vibratospiel der Streicher, Immerseel dagegen hat bei den Streichern Darmsaiten aufziehen lassen, es spielen historische Blasinstrumente der Beethovenzeit, und es sind nur siebenunddreißig Musiker angetreten, eine Besetzung, wie sie dem Beethovenschen Orchester bei der Uraufführung der *Vierten* im März 1807 im Palais Lobkowitz in Wien entspricht.

Die Wiener Philharmoniker hätten in diesen Festsaal, den es heute noch gibt, kaum zur Hälfte hineingepasst. Allerdings muss man dazu auch sagen, dass dieser kleine Raum (mit Platz für circa sechzig Zuhörer, im Stehen) völlig anders klingt als zum Beispiel der Goldene Saal im Wiener Musikverein, Baujahr 1870 (mit 1774 Sitzplätzen), oder die Berliner Philharmonie (1960–1963) mit 2250 Plätzen. Das vergleichsweise »geringe Raumvolumen der Aufführungsstätten bewirkt eine deutlich andere Raumakustik«, schreibt Stefan Weinzierl, der die Orte, an denen Beethovens Symphonien uraufgeführt wurden, soweit noch vorhanden, ausgemessen und analysiert hat. Vor allem betreffe dies, so Weinzierl, die Dynamik: Die Musik sei damals, je nach Raum, subjektiv bis zu einem Vielfachen lauter empfunden worden als in heutigen Sälen. Die Akustik der Räume, aber auch Raumempfinden und Lebensgefühl der Beethovenzeit sowie Erwartungshorizont, Ohren, Hirn und Sozialverhalten des damaligen Publikums – all das ist nun einmal nicht rekonstruierbar. Und so erwies sich bald auch die historische Aufführungspraxis, die mit Dirigenten wie Harnoncourt oder Roger Norrington so kämpferisch angetreten war und auf die sich auch Immerseel noch beruft, als stark weltanschaulich imprägniert. Man spricht heute deshalb etwas zurückhaltender nur noch von »historisch informierter Aufführungspraxis«. Roger Norrington, der zunächst mit seinen ruppigen, rumpeligen London Classical Players markig die Beethovenrevolution ausrief, hat später dann mit dem Stuttgarter Radiosymphonieorchester erneut sämtliche Beethovensymphonien eingespielt, diesmal ohne Darmsaiten. An der berühmten geheimnisvollen Stelle in der Durchführung des ersten Satzes der *Vierten* (Takt 270) ist aber in der Hervorhebung der Pauke und den scharfen Konturen der Klangrede bei Norrington die historische Aufführungspraxis noch präsent. In der etwas älteren Einspielung mit Abbado und den Berliner Philharmonikern geht es differenzierter, zarter und eleganter, auch klangschöner zu. Dafür aber etwas langweiliger – oder, sagen wir: gediegener. Abbado weicht wie vorgeschrieben ins dreifache Piano zurück, was Norrington gar nicht erst versucht. Beide streben freilich ein kammermusikalisches Miteinander mit Transparenz der einzelnen Stimmen und kontrastreicher Dynamik an. Das Interessante sind hier nicht die Unterschiede, sondern die Ähnlichkeiten.

Norrington verkündete einmal in einem Interview: »Wenn Beethoven mit der richtigen Orchestergröße, in der richtigen Sitzordnung, mit den richtigen Tempi und der angemessenen Gestik für die Musik des achtzehnten Jahrhunderts gespielt wird, dann klingt Beethoven wie Beethoven. Man muss ihn nicht interpretieren, wie es Furtwängler oder Karajan getan haben. Man muss ihn sich nicht vornehmen, um etwas anderes aus ihm zu machen.« Das ist nun leider ein großer Unsinn und pure Propaganda! Denn Norrington hatte zu diesem Zeitpunkt den wahren Beethoven so wenig für sich gepachtet wie die wahre Sitzordnung oder das musikrhetorische Gestenvokabular. Fast alle Maestri spielen Beethoven heute in kleiner Besetzung.

Der Erste, der sämtliche Beethovensymphonien als Zyklus aufführte, war kein Dirigent, sondern ein Geiger: François Antoine Habeneck, der »französische Beethovenapostel schlechthin«, dirigierte mit dem Violinbogen und leitete sein Orchester, das in barocker Tradition im Stehen musizierte, vom ersten Pult der ersten Geigen aus. Das war offenbar üblich, denn E. T. A. Hoffmann empfiehlt am Schluss seiner Rezension der *Fünften*, »nicht sowohl, wie es oft zu geschehen pflegt, die erste Violine stärker als es seyn sollte mitzugeigen, als vielmehr das Orchester ständig im Auge und in der Hand zu behalten« – und er rühmt es, dass der Musikverleger die erste Violinstimme mit dem »Eintritt der obligaten Instrumente« ausgestattet hat, also sie quasi als Direktionsstimme druckt. Der Taktstock setzte sich dann erst eine spätere Generation durch.

Die von Habeneck ein Jahr nach Beethovens Tod gegründete Société des Concerts du Conservatoire veranstaltete zwischen 1828 und 1846 rund hundertsiebenundachtzig Aufführungen Beethovenscher Werke. Sie wurde zum führenden »Beethovenorchester« und ein Modell für weitere Orchestergründungen. Der Nächste, der die Beethovenschen Symphonien zyklisch aufführte, war der Geiger Carl Moeser in Berlin, er veranstaltete als einer der Ersten regelmäßig Abonnementkonzerte. Felix Mendelssohn Bartholdy in Leipzig und Richard Wagner in Dresden folgten diesem Vorbild, ebenso Otto Nicolai, der anno 1842 aus dem Wiener Hofopernorchester einen Ableger für Konzertaufführungen gewann. »Beethovens herrliche Schöpfungen dem Publicum immer so gut vorzuführen, als es möglich ist mit den Mitteln, die man hat, und wenigstens mit der innigsten Liebe und Begeisterung, das ist meine Pflicht und eines jeden, der in einer Stellung wie die meinige sich befinde.« Nicolai nahm als erstes Werk Beethovens *Siebte* in Angriff, und bis heute betrachten die Wiener Philharmoniker dieses Konzert als ihr Gründungskonzert. In direkter Auseinandersetzung mit den Zeitzeugen Schindler und Czerny entwickelte sich auch Franz Liszt zum führenden Beethoveninterpreten, aus Liszts Schüler Hans von Bülow wurde der erste Berufsdirigent und »Stammvater aller Maestri«. In Meiningen, wo er 1880 die Hofkapelle übernahm und mit exzessiver Probenarbeit zu einem Musterorchester drillte, begründete Bülow seinen eignen Beethovenkult. 1881 ging er mit einem Beethovenzyklus auf Europatournee. »Reise um Beethoven in achtzig Tagen« nannte Hans von Bülow diese »Mission« in einem Brief an seine Mutter. »Die Konzentration auf Beethoven schien mir Bedingung, die Gründung eines Stils zu suchen«, schreibt Bülow. »Jedes Glied« seines Meininger Orchesters müsse »jede Note von Beethoven so spielen, wie sie gespielt werden muss«.

Von all diesen frühen Beethoveninterpreten gibt es naturgemäß nur schriftliche Zeugnisse: Habeneck soll streng werktreu gearbeitet und schnelle Tempi geliebt haben, Bülow nahm Retuschen an der Instrumentation vor, er entschärfte beispielsweise die Dissonanz beim Repriseneinsatz im Kopfsatz der *Eroica* oder führte – um Wagner zu ärgern – die *Neunte* ohne den Finalsatz auf. Aber erst mit der Urenkelgeneration Beethovens beginnt die Geschichte der Tonaufzeichnung. Seither können wir uns mit eignen Ohren davon überzeugen, wie es »wirklich« klang.

1927 begann Felix Weingartner mit dem London Philharmonic Orchestra die erste Gesamtaufnahme aller Beethovensymphonien. Die erste Beethovenaufnahme der Schallplattengeschichte überhaupt hatte bereits zwanzig Jahre zuvor Arthur Nikisch besorgt, mit der *Fünften*. Weingartner, dessen 1906 veröffentlichte Schrift *Ratschläge für Aufführungen der Symphonien Beethovens* zu einer Art Bibel der Aufführungspraxis wurde, war einerseits Schüler Bülows, andererseits Enkelschüler Liszts, und man kann diese Interpretationslinie von Liszt aus zurückverfolgen bis zu Czerny und Ries, die ihrerseits Schüler Beethovens waren. Man hat sie deshalb als authentisch bezeichnet. Aber so simpel linear läuft das wohl doch nicht mit dem »Weitergeben der Fackel«. Jede Generation entwickelt ihre Ideale auch in Widerspruch zu der vorherigen. Man weiß zum Beispiel, dass Weingartner die Retuschen, die für Hans von Bülow und Gustav Mahler noch selbstverständlich waren, entschieden ablehnte. Klarheit, Differenziertheit, Präzision, Ökonomie und nur ja keine Übertreibung – das waren seine Maximen. Trotzdem hat sich auch Weingartner Eingriffe in die Partitur geleistet, etwa die Holzbläser verdoppelt oder die Fagotte durch Hörner ersetzt. Begründet wurden solche Eingriffe in aller Regel damit, dass die Musik an die mittlerweile neu erbauten, großen Konzertsäle adaptiert werden müsse. Mahler, der (darin Wagner verwandt) in den Beethovensymphonien ein Leitbild für sein eigenes Komponieren erblickte, andererseits als Dirigent gern an der Instrumentation der Werke anderer herumschraubte, begründete seine Retuschen wie folgt: »zur Verdeutlichung der musikalischen Intention« und »damit die Hauptsache heraus-, die Begleitung zurücktritt«, unter veränderten akustisch-räumlichen Bedingungen.

Dass Mahlers Schüler Bruno Walter sich von dieser Praxis lossagte, wie es auch Weingartner tat, versteht sich. Trotzdem gilt er als ein Fackelträger Mahlers – und Walters Art, Beethoven zu dirigieren, kommt auch aus einem anderen Stall als die Weingartners – wie im Adagio aus der *Vierten* gut zu hören: Weingartners Aufnahme von 1933 bietet sehr schnelle, flüssige Tempi, aber auch satte Portamenti und eine sehr ausdrucksstarke Dynamik, hingegen klingt Walters Alterseinspielung von 1952 feierlich, statisch, auch weit weniger dramatisch – und fast furtwänglerisch transzendent.

Im Jahr 2014 brachte Lars E. Laubhold das Buch *Von Nikisch bis Norrington* heraus, das nicht alle, aber doch sämtliche historischen Tonaufzeichnungen der *Fünften* Beethovens mithilfe des Computers vergleicht: die Anzahl der Portamenti ausmisst, die Länge der Dauern, die Bögen der Espressivokurven etc. Der Autor wollte einen »Beitrag« leisten »zur Geschichte der musikalischen Interpretation im Zeitalter ihrer technischen Reproduzierbarkeit«, er hat mehr als hundertdreißig Aufnahmen durchgeforstet.

Dank der Schallplattengeschichte – das hebt Laubhold in seiner Studie hervor – wird das »gegenwärtige Musizieren als Resultat eines Wandlungsprozesses erkennbar, der unsere Rezeptionsweisen und insbesondere das musikalische Zeiterleben in den letzten hundert Jahren nachhaltig verändert hat«. Für die Traditionslinie, die von Bülow und Mahler über Felix Weingartner über Franz Schalk und Wilhelm Furtwängler bis zu Richard Strauss geführt hat, prägt er den Begriff des »deutsch-österreichischen Espressivo«, das heutzutage fast ganz von der Bildfläche verschwunden sei.

Hört man den dritten Satz – das Scherzo, Allegro vivace – aus Beethovens *Vierter* im Live-Mitschnitt, aufgezeichnet im Januar 1950 im Goldenen Saal des Wiener Musikvereins mit den Wiener Philharmonikern unter Wilhelm Furtwängler, staunt man, wie selbst so ein relativ überschaubares Stück unter den Händen dieses Dirigenten zur Botschaft an die Nachwelt verrätselt werden kann. Ein »typisch« Beethovensches Scherzo ist dies, in seiner pointierten Rhythmik und dem fast kindlich-naiven Trio in B-Dur, mit der romantischen »Schön-Rosmarin«-Geigenstimme darin. Und »typisch« für Furtwänglers Musizieren ist es, dass eine subjektive Gefühlslogik für Rubati, Verschleppungen und Verzögerungen sorgt. Aber niemals reißt der Spannungsbogen. Dieses Geheimnis – wann der nächste Ton kommt oder auch nicht – gehört zum Mythos des Maestro zwingend dazu. Wobei zu bedenken ist, dass dieser Mythos kaum die Zeit hatte, aus den pubertären Kinderschuhen herauszuwachsen, denn er ist nicht nur direkt an die Beethovenrezeption gekoppelt, sondern an ein junges Berufsbild, das zu dem Zeitpunkt, als die Aufnahme entstand, noch nicht einmal hundert Jahre alt war.

In den Dreißigern, als Furtwänglers Stern in Deutschland aufging, etablierte sich im amerikanischen Exil die Antithese dazu: Auch Arturo Toscanini hat seinen Beitrag geleistet zum Mythos vom Maestro. Er gilt als Prototyp des Despoten und Alleinherrschers, seine exzessive Probenarbeit ist legendär, ebenso seine Launen und das Temperament, mit denen er die Musiker traktierte. Zugleich verkörpert Toscanini im sachbezogenen Dienst am Werk die Moderne: Er setzt gegen die deutsch-österreichische Espressivo-Tradition die Forderung nach objektiver Texttreue: Schluss mit den Retuschen, Schluss mit den willkürlichen Fermaten, den Portamenti, den Rubati. Toscaninis Interpretationen, so sagte es einmal einer seiner Kollegen, die ihn nicht zuletzt auch aus politischer Sympathie bewunderten, nämlich Otto Klemperer, seien »mehr als schön, sie sind richtig. Und diese Richtigkeit tritt vollständig absichtslos auf.« Im Falle der beiden Beethoven-Gesamtaufnahmen, die Toscanini spät in seinem Leben ins Werk setzte, erst mit seinem NBC Symphony Orchestra in New York, dann mit dem BBC Symphony Orchestra, kann man an jeder beliebigen Stelle mit der Partitur auf dem Schoß hineinhören und wird jedes Mal beglückt feststellen, dass Toscanini kein Sforzato übersehen hat, keine Sechzehntelpause zuschmiert, jede Vortragsbezeichnung umsetzt und auch die Metronomangaben erfüllt. Nicht wie ein Pedant, der mit dem Stöckchen auf Nebensachen zeigt und recht behalten will; Toscaninis Präzisionswut geht vielmehr auf im lodernden Feuer des musikalischen Flusses.

Am Ende von Beethovens *Vierter* wird eine wahnwitzige Orchesterjagd mit einem Fortissimo-Knall unterbrochen. Es ist, als schlage jemand einer Rotte von Rasenden die Tür vor der Nase zu. Dies ist eine der kürzesten Schlusswendungen, die Beethoven überhaupt je komponiert hat. In der Toscanini-Aufnahme aus dem Jahr 1939 stimmt hier alles bis auf die Sekunde, sogar die schnellen Metronomvorgaben Beethovens (Metronomzahl 80 pro Halbe) hat er weitgehend eingehalten. Aber das Tempo ist nur ein Parameter der Interpretation. Es gibt auch andere Wahrheiten.

Felix Weingartner empfahl 1906, sich nicht an die Metronomangabe im Finalsatz der *Vierten* zu halten. Beethoven habe sich geirrt, dies sei einfach zu schnell für den Charakter des Satzes. Dieses Allegro ma non troppo sei, so Weingartner, »schnell, ohne in Wirklichkeit schnell zu sein«. Er selbst nimmt sich eine gute Minute mehr Zeit dafür. Ganz anders Carlos Kleiber knapp fünfzig Jahre später, der diesen Finalsatz so sensationell schnell wie keiner spielt: non plus ultra. Er ist der Erste, der Schnellste, bei ihm klappt die Tür am Schluss glatt zweieinhalb Minuten früher zu als bei Weingartner, eineinhalb Minuten früher als bei Toscanini. Und nichts geht dabei verloren, kein Jota. Es gibt kein stärkeres Plädoyer für Beethovens zu Unrecht vernachlässigte *Vierte* als diese Live-Aufnahme unter Carlos Kleiber.

Der Applaus, der damals, am 3. Mai 1982, im Münchner Nationaltheater losbrach, wollte gar nicht enden. Die Plattenfirma Órfeo machte sich den Spaß, diese minutenlang ausrastende Begeisterung wenigstens teilweise zu dokumentieren, und richtete eigens einen Applaus-Track ein. Das finde ich sehr schön! Denn zu dem »kreativen Dreieck« – dieses Bild stammt übrigens von Benjamin Britten –, in dem wahre Musik entsteht, gehört ja außer den Komponisten, die ein Stück erfinden und die Noten aufschreiben, und den Interpreten, die diese Noten einstudieren und mehr oder weniger adäquat zum Klingen bringen, auch noch die Zuhörerschaft, die bereit ist, der Musik entgegenzuhören. Ohne Publikum fände keine Musik statt.

Ein anderes Stiefkind des Beethovenrepertoires ist das Konzert für Klavier, Violine, Violoncello und Orchester C-Dur op. 56, genannt das *Tripelkonzert*. Schon bei der Uraufführung im Mai 1808 im Wiener Augarten setzte es schlechte Kritiken, da heißt es zum Beispiel: »Auch hörten wir in einer dieser Akademien ein ganz neues Concertino von Beethoven, welches aber keinen rechten Eingang finden wollte. Es besteht fast nur aus Passagen, die auf drei Instrumente verteilt sind«. Das fand man altmodisch und auch ermüdend. Danach verschwand das *Tripelkonzert* wieder in der Versenkung – es wurde erst zwölf Jahre später ein zweites Mal aufgeführt. Beethoven selbst nennt das Werk in seinen Briefen bezeichnenderweise nicht Konzert, sondern »ein Konzertant«. Das verweist auf die galante, zu diesem Zeitpunkt längst vergessene Übergangsmode der Sinfonia concertante, vielleicht gar auf die barocke Form des Concerto grosso. In der Tat sind die drei Soloinstrumente, die im *Tripelkonzert* mit- und gegeneinander antreten, ähnlich gleichberechtigt behandelt wie im Concertino-Part des Concerto grosso: Jedes Thema ist für alle da. Doch kein Instrument kriegt eine eigne Kadenz. Da die Thematik in den Ecksätzen ganz auf die Brillanz der Streicher abgestellt ist, bleibt der Klavierpart hinter dem, was man sonst so von Beethoven an Artistik gewöhnt war, zurück. Was Wunder, er hatte diesen Part auch nicht für sich selbst komponiert, sondern für den damals sechzehnjährigen Erzherzog Rudolph, und der sollte ja nicht öffentlich verunglücken. Dafür hat das Violoncello mehr zu tun, als den Cellisten lieb sein dürfte. Vor allem weil dieser Part wegen der Tonart C-Dur ungewöhnlich hoch liegt und entsprechend schwer zu spielen ist. Dies sind nur einige der Widersprüche, die sich in dem schönen Konzert verbergen.

Im Konzertsaal, dem Ort, an dem alle drei Ecken des »kreativen Dreiecks« wirken, taucht das *Tripelkonzert* heutzutage so gut wie gar nicht mehr auf. Das ist schade. Dass es trotzdem mehr als vierzig Aufnahmen davon gibt, liegt vermutlich am modernen Wunder der technischen Reproduzierbarkeit: Manche Manager in den Plattenfirmen wittern wohl just in diesem Stück die verkaufsträchtige Gelegenheit, gleich drei ihrer berühmten Vertragskünstler gemeinsam zu vermarkten. Höchstwahrscheinlich kam die legendäre Aufnahme aus dem Jahr 1969 genau so zustande: Sie führte David Oistrach, Mstislaw Rostropowitsch, Swjatoslaw Richter und Herbert von Karajan in der Jesus-Christus-Kirche in Berlin-Dahlem zusammen: ein musikpolitisches Gipfeltreffen aus dem Kalten Krieg.

Als Konzertdarbietung ist diese Aufnahme auf dem denkbar allerhöchsten Niveau missraten. Jeder dieser großen Musiker spielt allein auf seinem eignen Stern. Rostropowitsch hat dies nachträglich in dem boshaften Bonmot zusammengefasst: »Ich habe versucht, Beethoven zu spielen. Oistrach glaubte, er spielte Beethoven. Richter spielte, wie immer, nur sich selbst. Und Karajan glaubte, er ist Beethoven.« Diese Plattenaufnahme des *Tripelkonzerts* war nie vergriffen, sie verkauft sich nach wie vor ganz ausgezeichnet, es ist die Referenzaufnahme des Werkes, die berühmte, viel geliebte. Dass es sich trotz der vielen glitzernden Schönheiten des Solistenspiels im Einzelnen, trotz des luxuriösen, legatoweich im Dolce und Pianissimo schwelgenden philharmonischen Orchesterteppichs dennoch nicht um die optimale Lesart dieses Stücks handelt, haben die illustren Interpreten wahrscheinlich als Erste selbst bemerkt: Richter und Rostropowitsch ließen fortan die Finger davon. Oistrach hatte das *Tripelkonzert* schon einmal zusammen mit Lev Oborin (Klavier) und Swjatoslaw Knuschewitzky (Cello) sowie dem Philharmonia Orchestra London eingespielt, wobei auch hier die Balancen klappern und der kammermusikalische Spirit des Zusammenspiels fehlt, der bei einem Klaviertrio mit Orchesterbegleitung gerade in den Übergängen so dringend gefragt ist. Was Karajan betrifft, so machte er fünfzehn Jahre später einen zweiten Versuch mit dem verflixten Stück, diesmal mit ehrgeizigen jungen Solisten – nämlich Anne-Sophie Mutter an der Geige, Yo-Yo Ma am Cello und dem Pianisten Mark Zeltser –, die wieder jeder für sich solo an der Hörrampe herumparadieren. Als Harnoncourt, der vormals so kämpferische Widersacher Karajans, Pionier der »historisch informierten Aufführungspraxis«, anno 2004 mit einem klug zusammengecasteten Solistentrio seine erste und einzige Version des Beethovenschen *Tripelkonzerts* in Angriff nahm, scheiterte er auf einem ungewohnten Level: Diese Version hat etwas Gewolltes, Gekünsteltes, Fiepsiges, das Chamber Orchestra of Europe lässt sich zu manieristischen Pointen verführen, und die drei Solisten Thomas Zehetmair, Clemens Hagen und Pierre-Laurent Aimard fügen sich nicht zum Team. Auch diese Lesart: kein musikalischer Volltreffer.

Was ist das Problem mit op. 56? Ist es, wie oft behauptet wird, für die Gegenwart verloren, weil es »nur« eine Beethovensche Gelegenheitsarbeit war? Der Musikkritiker Paul Bekker hat einmal allen Ernstes den Nachweis zu führen gesucht, dass das *Tripelkonzert*, entstanden zwischen *Eroica* und *Appassionata*, in Wahrheit gar nicht von Beethoven stamme, ihm vielmehr untergeschoben worden sei: Es lasse schließlich typische Beethovensche Charakteristika wie Formsicherheit, Stringenz und Logik der Formulierung vermissen. An Letzterem ist etwas dran: Das *Tripelkonzert* ist hybrid, eine vielfach zusammengesetzte Form, und für alle formalen und spieltechnischen Probleme, die sich daraus ergeben, hat Beethoven ungewöhnliche, aber doch passende Lösungen gesucht und gefunden. Da geht es um die Kunst des Übergangs, die Kunst der entwickelnden Variation, des Konzertierens, auch des Improvisierens. Man muss einander wirklich sehr gut zuhören können, wenn man sich in diesem galant verspiegelten Irrgarten nicht verlieren will. Insofern hat das *Tripelkonzert* vielleicht sogar etwas Utopisches: das Einfache, das schwer zu machen ist.

Eigentlich ist es unverzichtbar, dass Musiker, die sich an dieses Stück wagen, einander aus kammermusikalischen Zusammenhängen kennen. Beim Amsterdamer Storioni Trio ist das der Fall. Dazu kommt, dass sie in ihrer Aufnahme aus dem Jahr 2013 auf Instrumenten der Beethovenzeit spielen: eine Ehrenrettung für das *Tripelkonzert*.

# 23

# »ZUSAMMENGESTOHLEN AUS VERSCHIEDENEM DIESEM UND JENEM«

Spätwerke gelten als radikal, rätselhaft und hermetisch. Im Fall von Beethovens Spätwerk gehört es zum guten Ton, dass man, wenn man darüber spricht, früher oder später Adorno zitiert. Also gut: Der beginnt seinen Essay zum »Spätstil Beethovens« so: »Die Reife der Spätwerke bedeutender Künstler gleicht nicht der von Früchten. Sie sind gemeinhin nicht rund, sondern durchfurcht, gar zerrissen; sie pflegen der Süße zu entraten und weigern sich herb, stachlig dem bloßen Schmecken; es fehlt ihnen all jene Harmonie, welche die klassizistische Ästhetik vom Kunstwerk zu fordern gewohnt ist.« So weit Adorno 1937.

Das Streichquartett cis-moll op. 131 ist Beethovens vorletztes vollendetes Werk und zählt somit ganz zweifellos zu jenen »Früchten«. Vierzig Jahre später widerlegten die Wiener Philharmoniker Adornos These, als sie im Wiener Konzerthaus unter Leitung von Leonard Bernstein eine Orchesterfassung des cis-moll-Quartetts spielten, die der Dirigent Dimitri Mitropoulos arrangiert hatte. Man kann über den Sinn oder Unsinn solcher vergröbernden oder auch verfeinernden Bearbeitungen unterschiedlicher Meinung sein. Aber egal, ob von vier Streichern oder hundert Streichern gespielt: Beim einleitenden Adagio von Beethovens op. 131 handelt es sich eindeutig um eine Fuge. Sie widersetzt sich nicht dem Ohr, im Gegenteil. Sie kriecht hinein. Sie beginnt einstimmig, mit einer traurigen Melodie, die man sofort mitsingen könnte, weil sie uns so vertraut vorkommt wie ein Kirchenchoral, den wir schon seit Kindertagen kennen. Und dieses Thema zieht zuverlässig alle Hörer – nicht nur die gelehrten, die ihr spezielles Vergnügen an kontrapunktisch verhäkeltem Fugenwerk haben – sofort in den Bann. Es zieht uns mit der Süße seines Vibratos, der Schmerzlichkeit der Chromatik und der ganzen Fülle, die die Harmonie bereithält, unweigerlich hinein in ein Musikstück, das wie ein sich verbreiternder Strom dahinfließt, mit einer so starken Strömung, dass man ihn irgendwann nicht mehr verlassen kann. Und lässt uns nicht los: Im Finalsatz des cis-moll-Quartetts begegnet uns das Thema dann noch einmal wieder, in rhythmisch total veränderter Gestalt.

Diese Fuge hat auch kein zweites Thema, kein »Kontrasubjekt«, wie der Fachmann sagen würde und wie es das Lehrbuch für eine ordentliche Fuge verlangt: Alles, was folgt, das gesamte motivische Geschehen, ist nur aus dieser einen Melodie heraus entwickelt. Man könnte sagen: Das Thema wächst sich widerspruchslos aus zu einer »unendlichen Melodie«. Eine polyphon auskomponierte Monothematik, die neu ist in Beethovens Schaffen. Sie hat andere Komponisten enorm beeindruckt. Richard Wagner schrieb über den Adagiosatz aus op. 131, unter Anspielung auf Goethes *Faust*: »Das einleitende längere Adagio, wohl das Schwermüthigste, was in Tönen ausgesagt worden ist, möchte ich mit dem Erwachen am Morgen des Tages bezeichnen, der ›in seinem langen Lauf nicht einen Wunsch erfüllen soll, nicht einen!‹ Doch zugleich ist es ein Bußgebet, eine Berathung mit Gott, im Glauben an das ewig Gute. Das nach Innen gewendete Auge erblickt da auch die nur ihm erkenntliche tröstliche Erscheinung, in welcher das Verlangen zum wehmütig holden Spiele mit sich selbst wird …«

Es ist frappierend, wenn man den Beginn der unendlichen Melodie aus Beethovens cis-moll-Quartett einmal in einer Kreuzblende mit dem Beginn des Vorspiels zum *Tristan* direkt verbindet: Die Verwandtschaft der Motive ist evident.

Andere haben in das Adagio-Fugenthema des cis-moll-Quartetts allerhand Verwandtschaften hineingelesen, die in ähnliche Richtung weisen: rückwärts in die Geschichte oder aufwärts zu Gott oder: ins Innere. Der Beethovenbiograph Lewis Lockwood zum Beispiel kam – vielleicht weil der Duktus eines alten Chorals uns so vertraut erscheint – auf die Idee, dass Beethoven hier die cis-moll-Fuge aus Teil 1 von Bachs *Wohltemperiertem Klavier* zitiert habe. Die Tonart ist zwar die gleiche, die Themen sind aber doch sehr verschieden. Manfred Hermann Schmid behauptete, besagtes Fugenthema aus op. 131 greife auf ein barockes Modell von leittönigen Fugenthemen zurück, welches schon Bach im *Musikalischen Opfer*, Haydn in seinem f-moll-Quartett op. 20,5 und Louis Spohr in seinem Doppelquartett op. 65 benutzt habe: »Die zitierten Beispiele waren Beethoven wohl bekannt.« Mag sein. Aber auch in diesem Falle ließe sich zeigen: Die Themen sind erstens unterschiedlich, zweitens haben sie mit dem Beethovenschen nicht viel gemein. Seines ist das kürzeste von allen, es ist als einziges auftaktig – und gerade das verleiht dem Absturz in die große Terz eine besondere Wucht.

Freilich gilt: Alle Melodien, die aus Sehnsuchtsbausteinen wie kleinen Sekunden plus einem größeren Intervall, etwa einem Sextsprung, gebaut werden, sind irgendwie miteinander verwandt. Mindestens jede zweite erfolgreiche Schlagermelodie – das haben die Musikforscher Hermann Rauhe und Reinhard Flender herausgefunden – arbeitet mit diesen aus der musikalischen Figurenlehre bekannten Intervallen: dem Lamentomotiv, der Exclamatio. Denken Sie zum Beispiel an die Titelmelodie aus dem Schmachtfilm *Love Story* von 1970 oder an Taminos Bildnisarie. Warum die kleine Se-

kund und die Sext, groß oder klein (und ihre Umkehrung, die Terz),
einen speziellen Signalcharakter haben für Herzschmerz; ob sie uns
fesseln, weil sich ihnen dieser Charakter im Laufe der abendländischen Musikgeschichte angelagert hat oder ob es eventuell objektiv
messbare hirnphysiologische Vorgänge gibt, ist noch nicht restlos
geklärt und tut auch nichts weiter zur Sache. Nur so viel sei fest-
gehalten: Die angeblich »stachlige« Frucht des vorletzten Werkes
Beethovens beginnt mit einem überaus freundlichen Ohrwurm.

Es war der Musikkritiker und Komponist Paul Bekker, der 1911
als Erster darauf aufmerksam machte, dass die Viertongruppe vom
Beginn des Quartetts op. 131 mit etlichen anderen markanten Vier-
tongruppen in anderen späten Streichquartetten Beethovens verwandt ist. Es handelt sich dabei nicht um »Selbstzitate« Beethovens,
eher könnte man von linearen Querbezügen sprechen, die ziemlich
offen und unverdeckt zumindest die Streichquartette op. 131, op. 130
und op. 132 miteinander vernetzen. Pragmatisch betrachtet liegt das
daran, dass die drei Quartettkompositionen in den Jahren 1824 bis
1826 unmittelbar nacheinander oder auch, wie die Skizzenbücher
zeigen, zeitgleich entstanden sind. So arbeitete Beethoven beispielsweise parallel am ersten Satz aus op. 132 und an der Schlussfuge von
op. 130. Oder: Das Anfangsthema aus op. 131 taucht in genau der
gleichen Gestalt schon einmal im Scherzo-Satz von op. 132 auf.
Oder: Das Quartett op. 130 schließt mit einem Fugensatz, das
nächste Quartett, op. 131, beginnt mit einem Fugensatz, und die
Skizzen dazu zeigen, dass der Kompositionsprozess von der einen
Fuge zur anderen führte, so als gehörten die beiden komplementär
zusammen. Daraus ergibt sich eine interessante Frage nach der Form-
gebung: Ist eine individuelle Struktur, sind abgeschlossene Formen
überhaupt noch möglich, wenn eine Werkgruppe so eng zusammen-
hängt, dass die Grenzen sich verflüssigen? »Es wäre verkehrt, wollte
man hinter diesen Beziehungen ›leitmotivische‹ oder programmati-
sche Zusammenhänge wittern. Zugrunde liegt nur die Vorliebe des

späten Beethoven für die motivische Verbindung des Halbtonschrittes mit anderen spannungsreichen Intervallen, der verminderten Sept, der übermäßigen Sekunde oder der verminderten Quart«, erklärte Walter Riezler – und kam demnach zu dem Schluss: »Man wird jedenfalls sagen können, dass diese letzten Quartette nicht mehr so ganz ›Individuen‹ sind, wie es für Beethovens Werke fast von Anfang an galt. Sie gehören, in irgendeiner Beziehung, zusammen.«

Zumindest in einem Falle ist diese Beziehung so eindeutig, dass zwei Einzelsätze austauschbar sind – dank der Skizzenbücher wissen wir nämlich, dass Beethoven den zierlichen Drehwurm-Tanzsatz »Alla danza tedesca« aus op. 130, das Buffo-Vorspiel zur innigen »Cavatina«, ursprünglich für op. 132 eingeplant hatte.

Die Uraufführung des Streichquartetts B-Dur op. 130 durch das Schuppanzigh-Quartett fand im März 1826 im Wiener Musikvereinssaal vor großem Publikum statt. Den Rahmen dazu gab eines der sogenannten »Großen Vocal- und Instrumentalconcerte« ab – die zur Beethovenzeit übliche Form öffentlicher Konzerte, darin ein Kessel Buntes dargeboten wurde, ein Potpourriprogramm aus Arien, Liedern, Sonaten, Kammermusiken, manchmal auch Opern und Symphonien, jeweils in Einzelsätzen, damit den Leuten nicht langweilig wurde. Aber – und darin unterscheidet sich diese untergegangene Form von unseren heutigen Konzertritualen – damals stand in aller Regel nur zeitgenössische Musik lebender Komponisten auf dem Programmzettel.

Als am 21. März 1826 Beethovens neues Quartett komplett gespielt wurde, also mit der *Großen Fuge* zum Beschluss, die später auf Wunsch des Verlegers ausgelagert und durch einen Allegro-Satz ersetzt werden sollte, nahm der inzwischen kränklich und etwas menschenscheu gewordene Beethoven nicht mehr selbst teil, er ließ sich berichten. Der zweite Geiger des Schuppanzigh-Quartetts, Karl Holz, erinnert sich: »Bei der 1. Produktion des B-Quartetts, als noch die Fuge das Finale bildete, mussten die kleinen Zwischensätze in

B-Moll und G-Dur, auf stürmisches Verlangen, wiederholt werden (wie bei jeder öffentlichen Produktion, der wir beiwohnten). Die Fuge ging unverstanden vorüber. Beethoven erwartete mich nach der Aufführung im nächstgelegenen Gasthause. Ich erzählte ihm, dass die beiden Stücke wiederholt werden müssen. ›Ja!‹, sagte er hierauf ärgerlich, ›diese Leckerbissen! Warum nicht die Fuge?‹«

Der eine dieser Leckerbissen ist das besagte »Alla danza tedesca«, der andere ein freches Presto in b-moll mit dem pianissimo vorbeiflitzenden Gassenhauerthema. »Mit stürmischem Beyfall wurde die Wiederholung beyder Sätze verlangt«, schreibt die *Allgemeine musikalische Zeitung*. Keine »stachligen Früchte« offenbar, die sich dem Verständnis verweigern, im Gegenteil: eine neue Musik, die auf Anhieb bei den Zeitgenossen Gehör fand. Und weiter heißt es in der Rezension: »Der erste, dritte und fünfte Satz sind ernst, düster, mystisch, wohl auch mitunter bizarr, schroff und capriciös; der zweite und vierte voll von Muthwillen, Frohsinn und Schalkhaftigkeit. Den Sinn des fugierten Finales wagt Ref. nicht zu deuten: für ihn war es unverständlich, wie Chinesisch.«

Noch 1885 berichtet der Beethovenforscher August Halm über das B-Dur-Quartett, er habe »noch keiner, versteht sich, guten Aufführung desselben beigewohnt, in welcher« das Presto »nicht stürmisch zur Wiederholung verlangt worden wäre«. Offenbar wurde der Brauch, zwischen den einzelnen Sätzen eines Werkes zu applaudieren, noch bis Ende des neunzehnten Jahrhunderts praktiziert, als das zusammengewürfelte »Große Vocal- und Instrumentalconcert« längst durch die heute üblichen Konzertformen abgelöst worden war. Zu Beethovens Zeit war das Klatschen zwischen den Sätzen jedenfalls üblich, er hat es akzeptiert, auch wenn es ihn wohl gestört haben wird. Das verrät der ironische Begriff »Leckerbissen« für die Publikumslieblingsquartettsätze – Karl Holz nennt sie »Zwischensätze«.

In den späten Streichquartetten Beethovens ist Teil der Dramaturgie des »unvermittelten Kontrasts«, wie Rudolf Stephan es einmal nannte: Von Satz zu Satz, aber oftmals auch innerhalb eines Satzes wechselt die Musik jäh Tempo, Charakter, Stil, Takt und Methode. Krass nebeneinander stehen volkstümliche kurze Sätze voller Witz und lange elaborierte Fugen, stehen Tänze und Märsche neben einem opernhaften Rezitativ oder einer verinnerlichten, gesanglichen Aria, einem »ernsten« oder »mystischen« Lied ohne Worte. Der fünfte Satz aus dem Quartett op. 130, der unmittelbar auf das »Alla danza tedesca« folgt, ist so ein Gesang: die »Cavatina« in Es-Dur, Adagio molto espressivo, die in der Mitte einen rezitativischen Sologesang der ersten Violine birgt. Holz berichtet: »Für ihn [Beethoven] war die Krone aller Quartettsätze und sein Lieblingsstück die Cavatine … aus dem B-Dur Quartett. Er hat sie wirklich unter Thränen der Wehmut komponiert und gestand mir, dass noch nie seine eigene Musik einen solchen Eindruck auf ihn hervorgebracht habe …«

Als Beethoven im Juni 1826, kurz nach der Uraufführung von op. 130, beschloss, dass das nächste, dritte Quartett der Serie, das er in Arbeit hatte, ohne Unterbrechung, also attacca von einem Satz zum anderen, durchlaufen soll, protestierte das Schuppanzigh-Quartett, und Holz argumentierte, wie man in den Konversationsheften nachlesen kann, folgendermaßen: »Muss es ohne aufzuhören durchgespielt werden? – Aber, dann können wir nichts wiederholen! – und wann sollen wir stimmen?« Eine interessante Notiz, sie lehrt, dass die Musiker, die damals ja auf Darmsaiten spielten, in nicht klimatisierten kleinen Räumen während einer Darbietung offenbar mehrmals nachstimmen mussten. Holz konnte Beethoven aber nicht umstimmen, dessen Meinung stand fest. Mag sein, dass dies auch eine Reaktion war auf den zügellosen Applausdurst des Publikums, wovon ihm Holz ja vor Kurzem berichtet hatte. Die durchkomponierten Übergänge zwischen den einzelnen Sätzen im Streichquartett cis-moll op. 131 verweisen ebenso wie die Erweiterung der üblichen Vierer-Satzfolge auf sieben darauf, dass hier konventionelle Grenzen zitiert, zugleich aber überschritten werden.

Inwieweit bilden die sieben Sätze dieses Quartetts op. 131 und die Sätze der anderen späten Quartette einen geschlossenen Zyklus? Ist womöglich die gesamte Werkgruppe der späten Quartette als ein einziger Zyklus konzipiert? Können wir die fünf letzten Streichquartette (op. 127 und op. 135 eingeschlossen) erst im Kontext dieser inneren Zusammenhänge begreifen, sollten wir sie idealerweise wie einen Liederzyklus im Ganzen aufführen? Diese Fragen sind nach wie vor offen, auch wenn keine anderen in der Musikwissenschaft so ausführlich, intensiv und doch letztlich so ergebnislos diskutiert worden sind wie diese.

Ähnlich kontrovers wie die Literatur zu Beethovens späten Quartetten stellt sich die Geschichte der Auseinandersetzung mit diesem Œuvre auf Tonträgern dar. Den Anfang macht das Busch-Quartett in den Abbey Road Studios in London im Jahr 1936 mit Rubato, viel Portamenti und mit dem berühmten langen »Busch-Bogen«. Damals waren Adolf Busch und seine Mitstreiter Gösta Andreasson, Karl Doktor und Hermann Busch bereits nach Großbritannien emigriert. Busch, der noch bei Joseph Joachim Unterrichtsstunden nehmen konnte, hatte bereits seit Anfang der Zwanzigerjahre regelmäßig Quartettabende mit Beethoven-Gesamtzyklen gegeben. Er ist ein eiserner Verfechter der Werktreue und der Beethovenschen Originaltempi gewesen: Jedes Crescendo, jeder Sforzato-Akzent, jede Vortragsbezeichnung wird vom Busch-Quartett genau umgesetzt, da wird nichts beschönigt, trotz Rubato-Freiheiten, nichts überlackiert. Man darf wohl davon ausgehen, dass Theodor W. Adorno just diese Studioaufnahme des Busch-Quartetts im Ohr hatte, als er seinen Aufsatz zum »Spätstil Beethovens« schrieb. Sie ist ein Jahr zuvor entstanden. Überhaupt gilt es, diesen viel zitierten und allzu oft geplünderten Aufsatz gegen seine falschen Liebhaber zu verteidigen. Letztlich basiert sogar das Pathos Adornos auf genauer musikalischer Beobachtung. Mit dem »Stachligen« und »Herben« in Beethovens Spätwerk benennt er nichts anderes als den

»unvermittelten Kontrast« in der Vielfalt der konventionellen Formen, die Beethoven verwendet hatte. Und er erkennt darin den Zusammenprall von Subjektivem und Objektivem: »Prozess bleibt noch sein Spätwerk; aber nicht als Entwicklung, sondern als Zündung zwischen den Extremen, die keine sichere Mitte … mehr dulden. Zwischen Extremen im genauesten technischen Verstande: hier der Einstimmigkeit, dem Unisono, der bedeutenden Floskel, dort der Polyphonie, die unvermittelt darüber sich erhebt. Subjektivität ist es, welche die Extreme im Augenblick zusammenzwingt … Objektiv ist die brüchige Landschaft; subjektiv das Licht, darin einzig sie erglüht.«

Das legendäre Juilliard String Quartet nahm op. 131 Anfang der Sechzigerjahre auf. Darin fehlt ein Ton. Im dritten Satz, Allegro moderato, wird das H in der zweiten Geige auf der Eins von Takt 5 weggelassen. Warum? Weil dieser Ton nicht in der Erstausgabe stand. Mittlerweile ist das von der kritischen Beethoven-Gesamtausgabe korrigiert worden. Doch zeigt dieses fehlende H an, wie genau das Juilliard String Quartet, das für seine intensive Probenarbeit weltberühmt war, sich vorbereitet hatte; sie haben die Erstausgabe studiert! Welches Streichquartett damals tat das schon!? Außerdem zeigt dieses H aber auch an, was Primarius Robert Mann und seine Mitspieler dem alten Beethoven so alles zutrauten: Diese Ellipse, die winzige Kluft, die ein fehlender Grundton auf dem ersten Schlag aufreißt, verdankt sich schon dem Mythos von Beethovens Spätwerk. Denselben intelligenten »Denkfehler« machte später auch das LaSalle-Quartett, Meisterschüler des Juilliard String Quartet. Deren Version fällt noch etwas ruppiger und stachliger aus, was wohl am kämpferischen Temperament des Primgeigers Walter Levin liegt: Der opfert der musikalischen Wahrheit gerne auch mal die korrekte Intonation.

Dieses Allegro moderato aus op. 131 ist, ob mit oder ohne H, jedenfalls einer der kürzesten Quartettsätze der Musikgeschichte: Er moduliert von h-moll nach E-Dur in nur elf Takten, das dauert nicht mal eine Minute. Auf dieser kurzen Strecke gibt es keinen Platz für ein Thema, es gibt auch keine passende Form. Vielmehr folgt auf einen etwas verlegenen Diskurs der vier Streicherstimmen ein Rezitativ der ersten Violine, die uns etwas Ähnliches zu sagen scheint wie: »O Freunde, nicht diese Töne.« Eine musikalische Passage, die dergestalt auf etwas anderes verweist und nichts Eigenes sein will, würde man normalerweise Einleitung nennen oder Überleitung. Und genau das ist es auch: eine Einleitung. Beethoven hatte dieses Quartett erst in Vorbereitung der Veröffentlichung in sieben Sätze aufgeteilt, die ohne Unterbrechung hintereinander gespielt werden sollen. Zwei dieser vermeintlichen Sätze, der dritte und der sechste, sind gar keine, vielmehr sind es Überleitungen zu etwas, das noch kommt: Ankündigungen. Und tatsächlich: Auf das elftaktige Allegrolein folgt ein großer, herrlich blühender, langsamer Variationensatz in A-Dur, »molto cantabile«, mit einem sehnsüchtigen Duo mittendrin, zuerst nur von Bratsche und Cello vorgetragen, in dem auch das Fugenthema vom Anfang wieder herumspukt.

Hier zeigt sich, dass die formalen Prozesse in den späten Beethovenschen Quartetten nicht mehr auf Abschluss zielen, vielmehr auf Fortsetzung. Diese Werke sind, anders als seine früheren Streichquartette, keine in sich geschlossenen Gebilde mehr, sie wuchern über sich selbst hinaus, freilich planvoll, formbewusst. Hans von Bülow berichtet von einem Gespräch mit Johannes Brahms, der sich vehement gegen den Mythos von der Formlosigkeit des Beethovenschen Spätwerks aussprach. Brahms war damit damals allein auf weiter Flur, ein Rufer in der Wüste, der die prophetischen Worte sprach, »dass Beethoven nirgends so spartanisch streng sich an die musikalischen Formgesetze gebunden habe, als gerade in seinen phantasievollsten, originellsten letzten Sonaten und Quartetten«.

Zeigen lässt sich das, zum Beispiel, ab Takt 241 des Variationensatzes aus op. 131, kurz vor Schluss. Da scheint es für einen Augenblick so, als würde doch noch eine weitere Variation beginnen, flankiert von Trillern und Arpeggien. Aber daraus wird nichts, die Stimmen ringen miteinander, um zu einem Ende zu kommen. Für die Coda, genauer gesagt für die letzten vier Takte dieser Musik, hat Beethoven alle Möglichkeiten des Zu-Ende-Kommens durchdekliniert. Wie die Sizzenbücher zeigen, probierte er den Schluss auf zwölf verschiedene Arten aus, in allen vier Stimmen, bei gleichbleibender erster Stimme und kaum verändertem Bass, bis er endlich eine formale Lösung fand, bei der ihn auch die Führung der Mittelstimmen befriedigte.

Für diejenigen Musikforscher, die Beethovens Wunsch wörtlich nehmen und dieses cis-moll-Streichquartett in sieben Sätze gliedern, ist der auf Unendlichkeit angelegte A-Dur-Gesang auf jeden Fall der klappsymmetrische Mittelpunkt des Werkes: sein Herzstück. Für alle anderen, die hinter der Potemkinschen Fassade der Siebensätzigkeit die alten vier Sonatensätze erkennen wollen (drei davon mit einer Einleitung, wobei die erste, die Eingangsfuge, die allergewaltigste, formensprengendste Einleitung wäre, die die Musikgeschichte je erlebt hat), ist dies nur ein langsamer Variationensatz an der üblichen dritten Stelle, mit ein paar eigenwilligen Ausbuchtungen dazwischen. Folgt ein klassisch geformtes Scherzo – ganz im Sinne des Kontrastprinzips. Es hat wenig Besonderes, ist nur rasend schnell, durchlöchert von erschreckten Generalpausen. Und es hat sieben Teile – bildet also quasi die Siebensätzigkeit noch einmal in der Nussschale ab.

Nach diesem schnellen Scherzo, das mit einer Fermate endet, durfte dann doch ausnahmsweise geklatscht werden bei der Uraufführung. So hatte es Karl Holz schließlich ausgehandelt. Er erinnert sich, dass »trotz aller Vorstellungen wegen des Nachstimmens der Instrumente und der Ermüdung der Zuhörer, nur eine kurze Pause nach dem Presto E-Dur, nicht etwa vor demselben, von Beethoven zugestanden wurde«.

Beethoven hat die Uraufführung seines op. 131 nicht mehr selbst erlebt, auch die Drucklegung bei Schott kam erst nach seinem Tod zustande. Wann genau das cis-moll-Quartett zum allerersten Mal aufgeführt wurde, ist nicht ganz sicher. Verbürgt ist, dass die erste öffentliche Darbietung am 5. Juni 1828 stattfand, fern von Wien, im Harz, im anhaltischen Halberstadt, bewerkstelligt durch das dort ansässige Quartett der Gebrüder Müller. Aber es muss auch in Wien vorher schon mindestens eine Aufführung im privaten Rahmen gegeben haben, denn Ignaz Ritter von Seyfried beschreibt das Werk nach einer Aufführung, die er im »Sommer 1828« miterlebt habe. Und dann gibt es noch die Geschichte von einer Privataufführung, für die wiederum der gute Holz die einzige Quelle darstellt. Diese Aufführung soll auf Franz Schuberts Wunsch bei ihm zu Hause stattgefunden haben – am 14. November 1828, fünf Tage vor seinem Tod –, durch Mitglieder des Schuppanzigh-Quartetts: »Franz Schubert wünschte sehr, das Cis-moll-Quartett (op. 131, componiert im Frühjahr 1826, also im Jahr vor Beethovens Tode) zu hören. Die Herren Holz, Karl Gross, Baron König [wer war der vierte Mann?] spielten es ihm zuliebe, es war nur noch Doleschalek, Klavierlehrer, zugegen. Schubert kam in solche Entzückung, Begeisterung, und ward so angegriffen, dass alle für ihn fürchteten. Ein kleines Übelbefinden, das vorhergegangen und noch nicht gründlich gehoben war, steigerte sich riesig, ging in Typhus über, und Schubert war nach fünf Tagen todt. Das cis-moll-Quartett war die letzte Musik, die er gehört! Dem Liederkönig hatte der König der Harmonie die Hand freundlich zur Ueberfahrt geboten ...«

Es ist nicht sicher, ob diese Anekdote einen wahren Kern hat oder nicht. Dass stachlige Früchte, letzte Worte, das Zeug dazu haben, als Todverkündigungsboten aufzutreten, spricht eher dagegen. »Das ist der Tanz der Welt selbst: wilde Lust, schmerzliche Klage«, schrieb Richard Wagner über den Schluss von Beethovens op. 131: »Liebesentzücken, höchste Wonne, Jammer, Rasen, Wollust und

Leid; da zuckt es wie Blitze, Wetter grollen: und über allem der ungeheure Spielmann, der alles zwingt und bannt … So winkt ihm die Nacht. Sein Tag ist vollbracht.« Auch Wilhelm von Lenz, wie Wagner ein Beethovenenthusiast und Poet, hat Todes- und Endzeitvisionen aus dem cis-moll-Quartett herausgehört, er prägte das wunderbare Wort vom »Ankerauswerfen im zeit-, raum- und sorgenlosen Jenseits«. Zweifellos sind solche Verklärungen spätwerklicher Schwanengesänge dem Umstand zu danken, dass Beethoven sein op. 131 nicht mehr live hat hören können und über der Veröffentlichung gestorben war. Man kann deshalb ab und zu sogar lesen, es sei dies sein letztes Werk gewesen, was aber nicht ganz stimmt: Das Streichquartett F-Dur op. 135 ist Beethovens letztvollendetes Werk gewesen – auch dies erst nach seinem Tod gedruckt, aber doch ein paar Monate früher als op. 131.

Beethoven selbst, der ja keineswegs vorhatte zu sterben, sah die Sache eher pragmatisch. Er notiert auf der Abschrift des cis-moll-Quartetts, die er dem Verleger Schott zugedacht hatte, eine Nachschrift: »N.b. Zusammengestohlen aus Verschiedenem, Diesem und Jenem.« Vielleicht eine Anspielung auf die multiplen thematischen Verwandtschaftsverhältnisse der späten Quartette. Verlegersleute indes verstehen keinen Spaß, Schott fragt besorgt zurück, ob das wirklich ein neues Quartett sei. Beethoven antwortet: »Sie schrieben, daß es ja ein original quartett seyn sollte, das war mir empfindlich, aus Scherz schrieb ich daher bei der Aufschrift, dass es zusammen getragen. Es ist unterdessen Funkel nagel neu.«

# 24

# »MUSIK ÜBER MUSIK«

Komponisten schreiben öfter Stücke, indem sie sich ein anderes, schon vorhandenes Stück ausborgen und verändern, es sich aneignen, verdauen und etwas Neues daraus machen. Vergleichbares gibt es natürlich auch in Literatur und bildender Kunst: Es gibt Romane über Romane, Bilder über Bilder. Doch das ist jeweils wohl eher die Ausnahme. Dagegen umfasst Musik über Musik eine Fülle von allen möglichen handelsüblichen Formaten: Arrangements, Parodien, Improvisationen, Transkriptionen, Paraphrasen, Fantasien, Kontrafakturen und vor allem: Variationen. Typisch für die flüchtige Luftkunst Musik, dass sie sich in diesem schöpferischen Zwischenreich so stark hat verankern können.

Ludwig van Beethoven hat insgesamt zweiundzwanzig Klaviervariationen komponiert, darüber hinaus gibt es zehn Variationszyklen für diverse Kammermusikbesetzungen und siebenunddreißig Variationssätze, die in seinen Symphonien, Sonaten, Trios und Quartetten vorkommen. Bereits das erste gedruckte Werk Beethovens war ein Variationenwerk gewesen: die sogenannten *Dressler-Variationen* WoO 63, die er mit zwölf Jahren in Bonn komponiert hatte. Nach der Übersiedelung nach Wien profilierte er sich mit virtuosen

Klaviervariationen über Themen von angesagten Opernkomponisten: Grétry, Righini, Dittersdorf, Süßmayr, Winter, Paisiello, Wranitzky – was eben gerade so auf dem Spielplan stand. Musik über Musik für Salon und Hausgebrauch – das war, als es noch keine Tonaufzeichnung gab, die probate Methode, sich einen Namen zu machen und Stücke unter die Leute zu bringen.

Um seinen Lehrer Antonio Salieri zu ehren, knöpfte sich Beethoven eines von dessen Opernduetten vor: Mrs. Ford und Mrs. Slender haben beide einen Liebesbrief von Falstaff bekommen. Die Frauen treffen sich, vergleichen die Briefe und stellen fest: Es steht »dasselbe, genau dasselbe« drin – »la stessa, la stessissima!«. Dieses Duett aus Salieris Oper *Falstaff* wurde auf Anhieb ein Hit, Beethovens Variationen (WoO 73) standen direkt in Konkurrenz zu denen von Joseph Wölfl und Josephine Aurnhammer. Er schneidet vergleichsweise schlecht ab. In einer Zeitungskritik vom 19. Juni 1799 heißt es: »Mit diesen [Variationen] kann man nun gar nicht zufrieden seyn. Wie sind sie steif und gesucht und welche unangenehme Stellen darin, wo harte Tiraden in fortlaufenden halben Tönen gegen den Bass ein hässliches Verhältnis machen, und umgekehrt. Nein, es ist wahr: Hr.v.B. mag phantasieren können, aber gut zu variiren versteht er nicht.«

Kurz darauf reißt die Variationenproduktion Beethovens schlagartig ab. Ob er sich die Kritik zu Herzen nahm? Eher unwahrscheinlich. Er bekam ja zu Beginn seiner Karriere laufend Kritiken, die seine avantgardistischen Lösungsvorschläge für konventionelle Tonsatzprobleme als »hässlich« bezeichneten, und ließ sich davon in seinem Komponieren nicht irritieren. Eher ist es wohl so, dass Beethoven in Sachen Musik über Musik einen neuen Weg gefunden hatte, der ihn mehr interessierte: Er propagierte nämlich statt der Themen anderer nunmehr eigne Themen. Und von diesem Zeitpunkt an, ab 1800, hat er nie wieder textgebundene Themen aus modischen Opern variiert.

Zuerst verarbeitete Beethoven ein Thema aus seiner Klaviersonate B-Dur op. 22 zu Variationen (WoO 77). Auch den beiden nächsten Variationszyklen aus dem Jahr 1802, den *Eroica-Variationen* op. 35 und den Variationen op. 34, legte er ein selbst komponiertes Originalthema zugrunde. Der nächstfolgende Schritt ist noch radikaler. Beethoven schreibt gar keine Klaviervariationen mehr, eine Enthaltsamkeit, die, von zwei Gelegenheitskompositionen abgesehen, neun Jahre andauert. Erst 1819 findet er zu dieser speziellen Sorte von Musik über Musik zurück. Er komponiert wieder einen Variationszyklus, seinen letzten: die *Diabelli-Variationen* op. 120. Sie werden zum Spätwerk gerechnet und als eines der größten musikalischen Weltwunder bestaunt, entstanden gewissermaßen aus dem Nichts, wie Athene dem Haupte des Zeus entsprungen.

Legenden ranken sich um die Entstehung der Variationen op. 120. Legenden kursieren unter den Pianisten. Lange hielt man diese Musik für unspielbar schwer – erst 1856 wagte der Liszt-Schüler Hans von Bülow sich in Berlin an die Uraufführung. »Eine Pilgerfahrt« nennt der australische Pianist Michael Leslie diese Variationen, außerdem »ein Testament«, ein »Paradies« und »eine Reise um die Welt«. Und weiter: »Tatsächlich gibt es keinen vernünftigen Grund, sich physisch, intellektuell und emotional mit diesem gigantischen Werk auseinanderzusetzen. Genau so wenig, wie es einen Grund gibt, den Mount Everest zu bezwingen.«

In ihrer Ehrfurcht vor den *Diabelli-Variationen*, die so lang und so labyrinthisch sind wie kein anderer Variationenzyklus zuvor, gehen die meisten Autoren stillschweigend darüber hinweg, dass das Thema keineswegs ein eigenes ist, sondern, wie bei den ersten Variationen des jungen Beethoven, ein Fremdthema, das genauso schlicht, ja beinahe dumm gebaut erscheint, wie es zum Beispiel das der *Dressler-Variationen* gewesen war. Aber bereits in der ersten Variation, Viervierteltakt, Alla Marcia maestoso, ist das Thema nicht mehr wiederzuerkennen. Bewundernd schreibt August Halm, man höre förmlich, wie Beethoven auftrumpft und ruft: »Jetzt komme ich!« Und weiter: »Es ist mir kein anderes Beispiel bekannt, wo er ein fremdes Thema, das er behandeln wollte, gleich mit so herrischer Gebärde von sich weggeschoben, ja, förmlich von sich fortgestoßen hätte.« Walter Riezler ergänzt: »Schon hier, mit diesem großartigen Beginn, wird das Thema in seiner eignen Gestalt sozusagen vernichtet.«

Rettung durch Vernichtung! So könnte man das Prinzip der Beethovenschen *Diabelli-Variationen* umschreiben. Denn das Thema, das er variiert, glänzt von der ersten Variation an durch Abwesenheit, es wird stets nur portionsweise zitiert und verändert, eine Variation variiert die nächste. Nie können wir das »Thema mit dem Schusterfleck« klar erkennen oder benennen, aber es stets erahnen. Das eröffnet enorm viele Möglichkeiten. Nach einem Bericht Anton Schindlers soll Beethoven den Diabellischen Walzer abfällig so genannt haben (was auch von Czerny bestätigt wird), weil seine zweite Hälfte ziemlich schematisch aus Sequenzen zusammengetackert ist. So etwas Einfallsloses nannte man im Wiener Komponistenjargon einen Schusterfleck, die italienischen Komponisten bezeichneten es, nach einem Volkslied, als »Rosalie«. Hans von Bülow hat das Diabelli-Thema verteidigt mit dem Argument, Beethoven hätte es wohl kaum benutzt, wenn es nicht tauglich gewesen wäre: »Der Walzer ist, trotz seiner Rosalien an und für sich ein ganz hübsches, geschmackvolles Stückchen, in seiner melodischen – ich möchte sagen – Neutralität vor der Gefahr des Veraltetwerdens geschützt.« In der achten Variation (Poco vivace) hat Beethoven den viel gescholtenen Flickschusterflecken aus dem Kontext des Themas herausgelöst und ihn solo variiert, für sich allein. Diese Variation gemahnt, dank der plagal gefärbten Harmonik und der Legato-Arpeggien, an den irrealen Schwebezustand gegen Ende der »Arietta« aus Beethovens letzter Klaviersonate op. 111.

Besonders die Forschernaturen unter den Pianisten wurden von den *Diabelli-Variationen* angezogen wie die Motten vom Licht – das reicht von William Kinderman bis zu Alfred Brendel und hat viele interessante Erkenntnisse gezeitigt. Brendel betrachtet die *Diabelli-Variationen* als eine große menschliche Komödie. Arnold Münster, ein Chemiker und Naturwissenschaftler von Hause aus, hat sich seine bahnbrechende Analyse der *Diabelli-Variationen* direkt über das Üben, das Studium des Werkes am Klavier erschlossen. William Kindermans Dissertation, die einige Jahre nach der Arbeit Münsters herauskam, befasste sich erstmalig mit den Skizzen und räumte mit vielen Legenden auf. Dank Kinderman wissen wir inzwischen, dass Beethoven keineswegs die Absicht hatte, mit der ersten Variation das Diabelli-Thema wegzuschieben. Das ist gar nicht möglich gewesen, denn diese erste Variation taucht in Beethovens Skizzen erst sehr spät auf, sie ist eine der letzten, die er notiert, erst 1823. Ursprünglich hatte er, ganz im Gegenteil, geplant, einen roten Teppich für das Diabellische Thema auszurollen, indem er eine »präludierende Introdutzion« skizzierte, eine quasi improvisierte Einleitung, die zu dem Thema hinführt.

Wie überhaupt ein ideales Thema zu Variationen auszusehen hatte, dazu gab es klare Regeln, schließlich ist das Variieren schon seit der Renaissance eine beliebte Form. Erstens, so wird es verlangt, möge das Thema kurz sein, zweitens so simpel wie möglich, drittens leicht wiedererkennbar. Beethovens Schüler Carl Czerny schrieb in seiner Kompositionslehre: »Zu Variationen eignen sich vorzugsweise jene Themen, welche schönen Gesang, wenig Modulation, gleiche zwei Theile und einen verständlichen Rhythmus haben.« Das Diabelli-Thema erfüllt von diesen drei Regeln nur eine einzige, die aber hundertprozentig. Harmonisch handelt es sich um eine einfache Kadenz – aufgepeppt durch ein paar Zwischendominanten. Melodisch aber ist dieses Thema nicht im Geringsten signifikant: Es tritt auf der Stelle, sequenziert, wiederholt, tritt wieder auf der Stelle – das ergibt keine erkennbare Linie, stattdessen, wie Bülow so treffend bemerkte, eine »melodische Neutralität«. Und abgesehen davon war dieses Diabellische Walzerthema mit zweiunddreißig Takten viel zu lang zum Variieren.

Das Thema hatte der Wiener Musikverleger Anton Diabelli im Jahr 1819 allen namhaften österreichischen Komponisten geschickt mit der Bitte, ihm dazu je eine Variation zu schreiben. Immerhin fünfzig fanden sich bereit, es damit zu versuchen. Czerny lieferte als Erster, er schrieb etwas charmant Figuratives, Johann Nepomuk Hummel versuchte das Thema zu knacken, indem er es harmonisch interessant machte, Friedrich Kalkbrenner setzte auf den wiedererkennbaren Vorschlag in seinen virtuosen Passagen. Auch Erzherzog Rudolph beteiligte sich an dem Wettbewerb, auch Anselm Hüttenbrenner, Abbé Stadler, Johann Baptist Gänßbacher, Ignaz Moscheles, Conradin Kreutzer e tutti quanti. Eine Variation wurde komponiert von dem elfjährigen Wunderknaben Franz Liszt, der gerade in Wien gastierte. Er schrieb eine tausendfingrige, dramatische Mollvariation. Eine andere stammt von einem Komponisten, dessen Handschrift so persönlich und unverkennbar ist, dass man ihn nach wenigen Tönen schon identifizieren kann: Franz Schubert.

Der größte Hecht im Wiener Karpfenteich aber war aus Sicht des ehrgeizigen Verlegers selbstverständlich Ludwig van Beethoven. Schindler berichtet, dass der anfangs gar nicht habe anbeißen wollen, dann aber, verführt von dem überaus hohen Honorar, das ihm Diabelli exklusiv anbot, seine Meinung änderte. Beethoven habe erst sechs bis sieben Variationen beisteuern wollen, was sich dank der im Genie waltenden Eigendynamik wie von selbst bis zu dreiunddreißig Variationen ausgedehnt habe. Dafür zahlte Diabelli vierzig Dukaten. Außerdem wartete er mit der Edition, bis Beethoven, nach vier Jahren Kompositionsprozess, endlich fertig war, um die beiden Musiküber-Musik-Sammlungen herauszugeben. 1. Teil: Beethoven. 2. Teil: alle anderen.

Sollte Schindlers Geschichte über den organisch wuchernden Entstehungsprozess der *Diabelli-Variationen* zutreffen, würde das bedeuten, dass es sich um eine bunte, zufällige Abfolge von Variationen handelt. Beethovens Skizzen beweisen aber das Gegenteil. Bereits 1819, vier Jahre vor Vollendung des Werks, hatte er die Anfangstakte unter anderem der Variationen Nr. 22 und Nr. 26 skizziert, auch plante er von Anfang an diverse Fugen ein. Es gibt also ganz zweifellos eine Dramaturgie, eine planvolle Architektur. Sie zu entschlüsseln und darzustellen, dazu sind seit Hans von Bülow bis heute immer wieder die Musiker und Musikwissenschaftler neu angetreten. Sie haben die *Diabelli-Variationen* in Gruppen aufgeteilt und Verwandtschaften festgestellt. Immer wieder kommt es vor, dass neue Wahrheiten, neue Zusammenhänge aufgedeckt werden. Es gibt Gebirge von Sekundärliteratur über diese letzten Beethovenschen Variationen. Und es gibt auch mehrere Regalmeter an CDs: kein Pianist von Rang, der diese Variationen nicht eingespielt hat.

Im Konzertsaal dagegen sind die *Diabelli-Variationen* op. 120 immer noch eine Seltenheit. Viele Konzertveranstalter meinen, eine so hoch elaborierte Musik über Musik, als ein Mikrokosmos des Beethovenschen Musikdenkens, sei dem Publikum nicht zumutbar und nur etwas für Fachleute, für das Geraune im Elfenbeinturm. Aber auch Musik über Musik geht direkt von Herz zu Herz, auch ohne Motiv-Rechenschieber im Kopf kann jeder Hörer in diesem Kosmos auf Entdeckungsreise gehen. Jede Variation ist ein Stern für sich.

Von der 8. Variation, Poco vivace, war bereits die Rede. Bei der Variation Nr. 9, Allegro pesante e risoluto, handelt es sich um die erste Mollvariation in diesem Zyklus und insofern um einen strukturellen Einschnitt. Zugleich ist diese Variation aus den ersten drei Tönen des Diabelli-Themas abstrahiert, dem kurzen einprägsamen Auftakt mit dem Vorschlag, das Motiv macht sich selbstständig und löst sich auf in durchbrochene Arbeit.

Die 14. Variation ist der erste langsame Satz in diesem Zyklus. Der Rhythmus der Wechselnoten des Themas ist erweitert worden zu einer punktierten Figur. Im Stil einer Händelschen Ouvertüre schreitet dieses Grave e maestoso voran. In denkbar größtem Kontrast hierzu steht das folgende, rasend punktierte Scherzo, in dessen flüchtigem Presto-Thema man zum ersten Mal den Diabelli-Walzer wieder komplett erkennen kann. Kinderman hat dazu eine interessante Theorie entworfen: Diese 15. Variation wurde nämlich, wie die Skizzen zeigen, erst 1823 komponiert. Ebenso wie die erste Variation, die 23. oder die 29. gehört sie zu jener kleinen Anzahl Variationen, die sich mit dem Originalthema in Gänze auseinandersetzen und nachträglich in die Abfolge hineinsortiert wurden, wie ein Ordnungsprinzip oder wie Korsettstangen, die das Ganze zusammenhalten sollen – eine Art Hörhilfe, allerdings nach Beethovenscher Art.

Die Variation Nr. 17 enthält keine Vortrags- und Tempobezeichnungen, sie tritt im Stil einer Figuralvariation des siebzehnten oder gar sechzehnten Jahrhunderts auf, wie geschaffen für einen Hammerflügel. Nr. 20 ist eine Rätselvariation: ein Choral, der in der tiefsten Lage des Klaviers beginnt und wie ein Kondukt in Pfundnoten fortschreitet, bis zu einem Kirchentonschluss – im Pianissimo. Von einem Walzer ist diese Musik jedenfalls Lichtjahre entfernt. Mit dieser Variation hat Beethoven eine Zäsur komponiert, einen Schluss mitten im Werk, vor dem auch die kühlsten Analytiker ins Schwärmen und Stottern geraten. Arnold Münster zum Beispiel meinte, dass »das, was hier geschehen ist, unwiederholbar ist, eine Beschwörung, die neue Dimensionen erschließt, und alle Variationen, die folgen, in geheimnisvolle Beziehungen zur Vergangenheit und zur Zukunft bindet«. In Variation Nr. 22 verarbeitet Beethoven die Auftrittsarie des Leporello aus der ersten Szene von Mozarts *Don Giovanni*: »Notte e giorno faticar« (Keine Ruh bei Tag und Nacht): ein vollendetes Kunstwerk in der Nussschale, Musik über Musik über Musik – über eine Mozartarie *und* über einen Diabelli-Walzer – in nur achtzehn Takten. Das hatte er von Anfang an so geplant. Bereits in den ersten Entwürfen des Skizzenbuchs taucht dieser Gedanke auf, mit der Bezeichnung: »Alla Don Giovanni«. Gerahmt wird diese Hommage an sein Jugendidol Mozart von der 21. Variation, darin Beethoven aus einem seiner Jugendwerke, den *Righini-Variationen* WoO 65, zitiert sowie von der 23. Variation, die in exzessiver virtuoser Spielfreude an seine Glanzjahre als Klaviervirtuose erinnert. Diese drei Variationen gehören zusammen, sie beschwören, so Münster, »die Geister der Vergangenheit aus Beethovens eigenem Leben«.

In der 24. Variation kommt Beethoven zu Johann Sebastian Bach. Beethoven nennt diese Variation »Fughetta«, wie die Nr. X aus den *Goldbergvariationen*. Es handelt sich nicht um einen nur eingangs fugierten Satz, sondern um eine ausgewachsene Fuge, die in den Takten 9 bis 17 die Fundamentalnoten der Bachschen Aria aufgreift, und friedvoll endet in schlichtem C-Dur, was zum Diabellischen Thema zurückführen könnte, ja schon wieder könnte Schluss sein. Aber es war dies nicht die letzte kontrapunktische Variation in diesem gigantischen Klavierzyklus. Sie öffnet nur die Türen für das große Finale.

Folgen vier Harlekinaden und drei große Mollvariationen. Die erste zitiert, das ist nicht zu überhören, Beethovens eigne *Sturm-Sonate*. Die dritte, Largo molto espressivo, beschwört abermals Bachs *Goldbergvariationen* und leitet über zur Doppelfuge in Es-Dur. Mit dieser Tonart wird der Kreis des Diabelli-Themas endgültig verlassen. Und statt in einen Walzer münden die *Diabelli-Variationen* in ein Menuett, welches sich auflöst in einen Elfenspuk, wie wir ihn aus der »Arietta« in op. 111 kennen.

Hans von Bülow hat dieses grandiose Werk nicht nur als Erster öffentlich aufgeführt, dreißig Jahre nach Beethovens Tod. Er hat auch die Notenausgabe betreut und kommentiert sowie die Idee in die Welt gesetzt, dass die *Diabelli-Variationen* nicht im Ganzen angehört, sondern nur in kleinen Portionen verzehrt werden dürften.

Mehr sei nicht zumutbar, diese Musik sei zu hoch für den einfachen Menschenverstand: »Der Herausgeber erblickt in dieser riesigen Tonschöpfung gewissermaßen den Mikrokosmos des Beethovenschen Genius, ja, sogar ein Abbild der ganzen Tonwelt im Auszuge. Alle Evolutionen des musikalischen Denkens und der Klangfantasie, vom erhabensten Tiefsinn bis zum verwegensten Humor, in unvergleichbar reichster Mannigfaltigkeit, gelangen in diesem Werk zur beredtesten Erscheinung ... Unaufzehrbar die in seinem Inhalte dem musikalischen Horne ganzer Generationen gebothene Nahrung!«

Was von Bülow nicht ahnen konnte: Auch die Komponisten der nächstfolgenden Generationen verfielen diesem Mikrokosmos. Neue Musiken sind entstanden über und in Anlehnung an die *Diabelli-Variationen*, Musik über Musik: Bearbeitungen, Paraphrasen und sogenannte »komponierte Interpretationen«, bis in die jüngste Gegenwart. Darunter die *33 Veränderungen über 33 Veränderungen* von Hans Zender von 2010 oder die neuen *Diabelli-Variationen* von Franz Hummel von 2009, der kleine Portionen des Beethovenschen Œuvres einzuflechten wusste, unter anderem die *Achte Symphonie*.

# 25

# »ROLL OVER BEETHOVEN«

Höchste Zeit für einen Kassensturz: Wie stehen unsere Beethoven-aktien heute? Steigen oder fallen sie? Sind sie nach wie vor stabil? Die Musik Beethovens ist grundsätzlich wertkonstant und marktresistent, eine feste Kulturwährung im klassischen Musikbetrieb, auf die man sich verlassen kann, etwa so, wie die Wallstreet-Broker sich auf das Gold verlassen. Doch nachweislich sind Beethovens Symphonien heute nicht mehr ganz so häufig in den Konzertsälen zu hören wie zu Karajans Zeiten. Mahler, Schostakowitsch, Bruckner und Sibelius sind auf dem Vormarsch. Diese deutlich rückläufige Beethovenaufführungstendenz wird freilich in Erwartung des Beethovenjubiläumsjahres 2020 gerade wieder leicht korrigiert. Und ich wette: Würde ein Reporter im nächstbesten Shoppingcenter eine Blitzumfrage starten und nachfragen: »Was sagt Ihnen Beethoven? Welche Stücke mögen Sie am liebsten?«, wüssten wir das Ergebnis schon jetzt: Als Erstes wird bestimmt die *Mondscheinsonate* genannt. Und ganz sicher: die *Neunte*?

1988 standen die Toten Hosen dank der *Neunten* mehr als ein Jahr lang in den Charts, ihr Song »Hier kommt Alex« ist inzwischen selbst ein Klassiker geworden. Beethoven hätte darin sicherlich einige

»Schusterflecken« mokiert, das Lied strotzt nicht gerade von musikalischer Raffinesse. Aber das ist ja auch nicht der Sinn eines Punkrock-Schlagers. »Hier kommt Alex« war der Eröffnungssong auf ihrem fünften Studioalbum, erst damit wurde die Band deutschlandweit bekannt. Letztlich verdankt also der Hosenchef Campino alias Andreas Frege, der heute noch, mittlerweile über fünfzig, durch die Boulevardpresse flaniert und inzwischen als seriös und kinderkompatibel genug gilt, um für die Deutsche Grammophon *Peter und der Wolf* einzusprechen, seine Karriere Ludwig van Beethoven – und natürlich Stanley Kubrick und Anthony Burgess.

Kubrick hatte 1971 nach dem Roman von Burgess den Film *A Clockwork Orange* gedreht, darin Beethovens *Neunte* als psychotherapeutische Droge im »Ludovico-Test« eine Hauptrolle spielt. Alex, Anführer einer Jugendgang, ist ein sozial total entgleister Sadist. Er mordet und vergewaltigt, am liebsten zu klassischer Musik. Er wird verhaftet, therapiert, als geheilt entlassen. Und fortan ergreift ihn jedes Mal ein Brechreiz, wenn er die *Neunte* nur von Weitem trapsen hört. Am Ende springt Alex, in den Wahnsinn getrieben von der »Freudenode«, aus dem Fenster.

Amerikanische Feministinnen, darunter Susan Sontag, bezeichneten die Gewaltverherrlichung in diesem Film als faschistisch und leiteten daraus ab, dass auch Beethovens Musik latent, sozusagen auf zweiter Ebene, von Gewaltverherrlichung und »male chauvinism« künde. Deutsche Musikwissenschaftler vertieften sich ebenfalls in das Phänomen. Sie entdeckten ihrerseits gewisse Parallelen zwischen Kubricks ungehobeltem Alex und Thomas Manns feingeistiger Romanfigur Adrian Leverkühn, der ebenfalls diese von den Nazis pervertierte, aber allemal staatstragende Botschaft der Beethovenschen *Neunten* hatte »zurücknehmen« wollen. Kubricks Film wurde trotz alledem für den Oscar nominiert, und Die Toten Hosen aus Düsseldorf standen in der Beethovenstadt Bonn, Stadtteil Bad Godesberg, Abend für Abend auf der Bühne und spielten als Musiker und Statisten in einer Theaterversion der Story mit. Wer damals zur rebellischen Jugend rechnete und Beethovens *Neunte* noch nicht aus dem Schulunterricht kannte – der kannte sie jetzt.

An Beethovens guter Botschaft, dass eventuell alle Menschen Brüder werden könnten, haben freilich weder Kubrick noch die Toten Hosen kratzen können. Auch die ungezählten Commercials, sei es für Versicherungspolicen, sei es für Pizza, die sich der positiven Konnotierung der Freudenmelodie schon bedient haben und in Zukunft noch bedienen werden, richten weiter keinen Schaden an, ebenso wenig die unzähligen Coverversionen ihrer Verpopmusikalisierung durch Miguel Ríos. Der stand mit dem »Song of Joy« anno 1970 vierunddreißig Wochen lang in den Pop-Charts, davon vierzehn Wochen auf Platz eins. Wohingegen der Best-of-Beethoven-Hit Nummer zwei, die *Mondscheinsonate*, oder vielmehr der Anfang des ersten Satzes daraus, in der Werbung zwar nicht seltener, aber doch deutlich softer eingesetzt wird, etwa für die Vermarktung von Duschgel oder Katzenfutter.

Diese cis-moll-Sonate wurde schon von Beethovens Zeitgenossen besonders geliebt, sie wurde infolgedessen auch viel bearbeitet. Der Spitzname ist schon im frühen neunzehnten Jahrhundert entstanden, der Dichter und Journalist Ludwig Rellstab hatte ihn ersonnen kurz nach Beethovens Tod. Rellstab fühlte sich durch den beruhigenden Wellenschlag der Begleitfiguren, aus deren Wiederholung sich das auf der Stelle stehen bleibende Adagiothema konstituiert, an den Zauber einer nächtlichen Bootspartie auf dem Vierwaldstätter See erinnert. Viele Komponisten, darunter Robert Volkmann, Franz Liszt, Edward Elgar, Dmitri Schostakowitsch, Alfred Schnittke und György Kurtág, haben diesem ungewöhnlich langsamen Kopfsatz, der in einer so ungewöhnlichen Kreuztonart steht, ein kollegiales Denkmal errichtet. Überraschenderweise findet sich unter den Ersten, die sich dieses »Mondschein«-Muster zum Vorbild nahmen und Musik über Musik dazu komponierten, der italienische Opernkomponist Vincenzo Bellini – ein »welscher Komponist«, dem keiner, Beethoven vielleicht am allerwenigstens, so viel Empathie zugetraut hätte. Dass Bellini die deutsche Instrumentalmusik kannte, liebte und studierte, weiß man. Weniger bekannt ist, dass er aber so weit ging, einen kompletten Opernchor auf dem Zitat des ersten Satzes einer Beethovensonate aufzubauen.

1826 brachte Bellini in Neapel die Oper *Bianca e Fernando* heraus, mit einem Verschwörerchor im zweiten Akt, der in arpeggierter Begleitung und getragener Gesangslinie exakt den geheimnisvollen *Mondscheinsonaten*-Beginn kopiert, von cis-moll nach f-moll übersetzt. Das Arpeggio ist figurativ variiert, die harmonische Struktur identisch. Das gefiel Bellini selbst so gut, dass er das Gleiche mit neuem Text noch mal verwendet hat, in der Oper *Zaira* von 1829. Und dann noch ein drittes Mal, und zwar in der *Norma*, 1831.

Inzwischen war Bellini aber berühmt geworden, seine *Norma* wurde überall aufgeführt. Vielleicht gab er sich ein bisschen Mühe, die Analogie zu verschleiern durch ein markiges Vorspiel in Dur sowie zwei kleine Intervallverschiebungen in der Beethovenschen Basslinie: Sie wird deshalb geharft vom Pizzicato der Orchesterbässe. Wer es weiß, hört es aber trotzdem, spätestens wenn der Chor einsetzt. Dieser Kriegerchor »Non parti!« aus *Norma* ist eine meisterhafte Beethoven-Parodie.

Kehren wir zurück in die Beinahe-Gegenwart: Im Jahr 1969 spielte eine junge Frau ihrem Liebsten, der auf dem Sofa herumfaulenzte und las – zumindest behauptete er das später –, ebendiese Beethovensche cis-moll-Sonate vor. »Spiel das noch mal«, sagte er, aufmerksam geworden. »Und jetzt bitte nur die Akkordfolge …« Und: »Jetzt bitte mal das Arpeggio rückwärts.« Die Frau tat ihm den Gefallen. Sie lebt noch, sie heißt Yoko Ono. Der Mann lebt nicht mehr, er hieß John Lennon. Aus dieser häuslichen Klavierstunde erwuchs die Idee für das Intro der Ballade »Because«. Es ist natürlich nicht exakt die umgedrehte *Mondscheinsonaten*-Melodie, aber doch eindeutig ihre popmusikalische Cousine, die Lennon auf dem letzten Album der Beatles, *Abbey Road*, veröffentlicht hat. George Martin spielte das elektronische Cembalo zur Eröffnung, John Lennon seinerseits verstärkte die *Mondscheinsonaten*-Begleitung mit der Melodiegitarre, Lennon, McCartney und Harrison sangen miteinander dreistimmig, ihre Stimmen wurden gesampelt und addiert zur Neunstimmigkeit. Danach lösten sich die Beatles auf.

Auch der dritte Satz aus der *Mondscheinsonate*, das dämonisch davonrasende, sich überschlagende Presto, hat unter Rockmusikern gute Freunde gefunden, hat Furore gemacht und die Kreativität beflügelt. Dieser Perpetuum-mobile-Satz, der sich von jedem ersten Schlag jedes zweiten Taktes abschnellt wie ein Pfeil vom Bogen, trägt selbst die kraftvollsten Pianisten irgendwann aus der Kurve, weil er nun einmal sehr lang ist. Glenn Gould hat in seiner Einspielung von 1967 wohlweislich die Wiederholung weggelassen. So schafft er es, das schnelle Tempo nicht nur zu halten, sondern auch noch zu steigern. Just diese pure Virtuosenwut, diese Lust am Kräftemessen und Grenzen-Strapazieren ist es vielleicht, die einen Metal-Rocker an dieser Beethovenschen Musik interessiert; und natürlich der Off-Beat, der darin steckt, sowie die Einladung zu einer exzessiven, einsamen Improvisation: »While my guitar gently weeps«! Heavy-Metal-Gitarristen sind ja nicht nur Individualisten, sie sind auch sentimental. Der italienische E-Gitarrist Michele Vioni, bekannt unter dem Namen Dr. Viossy, hat eine klassische Gitarrenausbildung absolviert, er machte sich in der Heavy-Metal-Szene damit einen Namen, dass er Paganini oder Vivaldi ins Rockidiom transferierte.

Anders als bei Gould hat Dr. Viossy freilich beim Presto aus der *Mondscheinsonate* nicht geschummelt. Er spielt das Stück ehrlich, mit allen Wiederholungen, das dauert. Lässt seine E-Gitarre tremolieren, weinen, klagen, schreien, bis zur orgiastischen Aufgipfelung am Schluss.

Wem diese Metal-Version zu exhibitionistisch erscheinen mag, oder zu grob, oder zu laut – dem sei mit einem Beethoven-Zitat geantwortet: »Wahre Kunst ist eigensinnig, sie läßt sich nicht in schmeichelnde Formen zwängen.« Dies notierte er 1820 in eines seiner Konversationshefte. Allerdings könnten diese Worte ebenso gut auch von Adorno oder dem Musiktheoretiker Heinz-Klaus Metzger stammen, die nicht müde wurden, die Gefahren anzuprangern, die von einer Popmusikalisierung der ernsten Musik und insbesondere der Musik Beethovens ausgingen: Was konsumiert werden kann, was allen auf Anhieb gefällt, was den Ohren schmeichelt und zum Ohrwurm wird, nicht zuletzt durch die Vervielfältigungsmöglichkeiten der modernen Unterhaltungsindustrie, das habe »seinen Stachel verloren« und sei auf halbem Wege zu »Schund und Kitsch«. Die triviale U-Musik, sekundierte dazu Carl Dahlhaus, sei letztlich eine »ins musikalische Souterrain« abgesunkene, enteignete E-Musik. Diese Verteufelung der populären Musik hat gewiss viel damit zu tun, dass alles Volksmusikalische nach dem Untergang des Dritten Reiches von einer ganzen Generation von Musikdenkern für vergiftet gehalten wurde – oder jedenfalls nicht mehr für satisfaktionsfähig. Was durch Tradition – nicht zu verwechseln mit Konvention – selbstverständlich zu werden drohte, das sollte grundsätzlich infrage gestellt werden müssen; nicht das Wiederholen, das Kopieren und Adaptieren des gewachsenen Formenkanons, vielmehr seine Zersetzung sei Garant für die Einmaligkeit eines Kunstwerkes.

Einige dieser Begriffe wie »trivial« oder »Schund« sind zwar mittlerweile aus der Debatte verschwunden, und die Frage: »Wie populär darf ein Kunstwerk sein?« ist schon ein halbes Jahrhundert alt. Doch die Front zwischen Pop, Rock, Jazz etc. einerseits und der sogenannten Klassik andererseits existiert nach wie vor. Zur Beethovenzeit gab es diese Front noch nicht. Da es damals keine Tonaufzeichnung gab, hatten auch Bearbeitungen einen ganz anderen Stellenwert, ja eine praktische Funktion. Das Bekenntnis

Beethovens zur Nichtkonsumierbarkeit wahrer Kunst schloss keineswegs aus, dass er gerade in seine stacheligen späten Werke wunderbar einleuchtende, eingängige, schmeichelnde Melodien implantierte. Kein Zweifel, er wollte von vielen gehört werden. Von allen.

Und natürlich hat Beethoven selbst sein Leben lang populäre Musik verarbeitet und bearbeitet, zum Beispiel die schottischen, irischen und walisischen Lieder. Drei dieser Songs stehen auf meiner ganz persönlichen Best-of-Beethoven-Hitliste: »Sweet Power of Song«, »Wife, Children and Friends« und »What shall I do to show how much I love her«. Ein Trinklied, ein Liebeslied und ein Loblied auf die Macht des Gesangs. Bearbeitungen wie diese können so eigensinnig und verrückt sein, wie sie wollen: Sie passen nicht gut zum Mythos vom Originalgenie.

»Seitdem es Mode geworden ist, die Musik nur so nebenher zum Vertreiben der Langeweile in der Gesellschaft zu benutzen, soll alles leicht, gefällig, angenehm – das heißt, ohne alle Bedeutung und Tiefe seyn.« Dies schrieb im März 1813 Ernst Theodor Amadeus Hoffmann in der *Allgemeinen musikalischen Zeitung*. Und weiter: »Da leider Componisten genug auf Erden wandeln, die dem Zeitgeist fröhnen, so gibt es der losen Speise gar viel. Auch manche nicht gänzlich schlechte Musiker klagen über die Unverständlichkeit Beethovenscher Compositionen: es liegt da aber an der subjectiven Imbecillität, die es nicht zulässt, das Ganze in seinen Theilen zusammenzufassen. Sie rühmen daher immer an schwachen Compositionen die grosse Klarheit!« Die Kollegenschelte, die der Kritiker Hoffmann hier betreibt, bezieht sich auf das vier Jahre zuvor im Druck erschienene Beethovensche Klaviertrio D-Dur, op. 70,1. Es sei, befürchtete Hoffmann, eine jener starken Kompositionen, die »von der Menge nicht begriffen« werden könnte. Also erklärt er das Trio, er analysiert es – ein großer Essay, der als eines der herausragenden Exempel früher »Musikvermittlung« gelten kann. Auch Czerny, Beethovens Schüler, suchte nach Verständnisbrücken. Er war es, der den griffigen Titel *Geistertrio* für dieses Stück prägte. Das bezieht sich auf den langsamen Satz, ein Largo, das sich ungeheuer leise, langsam und breit entwickelt. »Gleich einer Erscheinung aus der Unterwelt!«, meint Czerny. Mag sein, es gibt dazu sogar einen programmatischen Hintergrund. In den Skizzen zum Trio finden sich, neben den Eintragungen zum Largo aus op. 70,1, erste Notizen Beethovens zu einer geplanten »Macbeth«-Oper. Ist das also doch eine verkappte Hexenszene?

1977 war mal wieder ein Beethovenjahr, und aus diesem Anlass befragte damals ein Redakteur des Westdeutschen Rundfunks, Reinhold Schubert, acht lebende Komponisten nach ihrer Best-of-Beethoven-Hitliste. Da kam allerhand zusammen! Hans Werner Henze antwortete pünktlich und erklärte in wunderschönen Worten seine Leidenschaft für Beethovens Spätwerk, meinte aber zugleich, dass es inzwischen abgegolten sei: »Ich denke nicht, daß Erlernbares, Nachahmbares in dieser Musik wohnt. Das moderne Komponieren ist zu sehr mit anderen, technischen, technologischen Fragen beschäftigt, mit Materialproblemen, als daß der späte Beethoven darin einen Raum einnehmen könnte – jener Beethoven, der so weit fort ist, und der stilistische Probleme hinter sich gelassen hat, gelöste und ungelöste.«

Ganz anders reagierte Karlheinz Stockhausen. Erst wollte er gar nicht mitmachen bei dieser Umfrage – so wie Beethoven sich anfangs weigerte, bei Diabellis Variationen-Wettbewerb mitzumachen. Aber dann meldete er sich doch beim Redakteur Schubert und lieferte eine ähnlich enorme Soll-Übererfüllung ab. Stundenlang sprach Stockhausen mit ihm über Beethovens Spätwerk und seine Identifikation mit Beethoven, zwischendurch Platten auflegend, lachend, tanzend, scherzend. Es wurde eine große fünfteilige Sendereihe daraus, ein phantastisches Dokument, »ein Wunder«, so formulierte es Wolfgang Rathert, der mithalf, diese Sendung 2011 aus den WDR-Archiven auszugraben und neu zu veröffentlichen.

Stockhausen hört, daheim in seinem Arbeitszimmer in Kürten, gemeinsam mit Reinhold Schubert späte Beethovensche Streichquartette durch. Er führt ihm Lieblingsstellen vor, unterbricht mit höranalytischen und hörpsychologischen Einwänden, Fragen, Weiterungen und versenkt sich immer tiefer in diese »fremde, aber nicht vergangene und als zutiefst wesensverwandt empfundene Grammatik« einer Musik, in der er sich spiegelt, wie er sich von ihr abgrenzt.

Insbesondere nimmt sich Karlheinz Stockhausen vier Werke vor: das Es-Dur-Quartett op. 127, das B-Dur-Quartett op. 130, das cis-moll-Quartett op. 131 sowie das letzte Beethovensche Streichquartett, F-Dur, op. 135. Er begreift sie als eine Schule des Komponierens: »Dieses Bündel von Werken stellt eine Kompositionslehre dar und gleichzeitig eine Hörschulung für hochdifferenzierte Wesen, die sich bereits durch einen Berg anderer Musik hindurchgehört haben und sich nun ›trainieren‹ wollen, solche sehr schnellen Charakterwechsel mitzuerleben …« Und weiter: »Es ist wie mit jemandem, der ein völlig neues Fahrzeug hat, das ihn viel schneller, aber auch viel kurviger und gelenkiger bewegen kann: Man muß fähig sein, alle Veränderungen dieser Musik – vor allem auch die Gemütsveränderungen – mitzuerleben. Das erzeugt einen inneren Zustand, in dem man sich wachsen fühlt wie ein Gefäß. Man hat – wie soll ich sagen – keine körperlichen Maße mehr; man glaubt, nachdem man diese Quartette ein paarmal durchgehört hat, und zwar möglichst hintereinander, daß man ein gereinigtes und effektiv erweitertes Wesen geworden ist: an Gefühlsskala wie an Intelligenz.«

Warum Stockhausen ausgerechnet die *Große Fuge* op. 133, an der sich vor ihm so viele andere Komponisten abgearbeitet hatten, aussparte in seinen Höranalysen, steht dahin. Dafür entdeckt er mitten im zweiten Satz aus op. 127, dem »Adagio, ma non troppo e molto cantabile«, das – in der Einspielung durch das Amadeus-Quartett – mit der ungeheuerlichen Feierlichkeit einer Weltraummusik beginnt, kurz vor der E-Dur-Variation plötzlich einen verborgenen Twostep.

*Was Schubert über Beethoven wissen wollte* wurde zum Jahresende 1979 vom WDR erstausgestrahlt. Die Sendereihe startete am Heiligabend und endete am Neujahrstag. Sie ist als Audio-Dokument im Rahmen der Stockhausen-Gesamtausgabe als »Text-CD Nr. 23« wiederveröffentlicht worden und über den Stockhausen-Verlag, Kettenberg 15, 51515 Kürten, erhältlich. Und zwar in Koppelung mit einer neun Jahre zuvor als Auftragskomposition aus Anlass von Beethovens zweihundertstem Geburtstag entstandenen »Musik über Musik«: einer Eigenbearbeitung Stockhausens. Es handelt sich um eine Transformation des Stückes *Kurzwellen* von 1968 in eine Hommage an Beethoven. Zufällig eingefangene Radiosignale von Kurzwellenempfängern wurden durch vorbereitete Bänder ersetzt, die Musikstücke Beethovens enthalten, aber auch Lesungen aus dem »Heiligenstädter Testament«. Der neue Titel des Werks: *Opus 1970 Stockhoven-Beethausen*. So weit geht also die Identifikation, bis zur Anverwandlung der Namen. Andererseits ist Stockhausens *Opus 1970* deutlich kürzer als Beethovens *Neunte*, selbst die 33 Sekunden Stille mit eingerechnet, die das Stück beschließen.

Bleibt nachzutragen: Die Beatles hatten 1963 auf ihrem zweiten Studioalbum Chuck Berrys Hit »Roll over Beethoven« gecovert und in ihren mehrstimmigen Chorknabengesang überführt. Kein Zufall, dass sie auf ihrem vorletzten Album dann neben Bob Dylan, William Burroughs und anderen Ikonen der Popkultur auch Stockhausen in ihre Ahnengalerie einreihten als Vater der elektronischen Musik. »In order to stay alive, he would have gone underground«, schrieb ein Heavy-Metal-Kollege dem Dr. Voissy ins digitale Fanzine.

Das war keineswegs als Frage formuliert, ist aber keine sonderlich provozierende These, nur eine einfache Feststellung: Beethoven würde, wäre er heute noch unterwegs, in den Untergrund gehen. Ja: Beethoven lebt! Und zwar in den Ohren und Herzen all derer, die sich mit seiner Kunst immer wieder neu auseinandersetzen und davon zehren. Karlheinz Stockhausen hat etwas ganz Ähnliches gesagt, in seiner speziellen Sprache. Er erklärte in seinen Gesprächen mit Schubert auch, warum wir von dieser Musik immer noch erschüttert und beeinflusst werden: »Genialität ist an bestimmten neuralgischen Punkten der Geschichte zeitlos. Jemand, der in sich so viele menschliche Empfindungswerte sublimiert hat wie Beethoven – vom Derbsten bis zum Ätherischsten –, der muß gewissermaßen eine Breite von 20 Oktaven in sich gehabt haben. Und je nachdem, welche Saite angezupft wird, kommt etwas vom Elementarsten, vom wild Zigeunerhaften bis hin zum Raffiniertesten zum Klingen – manches auch, was erst jetzt im 20. Jahrhundert erkannt wird oder sogar noch in weite Zukunft verweist. In diesen Werken ist Beethoven ein Januskopf, der die Auffassung bestärkt, daß solche breit angelegten Universalcharaktere (vielleicht war Goethe eine ähnliche Natur) die ganze Skala des Erlebbaren in sich enthalten. Tatsächlich kommen sie aus einer anderen Welt auf unseren kleinen Planeten, um einmal zu zeigen oder auch nur anzutupfen, was möglich ist – was ein Mensch alles erleben könnte, und was nicht notwendigerweise in der ganzen Skala bei jedem Resonanz findet, aber in irgendeinem Detail dennoch bei jedermann Resonanz hervorruft. Das ist wohl das Großartigste, was man schaffen kann: nicht nur auf einer engen Skala Musik zu machen, die dann nur seinesgleichen oder verwandte Geister in Mitschwingung versetzt, sondern eine so breite Skala zu haben, dass irgendwo jeder in Mitschwingung gerät und dadurch die Sehnsucht bekommt, auch die anderen Charaktere einmal miterleben zu können.«

# 26

# »ALTES KIND UNTER GUTEN MENSCHEN«

Wir sind beim letzten Kapitel angelangt, aber die Liste der nicht erwähnten Beethovenschen Werke ist noch lang, und wäre es nach Ludwig van Beethoven gegangen, dann wäre sie noch unendlich viel länger. Er hatte nicht die Absicht, aufzuhören. Beethoven starb mit sechsundfünfzig Jahren an einer verschleppten Lungenentzündung in Verbindung mit einer chronischen Leberzirrhose. Das Leiden zog sich über ein Vierteljahr hin, aber bis zuletzt glaubte er, wie Gesprächsnotizen und Briefe zeigen, an Genesung. Er komponierte weiter, noch auf dem Sterbebett: Sein »Letzter musikalischer Gedanke« (oder vielmehr das, was man dazu erklärt hat) tritt mit einem kräftigen C-Dur im Polonaisenrhythmus auf. Ein Auftragswerk für den Verleger Anton Diabelli sollte daraus werden, ein Streichquintett in C-Dur.

Begonnen hatte Beethoven mit der Komposition im November 1826, er unterbricht die Arbeit und nimmt sie Ende Januar 1827 wieder auf. Zu diesem Zeitpunkt ist er schon dauerhaft bettlägerig und hat drei schmerzhafte Punktionen hinter sich, er selbst spricht von »Operationen«. Nach Beethovens Tod gibt Diabelli dieses

Quintett-Fragment im Druck heraus – allerdings als Klavierstück bearbeitet, weil es sich so besser verkaufen lässt – und nennt es abermals aus Gründen der Wertsteigerung: »Ludwig van Beethovens letzter musikalischer Gedanke«. Autograph und die Skizzen dazu sind allerdings verschollen, bereits 1860 waren sie nicht mehr nachweisbar, weshalb sich zu diesem Quintett auch nicht viel sagen lässt. Was Diabelli da veröffentlicht, ist ja eigentlich nur das munter punktiert in C-Dur daherhüpfende Thema, das sich in der zweiten Periodenhälfte in Triller auflöst – weiter nichts. Wir wissen nicht, was Beethoven daraus gemacht hätte, erst recht nicht, was er vielleicht bereits daraus gemacht *hatte*. C-Dur ist in der Tradition der musikalischen Rhetorik die Tonart des Lichtes und des Aufbruchs, freudig, kriegerisch. Beethovens erstes Klavierkonzert steht in dieser Tonart, auch seine *Erste Symphonie*.

In diesem letzten Kapitel geht es um die Kunst des Aufhörens, aber auch um das Geheimnis des Anfangens. »Einen Anfang zu setzen, der einen Fortgang aus sich heraustreibt, und ein Ende zu finden, das als Schluss und nicht als Abbruch wirkt, ist in der Musik fast so schwierig, wie in einem Drama, in dem eine Vorgeschichte integriert werden muss, und die Katastrophe keinen ungelösten Rest zurücklassen soll«, schrieb Carl Dahlhaus.

Der spektakuläre Beginn von Beethovens *Erster* schreckte die Zeitgenossen auf. Sie platzt in aggressivem Forte mit einem dissonanten Septakkord herein. Die Musik führt dann zunächst in alle möglichen Richtungen weiter, keineswegs aber schon nach C-Dur, in die Haupttonart. Mit einem solcherart inszenierten »Akt des Beginnens« machte der dreißigjährige Beethoven bei der Uraufführung am 2. April 1800 Furore. Und zugleich zeigte er mit diesem Forteschlag, der sich alsbald abschwächt zum Piano, dass er sich einer großen Tradition zugehörig weiß: Haydn und Mozart, seine Vorbilder und Lehrer, hatten ebenfalls langsame Einleitungen komponiert, Ersterer exemplarisch in den *Londoner Symphonien*, Letzterer zum Beispiel in der *Prager* und der *Linzer Symphonie*. In seiner *Schöpfung* kombinierte Haydn die langsame Einleitung mit einer Dissonanz, ähnlich wie Beethoven. Aber was bei Haydn nur als ein theatralisch-tonmalerischer Effekt zur Darstellung des Chaos gedacht ist, das hat bei Beethoven Konsequenzen für die Form des Satzes. Die harmonisch ausschweifende Einleitung seiner *Ersten* fokussiert das Geschehen konsequent auf einen einzigen Ton hin, auf das C, das mit dem Allegroteil endlich auch eintritt und bestätigt wird durch einen Quartsprung, von einer Zweiunddreißigstelfigur geradezu aufgespießt. Aus dieser Zelle entwickeln sich alle folgenden musikalischen Gedanken.

Von der Uraufführung im Wiener Hofburgtheater berichtet der Korrespondent der Leipziger *Allgemeinen musikalischen Zeitung*: »[Beethoven] phantasirte meisterhaft. Am Ende wurde eine Symphonie von seiner Komposition aufgeführt, worin sehr viel Kunst, Neuheit und Reichthum an Ideen war, nur waren die Blasinstrumente gar zu viel angewendet, so dass sie mehr Harmonie, als ganze Orchestermusik war.« Fünf Jahre später – inzwischen hatte Beethoven auch eine zweite und dritte Symphonie geschrieben – nimmt der nämliche Autor diese Krittelei zurück, er beurteilt die *Erste* nunmehr uneingeschränkt positiv: »Eine herrliche Kunstschöpfung, Alle Instrumente sind trefflich benutzt, ein ungemeiner Reichthum schöner Ideen ist darin prächtig und anmuthig entfaltet, und doch herrscht überall Zusammenhang, Ordnung und Licht.«

Die langsame Einleitung ist zu diesem Zeitpunkt längst eine kompositorische Konvention, sie geht letztlich auf die Grave-Eröffnung der französischen Ouvertüre zurück, also auf eine Theatertradition. Und eine der ersten großen langsamen Einleitungen, die Beethoven komponierte, trägt sogar noch den barocken Titel: Grave – was so viel bedeutet wie ernst oder schwer. Sie steht am Beginn der Klaviersonate c-moll op. 13, der *Pathétique*, die fast zeitgleich mit der *Ersten* entstand. Sieben Mal steigt hier das schwerblütig punktierte Grave-Motiv aufwärts, sieben Mal rollt es wieder zurück. Das wirkt wie der Fels des Sisyphos: eine schmerzlich-vergebliche Anstrengung. Und dann löst sich der Stau auf in ein Allegro, in dem alles nach oben drängt, aufwärts. Die langsame Einleitung aber, das Sisyphos-Grave, bleibt dem, was folgt, thematisch untrennbar verbunden und taucht später sogar auch noch einmal als Zitat auf. Um Musiken zünftig anzufangen, dafür war so ein Grave schon das bewährte und probate Mittel seit den Zeiten von Ludwig XIV. Als das Ancien Régime jedoch abdankte, mithin auch die französische Ouvertüre außer Kurs kam, hatten die Komponisten es nicht mehr mit einer fixen, vorgegebenen Form der Introduktion zu tun – und die langsame Einleitung begann, ein »nichtfunktionales« Eigenleben zu führen, je nach Stück und Problemlage in den verschiedensten Varianten. »Trotzdem«, moniert Peter Gülke, trotz dieser Vielfalt und zumal der von Beethoven erprobten Lösungen sei etwas »von der offiziellen Gebärde, dem Portalhaften der französischen Ouvertüre über Haydns und Mozarts Symphonieeinleitungen durchaus auch noch auf Beethoven gekommen« – nur eine Ausnahme will er gelten lassen: beim speziellen Fall des *Rasumowsky-Quartetts* C-Dur op. 59,3.

Seine Quartettserie op. 59 komponierte Beethoven anno 1806 im Auftrag des russischen Fürsten Andrei Kirillowitsch Rasumowsky, und zwar in einem Zuge, in einer für seine Verhältnisse unglaublich kurzen Zeit. Am 26. Mai 1806 begann er, Anfang Juli beendete er die Arbeit an allen drei Quartetten. Das dritte in C-Dur erschien damals den Zeitgenossen besonders leicht fasslich, just der zweite Satz daraus wurde oft lobend erwähnt und entsprechend viel bearbeitet, unter anderem für Gitarren. Jedoch: Der Beginn des C-Dur-Quartetts, die ersten neunundzwanzig Takte, wirkt wie eine Zugangssperre, wie ein Rätsel, das es zunächst zu lösen gilt, eine den Eingang bewachende Sphinx. Vorgeschaltet ist eine Abfolge von in Pfundnoten brütenden, verminderten Septakkorden, die wiederum jeweils in einen nicht aufgelösten dissonanten Akkord münden. Unter dieser geheimnisvollen Klangfolge führt eine chromatische Basslinie abwärts, zugleich weist die Bewegungslinie der ersten Geige aufwärts. Dann, in Takt 30, schlägt das Wetter plötzlich um. Doppelstrich: Mit einer Violinengirlande beginnt das Allegro, und alles, was vorher war, ist wie weggewischt.

Beethoven selbst nennt diese Einleitungssphinx recht provozierend altmodisch »Introduzione«. Gülke schreibt dazu, gerade die Unabhängigkeit und Funktionslosigkeit dieser langsamen Einleitung sei zukunftsweisend: »Dem Bilde einer rein aus sich selbst, nicht durch thematische oder sonstige Anstöße ›tönend bewegten Form‹ ist Beethoven nie näher gekommen, als hier, als Teil einer in diesem Opus auf vielfältigste Weise betriebenen Grenzerweiterung.«

Peter Gülke, der sonst so erfreulich dicht am Notentext entlang argumentierende Musiker und Musikwissenschaftler, vertritt zur Introduktion dieses Beethovenschen Quartettsatzes eine ungewöhnlich puristische, dialektisch-philosophisch verbrämte Auffassung. Er ist nicht der Einzige: Das Phänomen der langsamen Einleitung bei Beethoven hat viele seiner Kollegen zu gewagten Ideenflügen verführt, denn immerhin geht es hier um die kompositorische Urknall-Frage: »Wie beginnen?« oder, um mit Meistersinger Hans Sachs zu reden: »Wie fang ich nach der Regel an?« Antwort: »Ihr stellt sie selbst und folgt ihr dann« (Richard Wagner). Dagegen pointiert Gülke: Jede langsame Einleitung sei »ein Widerspruch im System«, als »Präludium zur Form« müsse die Introduktion dieser selbst entgegengesetzt sein, geformte Formlosigkeit also, die »auf die Aufhebung ihrer selbst hinzielt«. Bezogen auf die »Introduzione« zum Streichquartett op. 59,3 ist das zwar perfekt beobachtet, doch ansonsten hat sich Beethoven nicht weiter an Gülkes Philosophie gehalten. Stattdessen probierte er vielerlei verschiedene Formen von langsamen Einleitungen aus, er experimentierte mit mannigfachen Lösungen, flexibel in den Möglichkeiten, diese Entrees mit dem, was folgt, zu konfrontieren oder sie zu integrieren. Erste Beispiele dafür finden sich im Kopfsatz der zweiten *Kurfürstensonate*, die er mit zwölf Jahren komponiert hat.

Zur Konfrontation kommt es in den langsamen Einleitungen der beiden Cellosonaten op. 5, die Beethoven im Sommer 1796 bei seinem Besuch in Berlin und Potsdam für den Musiklehrer des preußischen Königs schrieb. Diese Stücke haben nämlich gar keinen langsamen Satz. Sie bestehen aus zwei schnellen Sätzen sowie einer vorgeschalteten langsamen Einleitung, die wie ein Präludium stark improvisatorische Züge trägt. Und das alles ohne Tonartenwechsel, ohne harmonisches Abenteurertum, aber auch ohne jeden Bezug zu dem, was folgt. Ein ungewöhnlicher Aufbau, der direkt auf das additive Formdenken der Barockzeit zugreift, die Epoche Haydns, Mozarts und der Mannheimer Schule also überspringt. Beethoven zitiert die alte Form der Suite.

Warum? War es freundliche Rücksichtnahme auf den bekanntermaßen rückständigen Geschmack des Preußenkönigs? Wohl kaum, für einen Opportunisten handelt Beethoven hier denn doch gar zu eigensinnig. Die langsame Einleitung der zweiten, der g-moll-Sonate, wächst sich bis zu hanebüchenen vierundvierzig Takten aus – wahrlich enorme Proportionen für ein einleitendes Präludieren. Und doch hat diese Einleitung keine thematische Struktur, keinen fest gefügten Kern. Wenn dann, nach einer Ewigkeit, das Allegro anhebt, ist alles wieder vergessen, Schall und Rauch.

Noch ungewöhnlicher in der Form sind die letzten beiden Cellosonaten op. 102, neunzehn Jahre später entstanden. Im Autograph kennzeichnet Beethoven die erste in C-Dur ausdrücklich als eine »Freye Sonate«, womit nunmehr alles möglich ist. Diese Sonate hat gleich zwei langsame Einleitungen: Jedem der beiden Allegro-Sätze ist eine vorgeschaltet. Und beide langsamen Einleitungen treten als eigenständiger langsamer Satz auf. Daraus ergibt sich die überschaubare Grobstruktur dieser Sonate: langsam – schnell – langsam –

schnell. In der Binnenstruktur aber ist die zweite langsame Einleitung an die erste angebunden: Letztere taucht nämlich als Zitat noch einmal auf, mit ihrer wunderlich aufblühenden Adagio-Melodie, vorgetragen vom Cello, wie ein Lied ohne Worte, während sich das Klavier in einer spätwerklichen Trillergebärde verliert, die an die letzte Klaviersonate erinnert – kurz vor Eintritt des finalen Allegro. Und auch dieses erzählt in Einsprengseln, die aus dem Anfangsauftakt abgeleitet sind, noch einmal von der Macht der Improvisation.

Anders als in seiner Kammermusik respektiert Ludwig van Beethoven in der Gattung Symphonie zunächst die von den Vorgängern fixierten Grenzen: Außer der *Pastorale* haben alle seine Symphonien vier Sätze, auch in der Orchesterbesetzung hält sich Beethoven cum grano salis an die eines Haydnorchesters. Doch nur ein einziges Mal lässt er den ersten Satz einer Symphonie mit dem Thema des ersten Satzes beginnen, nur seine *Achte* geht gleich mit dem ersten Takt in medias res. Alle anderen Symphonie-Anfänge werden verschleiert, sie wirken wie gestört, etwa durch Fermaten und Zäsuren in der *Fünften,* oder wie verzögert, etwa in der *Dritten,* die mit zwei Forteschlägen gewissermaßen erst einmal tief Luft holt, bevor es losgeht. Man muss nicht gleich psychologisierend einen Horror Vacui beschwören, um zu bemerken, dass hinter all diesen verzögerten Anfängen Methode steckt: Auch hier geht es um die Offenlegung des Kompositionsprozesses.

Die *Siebte Symphonie* A-Dur op. 92 verfügt mit einer Introduktion von zweiundsechzig Takten über die mit Abstand längste symphonische Einleitung, doch ist diese funktional dem ersten Satz direkt verpflichtet. In diesen zweiundsechzig Takten bildet sich das den Kopfsatz beherrschende Thema heraus, man kann quasi zuhören, wie dieses markante punktierte Vivace-Thema entsteht: melodisch sich entwickelnd aus dem Dreiklang, rhythmisch aus einer pulsierenden Figur. Dabei beginnt die langsame Einleitung der Siebten, Poco sostenuto, quasi aus dem Blauen heraus, als eine

Improvisation, die »den Zustand der Erwartung von Zukünftigem« (Dahlhaus) nur umso eindringlicher umschreibt.

Beethovens Zeitgenossen fanden das verwirrend. Es gibt dazu eine interessante Anekdote, kolportiert von Ferdinand Hiller in seiner Mendelssohn-Biographie. Dort heißt es: »Der Verleger André berichtete einmal Mendelssohn mit erregter Stimme, er habe Beethovens siebte Symphonie im Manuskript des Kompositionsprozesses gesehen, und, daß Beethoven offenbar in einer Art und Weise komponiert habe, die nichts anderes als unzusammenhängende Ergebnisse hervorbringen konnte, indem viele Seiten frei blieben und er von einem Teil des Werkes zum anderen sprang ...« Das kommt davon, wenn man Skizzen mit einer Reinschrift verwechselt. Außerdem ist, wie an Beethovens »Nullter Symphonie« zu lernen, auch nicht aus jedem Skizzenfetzen etwas geworden: Insgesamt neun verschiedene langsame Einleitungen hatte er für diese Symphonie ausprobiert, die er nie zu Ende komponierte. Umfangreiches Material gibt es dazu, lauter lose Blätter. Mitte der 1790er-Jahre, als er diese Symphonie in C-Dur entwarf, führte Beethoven noch keine gebundenen Skizzenbücher. Aber auch wenn es sich um dieselbe Tonart handelt, haben diese Entwürfe gar nichts mit der später entstandenen *Ersten Symphonie* zu tun, zu der es übrigens fast gar keine Skizzen gibt – und sie haben erst recht nichts zu tun mit der sogenannten *Jenaer Symphonie,* die 1909 von dem Musikwissenschaftler Fritz Stein in der Universitätsbibliothek in Jena entdeckt und umstandslos Beethoven zugeschrieben wurde – weil er auf einer Stimme in der zweiten Violine »par Louis van Beethoven« las. Man hielt dieses Stück lange Zeit für Beethovens »Nullte«, für ein noch stark am Vorbild Haydns orientiertes Frühwerk. Max Reger fertigte einen Klavierauszug dazu an. Es wurden sogar ein halbes Dutzend Einspielungen produziert. Bis endlich 1968 schlagend nachgewiesen wurde, dass diese *Jenaer Symphonie* in Wahrheit von einem ganz anderen Komponisten stammt, nämlich von Friedrich Witt.

Das alles wäre nur von anekdotischem Wert, würde es nicht anzeigen, dass alle Spekulationen darüber, warum Beethoven erst mit dreißig zur Symphonie fand, müßig sind: Er hatte sich mit der Gattung schon lange vorher befasst. Und die neun Probeläufe zur langsamen Einleitung der »Nullten Symphonie« bilden quasi den ersten Humus zu der Frage »Wie beginnen?« – der dann in Beethovens späten langsamen Einleitungen die allerschönsten Blüten treiben sollte.

Mit dem Problem »Wie aufhören?« befasste sich Beethoven wie zweifellos jeder gute Komponist ebenfalls lebenslang. Als Hilfsmittel dazu bietet die Formenlehre die sogenannte Coda an, womit üblicherweise ein kurzer Zusatz zu einem eigentlich bereits abgeschlossenen Satz bezeichnet wird. Vor Beethoven galt dies unbestritten. Für Beethoven indes verschob sich die Frage, wie ein Satz überhaupt abzuschließen und zu beenden wäre, zunehmend in die Coda hinein. Er liebte diesen Begriff, er experimentierte mit Schlussbildungsvarianten. Schon viele seiner frühen Variationszyklen enden, statt mit der üblichen Themenwiederholung, mit einer Coda, mitunter auch die Mittelsätze der Sonaten, die Menuette oder Scherzi, wobei die Coda dann als Überleitung in den Finalsatz führen kann, beispielsweise in der Klaviersonate op. 2,3. Wirklich interessant werden die Beethovenschen Codas aber erst ab etwa 1802, als er es nicht mehr für nötig hält, sie ausdrücklich als Coda zu bezeichnen. Ausgedehnte Schlussmusiken wachsen in seinen großen Sonaten- und Symphoniesätzen aus den Reprisen heraus, haben selbst erneut durchführenden Charakter und führen dergestalt alle späteren Versuche der Nachgeborenen, die Sonatenhauptsatzform zu kodifizieren und in ein Schema zu pressen, ad absurdum. Etwa: die Coda aus dem ersten Satz der *Eroica*. Beginnend spätestens mit Takt 631, spielt sie noch einmal mit dem Thema, es vergoldend mit Blechglanz und Trompetensound, als sei das Wichtigste darüber bisher noch gar nicht gesagt worden.

Und dann gibt es noch jene Codas aus Beethovenschen Finalsätzen, die schon manchen Anlass für schlechte Musikerwitze geboten haben: Codas, in denen nicht das Thema als Apotheose noch einmal gekrönt und gefeiert, auch kein neues Fass aufgemacht wird; vielmehr wollen sie kein Ende finden, obgleich ein letzter Satz nun einmal definitiv mit dem Ende enden muss. Dafür steht die Coda aus dem Finale der *Fünften*: In reine ewige C-Dur-Seligkeit mündet dieses Werk. Wenn eine »Schicksalssymphonie« sich dergestalt auflösen kann in pures Glück, kann man das gar nicht oft und laut genug sagen!

Schließlich: Ist ein Thema eigentlich viel zu kurz für ein Thema, hat es sich doch wenigstens eine außerordentlich lange Coda verdient. Das jedenfalls scheint die Beethovensche Logik zu sein, als er sich 1796 ein Thema zu Variationen vorknöpft, das nicht nur kurz ist, sondern auch noch ziemlich dumm: Immer wieder wird die gleiche Wendung wiederholt, in dieser Wiederholung liegt einzig der Reiz. Paul Wranitzky hatte diese Melodie für sein damals gerade in Wien populäres Ballett *Das Waldmädchen* erfunden, Joseph Haydn hat sie in einem seiner Stücke für die Flötenuhr verwendet. Beethovens zwölf Variationen (WoO 71) sind ebenfalls kurz, so kurz wie das Thema.

Doch nach der obligatorischen Mollvariation schließt Beethoven eine weitere an, die dieses Thema in einen neuen Zusammenhang rückt. Er nennt diese Variation: Coda, eine weitläufige Schlusswendung, die sich selbstständig macht und wächst, bis sie so lang ist wie ein Drittel des gesamten Variationszyklus. Er spaltet Motive ab, verknetet diese Motive wie in einer Durchführung, löst das Thema auf in seine Bestandteile. Dieser Vorgang ist neu, einzigartig und dem Verfahren ähnlich, das spätere Generationen dann an den *Diabelli-Variationen* bewunderten, dem Spätwerk zurechneten und »Strukturvariation« nannten. Es handelt sich aber eher um einen typisch Beethovenschen Witz, wie ihn sich auch ein zorniger junger

Mann erlauben mag. Schließlich, die *Waldmädchen-Variationen* sind dreiundzwanzig Jahre vor »Diabelli« entstanden.

Im späten Herbst 1826 schreibt Beethoven an seinen alten Bonner Freund, Franz Wegeler, einen traurigen Brief. Er hat seit Monaten nichts mehr fertig komponieren können. Er kränkelt, eine Gelbsucht hat ihn erwischt, dazu kommen ständig diffuse Leibschmerzen, er erkältet sich dauernd neu, dann: die Taubheit. Josephine von Deym ist tot, schon länger die Freunde Lichnowsky, Lobkowitz, Kinsky, Krumpholz, auch einer der Brüder; und der Neffe Karl, für den Beethoven so gern Ersatzvater gewesen wäre, hat gerade vor ein paar Wochen versucht, sich umzubringen. Aber von alledem berichtet Beethoven nichts. Stattdessen spricht er von den Auszeichnungen, die er bekommen hat, aus Schweden, aus Amsterdam, sogar aus Preußen habe er demnächst »den rothen Adler-Orden 2ter Klasse« zu erwarten. »Nie«, schreibt er, »habe ich derlei Ehrbezeigungen gesucht, doch wäre sie mir in diesem Zeitalter wegen manchem Andern nicht unlieb … Es heißt übrigens bei mir immer: Nulla dies sine linea, und lasse ich die Muse schlafen, so geschieht es nur, damit sie desto kräftiger erwache. Ich hoffe noch einige große Werke zur Welt zu bringen, und dann, wie ein altes Kind irgendwo unter guten Menschen meine irdische Laufbahn zu beschließen.« Dazu kam es nicht mehr. Keine weiteren großen Werke, kein ruhiger Lebensabend. Kurz darauf zieht sich Beethoven eine Lungenentzündung zu, die zum Tode führt.

Als Beethoven stirbt, um Viertel vor sechs, am Nachmittag des 26. März 1827, geht ein Gewitter mit Hagel und Schneesturm über Wien nieder. Durch diese meteorologische Erscheinung, die von so vielen verschiedenen Zeitzeugen verbürgt ist, dass sie wohl kaum eine Erfindung der Nachwelt sein kann, beglaubigten auch die Naturgewalten, was für die Musikwelt schon feststand: dass es ein Großer war, der in die Ewigkeit einging. Anwesend waren zu diesem Zeitpunkt in Beethovens Sterbezimmer nur zwei Menschen. Alle anderen, die seine lange Agonie begleiteten und für ihn sorgten, hatten zwischenzeitlich das Haus verlassen: der Neffe, der Bruder, die Ärzte und Kollegen, Wawruch, Schindler, Breuning und Holz. Einzig Anselm Hüttenbrenner, der Freund Franz Schuberts, ein Zufallsbesuch, harrt aus, außerdem eine unbekannte Frau. Hüttenbrenner, nicht mit den Verhältnissen vertraut, schrieb später, es sei wohl »Frau van Beethoven« gewesen. Da man aber bis heute nicht hat herausfinden können, wer diese Frau war, verlegten sich die Beethovenbiographen in stiller Übereinkunft darauf, dass es wohl Beethovens damalige Haushälterin und Köchin, die Sali, gewesen sein müsse. Oder man lässt diese Unbekannte einfach weg. Wäre es nicht viel passender und schöner, eine der alten Freundinnen und Herzensdamen, Therese oder Elise oder Antonie, wäre noch einmal aufgetreten?

Hüttenbrenner ist es, der dem toten Beethoven die Augen schließt und ihn auf die Stirne küsst. Stephan von Breuning und Anton Schindler suchten die Grabstelle auf dem Währinger Friedhof aus. Die Ärzte Wagner und Wawruch führten die Obduktion durch, der Maler Josef Danhauser fertigte die Totenmaske an. Verleger Tobias Haslinger druckte und verschickte die Einladungen zur Beerdigung, die am 29. März stattfand und dreihundert Gulden kostete. Halb Wien war auf den Beinen, zwanzigtausend Menschen folgten dem Sarg, Franz Schubert war einer der sechsunddreißig Fackelträger, Johann Nepomuk Hummel einer der acht Sargträger. Die Kinder hatten schulfrei, das Militär regelte den Verkehr.

Und es dauerte keine Woche, da erreichte der schwunghafte Handel mit Beethovenreliquien einen ersten Höhepunkt: Kanons und Albumblätter, Autogramme und einzelne Blätter von Autographen, aber auch Locken vom Haupt des Toten fanden reißenden Absatz. Die Sopranistin Wilhelmine Schröder-Devrient zum Beispiel, Beethovens Leonore, ließ sich eine seiner Stirnlocken in eine goldene Kapsel einfassen und bewahrte sie auf als »wahres und wirkliches Heiligtum«, das dann später, laut testamentarischer Verfügung, mit in ihr Grab gelegt wurde. Auch allerhand musikalische Reliquien wurden hergestellt und vertrieben. Den Variationensatz aus dem Streichquartett op. 127 etwa unterlegte man mit einem schmachtenden schlechten Text: »Sanft, wie du lebtest, bist du auch gestorben.« Der langsame Satz aus der Sonate op. 57 wurde von Männerchören gesungen als »Hymne an die Nacht«, den Text dazu schrieb Friedrich von Matthisson, das musikalische Arrangement verantwortete Friedrich Silcher.

Ob das nötig und wozu das nützlich war, steht dahin. Matthisson und Silcher hätten sich darauf berufen können, dass Beethoven selbst mit Texten großzügig umsprang und Programmmusiken schrieb, darunter sogar eine veritable Abschiedssonate, nämlich die Klaviersonate Es-Dur op. 81a, komponiert in der Mitte seines Lebens. Hier ließen sich, folgt man Walter Riezler, leicht Texte unterlegen. Der erste Satz basiert auf dem Motiv des »Lebewohl«, der letzte auf dem Motiv des »Wiedersehen«. Diese Es-Dur-Sonate beginnt mit einer langsamen Einleitung, der erste Satz mündet ein in eine Coda, wie es keine zweite gibt, darin die »Lebewohl«-Rufe mit fast »szenischer Deutlichkeit gemalt sind« (Riezler).

Als der Währinger Friedhof mit den Gräbern Beethovens und Schuberts 1873 geschlossen wurde, bettete man deren sterbliche Überreste auf den Wiener Zentralfriedhof um. Der vormalige Währinger Ortsfriedhof wurde 1923 umgewandelt in einen öffentlichen Park. Er heißt heute »Währinger Schubertpark«. Dort sind immer noch die originalen Grabsteine der beiden Komponisten zu besichtigen, nebeneinander, an der östlichen Außenmauer.

# WERKREGISTER

349